AF741929

L'effectivité du droit économique dans l'espace OHADA

Sous la direction de
David Hiez et Séverine Menétrey

L'effectivité du droit économique dans l'espace OHADA

L'Harmattan

© L'Harmattan, 2016
5-7, rue de l'Ecole-Polytechnique, 75005 Paris

http://www.harmattan.fr
diffusion.harmattan@wanadoo.fr

ISBN : 978-2-343-09528-8
EAN : 9782343095288

Sommaire

Introduction

Pour une nouvelle orientation des recherches sur le droit OHADA, ***David Hiez et Séverine Menétrey*** **.......... 9**

Chapitre 1

La mise en place de recherches empiriques pour appréhender l'effectivité du droit 19

Section 1 : Du développement du droit au droit dans les processus du développement : l'effectivité du droit coopératif dans l'espace OHADA, *Hagen Henrÿ* 21

Section 2 : Irrespect de la règle du droit ou construction d'un droit vivant : les pratiques coopératives au Mali, *David Hiez* 33

Section 3 : Les enjeux de l'évaluation du droit dans la zone OHADA : le cas du droit des contrats, *Julie Paquin* 51

Chapitre 2

L'effectivité du droit en question auprès des petits acteurs économiques67

Section 1 : La contribution des normes au passage des agents économiques du secteur informel vers le formel : enquête sur l'effectivité du statut de l'entreprenant au Cameroun, *Pierre-Etienne Kenfack* 69

Section 2 : La comparaison des Jua Kali et de « l'entreprenant OHADA » dans le secteur informel : interrogations sur l'effectivité du droit dans le secteur informel, *Faustin Ekollo* 81

Section 3 : La problématique du commerce des personnes physiques mineures dans l'espace OHADA, *Denis Roger Soh-Fogno* 99

Section 4 : Les données relatives au Registre du commerce et du crédit mobilier, *Michel Afana Bidounga* 125

Chapitre 3

L'effectivité du droit en question dans la diversité des mécanismes financiers 145

Section 1 : La prévention des impayés des établissements de microfinance, *Alain Kenmogne Simo* 147

Section 2 : Les systèmes financiers décentralisés sénégalais face au risque d'impayé : étude à l'aune du droit OHADA, *Patrice Samuel A. Badjil* 163

Section 3 : Le paradoxe et la face cachée des sûretés : regard sur leur pratique au Cameroun, *Marie Duvale Kodjo-Gnintedem* 181

Section 4 : Le recouvrement de la dette publique intérieure dans les Etats de l'OHADA, *Apollinaire De Saba* 201

Section 5 : Les réformes fiscales et du droit des affaires en Afrique subsaharrienne : quel impact sur la mobilisation des recettes fiscales ?, *Luisito Bertinelli et Arnaud Bourgain* 219

Section 6 : Les imbrications entre les groupements tontinuiers du secteur informel et les banques et les établissements de microfinance du secteur formal, *Manuel Roland Tcheumalieu Fansi* 235

Chapitre 4

L'effectivité du droit en question dans sa dimension contentieuse 255

Section 1 : Analyse du contentieux OHADA à travers le code IDEF annoté, *Mahutodji Jimmy Vital Kodo* 257

Section 2 : Le droit des investissements à partir de quelques données jurisprudentielles, *Abdoulaye Sakho* 279

Section 3 : Le profil du contentieux du droit des affaires au Cameroun, *Hubert-Patrice Zouatcham* 311

Section 4 : La justice coutumière et la justice étatique dans la résolution des différends au Mali, *Mamadou Bakaye Dembele* 329

Section 5 : La multiplication des centres d'arbitrage dans l'espace OHADA, *Séverine Menétrey* 345

Conclusion générale 367

Bibliographie 371

Introduction : Pour une nouvelle orientation des recherches sur le droit OHADA

David HIEZ et Séverine MENÉTREY,
Université du Luxembourg

Le titre de cet ouvrage mérite certainement quelques explications, et nous allons y consacrer cette introduction. En effet, si le terme OHADA est un élément qui participe à la définition du domaine de la recherche collective ici exposée, il n'en est ni le cœur ni l'âme. Notre objectif est tout différent, à la fois en dehors des controverses *pro sed contra* OHADA et en même temps d'une ambition ô combien plus démesurée. Nous avons hésité à intituler cette introduction de « l'anti-colloque OHADA ». Entendons-nous bien, ceci ne doit pas être confondu avec l'anti OHADA. En effet, sans prendre parti sur l'OHADA elle-même, qui révèle naturellement des aspects heureux et malheureux, les germes de cette recherche se trouvent dans une réaction de chercheur face à une littérature monotypée qui, par son uniformité, s'assèche et, pour tout dire, ennuie. Nous avons finalement opté pour un titre moins provocateur et plus constructif « pour une nouvelle orientation des recherches sur le droit OHADA ».

Pourquoi cet appel à l'innovation ?

Pour le comprendre, il convient d'abord de faire un état des lieux (rapide) de la recherche en droit OHADA qui est le plus souvent limitée à une analyse positiviste des textes en vigueur (1). Par contraste, il nous semble important d'aller au-delà du droit formel et des poncifs exégétiques qui l'accompagnent pour s'interroger non pas seulement sur le droit OHADA, mais sur le droit dans l'espace OHADA (2) et sur son effectivité prise à la fois dans un sens juridique et plus sociologique (3). Sur cette base, ce colloque a pour ambition de montrer qu'une nouvelle orientation des recherches juridiques dans l'espace OHADA est possible (4).

1. État des lieux de la recherche en droit OHADA

Depuis sa création le 17 octobre 1993, l'Organisation pour l'harmonisation en Afrique du droit des affaires a produit un nombre significatif d'actes uniformes modernisant et rendant accessibles des textes de droit. Cette production normative uniforme débutée en 1997 s'est accompagnée rapidement d'une littérature abondante et enthousiaste. Au tournant des années 2000, les universitaires et praticiens, africains et européens, se sont livrés à des commentaires des nouveaux textes dans la plus pure tradition de la dogmatique juridique : description du fonctionnement des institutions et présentation des dispositions des actes uniformes.

À quelques exceptions près (notamment celles du Laboratoire d'anthropologie juridique de Paris), le droit OHADA a suscité chez les juristes une adhésion de principe, les auteurs saluant la volonté de remédier à l'insécurité juridique et judiciaire des États-parties à l'organisation. La « sécurité juridique » devient une sorte de formule magique parée de toutes les vertus que l'on retrouve comme axiome dans toutes les études.

À la fin de la décennie 2000-2010, des voix plus critiques se sont fait entendre. Ces critiques résident notamment dans l'aléa juridictionnel qui nuit à la prévisibilité du droit unifié et se focalisent sur certaines décisions. D'autres raisons *juridiques* sont avancées pour expliquer les faiblesses structurelles du droit OHADA, faiblesses qui conduisent à son ineffectivité : la structure juridictionnelle et notamment la résistance de certains juges nationaux des juridictions suprêmes, l'articulation difficile avec les droits nationaux, la cohabitation avec d'autres droits supranationaux sous-régionaux, la circulation et l'exécution des jugements[1]… Ces critiques demeurent centrées sur de seuls aspects juridiques et s'appuient généralement sur le droit européen (principalement le droit français). Le défaut d'application ou la mauvaise application du droit OHADA n'est plus occulté, mais sa critique demeure centrée sur l'aléa judiciaire. Rares sont les études qui s'interrogent sur la pénétration du droit OHADA dans la société. Et lorsqu'elles s'y attellent, elles se limitent à promouvoir une meilleure formation et information des acteurs juridiques et judiciaires. Les raisons sociales liées à

[1] Pour une synthèse sur les problèmes de mise en œuvre voir R. BEAUCHARD & J. V. KODO, "Can OHADA increase legal certainty in Africa", *World Bank*, 2011, p. 25, disponible en ligne <http://www-wds.worldbank.org/external/default/WDSContentServer/WDSP/IB/2011/12/14/000356161_20111214002026/Rendered/PDF/659890WP00PUBL010Can0OHADA0Increase.pdf>.

l'inadéquation des instruments formels de droit aux réalités sociales ne sont pratiquement jamais évoquées. Tout s'opère comme si le droit formel était le seul modèle de régulation des rapports sociaux ou, à tout le moins, le seul modèle digne de l'attention des juristes.

Le discours sur le droit OHADA demeure à un haut degré d'abstraction, loin des réalités locales. Très peu de recherches sont menées sur les interactions entre le droit OHADA et le secteur informel[2]. Et les études sur le droit dit coutumier ou informel ont quasiment disparu depuis les années 2000 de la littérature juridique africaine en langue française dans les matières économiques[3]. L'OHADA aurait saturé le discours juridique économique en Afrique. Il semble pourtant que les relations économiques dans l'espace OHADA ne se réduisent pas aux actes uniformes, d'où le choix pour l'intitulé du colloque de l'expression « *droit économique dans l'espace OHADA* ».

2. Le droit économique dans l'espace OHADA

L'intitulé du colloque peut sembler énigmatique, il est à tout le moins inhabituel. Tout d'abord, la recherche ne porte pas sur le droit OHADA en tant que tel. En effet, le droit OHADA se caractérise par son mode d'élaboration, sur le modèle étatique, quand bien même sa dimension serait régionale. Or cette caractéristique est en elle-même biaisée puisqu'elle se fonde sur une approche positiviste implicite, et la réflexion que nous proposons s'inscrit en faux contre ce prisme.

L'OHADA n'est donc pas pris ici pour la production normative qu'il instaure mais pour l'espace géographique qu'il délimite. Cet espace est pour partie artificiel, en ce sens qu'il résulte de choix politiques. Cependant, il résulte aussi d'une certaine unité juridique, marquée par l'influence du droit français, et plus largement du droit continental, par opposition à la *common law*. Certes, cette caractérisation est le produit de sources exogènes et n'a pas de connexion avec une identité juridique ou culturelle endogène. Cette délimitation est donc scientifiquement discutable, elle se situe même en contradiction avec les présupposés de cette recherche, puisqu'elle se fonde sur une réalité normative dont nous mettons précisément en doute la pertinence, ou du moins la suffisance.

---

[2] Le plus souvent, ces études se focalisent sur le statut de l'entrepreneur individuel dans la refonte de l'Acte uniforme ce qui semble plutôt réducteur de la réalité sociale.

[3] Pour des exceptions : B. BEZAWIT, « La place de la coutume au XXIe siècle en Afrique », *Juriafrica*, 21/11/2011 ; C. O. THONON, *Le droit pratique du commerce informel*, ANRT, 2010

Quoi qu'il en soit, par la force du droit, l'OHADA définit aujourd'hui une ère géographique d'intégration, qui lui confère une réalité constitutive d'un socle qui peut être la base d'un objet d'étude. En outre, cette construction, aussi discutable soit-elle, n'est pas pour autant artificielle, tant il est clair que la colonisation a participé à la construction du droit africain d'aujourd'hui et de ses découpages.

Pour autant, nous ne considérons pas cet espace comme clos et nous ne nous interdisons pas des excursions au-delà de ses frontières. Il peut s'agir d'une ouverture comparatiste, on peut aussi y voir la prise d'acte du caractère évolutif de cet espace, les États membres ne constituant pas une liste définitivement arrêtée.

Mais un second terme requiert des explications complémentaires, il s'agit du droit économique. Le choix de ce vocable peut sembler anachronique, alors que celui de droit des affaires est beaucoup plus courant, correspondant même à l'acronyme OHADA. Il nous a pourtant semblé que l'expression de « droit économique » était plus appropriée[4]. Le terme a parfois visé la réglementation de l'activité économique de l'État, mais ce n'est pas dans ce sens strict qu'il est entendu ici.

Le droit économique vise la réglementation de l'activité économique au sens large. Il ne s'oppose donc pas au droit des affaires mais appréhende son objet de façon plus globale. Tout d'abord, ce sont toutes les activités économiques qui sont visées, et ceci concerne notamment celles qui se rattachent à ce qu'il est convenu d'appeler le « secteur informel ». On sait l'importance de ce domaine dans les pays d'Afrique subsaharienne, tout comme la difficulté que rencontre le droit étatique pour l'appréhender. Sans orienter la présente réflexion collective vers cette seule question, il nous paraît important de l'avoir toujours à l'esprit, tant les problèmes d'effectivité du droit y sont topiques et en raison de la lumière nouvelle que ceci jette sur la notion même de droit en Afrique.

La seconde extension du droit économique par rapport au droit des affaires concerne non plus l'objet proprement dit du droit mais les règles juridiques elles-mêmes. Tandis que le droit des affaires, par son rattachement exclusif au droit privé, se focalise sur les relations entre personnes privées, fût-ce à travers la réglementation de la concurrence, voire la régulation, le droit économique englobe la définition du cadre des activités économiques, par exemple les règles qui déterminent le champ d'intervention des différentes autorités compétentes, la définition des droits d'usage de l'espace public, les éventuelles autorisations, les incitations ou aides au développement de certains secteurs… Alors que ces questions sont évacuées du droit des affaires, il nous semble qu'elles jouent un rôle important,

---

[4] Nous nous situons ainsi dans la direction proposée par Gérard Farjat : G. FARJAT, *Pour un droit économique*, PUF, 2004.

particulièrement dans les hypothèses où ces manifestations de la puissance publique doivent être coordonnées avec d'autres formes de normativité. C'est là un enjeu considérable et, par sa dimension restreinte, le droit des affaires est rebelle à cette réflexion. Celle-ci requiert le dépassement des découpages juridiques traditionnels, voire des regards interdisciplinaires.

3. *Quid* de l'effectivité ?

L'effectivité revêt différentes acceptions[5] et son usage dans la pensée juridique est multiforme[6]. Définie de manière très générale comme « le caractère d'une règle de droit qui produit l'effet voulu, qui est appliqué réellement »[7], ou encore comme « *le degré de réalisation, dans les pratiques sociales, des règles énoncées par le droit* »[8], l'effectivité est une notion utilisée par les juristes et par les sociologues du droit. Cependant, l'effectivité n'est pas une notion juridique *stricto sensu* au sens où elle n'est pas un attribut de la règle de droit.

Pour cette raison, cette effectivité nous perturbe – nous juristes –. L'effectivité du droit est un fait mesurable par des statistiques liées à son application. Mais l'effectivité recouvre une réalité plus vaste et plus difficilement mesurable qui réside « dans les effets réels de la règle sur les comportements sociaux »[9]. L'effectivité revêt ces deux facettes : l'une plus juridique, qui réside dans l'application de la règle du juge, et l'autre plus sociologique, qui « résulte essentiellement de l'acceptation de la règle de droit par ses destinataires, par opposition à l'ineffectivité qui exprime un refus de la règle ou un désintérêt à son égard »[10].

Les deux approches sont complémentaires. Il paraît utile sur le plan pratique de déceler les cas d'inapplication et d'en comprendre les causes. Mais il est indispensable également, sur le plan théorique, de comprendre pourquoi le citoyen se conforme ou non à la règle de droit[11]. Nous devons faire l'effort – nous juristes – de ne pas nous laisser enfermer dans une approche strictement normative de l'effectivité.

---

[5] Voy. F. RANGEON, « Réflexions sur l'effectivité du droit », in *Les usages sociaux du droit*, Paris, PUF, 1989, p. 126 dont ces réflexions sont largement inspirées.
[6] F. OST et M. VAN DE KERCHOVE, *Jalons pour une théorie critique du droit*, Presses des Facultés universitaires Saint-Louis, Bruxelles, 1987.
[7] G. CORNU, *Vocabulaire juridique*, P.U.F., 1987, « effectivité ».
[8] P. LASCOUMES, « Effectivité », in J.-J. Arnaud, *Dictionnaire encyclopédique de théorie et de sociologie du droit*, LGDJ et Story-scientia, 1988.
[9] F. RANGEON, art. préc. p. 126.
[10] F. RANGEON, art. préc. p. 126.
[11] Dans ce sens voy. F. RANGEON, art. préc. p. 127.

Il est certes des causes techniques de non-application du droit OHADA, mais il est aussi des causes plus profondément ancrées dans les réalités sociales. Structurellement, le droit OHADA est un droit imposé ou à tout le moins calqué sur le modèle de l'ancien colonisateur[12]. Sans entrer dans un quelconque procès en impérialisme réel ou supposé, il n'en demeure pas moins que le droit OHADA n'est pas un droit qui repose sur une synthèse des intérêts en présence. Cet argument se conjugue avec un argument économique selon lequel la promotion d'un tel modèle de droit formel emporte des coûts sociaux que personne et en tout cas peu d'États de l'Afrique de l'Ouest et centrale ne sont capables d'assumer.

Les États pas plus que les nombreuses organisations régionales qui les chapeautent n'assument le rôle de redistribution des droits qui leur incombent selon le modèle westphalien de la production normative par l'État[13]. La formalisation de l'économie transitant par la soumission aux obligations légales n'a de sens que si le sujet reçoit une contrepartie : la sécurisation de son patrimoine, une couverture sociale, l'accès à une justice neutre et impartiale, l'obtention de crédit... L'adhésion à la règle de droit réside certes dans sa force contraignante, mais aussi dans la légitimité du système qui la produit.

À ce titre, la justice distributive est une source de la force contraignante du droit. La légitimité d'un ordre juridique réside dans une répartition mais aussi une redistribution des droits[14]. Or ce rôle n'est pas pleinement assumé dans l'espace OHADA par les producteurs de droit formel (États et organisations supranationales). On sait que la protection sociale, l'accès à la justice ou encore la protection des avoirs ne sont pas les plus étendus et les mieux garantis dans les pays de l'Afrique de l'Ouest et centrale. Cependant, il existe des moyens autres que le droit formel et ses institutions pour assurer un fonctionnement même imparfait.

Parmi les moyens informels de justice redistributive, on pense à la tontine[15], aux formes de coopératives dans différents domaines notamment

---

[12] Le soupçon d'impérialisme qui pèse sur les États dans lesquels le droit OHADA puise son contenu n'est jamais très loin, surtout dans une organisation qui regroupe les États de la zone CFA toujours indexée sur la monnaie de l'ancien colon. L'OHADA a repris la démarche coloniale destinée à promouvoir une conception « moderne » du droit sans associer les destinataires de la règle et à détruire la conception indigène de la gestion des liens sociaux, voy. E. LE ROY, art. préc., *Droit et société*, 2002, 51/52, p. 298.

[13] La notion d'État en Afrique est largement débattue. Voir not. P. SKALNIK, "On the Inadequacy of the Concept of the Traditional State. Illustrated with Ethnographic Material on Nanun, Ghana", *Journal of Legal Pluralism*, 1987, n° 25, p. 301 ; L. EMONGO, « De l'origine de l'État-nation en Afrique contemporaine », disponible en ligne sur <http://afrikibouge.com/droit/science-politique/164-professeur-emongo-lomomba--de-lorigine-de-letat-nation-en-afrique-contemporaine>.

[14] Sur ce thème, voir PH. COPPENS, « Fonction du droit dans une économie globalisée », *RIDE*, 2012/3, p. 269.

[15] Voir not. R. NKAKLEU, « Quand la tontine d'entreprise crée le capital social intra-

en matière de couverture médicale[16], mais aussi à l'usage d'une autorité locale pour régler les conflits[17]. Il ne s'agit pas de faire une recension ou une description de ces mécanismes non étatiques mais d'attirer l'attention sur la nécessité de s'intéresser au droit hors les codes en s'intéressant aux pratiques et à leur interaction avec le droit formel.

« À côté du droit des juristes coexiste un droit "effectif", c'est-à-dire non pas correctement appliqué, mais [divers et] diversement appliqué en fonction des besoins et des intérêts multiples de ses destinataires »[18]. S'attarder à commenter le droit OHADA et à en critiquer le contenu voire l'effectivité n'est plus suffisant et conduit à un positivisme coupable. Il n'y a pas de raison de considérer l'économie et le droit informels comme pathologiques mais de s'intéresser à ces phénomènes qui ne sont pas isolés cliniquement du droit formel.

La recherche sur le droit vivant au-delà du droit positif est d'autant plus importante sur le continent africain qu'une nouvelle doctrine critique et lucide se met en place qui ne se limite pas au droit OHADA mais s'interroge sur la place du droit dans l'espace OHADA[19].

4. Pour un changement de paradigme

De tout ce qui précède, il ressort qu'un changement de paradigme est nécessaire, si on veut, d'abord comprendre les mécanismes juridiques à l'œuvre en Afrique, ensuite participer à l'élaboration d'un droit africain plus effectif.

---

organisationnel en Afrique : Une étude de cas », *Management & Avenir*, 2009/7.

[16] Ainsi, au Mali, la mutuelle des artisans du Mali (MUTAM) offre des soins médicaux à ses membres à des coûts largement inférieurs à ceux pratiqués par les services publics et encore plus par les cliniques privées. Voir C. MALDONADO *et al.*, « Méthodes et instruments d'appui au secteur informel en Afrique francophone », Genève, Bureau international du Travail, 2004, disponible en ligne <http://staging2.ilo.org/wcmsp5/groups/public/---ed_emp/---emp_ent/---ifp_seed/documents/publication/wcms_117713.pdf>, p. 124. Voir plus largement not. G. SARR, « Les enjeux de la société coopérative : évolution et perspectives », *Revue de l'ERSUMA*, n° 2, mars 2013, p. 3 et 4.

[17] Voir not. B. BAKER, "Where Formal Justice and Informal Justice Meet: Ethiopia's Justice Pluralism", *African Journal of International and Comparative Law*, 2013, p. 202 ; C. A. ONDINKALU, "Pluralism and the Fulfillment of Justice Needs in Africa", *Open Society Justice Initiative,* 2001 ; P. NKOU MVONDO, « La justice parallèle au Cameroun : la réponse des populations camerounaises à la crise de la justice de l'État », *Droit et société*, 2002, 51/52, p. 369 ; E. GRANDE, "Alternative Dispute Resolution. Africa and the Structure of Law and Power", *Journal of African Law*, 1999, p. 63.

[18] F. RANGEON, art. préc., p. 127.

[19] Voir not. C. KUYU-MWISSA, (dir.), *À la recherche du droit africain du XXIe siècle*, Paris, Éditions Connaissances et Savoirs, 2005.

Le changement de paradigme doit se comprendre au travers de la terminologie de Thomas Kuhn[20] : toute théorie scientifique se construit sur la base de prémisses indémontrables (matrice disciplinaire), et les changements majeurs de théorie résultent en dernier lieu de l'adoption de nouvelles matrices. Or il nous semble que toute la recherche en droit repose bien sur une prémisse à la fois indémontrable et qui informe l'ensemble des travaux de recherche. Et cette prémisse consiste tout simplement dans la définition du droit.

Les débats ne sont pas nouveaux au sein des comparatistes ou des théoriciens du droit, nourris par les recherches en anthropologie ou en sociologie juridique. Au fond, la question est simple : le droit est-il autre chose que le droit écrit, produit par l'État ? La diversité et la complexité des réponses interdisent d'en esquisser un quelconque résumé. On peut tout au plus noter qu'un nombre croissant d'auteurs s'écarte, plus ou moins, du strict positivisme juridique et, au contraire, se teinte de pluralisme juridique.

Mais les débats théoriques sont encore sans effet sur les juristes techniciens, sur la dogmatique juridique. Ceux-ci s'adonnent toujours exclusivement à l'étude des lois, avec au mieux quelques incartades dans des sources parallèles auxquelles le droit étatique conférerait explicitement une place, laissant ces autres normes pour l'essentiel aux bons soins des sociologues et des anthropologues. Ce que nous proposons, la tâche qu'il nous semble urgent d'entreprendre, c'est de prendre au sérieux les théories pluralistes afin de construire une nouvelle dogmatique juridique.

L'intérêt d'une telle entreprise, qui peut sembler démesurée, n'est pas purement esthétique. Il s'agit de donner corps au droit, particulièrement au droit africain, dont l'abstraction et l'ineffectivité endémique le privent de son aptitude à réguler efficacement la société, fonction que tous s'accordent pourtant à lui attribuer. Bref, les juristes doivent saisir à bras-le-corps ces autres normes, mais pas pour se transformer en anthropologues ; au contraire, ils doivent le faire avec leurs propres outils, avec la technique juridique, afin d'établir des liens et des ponts entre toutes les normes, formelles et informelles.

Et cette nouvelle tâche entraîne aussi un regard différent sur le droit étatique. Il n'est plus envisagé dans son abstraction mais dans sa confrontation au réel qu'il est destiné à régir. Dès lors, son effectivité n'est plus un élément extérieur, elle est à la fois un étalon de sa validité et la mesure de sa pertinence. Cette dernière considération n'est pas si neuve, si on veut bien se reporter au mémento de légistique que constitue le célèbre discours préliminaire de Portalis. Pour autant, c'est une rupture par rapport au positivisme juridique qui a phagocyté la doctrine depuis un siècle, tout particulièrement la doctrine africaine.

---

[20] Th. KUHN, *La structure des révolutions scientifiques*, Flamarion, 2008.

Mais pour être fidèle à cette ambition, il convient de ne pas se payer de mots et de mettre la main à la pâte. L'une des raisons de la persistance du dogmatisme juridique réside dans la spécialisation des juristes dans le commentaire des textes, et conséquemment leur manque d'outillage pour s'aventurer dans l'appréhension des faits. Sortir de cette routine constitue au sens propre une aventure et nul besoin de se cacher qu'on est pris d'un certain vertige au moment du premier pas. Il convient donc de commencer la mutation et de sortir des bureaux. C'est ce que nous souhaitons déjà faire dans cette recherche, afin d'esquisser les premières tentatives d'appréciation de détail du droit économique dans l'espace OHADA. Pour échapper aux prises de position générales et abstraites, aussi justes soient-elles, il est nécessaire de procéder à l'analyse de questions précises, de points de détail, afin d'obtenir des conclusions elles-mêmes restreintes dans leur objet mais concrètes et précises. C'est la tâche stimulante qui nous attend.

5. Plan de l'ouvrage

Cet ouvrage est le fruit d'un colloque qui s'est tenu à Luxembourg les 20 et 21 novembre 2014 et qui a rassemblé des chercheurs soucieux de rassembler des données concrètes sur l'application du droit OHADA.

Il se regroupe autour de quatre chapitres, qui tous se réclament de l'appréhension de l'application du droit, avec des méthodologies variées. Les auteurs y montrent ce que peut apporter un décentrage du regard juridique, y compris en invitant des non-juristes à la réflexion. Le premier chapitre insiste sur la nécessité de mettre en place des études empiriques en complément d'une approche théorique du droit dans l'espace OHADA. Les deux chapitres suivants proposent des études ciblées sur des thèmes spécifiques à savoir l'effectivité du droit auprès des petits acteurs économiques et l'examen de cette effectivité sous l'influence de la diversité des mécanismes financiers. Le quatrième chapitre porte sur l'effectivité du droit à travers l'analyse du contentieux résultant de la mise en œuvre du droit OHADA et plus largement du règlement des différends dans les États membres de l'organisation.

De telles études peuvent sembler bien dérisoires dès lors que l'espace OHADA est un fabuleux marché du droit et d'aucuns préféreront l'action à la réflexion. Pourtant, le recul et la comparaison, tout comme la mise en place de recherches interdisciplinaires – économistes, sociologues, juristes –, ont vocation à mieux définir les besoins de régulation.

Chapitre 1
La mise en place de recherches empiriques pour appréhender l'effectivité du droit

Le juriste n'est pas très familier avec les recherches empiriques, surtout le juriste européen. Ce type de recherche est plus familier aux États-Unis, et ce n'est en France pratiquement que le CERCRID de Saint-Étienne s'était lancé dans cette approche, surtout à travers une analyse systématique de certains contentieux. Faute d'habitude, et plus encore d'une maîtrise méthodologique en sciences sociales, le juriste travaille à tâtons, et il le fait en prenant une distance variable vis-à-vis de ses pratiques quotidiennes. C'est ce qu'atteste l'ensemble des textes constitutifs de cette première recherche, et ce premier chapitre consiste à fournir quelques bases pour ce travail collectif.

Tout d'abord, quand bien même ce travail nous semblerait novateur et original dans le paysage scientifique, il se situe dans des courants déjà existants, pas nécessairement les mieux représentés en France. Aux États-Unis, le courant Law and Development est un axe majeur de recherche. En Allemagne, de nombreux juristes comparatistes, fortement imprégnés d'un regard critique inspiré par la théorie du droit et les droits fondamentaux ont étudié les droits du Sud et continuent de le faire. Il était donc naturel de relier le travail en cours à ces traditions, et c'est ce que nous propose Hagen Henry (section 1).

Mais la contextualisation de la recherche est comme un préalable, elle ouvre sur la recherche empirique elle-même. Il est classique d'affirmer que, au sein de l'OHADA, le premier Acte uniforme qui se soit préoccupé des réalités spécifiquement africaines est l'acte sur les sociétés coopératives adopté en 2010. David Hiez y portera le regard, mais en s'écartant de l'analyse dogmatique (section 2). Que ce soit à travers des études de terrain ou de l'analyse du discours, l'étude d'objets apparemment extérieurs à la norme elle-même nous apprend beaucoup sur celle-ci et montre déjà toute la potentialité de cette orientation.

Par-delà le droit coopératif, les piliers du droit sont directement concernés, et certains travaux, quoique méconnus, existent déjà. Julie Paquin approfondit cette voie à propos du contrat. Et là, les questions les plus radicales sont posées, que ce soit à propos des conditions supposées pour sa force exécutoire, fondées traditionnellement sur le juge, ou l'appréhension des remèdes à l'inexécution, dès lors qu'on ne porte pas le même regard sur l'inexécution elle-même (section 3).

Section 1 : Du développement du droit au droit dans les processus du développement : l'effectivité du droit coopératif dans l'espace OHADA

Hagen HENRŸ, Université d'Helsinki,
Institut Ruralia

L'effectivité du droit fait partie du phénomène même du droit. Pour ce qui est de l'Afrique subsaharienne, la question de l'effectivité du droit est posée avec une régularité étonnante chaque fois qu'il y a adoption d'une loi ou sa réforme, comme si l'on s'attendait à son inapplication. Le cas de l'Acte uniforme relatif au droit des sociétés coopératives de l'Organisation pour l'harmonisation en Afrique du droit des affaires (OHADA)[21], entré en vigueur en 2011, ne fait pas exception à cette règle[22].

En effet, cet Acte uniforme pose un certain nombre de problèmes de forme et de contenu. Par exemple, il ne couvre qu'une petite partie du droit coopératif[23], les autres restent de la compétence des législateurs nationaux[24]. Les gouvernements nationaux sont responsables pour la mise en œuvre de l'Acte uniforme. Cela laisse présager un haut degré de diversité dans la pratique. De plus, l'Acte embrasse la logique des autres actes uniformes OHADA quoiqu'il ne s'agisse pas dans le cas présent d'attirer des investisseurs.

Il est, certes, trop tôt pour juger de l'effectivité d'une loi qui n'a été en vigueur que depuis peu de temps. Mais comme l'Acte uniforme semble partager l'histoire des législations coopératives antérieures sur deux points entremêlés, à savoir un mimétisme de la part du législateur et une méconnaissance de la réalité juridique en Afrique subsaharienne, nous proposons de revoir ces deux points afin que l'Acte uniforme échappe – peut-être – au sort de ses prédécesseurs qui, à en croire les critiques, sont restés lettre morte. Notre cadre de réflexion est ce qu'on appelait « droit et développement » et qui resurgit actuellement[25].

---

[21] http://www.ohada.org/droit-des-sociétés-coopératives

[22] Voir Tadjudjé ; Gning et Larue.

[23] En ce qui concerne l'étendue de la notion de « *droit coopératif* », voir HENRŶ, *Guide de législation coopérative*, *op. cit.*, Encadré 2.

[24] Pour plus de détails, voir la publication des contributions au Colloque international « *Droit OHADA des sociétés coopératives* », organisé par les Universités de Luxembourg et de Yaoundé II les 18 et 19 juin 2013 (à paraître).

[25] Voir BRYDE, Die Erfahrungen… ; Kennedy.

Sans pouvoir entrer dans une distinction nécessaire entre validité, légitimité, application, applicabilité et effectivité, constatons tout simplement que les réformes successives du droit coopératif ont été ineffectives par rapport à l'objectif poursuivi, à savoir le développement. Depuis les premières législations coopératives en Afrique subsaharienne, nous sommes passés d'une connotation économique du développement au droit au développement et au développement durable. Le développement durable est reconnu par la Cour internationale de justice depuis 1997 comme concept du droit public international[26]. Son caractère global a des implications radicales pour la notion du droit. C'est pourquoi il faut un véritable scandale[27] de penser le développement et le droit, si nous voulons mieux réussir dans nos efforts pour le développement au moyen du droit (coopératif)[28].

Sur ce fond cette contribution traite d'abord de l'histoire du droit coopératif en Afrique subsaharienne au service d'un développement mal conçu (Par. 1) avant de plaider dans un second temps pour une refonte du couple « droit et développement » à l'aide du droit comparé (Par. 2). La contribution conclut sur quelques idées autour des implications de la mondialisation sur le droit.

Par. 1 : Le droit coopératif au service d'un développement mal conçu

A. L'historique du droit coopératif en Afrique subsaharienne

Le mot « *développement* » accompagne les législations coopératives en Afrique subsaharienne dès leur début. La notion sous-jacente à ce mot de « développement » se forge à partir du transfert de l'administration des colonies allemandes à d'autres pouvoirs coloniaux à la suite de la Première Guerre mondiale. Basé sur l'Article 19 du Traité de Versailles, l'Article 22 de la Convention de la Société des Nations oblige les pouvoirs mandatés à veiller « au bien-être et au développement des peuples indigènes. *A priori*, cet Article ne s'applique qu'aux territoires sous mandat. Mais il reflète un consensus quant aux obligations des pouvoirs coloniaux en général. Ceux-ci jugent cette question comme une affaire de politique intérieure. Par conséquent, ils s'en déchargent de cette obligation "tout naturellement" par

---

[26] Quant à l'histoire de ce concept juridique, voir HENRŸ, *Sustainable Development and Cooperative Law*…

[27] Nous empruntons cette idée à AUSTRUY.

[28] Pour une délimitation des notions « développement » et « droit », voir HENRŸ Cooperative Credit Societies Act, India…

la transposition de leur droit coopératif respectif aux colonies et aux territoires sous mandat[29], tout en ignorant le rôle du droit coopératif dans le développement économique et social en Europe. Droit européen équivaut développement. Des copies du droit européen devaient, sinon effectuer le développement, au moins le favoriser »[30].

Devant l'ineffectivité de ce droit transféré, les administrations coloniales commencent à instrumentaliser le droit coopératif, non seulement pour créer les conditions sociologiques[31] propices à l'émergence de coopératives, mais aussi pour utiliser les coopératives comme relais de leurs politiques économiques et sociales[32]. En parallèle, elles redoublent continuellement leurs efforts pour améliorer les conditions techniques de mise en œuvre du droit coopératif. Le résultat déçoit. Le droit coopératif ne s'applique que marginalement[33].

La quasi-ineffectivité du droit importé ne signifie pour autant pas qu'il perdrait sa validité – *in fine* les tribunaux étatiques l'appliquent - ou que cette ineffectivité resterait sans effet. L'effet consiste en un mélange de rejet, d'irritation[34] et de blocage de développement[35]. Ce dernier devient toujours plus ferme dans la mesure où la mise en œuvre du droit coopératif importé se traduit par des interventions toujours plus directes de la part de l'État colonial dans les affaires des coopératives. Cela provoque la résistance des populations à un droit qu'elles jugent sans avantages en termes économiques et sociaux et qui n'est pas « *leur* » droit[36]. Il n'est pas leur droit car tout y est différent : la notion de « *droit* », de « *personne juridique* »[37], de « *responsabilité* », de « *lien social* »[38], de « *relation sociale* », d'« *économie* », d'« *espace* », de « *temps* », ainsi que les concepts et les conceptualisations derrière ces notions. Le droit importé reste ineffectif parce qu'il ne peut pas s'appliquer parmi la majorité des populations. En même temps, un autre droit coopératif sur base de la réalité juridique vécue des populations concernées, et donc plus propice au développement, ne se conçoit pas.

---

[29] Voir, par exemple, Co-operative Law in East, Central and Southern African Countries…, Münkner, Practical… . Quant à l'histoire récente du droit coopératif en Afrique de l'Est et du Sud, voir THERON.

[30] Kennedy, 28.

[31] Voir GRANGER, Problèmes d'application…, 119 et passim.

[32] Kennedy, 55/56.

[33] Münkner, Comparative Study…, 26-32.

[34] CHEN-WISHART, 29 ; Deipenbrock.

[35] Dans HENRY, *Boden(rechts)ordnungen…* nous avons démontré ce phénomène à l'exemple du droit foncier. L'argument vaut ici aussi.

[36] Guy-ADJETE KOUASSIGAN avait très tôt déjà posé la question du droit applicable dans les (ex)colonies. Voir Kouassigan.

[37] Voir HENRY, Genossenschaften als juristische Personen…

[38] Le Roy, 300.

Le blocage du développement s'accentue à partir des indépendances politiques des colonies. Les législateurs étatiques des pays africains indépendants continuent à importer de manière techniciste des lois européennes ou américaines sans les adapter aux circonstances de leurs pays. L'Acte uniforme OHADA relatif au droit des sociétés coopératives de 2010 n'en fera exception que dans la mesure où le législateur est une organisation supranationale, à savoir l'OHADA. L'obligation de veiller « *au bien-être et au développement des peuples indigène* » a passé des pouvoirs coloniaux aux États indépendants. Les instruments internationaux qui vont constituer le Nouvel Ordre Économique International (NOEI) renforcent cette obligation. Mais, dans un premier temps, cette obligation manque de sujet. Avant de penser au développement, les États indépendants doivent d'abord se créer. Ils n'ont hérité de l'État colonial que l'appareil de contrainte et de contrôle sans transfert du *« corps politique de la nation »*[39]. La création de l'État-nation en Afrique par la création d'institutions-relais[40] au sens juridique du terme, y inclus des coopératives, prime le but du développement[41]. Mais le développement reste la finalité affichée des réformes du droit coopératif. La contradiction est évidente. Les coopératives restent des instruments de la politique dont la finalité a changé. Cette finalité consiste désormais dans la recherche du statut d'État moderne, reconnu par la Communauté internationale. Cette recherche nourrit la foi des États indépendants en un raccourci au développement par l'importation de lois[42], sans importation du droit derrière ces lois.

C'est le programme d'ajustement structurel des institutions de Bretton Woods, c'est-à-dire de la Banque mondiale et du Fonds monétaire international principalement, à partir des années 1980, qui veut corriger cette faille. Il propose de transférer des systèmes entiers afin d'en finir avec les obstacles à la mise en œuvre des lois importées. Mais en réalité, il remplace l'intervention de la part des États par celle des organisations internationales financières et ceci au nom de l'autonomie des coopératives. Le résultat est connu[43]. Les efforts du Bureau international du travail, de la FAO et d'autres organisations internationales et nationales, gouvernementales et non gouvernementales, qui appliquent des méthodes participatives d'élaboration de lois ou proposent des structures coopératives allégées, telles les pré-coopératives ou des structures coopératives simplifiées ou encore l'intégration dans la

---

[39] Voir ARENDT avec un grand nombre de références.

[40] Notion développée par Eugène SCHAEFFER dans ce contexte. Nous nous basons sur des notes prises lors de son cours en 1981/1982 à l'Institut des sciences juridiques du développement de l'Université de Paris V (René DESCARTES) sur le droit privé du développement.

[41] Voir HENRY, *Afrikanisches Recht im Banne…*

[42] EMONGO, De l'origine…; HENRY, *Political Order in Subsaharan Africa…*

[43] Pour une critique détaillée des transferts de lois, voir BRYDE, Die Erfahrungen… ; HENRY, *Juristische Entwicklungshilfe…* ; Idem, *Internationale Genossenschaftsstandards…* ; *Meinecke.*

législation d'éléments culturels locaux n'y changent rien[44] à cette pratique de transferts de lois.

B. La méconnaissance du Droit au développement

Il est du moins remarquable que cette pratique législative du mimétisme a pu ignorer aussi bien la critique de la part des chercheurs que les efforts de la part de la Communauté internationale d'élaborer un instrument relatif au Droit au développement qui mettrait fin à cette pratique.

Dans un premier temps, la critique des chercheurs porte sur la question de savoir si le droit lui-même peut être développé[45]. C'est la Law and Development School aux États-Unis d'Amérique qui forge les théories relatives au développement du droit. Dans une remarquable autocritique, les deux maîtres-penseurs de cette école, Trubek et Galanter, rejettent plus tard eux-mêmes leurs propres idées[46]. À mentionner aussi qu'en 1972, déjà Seidman fait écho à Montesquieu[47] et formule la « Law on the non transferability of law »[48]. Sachant que les lois importées se heurtent au droit local, Trubek et Galanter proposent que le droit comparé se charge de la problématique. Mais, ceci estimera pour longtemps encore que le droit africain n'est pas du droit[49]. Par conséquent, il ne pourrait ni être développé, ni servir le développement. Mais l'autocritique de Trubek et Galanter va influencer considérablement la théorie de la « Law and Society » qui, à son tour, incorpore dans une large mesure les résultats des études toujours plus nombreuses sur le pluralisme juridique[50], et ouvre ainsi la porte vers d'autres droits que le droit étatique. Cette ouverture est un préalable à l'effectivité du droit en Afrique subsaharienne.

Peu connue, et encore moins citée, se développe en parallèle à la Law and Development School une autre école, celle du Droit du développement, surtout en France[51]. Utilisant les méthodes du droit comparé, cette école

---

44 Pour ce qui est des méthodes participatives d'élaboration de lois, voir MUNKNER, Participative Law-Making… ; Participatory Cooperative Policy Making. Pour ce qui est des structures coopératives simplifiées, voir HENRY, *Guide de législation…*, Part II, 5.3.7. Quant aux spécificités culturelles et l'élaboration de lois coopératives, voir HENRY, *Cooperation in Co-operative Legislation…*, 225 ss.
45 Kennedy, 39 s.
46 TRUBEK & GALANTER.
47 MONTESQUIEU, Première partie, Chapitre I, 3.
48 Seidman, Chapter II.
49 Pour une critique, voir HENRY, *Afrikanisches Recht in der neueren…*
50 *Le Journal of Legal Pluralism* devenait le porte-parole de ce pluralisme juridique.
51 Voir, par exemple, Schaeffer, Aliénation… Cette école se distingue pourtant d'une autre tendance antérieure et représentée, par exemple, par GRANGER, Pour un Droit du développement…, et idem, Problèmes d'application… L'approche du Droit du développement, forgée par des chercheurs français, se différencie de la "Law and Development School", forgée et influencée surtout par des chercheurs aux États-Unis (voir Burg ; Gardner ;

cherche à trouver un droit qui encadrait les processus de développement dans leurs situations sociologiques, culturelles, politiques et économiques spécifiques, tout en s'appuyant sur un droit public international[52] qui évolue d'un droit de coexistence et de coordination vers un droit de la coopération[53] et qu'il influence à son tour.

Plus tard, les idées de l'école du Droit du développement et sur la coopération confluent pour former le Droit (de l'homme) au développement. Ce Droit au développement marque l'évolution des notions de développement et de droits de la personne vers un Droit de la personne (et des peuples) au développement. Il se prépare dès la fin des années 1950[54]. La Déclaration de l'Organisation des Nations unies (ONU) sur le Droit au développement de 1986 le consacre[55]. Il est réaffirmé par consensus lors de la Conférence sur les droits de l'homme de Vienne en 1993[56]. Comme la Déclaration sur le Droit au développement se base sur des textes juridiques contraignants, surtout la Charte de l'ONU et les Pactes internationaux de 1966 relatifs aux droits civils et politiques, d'une part, et aux droits économiques, sociaux et culturels, d'autre part, dont elle clarifie le caractère complémentaire, la question de sa nature juridique ne se pose pas[57]. En ce qui est de l'Afrique, la Charte africaine

---

TRUBEK & GALANTER). Elle rejette l'idée qu'on puisse développer le droit en tant que tel et insiste sur le lien nécessaire entre le droit national et le droit international du développment. Comme l'explique Schaeffer (Aliénation..., 11, et Idem, Du droit économique...), le point de départ est le même pour les deux écoles : le développement n'est pas économique seulement, mais surtout humain, c'est-à-dire le développement inclut la dimension juridique. La "Law and Development School" avait comme objet le développement du droit, c'est-à-dire le développement du droit même, et elle considérait le droit occidental comme un instrument par lequel les objectifs du développement seraient à atteindre (voir Yang qui se réfère à TRUBEK, Toward a Social...) et elle ne prenait pas en compte le caractère systémique du droit. « *L'école française* », par contre, cherchait à comprendre la capacité des sociétés à recevoir de manière effective des instruments juridiques d'un réservoir de solutions mis à la disposition par le droit comparé. Schaeffer (Aliénation..., 4) décrit l'évolution de la pensée de la manière suivante : « *C'est par la constatation de la non-réception du droit étranger qu'on passe de la théorie du développement du droit à celle du droit du développement.* » *Cette pensée voulait mettre fin au "one law for all". Encore une fois Schaeffer (Essai sur..., 9) :* « *du droit, levier du développement, on passe au droit du développement spécifique à chaque peuple.* »

Voir aussi MUNKNER, *Law and Development...*

[52] La discussion sur le lien entre droit et développement ne se dissocie pas de l'émergence à partir de la première décennie du développement des Nations unies d'un droit international du développement. Voir les rapports PREBISCH qui menaient à la création de la CNUCED, la discussion sur le Nouvel Ordre Économique International (NOEI), etc. Voir Pellet ; MARON.

[53] Voir Stoll.

[54] Pour l'histoire du Droit au développement voir KERDOUN ; ÖZDEN.

[55] Rés. [des Nations unies] 41/128 du 4 décembre 1986. Doc. NU A/47/53/ (1986).

[56] KERDOUN ; ÖZDEN.

[57] Dans ce même sens ÖZDEN, 25.

des droits de l'homme et des peuples consacre dans son Article 22 le Droit au développement, renforçant ainsi la valeur juridique de ce dernier[58].

La Déclaration sur le Droit au développement définit pour la première fois au niveau international[59] le développement et ceci comme réalisation des droits de l'homme et des droits inscrits dans les deux Pactes internationaux mentionnés[60]. S'estompe ainsi la connotation exclusivement économique que la notion de développement avait véhiculée des décennies durant. Dans son Article 10, la Déclaration stipule que « [des] mesures doivent être prises pour assurer l'exercice intégral et un renforcement progressif du Droit au développement y compris [... des] mesures législatives [...] sur le plan national et international. » L'aune de l'effectivité des lois est désormais leur contribution à la réalisation des Droits de l'homme et des peuples. À cause d'une affinité certaine entre coopératives et droits de l'homme[61], le législateur devrait être amené à porter une attention particulière au droit coopératif.

Par. 2 : Vers l'effectivité du droit coopératif dans l'espace OHADA

Comme nous l'avons mentionné, l'ineffectivité du droit coopératif importé n'est pas restée sans effets, surtout effets négatifs en termes de blocage de développement et de pluralisme juridique mal géré. L'image de juridictions parallèles[62] exprime bien ce que nous voulons dire par là. Il faut débloquer la situation, avant tout par une articulation des éléments constitutifs du pluralisme juridique bien spécifique en Afrique[63]. Pour ce faire, les législateurs et tous ceux chargés de la mise en œuvre du droit doivent respecter la Déclaration sur le Droit au développement. Le Droit au développement se donne les moyens de sa mise en œuvre par le Droit du développement. La méthode consiste à inverser les questions. Au lieu de demander comment « *le* » droit peut être utilisé dans les processus de développement, il faut d'abord demander quel est le renseignement que peut nous fournir le droit d'une société donnée sur les conditions du développement de la société concernée[64]. Cela implique la nécessité d'une ouverture de

---

[58] Voir OUGUERGOUZ, 189 ss.

[59] Antérieurement déjà BRYDE, Die Rolle des Rechts..., 10. Voir aussi les principes du Global Compact.

[60] Malgré sa base juridique, il s'agit d'une définition de travail. Elle réclame un travail continu pour améliorer le concept, avant tout afin de le rendre plus universel et plus opérationnel. Voir Severino.

[61] HENRY, *Human Rights Concretely...*

[62] Le ROY, 299.

[63] Pour plus de détails et références, voir HENRY, *Rechtspluralismus in Afrika...*

[64] Voir BARNES.

la notion de droit comme droit étatique vers d'autres droits[65]. La mondialisation rend cette nécessité évidente par deux raisons principalement. Premièrement, les aspects économiques de la mondialisation ne nous permettent plus d'ignorer des droits qui ne sont pas des droits étatiques. L'unité des espaces économiques et politiques éclate partout ; en Afrique subsaharienne, cette unité n'a existé que dans de rares cas. Dans la mesure où un nombre grandissant d'acteurs est capable d'agir sans égard des conditions de temps et d'espace, le droit étatique, et par conséquent le droit régional et international, perd la capacité de définir l'espace territorial étatique. L'impact de cette évolution est particulièrement important en Afrique subsaharienne où le secteur informel recouvre une grande partie de l'économie et de la société et que ce secteur se définit aussi en termes de non-application du droit étatique[66]. Deuxièmement, l'évidence de l'indivisibilité de la biosphère ne nous permet plus d'ignorer d'autres droits que le droit américano-européen. Le concept juridique de développement durable reflète une double dépendance, une dépendance de la nature, d'une part, et des dépendances réciproques des cultures, de l'autre[67]. En d'autres termes, la vitale biosphère exige le respect de sa double source, à savoir la diversité biologique et la diversité du noos. Cette dernière, habituellement oubliée dans les débats sur la biodiversité, appelle à la reconnaissance d'autres droits et de coopérer au niveau global. La reconnaissance d'autres droits présuppose leur connaissance[68]. Le droit comparé doit nous fournir cette connaissance. Il existe un lien entre droits comparés, Droit du développement et Droits de l'homme qu'il est temps de faire fructifier.

Et pour ne pas conclure : idées sur la production du droit à l'heure de la mondialisation

L'effectivité du droit coopératif dans l'espace OHADA passera par une diversité des droits coopératifs à laquelle l'Acte uniforme relatif au droit des sociétés coopératives ne fait pas nécessairement obstacle. Cette diversité s'exprimera non seulement dans les mises en œuvre officielles et nationales, mais également par une utilisation plus intelligente et extensive de la marge d'interprétation que laisse l'Acte uniforme et à exprimer à travers les statuts des coopératives et que les membres des coopératives eux-mêmes doivent respecter.

---

[65] Il est à noter que cette ouverture n'est pas le résultat de travaux de comparatistes en droit, elle est plutôt le fruit de travaux de sociologues et anthropologues du droit, tels que EHRLICH, GRIFFITH, GURVITCH, SANTO ROMANO, de SOUSA SANTOS, TAMANAHA et autres. Pour une compréhension non stato-centrée du droit, voir MERCIER.

[66] Voir pour une définition du secteur informel HENRY, *Enabling Transition to Formality…*

[67] En ce qui concerne cette double dépendance, voir Henrÿ, *Vom Entwicklungsrecht…* ; Özden, 21.

[68] HENRY, *Probleme der Gesetzgebungsberatung…*

En outre, la question n'est plus « *africaine/indigène* » ou « *européen/exogène* ». Nous vivons l'interculturel. Emongo[69] clarifie : « ... *le fait interculturel n'a rien à voir avec la seule cohabitation plus ou moins harmonieuse, la coexistence pacifique sans plus. L'interculture ne s'épuise ni dans la recherche d'un consensus universel, ni dans un* modus vivendi *universel, qu'il soit éthique, social, du droit international, etc. Le fait interculturel est la toile d'araignée dans sa totalité, c'est le donné par excellence par lequel est concerné chaque fibre, chaque chose, tout ce qui est, le divin, le cosmique, l'humain.* »

Cet interculturel entraîne des internormativités[70] au pluriel là où le droit étatique était pour gérer l'internormativité au singulier sur un territoire qu'il délimitait. Nous sommes en train de passer d'un monde international, structuré par l'universalisme, réel ou présumé, à un monde global dont nous devons chercher à assurer la diversité, y incluses une pluralité et une diversité de normes juridiques[71], si nécessaires au moyen d'harmonisations, ce qui n'est une contradiction qu'en apparence.

Depuis les années 1960, c'est-à-dire depuis l'origine du débat sur le développement et le droit, de profonds changements sociopolitiques, socio-économiques et socio-psychologiques, conséquences et causes de ce qu'on appelle mondialisation, ont bouleversé aussi bien la perception et la conception du droit que la conception du développement. À l'époque, il n'y avait pas de doute quant au lien inextricable entre développement et droit et donc quant à la fonction importante du droit dans les processus de développement. Il suffit ici de renvoyer le lecteur à une abondante littérature au sujet du lien entre droit et développement[72] et d'évoquer à titre indicatif seulement quelques arguments épistémologiques. Ce qui nous permet d'aborder le lien entre développement et droit est le fait que, de par nos conceptions des deux notions, nous les avons déjà liées. Car s'il est vrai que sans paix il ne peut y avoir de développement[73], que sans justice il ne peut y avoir de paix[74] et que la fonction principale du droit, indépendamment de son espace culturel et du temps, est de rendre la justice[75], alors il s'ensuit qu'il y a un lien épistémologique entre développement et droit, même si nous ignorons par ailleurs ce qu'est le droit[76]. Quoi qu'il en soit de la définition du droit,

---

[69] EMONGO, *L'interculturalisme...*, 10. Voir aussi OBIORA.

[70] Notion développée surtout par Carbonnier. Voir CARBONNIER.

[71] Dans ce sens Cebada ROMERO ; HOLZ.

[72] Voir HENRY, *Co-operative Credit Societies Act, India...*

[73] Voir, par exemple, Constitution de l'OIT. et Charte des Nations unies.

[74] Voir, par exemple, KAUFMANN.

[75] SUPIOT (p. 24) : « *L'œuvre juridique répond au besoin, vital pour toute société, de partager un même devoir-être qui la prémunisse de la guerre civile* ».

[76] Nul juriste n'ignore le résumé que donne HART (p. 1) de la définition du droit: "*Few questions concerning human society have been asked with such persistence and answered by*

constatons un nombre de ses fonctions : parmi la gamme de phénomènes qui dirigent notre comportement, on trouve le droit, partout ou presque partout[77] dans l'espace et dans le temps. Le droit est un instrument par excellence de mise en œuvre des politiques économiques publiques[78]. C'est par leur structuration juridique que les institutions économiques déploient un grand, sinon leur plus grand potentiel, un fait peu explicité[79]. Pour éradiquer les conséquences négatives de l'informel[80], l'on ne peut se passer du droit, car ne sont admises comme sujets de droit et, de plus en plus, comme participants au marché que les personnes physiques ou morales.

Mais la fonction du droit dans le développement ne s'épuise pas dans la structuration juridique des institutions dans le but de leur octroyer la personnalité juridique ou le statut de participant au marché. Sans être lui-même le réel, le droit est « une façon sans cesse renouvelée d'imaginer le réel, [...] Intermédiaire entre le monde des faits sensibles et le monde idéal »[81]. En même temps qu'il met à la disposition les mécanismes de rééquilibrage continu des différentes forces qui habitent une société, le droit représente l'équilibre entre ces imaginations. Cela constitue la fonctionnalité du droit par rapport au développement.

Cet équilibre n'est jamais acquis une fois pour toutes. Il dépendra, en outre, de la conception et de la perception du droit que les membres du groupe se forgent au long de ces processus. La mondialisation bouleverse ces conceptions et perceptions. Les innovations technologiques de ces dernières décennies agissent avant tout sur les effets que produisent les conditions de temps et d'espace sur notre vie. Elles impliquent une réorientation à l'intérieur de nouveaux cadres temporels et une réorganisation spatiale de la vie sociale. Le temps-période et l'espace-distance se laissent réduire à zéro[82]. Les innovations technologiques permettront, tour à tour et de plus en plus, non seulement la dépériodisation, mais aussi la détemporalisation, non

---

serious thinkers in so many diverse, strange and even paradoxical ways as the question What is law." Et TAMANAHA (p. 313) ajoute : "*There is no 'law is' [...] it has no essence.*"

[77] Doutes exprimés par SINHA.

[78] ASSIER-ANDRIEU, 39 s. ; BARNES, 574 ; KEMMERER ; WASSERMANN, 258.

[79] À notre connaissance, le lien entre développement économique et personnalisation des entités économiques n'a pas encore fait l'objet d'études systématiques. Seul FIKENTSCHER (p. 183, 219, 258 ss., 359, 372, 379, 387, 470 s. et passim) s'y réfère fréquemment. Voir aussi WENKE. La recherche devrait porter en particulier sur le transfert du risque et de la responsabilité financière civile et pénale, ainsi que sur la reconnaissance des organisations économiques par les participants au marché. Voir aussi les écrits de Mary DOUGLAS. Par une approche interdisciplinaire, l'analyse économique du droit, dont Posner fut un des pionniers, doit enfin être complétée par une analyse juridique de l'économique. Voir dans ce sens aussi JAVILLIER, 54 ss. Autour de la note en bas de page 128.

[80] Voir à ce sujet récemment encore, ILO GB, 3/2007, *Committee on Economic and Social Policy*, constatant que « *informality is gaining ground and remains a great challenge* ».

[81] ASSIER-ANDRIEU, *op. cit.*, 38, se référant à GURVITCH.

[82] Voir à ce sujet surtout les écrits de Paul VIRILIO.

seulement la déterritorialisation, mais aussi la déspatialisation de la vie. C'est cela qui produit l'interculture avec ses internormativités. Par internormativité, nous entendons deux phénomènes concomitants, à savoir l'interconnexion des différentes « règles »[83] de comportement ainsi que les processus de juridicisation[84] et de déjuridicisation de ces « règles », c'est-à-dire leurs passages du droit au non-droit et vice versa. L'interconnexion des différentes « règles » de comportement ne se joue plus au niveau national seulement. Tandis que les conditions de temps et d'espace avaient donné lieu dans le passé à une multitude de systèmes juridiques étalés sur le globe comme une mosaïque, nous vivons maintenant l'interculture. C'est-à-dire la multitude des internormativités du monde se reproduit sur des espaces toujours plus restreints. Sur l'espace d'un État, ordre politique dominant, nous sommes en présence de plusieurs internormativités divergentes, sur fond de postulats culturels fort différents l'un de l'autre. Les États sont devenus des entités trop petites pour les acteurs globaux et trop grandes pour la gérance de l'interculturel que nous vivons[85]. Le mode de juridicisation est actuellement celui de l'harmonisation des droits qui, poussée à l'extrême, constitue aussi la forme la plus complète de déjuridicisation. Ce mode s'explique avant tout par deux aspects de la mondialisation, un aspect de politique juridique et un aspect économique. Quant à l'aspect de politique juridique, la réorganisation spatiale de la vie sociale détermine la tendance des processus de législation : du niveau national au niveau régional, international et supranational et du public à la production de standards par des entités privées[86]. Le droit étatique a perdu son rôle exclusif dans les systèmes juridiques[87]. La distinction entre droit national et international n'est plus opérationnelle. La transnationalisation du droit matériel, qui s'annonçait d'ailleurs dès les années 1950[88], plutôt que celle des mécanismes de production du droit, est devenue réalité. Quant à l'aspect économique, nous assistons à une transformation profonde du système de production : de la production de biens et de services à la production de savoirs et de l'internationalisation du commerce à la production et la distribution globale/virtuelle du savoir. Il n'est pas sûr que seul un marché de capital global peut alimenter cette production hautement intensive en capital et que les marchés doivent se soumettre aux conditions que leur dicte le marché financier mondial. Dans la mesure où le savoir devient également un moyen de production, le poids relatif du capital par rapport à celui du travail et la

[83] Entre « guillemets » car il y a du juridique en dehors des « *règles* ».

[84] Falk MOORE: "Processes of regularization give social reality permanent form (organization), order and predictability." Voir aussi DIAMOND.

[85] Voir KOIZUMI.

[86] Pour plus de détails concernant ces développements, voir HENRY, *Quo Vadis…*, note en bas de page 102.

[87] Voir Cebada ROMERO.

[88] Voir JESSUP ; SCHNORR.

somme des poids du capital et du travail par rapport à celui du savoir diminuent. Cela présente des avantages pour des entreprises non capitalistiques, telles que les coopératives. Mais, en même temps, le nucléus des coopératives est touché par des changements socio-psychologiques profonds. Le processus d'individualisation des personnes que l'urbanisation avec ses phénomènes de massification et de distanciation sociale provoque, trouve sa suite dans la multiplication exponentielle des possibilités de contacts avec des personnes avec lesquelles on ne sera en contact qu'une seule fois. Dans de telles situations, la formation d'institutions autour de la solidarité devient difficile. La facilité de contact offerte par les nouvelles formes de communication rend la (re)négociation continue des règles entre individus et entités juridiques possibles. Cela donne lieu à une empirisation du droit. Faute de volonté pour établir des relations durables, cela mène à la longue à des désinstitutionnalisations et, enfin, à une déconceptualisation du droit.

Section 2 : Irrespect de la règle du droit ou construction d'un droit vivant : les pratiques coopératives au Mali

David HIEZ,
Université du Luxembourg

La question de l'effectivité du droit est une question classique, aux côtés de sa légalité et de sa légitimité[89]. À grands traits, on peut dire que le juriste se préoccupe surtout de la légalité, tandis que la légitimité relève du philosophe et l'effectivité du sociologue. Ce découpage est toutefois le fruit de la spécialisation scientifique et le juriste, qu'il soit chargé de l'édiction, de l'application ou de l'étude des lois, ne peut se désintéresser de la légitimité ni de l'effectivité. Les travaux de légistique en fournissent d'ailleurs l'exemple[90].

Le droit africain offre une image particulière sous cet angle. Il est en effet souvent qualifié de droit d'importation, ou tiraillé entre son versant étatique, écrit, moderne, et son versant non étatique, oral, traditionnel[91]. Il y a de très nombreuses implications théoriques à ce problème, nous n'y insisterons pas ici. En partant de son ineffectivité, disons simplement qu'il y a des raisons de douter purement et simplement de la juridicité du droit étatique africain coupé des formes vivantes de juridicité[92].

Plus modestement, nous voudrions nous intéresser sous cet angle particulier à une règle précise, à titre d'exemple, l'Acte uniforme sur les sociétés coopératives, adopté par l'organisation pour l'harmonisation en Afrique du droit des affaires[93]

---

[89] F. OST et M. Van de KERCHOVE, *De la pyramide au réseau ? Pour une théorie dialectique du droit*, Bruxelles, Publications des Facultés Universitaires Saint-Louis (F.U.S.L.), 2002, p. 351 s.

[90] J.-L. BERGEL, *Méthodologie juridique*, PUF, 2001, ps. 269 s. PORTALIS, Discours préliminaire au Code civil.

[91] Le droit des affaires serait toutefois considéré comme ignoré du droit coutumier et donc plus ouvert au droit étatique : R. ADIDO, *Essai sur l'application du droit en Afrique : le cas de l'OHADA Aspects sociologiques et juridiques au vu du passé et du présent*, thèse Perpignan, 2000, n°s 14 bis s.

[92] E. LE ROY, *Le jeu des lois*, LGDJ, 1999.

[93] Pour une présentation générale de cet Acte uniforme : D. HIEZ et W. TADJUDJE, "The particularities of the OHADA cooperative Regulation", in *Cracogna*, Ficy, HENRY (dir.), *International handbook of cooperative law*, Springer, 2013, ps. 89-114; D. HIEZ et A. KENMOGNE (dir.), *Le droit OHADA des sociétés coopératives*, à paraître, PUAM, 2015 ; A-B. THIAM, « Aspects conceptuels et évaluation de l'Acte uniforme de l'OHADA relatif aux sociétés coopératives », *Rev. Ersuma*, numéro spécial nov.-déc 2011, p. 99 ; B. MARTOR,

Cet Acte uniforme est intéressant, car il constitue un effort pour adapter le droit aux besoins africains, ou du moins une attention juridique aux activités africaines, notamment dans leur versant rural[94]. Adopté le 15 décembre 2010, cet Acte uniforme est entré en vigueur le 15 mai 2011 et la fin de la période transitoire d'adaptation des coopératives préexistantes s'est achevée au 15 mai 2013.

Les difficultés d'application de ce texte sont nombreuses, et les raisons en sont multiples, partiellement communes à l'ensemble du droit africain[95]. Ce phénomène a déjà été étudié et nous voudrions donc porter notre regard sur un autre aspect : la relation que l'Acte uniforme entretient avec ses destinataires, ou plus largement les personnes qu'il implique. Il s'agit d'abord, naturellement, des coopérateurs eux-mêmes, en ce compris les coopératives. Mais cela vise aussi nécessairement les pouvoirs publics, dans la mesure où ceux-ci, nationaux, se distinguent de l'auteur de la règle, quand bien même leur statut serait ambigu puisqu'ils remplissent une fonction officielle dans la mise en application de cette règle.

La saisie de ces relations est délicate et nous l'avons tentée avec une grande modestie de moyens, ce qui fragilise certainement la valeur scientifique de nos conclusions.

Pour appréhender les relations entre l'Acte uniforme et les coopérateurs auxquels il est destiné, nous avons cherché à approfondir notre connaissance du fonctionnement réel des coopératives. Si les statuts constituent une première étape, elle s'avère très vite décevante puisqu'ils consistent pour l'essentiel dans la transcription des règles étatiques. Il est donc nécessaire d'opérer des enquêtes de terrain, ce qui requiert beaucoup plus de moyens. Nous avons donc mené des enquêtes auprès de six coopératives maliennes[96]. Les six coopératives opèrent dans le secteur agricole ; elles ne sont donc pas représentatives de toutes les coopératives. En revanche, elles peuvent arguer d'une diversité de situation : une union de coopérative pour cinq coopératives primaires, deux coopératives dans la circonscription de Bamako pour une, située à Fana et les trois autres autour de Niono, deux coopératives de femmes pour quatre traditionnelles, une coopérative de coton pour trois

---

Jurisclasseur droit comparé OHADA fasc. 2 « Organisation pour l'harmonisation en Afrique du droit des affaires (OHADA). – Droit des sociétés, comptabilité et contrat de transport », n°s 338 s. ; J. GATSI, *Le droit OHADA des sociétés coopératives*, L'Harmattan, 2011.

94 La réalité économique pourrait bien rappeler son poids et mettre au premier plan les coopératives d'épargne et de crédit en raison de leur importance économique mais le souhait premier des initiateurs de l'Acte uniforme se portait sur les coopératives les plus nombreuses, les coopératives paysannes.

95 D. HIEZ, « Le long processus d'élaboration du droit africain à travers l'exemple de l'Acte uniforme sur les sociétés coopératives », *Revue de la fondation Raponda Walker*, Palabres africaines, Libreville, 2014, ps. 249-275.

96 Les fiches tirées de ces enquêtes peuvent être demandées à l'auteur.

de riz et une de poisson et la dernière de polyculture traditionnelle. Les enquêtes ont consisté dans une discussion libre autour de l'activité de la coopérative et son organisation et fonctionnement concrets. Œuvre d'un juriste, ces enquêtes ne s'appuient pas sur une méthodologie sociologique canonique mais sur le simple souci de la rigueur[97]. Chaque étude de cas a donné lieu à un compte rendu qui fournit une image juridique des coopératives étudiées.

Parallèlement, afin de saisir les relations qui se nouent autour de l'Acte uniforme avec les partenaires impliquées dans sa mise en œuvre, nous avons recouru aux règles édictées au niveau national, mais elles ont été complétées par des prises de position publiques, des projets de texte ou des plans de développement. Des prises de position officielles des ONG ainsi que des organisations coopératives sont également utilisées.

L'ensemble peut sembler disparate mais il fournit un faisceau cohérent qui fait apparaître des concordances. En effet, il ressort de cette étude deux dysfonctionnements dans la mise en œuvre de l'Acte uniforme : tantôt la recherche fait apparaître une surcharge de l'AU, un surinvestissement, ce que nous proposons d'appeler une sureffectivité. D'un autre côté, l'application s'avère aussi défectueuse, donc ineffective. Ce sont ces deux aspects que nous allons approfondir.

Par. 1 : La sureffectivité de l'Acte uniforme sur les sociétés coopératives

La sureffectivité n'est pas une notion connue de la théorie juridique. Nous visons par cette expression l'appréhension ou l'application d'une règle au-delà de sa lettre. La sureffectivité prend la forme, du côté des destinataires de la règle, d'une surcharge juridique, un surcroît de contenu, accordée au texte lui-même. Du côté des autorités chargées de leur mise en œuvre, elles se manifestent par des ajouts à la lettre du texte, l'utilisation d'une liberté, réelle ou non, de bonne foi ou de mauvaise foi, pour accroître les obligations à la charge des destinataires. En ce sens, elle s'apparente à une instrumentalisation de la règle pour lui faire produire des effets souhaités par les seules autorités publiques nationales.

A. La surcharge juridique

Tous les contacts que nous avons eus avec les acteurs de l'espace OHADA, qu'il s'agisse des coopératives, des partenaires qui les

[97] Nul doute que cette lacune devra être comblée pour de futures enquêtes de terrain.

accompagnent (notamment les ONG), voire les fonctionnaires chargés de l'application des textes OHADA (à l'exception des responsables les plus informés), procurent une même impression : l'importance et la nouveauté de l'Acte uniforme sur les sociétés coopératives sont surestimées. L'affirmation doit être précisée, car nous ne voulons pas minimiser cet Acte uniforme. La grandiloquence et l'outrance qui entourent son appréhension sont toutefois suffisamment orientées pour retenir l'attention. Cette surestimation est certainement une des raisons de l'important investissement des milieux coopératifs africains dans la vulgarisation de l'Acte uniforme, qu'il s'agisse d'ateliers de formation[98], de sollicitations des pouvoirs publics pour des concertations[99] ou des demandes de réglementation[100].

Certes, l'Acte uniforme sur les sociétés coopératives introduit des changements importants dans certains pays, notamment dans les pays dont la législation n'avait pas subi les contrecoups de la libéralisation généralisée des années 1990[101], mais s'il y a un bouleversement, c'est essentiellement à propos du contrôle que l'État opérait sur les coopératives. Or l'impression de bouleversement est surtout exprimée à propos de la gouvernance coopérative (que ce soit dans la bouche des coopérateurs ou des représentants des pouvoirs publics), en insistant sur certaines dispositions particulièrement sensibles comme celles relatives au non-cumul des fonctions de dirigeants[102]. Pourtant, les innovations en la matière sont beaucoup moins radicales qu'en apparence. Ainsi, la question du non-cumul est vraisemblablement le fruit d'un malentendu[103]. Il conviendrait à l'inverse d'insister et approfondir les mutations dans le rôle des pouvoirs publics, désormais bien plus accompagnateur des coopératives que leur gendarme.

---

98 « Mali Défi sud ? » https://www.sosfaim.org/be/wp-content/uploads/sites/3/2014/09/defis_sud_107_annee_internationale_cooperatives.pdf (p. 19)

99 Niger http://www.ohada.com/actualite/2256/ohada-niger-compte-rendu-du-seminaire-national-sur-l-acte-uniforme-relatif-au-droit-des-societes-cooperatives-auscoop-de-l-ohada-les-17-et-18-juillet-2014-a-kollo.html

100 Sénégal 19 juillet 2013 « Droit des sociétés coopératives : les coopérateurs sénégalais attendent le décret d'application de l'acte de l'OHADA » www.lesoleil. → http://fr.allafrica.com/stories/201307191158.html

101 F. LARUE et T. GNING, « Le nouveau modèle coopératif dans l'espace OHADA : un nouvel outil pour la professionnalisation des organisations coopératives ? », *Fondation Farm*, 2014, ps. 26 s. http://www.fondation-farm.org/zoe/doc/farm_etude_ohada_ complet.pdf

102 L'article 300 de l'AU scoop interdit tout cumul de fonctions de direction au sein de plusieurs coopératives, comme en droit des sociétés. La difficulté provient de ce que les coopératives sont organisées en système fédéral, et que les représentants des coopératives de base dans les faîtières sont traditionnellement leurs dirigeants. Un amalgame est souvent fait entre ce cumul, peut-être discutable mais commun dans tous les pays, et une certaine tendance à l'inamovibilité présidentielle. Pour plus de détails, D. HIEZ, « Les affres de la gouvernance coopérative : de l'édiction de règles à leur mise en application », à paraître *in* D. HIEZ et A. KENMOGNE (dir.), *Droit des sociétés coopératives OHADA*, PUAM, 2016.

103 C'est du moins ce qui résulte de conversations informelles avec des rédacteurs de l'Acte uniforme.

Prenons un exemple concret d'affirmation erronée ou de nature à induire en erreur, issu d'un document technique : « Coopératives d'ananas Bénin et Togo »[104], élaboré en 2013 par le centre du commerce international (international trade center, ITC[105]). Ce document est significatif car il émane d'une organisation indépendante (sans naïveté quant aux précautions à prendre pour cette qualification). Or cette note technique relève : « L'Acte uniforme de l'Organisation pour l'harmonisation en Afrique du droit des affaires (OHADA) est arrivé pour lever l'équivoque : les organisations paysannes ou encore les organisations professionnelles agricoles ou les groupements pré-coopératifs ou encore les groupements à vocation coopératifs n'ont aucune existence juridique ».

Au pied de la lettre, ceci signifie que les organisations paysannes n'existent plus, affirmation extrêmement insécurisante pour les centaines ou les milliers d'organisations paysannes africaines. Il pourrait ne s'agir que d'une maladresse rédactionnelle puisque la note précise : « Ces organisations sont soit des coopératives et sont donc régies par l'Acte uniforme relatif au droit des sociétés coopératives de l'OHADA ou des entreprises ordinaires et régies par l'Acte uniforme relatif au droit des sociétés commerciales et les Groupements d'intérêt économique ». Les organisations paysannes n'ont donc pas disparu, nous sommes rassurés, la réalité est seulement qu'elles doivent revêtir des formes juridiques distinctes. Mais deux erreurs demeurent qui attestent du surinvestissement de l'Acte uniforme sur les sociétés coopératives. D'une part, l'affirmation n'est pas nouvelle ; elle a toujours été exacte, alors que la « note technique » affirme qu'il existait une confusion que l'Acte uniforme est heureusement venu clarifier. D'autre part, à côté des formes juridiques régies par l'OHADA que relève ladite « note technique », les organisations paysannes peuvent encore consister dans d'autres organisations, à commencer par les associations[106]. L'image transmise, dans un document qui se présente comme un guide de conseil et de vulgarisation[107], est clairement celle d'un acte juridique bouleversant, qui fait disparaître une situation antérieure pathologique par un remède radical.

Les propos d'un consultant lors d'un atelier à Vavoua en Côte d'Ivoire sont plus explicites encore : il s'agit « de mettre de l'ordre dans le milieu des coopératives, et de les soumettre au traité de l'OHADA et aux régimes

[104] http://www.intracen.org/Gestion-des-cooperatives-dananas---Benin-et-Togo/

[105] Il s'agit de l'organisme de coopération technique conjoint des Nations unies (représenté par la CNUCED), chargé de coordonner la coopération technique avec les pays en développement et les économies en transition dans le domaine de la promotion du commerce et du développement des exportations.

[106] Ce que relève d'ailleurs explicitement au Sénégal : Défi sud → https://www.sosfaim.org/be/wp-content/uploads/sites/3/2014/09/defis_sud_107_annee_internationale_cooperatives.pdf p. 21

[107] « Ce guide s'adresse aux administrateurs des coopératives à vocation commerciale et constitue un outil de base pour une bonne gestion pratique de leurs structures »… → http://www.intracen.org/Gestion-des-cooperatives-dananas---Benin-et-Togo/

fiscaux »[108]. L'image en elle-même est culpabilisante et castratrice, mais elle est en plus inexacte. Cette connotation de l'AU scoop n'a rien d'isolé et correspond au contraire à tous les propos informels qui nous ont été rapportés.

Le plus significatif est certainement la question de la gouvernance. Il est classique d'affirmer que les coopératives africaines souffrent d'un déficit de gouvernance. (Nous verrons plus loin que cette affirmation mérite d'être approfondie.) Dans ce contexte, la réaffirmation par l'Acte uniforme sur les sociétés coopératives des principes coopératifs est systématiquement mise en avant, et le message sous-jacent que ceci est porteur d'améliorations pour toutes les coopératives. Mais l'insinuation se comprend très mal. En effet, les dispositions en matière de gouvernance ne sont pas innovantes dans leur substance par rapport aux dispositions nationales antérieures[109]. Les problèmes de gouvernance qui existent au sein des coopératives procéderaient de l'irrespect des textes, autrement dit de leur ineffectivité. Le plus souvent, les statuts des coopératives reproduisent ou s'inspirent des lois applicables, ce qui n'empêche pas une application sélective des statuts eux-mêmes dans les pratiques. Sous cet angle, l'apport de l'Acte uniforme est difficile à percevoir. En effet, à moins d'une évolution radicale des politiques publiques, que le manque chronique de moyens rend invraisemblables, les décalages qui pouvaient exister à l'égard des textes nationaux se retrouveront par rapport à l'Acte uniforme : les statuts s'y conformeront, ce qui ne préjuge pas des pratiques réelles.

Dans tous nos rapports avec les coopérateurs, nous avons dû ramener l'Acte uniforme à de justes proportions, et les obligations nouvelles des coopératives à la seule conformation de leurs statuts aux nouvelles dispositions. Il n'est naturellement pas question d'inciter les destinataires de la règle à s'en écarter et à ne privilégier qu'un respect de façade ; mais il n'est pas plus opportun de présenter l'Acte uniforme comme un acte purement contraignant. Et le discours de certains fonctionnaires n'est pas empreint de cette information éclairante : « C'est dire qu'à partir du 17 mai 2013, aucun des groupements agréés actuellement n'a plus d'existence légale, s'il ne se conforme pas aux dispositions de la loi »[110]. Cette affirmation est en totale contradiction avec l'Acte uniforme sur les sociétés coopératives, qui ne prévoit comme sanction à l'absence de modification des statuts que le caractère réputé non écrit des clauses statutaires contraires (art. 395 de l'Acte uniforme sur les sociétés coopératives).

---

108 Abidjan.net → http://news.abidjan.net/h/469682.html

109 Elles sont même parfois au contraire plus libérales.

110 M. LAWANI, directeur régional de l'agriculture, de l'élevage et de la pêche-plateaux, lors d'un atelier du 4 au 8 juin 2013 à Atakpamé (Togo)→ http://www.ctoptogo.org/articles Suite.php?id_art=68&id_type=2

B. L'instrumentalisation étatique

La principale caractéristique de l'OHADA consiste dans sa dimension régionale, c'est-à-dire une dimension qui échappe à l'État. Tandis que les textes nationaux sur les coopératives ont toujours impliqué les services compétents en la matière, la machinerie OHADA est soumise à d'autres habitus. Les seuls ministères impliqués sont les ministères de l'Économie et de la Justice, deux ministères qui n'ont en général aucune expérience en matière coopérative. Du côté de l'OHADA, on insiste sur le caractère plus participatif de l'élaboration de l'Acte uniforme sur les sociétés coopératives par rapport aux actes uniformes antérieurs[111] ; de fait, trois conférences ont eu lieu avant son adoption, il n'y a d'ailleurs eu pas moins de trois versions de l'Acte uniforme, et tout ceci a même failli faire capoter le processus. Pourtant, les sentiments à l'échelon national sont tout autres, simplement parce que les personnes institutionnellement compétentes ont été exclues.

Or ceci n'est pas sans incidence au regard de la mise en œuvre de l'Acte uniforme. Les fonctionnaires en charge de cette application lui sont étrangers, ce qui induit des erreurs juridiques parfois grossières. Mais il est permis de se demander si, par-delà ces scories, les fonctionnaires un temps dépossédés du dossier ne souhaitent pas réaffirmer leur autorité. C'est en tout cas ce qu'exprime explicitement Mamadou Coulibaly, représentant du ministre burkinabé de l'Agriculture lors d'un atelier national de réflexion des organisations coopératives les 3 et 4 octobre 2013[112] à propos des dispositions règlementaires nationales à adopter : celles-ci doivent garantir « à l'État l'exercice adéquat et efficient de son rôle régalien envers les organisations à caractère coopératif ».

Dans cette perspective, l'Acte uniforme constitue un instrument parfait : il dispose d'une aura particulière derrière laquelle il est possible de s'abriter, quitte à forcer un peu son utilisation pour faire aboutir ses propres objectifs. Prenons quelques exemples pour illustrer ces phénomènes.

Le premier exemple peut être pris dans le droit du pays qu'on peut considérer comme le meilleur élève normatif en la matière : le Gabon. À notre connaissance, il est le seul pays à avoir à ce jour adopté un texte d'application de l'Acte uniforme, et il l'a fait dès 2011[113]. En dehors des dispositions de ce décret, le ministère de l'Agriculture gabonais, désigné comme en charge des coopératives et de leur registre, a instauré des règles relatives au capital des coopératives. Les coopératives simplifiées doivent réunir un capital minimum de trente mille francs, et les coopératives à

---

111 M. TSAGUÉ, « La genèse de l'AUscoop », *in* D. HIEZ et A. KENMOGNE (dir.), *op. cit.*

112 Le quotidien A|waga.com, 4 oct. 2013. → http://news.aouaga.com/h/15184.html?fb_comment_id=340275879450804_1926335#f3e853dc96fb7a4

113 Décret n° 01295/PR/MAEPDR, du 6 décembre 2011, portant désignation de l'autorité chargée de la tenue du registre des sociétés coopératives en République gabonaise.

conseil d'administration de cent cinquante mille francs[114]. Or l'Acte uniforme sur les sociétés coopératives ne détermine aucun capital minimum et renvoie dans de nombreux articles cette détermination aux statuts. L'article le plus significatif est l'article 53 : le capital social initial est indiqué dans les statuts qui déterminent son montant.

Il est vrai que l'Acte uniforme sur les sociétés commerciales et le groupement d'intérêt économique est encore plus clair, puisque son article 65 dispose : « Le montant du capital social est librement déterminé par les associés », ce qui n'a pourtant pas empêché les discussions sur une détermination d'un capital minimum par les États[115]. La conformité de la solution gabonaise à l'OHADA peut être discutée, le silence de l'Acte uniforme ne s'interprétant pas nécessairement comme une licence laissée aux États, la référence aux statuts pouvant s'entendre comme la consécration d'une liberté statutaire, ce que confirmerait la tendance généralisée à la disparition des règles relatives au capital minimum. Dans le cas gabonais, les montants exigés ne paraissent toutefois pas disproportionnés et peuvent se réclamer de la volonté de garantir un minimum d'engagement des coopérateurs. C'est en tout cas la marque de la volonté étatique de continuer d'intervenir dans la gestion du secteur.

Le second exemple est tiré du Togo, où le ministère avait établi en 2012 un guide de vulgarisation[116]. Celui-ci fait apparaître des erreurs manifestes, notamment concernant le nombre d'associés : du nombre minimum de quinze associés fixé par l'Acte uniforme sur les sociétés coopératives pour les coopératives à conseil d'administration (art. 267), le guide considère quatorze comme le nombre maximum pour les coopératives simplifiées. Quant au capital social, un montant minimum est fixé comme au Gabon, mais à une hauteur beaucoup plus problématique : un million pour les Scoops, cinq millions pour les Scoopca. Sous la pression des organisations paysannes et des ONG, il semblerait que le ministère soit toutefois revenu sur ses intentions, mais la nouvelle direction n'est pas encore claire.

Le troisième exemple concerne une question juridiquement plus délicate et pratiquement importante : les modalités d'application de l'Acte uniforme aux diverses coopératives en fonction de leurs activités, et particulièrement aux coopératives d'épargne et de crédit. L'Acte uniforme sur les sociétés coopératives esquisse les contours de la coordination des textes applicables en réservant explicitement l'application d'autres textes à l'exercice des activités bancaires (art. 2 al. 2). Claire dans son principe, la mise en œuvre

---

[114] Il ne nous a pas été possible de retrouver l'arrêté ministériel qui pose ces règles, en dépit d'une consultation directe sur place, avec promesse d'envoi de photocopie.

[115] R. ADIDO, *Essai sur l'application du droit en Afrique: le cas de l'OHADA, Aspects juridiques et sociologiques au vu du passé et du présent*, thèse Perpignan, 2000, n°s 368-369.

[116] Ministère de l'Agriculture, de l'Élevage et de la Pêche. Guide de vulgarisation des canevas de nouveaux textes et dispositions sur les Sociétés coopératives agricoles au Togo.

pratique de cette coordination s'avère délicate et les premières études qui y sont consacrées[117] n'ont pas aplani toutes les zones d'ombre. Mais ces difficultés juridiques n'éclairent pas spécialement notre propos.

Plus intéressante est la compréhension que plusieurs organismes ont mise en avant. C'est d'abord le cas du ministère sénégalais de l'Économie et des Finances (direction de la réglementation et de la supervision des systèmes financiers décentralisés), dans une note sur l'agrément des sociétés coopératives de l'OHADA[118]. Cette note tire argument du renvoi explicite de l'Acte uniforme sur les sociétés coopératives à d'autres règles pour reproduire une solution nationale antérieure qui consistait à soumettre les coopératives œuvrant dans le domaine financier à un régime autonome. Ceci conduit les rédacteurs de la note à refuser aux coopératives OHADA la possibilité de fournir ces services, sauf à bénéficier d'une autorisation exceptionnelle, prévue par la loi sénégalaise. La soumission à des conditions particulières supplémentaires est parfaitement conforme à l'Acte uniforme sur les sociétés coopératives, y compris l'exigence d'un agrément supplémentaire. En revanche, disqualifier les coopératives OHADA est totalement contraire à l'Acte uniforme, tout comme l'interprétation qui laisse perdurer des coopératives réglementées par la seule loi bancaire sénégalaise. Une telle solution revient à faire échapper au champ d'application de l'Acte uniforme, sans fondement, un grand nombre de coopératives, qui plus est financièrement puissantes, et renvoie en conséquence les coopératives à leur misère.

La combinaison des niveaux régional, national et sous-régional soulève d'importantes questions mais elles ne se résoudront pas par l'évacuation du droit OHADA. Cette prise de position n'est pourtant pas isolée et se retrouve à l'identique en République démocratique du Congo. La commission nationale OHADA affirme ainsi dans un guide de vulgarisation[119] : « Coopératives d'épargne et de crédit. Elles échappent à l'empire de l'Acte uniforme du 15 décembre 2010 relatif au droit des sociétés coopératives et restent donc régies par les lois nationales ».

Le dernier exemple est plus caractéristique de la sureffectivité construite par les États-parties à l'OHADA. Il s'agit des groupements souvent qualifiés de pré-coopératifs tels qu'on les retrouve au Burkina Faso, au Bénin, au Cameroun… Jusqu'à présent, seul le Cameroun semble avoir officiellement appréhendé leur sort au regard de l'Acte uniforme sur les sociétés coopératives, et son positionnement est très discutable. Dans un premier temps, le ministre a exigé la transformation de tous les groupements d'intérêt communautaire en coopératives au nom de l'OHADA : « Il faut que les GIC

---

[117] H. Zouatcham, *Le cadre juridique de la société coopérative d'épargne et de crédit dans l'espace OHADA*, thèse, Toulouse, 2014.

[118] http://drs-sfd.gouv.sn/sitedrs/documents/Publications/note_sur_lagrements_des_societe_cooperative_OHADA_et_IMCEC.pdf

[119] http://biblio.ohada.org/pmb/opac_css/doc_num.php?explnum_id=959

se muent en société coopérative car le Cameroun est un État membre de l'OHADA et depuis le 15 mai 2013, l'Acte uniforme de l'OHADA relatif aux sociétés coopératives s'impose à tous les pays membres et à toutes les organisations qui s'y trouvent ».

Cette affirmation tonitruante a produit son effet, ce qui n'est guère surprenant quand on connaît le nombre et le poids des groupements d'intérêt communautaire. Pourtant, le lien établi entre l'Acte uniforme sur les sociétés coopératives et l'obligation pour les groupements d'intérêt communautaire de se transformer en coopérative n'a pas de fondement juridique solide. En effet, l'Acte uniforme n'y fait aucune allusion. Même si les rédacteurs de l'Acte uniforme sur les sociétés coopératives destinaient les coopératives simplifiées aux groupements pré-coopératifs, ils ne l'ont écrit nulle part. La seule abrogation édictée par l'Acte uniforme (art. 396) concerne « toutes dispositions légales contraires aux dispositions du présent Acte uniforme ». Et il n'est pas du tout évident que les dispositions applicables aux groupements d'intérêt communautaire soient contraires à l'Acte uniforme, sauf à considérer que les groupements d'intérêt communautaire sont des coopératives, ce que le législateur avait précisément évité.

La presse camerounaise s'est d'ailleurs fait l'écho de ces doutes[120]. Il est parfaitement possible que le Cameroun décide de soumettre les GIC à l'AU scoop, rien n'interdit à un État-partie d'étendre le champ d'application d'un Acte uniforme, mais il s'agit d'une décision camerounaise qui ne découle en rien de l'Acte uniforme sur les sociétés coopératives lui-même. L'administration camerounaise semble avoir abandonné sa première analyse. Fabien BILOA, inspecteur général du développement rural au ministère camerounais de l'Agriculture et du Développement, affirmait ainsi en janvier 2014 que l'Acte uniforme « ne reflète pas les réalités des organisations des coopératives camerounaises, parce que n'incluant pas les GIC, par exemple »[121].

On le voit, l'élaboration du droit africain, si on ne s'arrête pas à l'édiction de la norme étatique, est le résultat d'un jeu d'acteurs au sein duquel les destinataires ne sont pas exclus. Les exemples du Cameroun et du Togo sont significatifs à cet égard. Dans les deux pays, les pouvoirs publics ont changé leur orientation à la suite des pressions exercées par les coopérateurs ou les membres des groupements pré-coopératifs. Certes, la concertation prend une forme inofficielle, puisqu'elle intervient assez souvent au cours d'ateliers de formation pendant lesquels, en pratique, les fonctionnaires approfondissent leurs connaissances du terrain et enregistrent les doléances des participants.

---

[120] Voy. http://www.lavoixdupaysan.org/lejournal/actualite.php?subaction=showfull&id=1379931532&archive=&start_from=&ucat=1&

[121] Assiatou NGAPOUT, « Vers une meilleure harmonisation du fonctionnement des sociétés coopératives ? », in https://www.cameroon-tribune.cm, Version en ligne consultée le 1er décembre 2015.

La passivité des destinataires de la règle est donc pour partie erronée. Il en est de même du classique irrespect endémique des règles par les mêmes destinataires.

Par. 2 : L'ineffectivité de l'Acte uniforme sur les sociétés coopératives

Dans cette partie, nous voudrions tirer quelques enseignements des enquêtes de terrain que nous avons conduites au Mali en 2013 et 2014. Or il nous semble que deux conclusions s'en infèrent : d'une part, des inadaptations de l'Acte uniforme doivent être mises en avant, d'autre part, un regard plus concret doit être porté sur les fonctions du formalisme auquel les coopératives peinent effectivement à se soumettre.

A. Quelques inadaptations de l'Acte uniforme sur les sociétés coopératives

Nous voudrions tout d'abord nuancer une affirmation très généralement faite sur l'absence de participation des coopérateurs à la vie organisationnelle des coopératives et conséquemment les lacunes du contrôle démocratique. Nous avons conscience que nos propos sont en totale contradiction avec les analyses habituelles et ceci doit conduire à une extrême prudence, d'autant que nos constatations ne s'appuient pas sur des enquêtes représentatives. Nous excluons le champ considérable des coopératives d'épargne et de crédit, avec lesquelles nous n'avons pas eu de contact direct, et dont la technicité des opérations et le caractère éphémère des relations économiques entre les coopérateurs et la coopérative confèrent une physionomie particulière.

En dehors de ces coopératives, nous avons été frappés par la participation collective. Les enquêtes que nous avons menées ont consisté dans des réunions au sein des coopératives, qui ont duré de deux à quatre heures, et auxquelles ont participé une dizaine à une trentaine de personnes, et en général plus près de la trentaine. Il ne s'agissait pas d'assemblées générales et il ne faut pas sous-estimer l'attrait de l'intervenant étranger. Il n'est toutefois pas possible de concevoir que les dirigeants des coopératives aient pu mobiliser autant de coopérateurs s'il n'existait pas une vie coopérative régulière.

S'agissant des assemblées générales, les propos recueillis sont sans ambiguïté : tous les coopérateurs y participent, à l'exception, marginale, des personnes malades ou justifiant d'une excuse valable. La participation à l'assemblée générale est considérée comme importante, en sorte que, dans la coopérative « femmes en action », le déplacement des coopératrices situées dans des campements éloignés (à 200 km environ) est pris en charge financièrement par la coopérative, comme celui des administratrices au conseil d'administration.

De même, la régularité des assemblées générales est remarquable. Non seulement toutes les coopératives organisent l'assemblée générale annuelle, mais en outre les coopératives liées aux campagnes agricoles tiennent deux assemblées générales annuelles, l'une au début de la campagne et l'autre à la fin. L'union enquêtée organise même trois assemblées générales, la 3e en milieu de campagne. Cette régularité s'explique par le caractère opérationnel des assemblées générales : elles servent à la coordination des opérations collectives au sein de la coopérative. Il y a certainement là la trace d'une faiblesse des coopératives qui peinent à avoir une stratégie de développement de leurs activités et se cantonnent trop souvent au maintien d'une situation précaire, mais ceci n'est pas une question juridique ni à proprement parler la conséquence d'une gouvernance défaillante.

Cette question de la tenue des assemblées générales est l'occasion de relever une première inadaptation de l'Acte uniforme sur les sociétés coopératives aux réalités africaines, du moins dans le monde rural. Très classiquement, la convocation aux assemblées générales doit être faite 15 jours avant l'assemblée générale et comporter l'ordre du jour. Nous en connaissons bien la raison d'être : permettre aux membres de programmer leur participation, consulter les documents qui serviront de base aux discussions et se faire une opinion sur les décisions à prendre. Les justifications sont parfaitement convaincantes, et je les trouve moi aussi très bonnes et n'avais pas imaginé qu'elles puissent être remises en cause. Certes, il n'est pas exceptionnel que les délais ne soient pas respectés, en Europe comme en Afrique, surtout en ce qui concerne la remise des documents. Mais la pratique que nous avons découverte est très différente : la convocation est faite au maximum trois jours avant l'assemblée ; une coopérative avait pris l'initiative de passer à des convocations une semaine à l'avance mais y a renoncé à cause de l'absentéisme que cela a induit. La raison en est aussi simple qu'inattendue : les convocations anticipées sont oubliées et les membres ne se souviennent plus de l'existence de l'assemblée.

Ceci suscite plusieurs remarques. D'un côté, on peut y voir la faible importance de l'assemblée générale, eu égard à l'attention qu'elle recueille, encore qu'il ne faut pas oublier que l'assemblée réunit des personnes issues d'une même communauté qui se rencontrent très régulièrement, ce qui lui fait perdre son caractère exceptionnel. Mais, surtout, il faut sans doute rattacher ce fait à une autre organisation du temps, et notamment l'absence d'agenda et de tout ce qui l'entoure. Cette réalité n'est sans doute pas la même dans toute l'Afrique, notamment dans les grandes villes, mais les coopératives rurales sont suffisamment nombreuses pour qu'il en soit tenu compte ; la difficulté est dès lors de traduire juridiquement cette particularité. Il serait en effet néfaste de laisser à l'identique une disposition ineffective parce qu'inadaptée, ceci banaliserait l'irrespect de la règle qui perd ainsi de son autorité, alors que la règle est elle-même la cause de cette inapplication.

Il convient donc de l'assouplir, tout en fixant des limites strictes à cette dérogation à la règle générale. Faute d'expérience en dehors des coopératives agricoles, nous suggérons de cantonner l'exception à celles-ci. De plus, même en leur sein, peut-être faut-il la réserver aux coopératives de base. Notre enquête n'a porté que sur une seule union et a donc encore moins de valeur de ce chef, mais l'ineffectivité s'y est affirmée avec moins de force : si le délai de quinze jours n'est pas respecté, ceci résulte moins d'un calcul réfléchi que de difficultés matérielles, comme trouver de l'essence pour la moto avec laquelle les convocations sont transmises, oralement. En outre, les raisons qui justifient en général le délai de quinze jours sont plus fortes encore ici, puisqu'il peut être utile aux représentants de la coopérative de base de consulter d'autres coopérateurs en vue de la réunion de l'union.

Quant à la substance de la disposition, il nous semble qu'elle pourrait consister à autoriser d'autres modalités de la convocation, à la condition que celles-ci soient définies dans les statuts, et qu'elles garantissent l'information de tous les coopérateurs et leur participation à l'assemblée générale. La détermination statutaire est un bon moyen pour s'assurer que la solution sera discutée, au moins au moment de l'adoption des statuts. La preuve de la convocation restera à la charge de la coopérative, preuve qui pourra être rapportée par tous les moyens, donc par le témoignage convergent des coopérateurs. La spécification de l'ordre du jour au moment de la convocation ne soulève pas davantage de difficultés, cette communication pouvant se faire oralement ; le caractère opérationnel des assemblées générales relevé plus haut atténue l'intérêt de l'attention à l'ordre du jour ; les coopérateurs ne comprennent d'ailleurs pas immédiatement cette préoccupation puisque l'ordre du jour est tous les ans le même.

Un second exemple de l'inadaptation de l'Acte uniforme sur les sociétés coopératives concerne la personne des coopérateurs, encore que cette inadaptation ne lui soit certainement pas spécifique mais révèle plus profondément l'absence de réflexion juridique approfondie sur les réalités africaines. Les coopérateurs sont, aux termes de l'article 7 de l'Acte uniforme, toute personne physique ou morale, à la condition qu'elle ne fasse « l'objet d'aucune incapacité juridique conformément aux dispositions de la loi nationale de chaque État partie ».

La solution est évidente en apparence. Elle ne correspond toutefois pas à la réalité ; les coopérateurs utilisent d'ailleurs un autre mot pour désigner leur réalité : les coopérateurs sont les « exploitants »[122]. Cela n'est ni restrictif ni exclusif, le terme ne sert qu'à désigner la situation la plus fréquente des coopérateurs. Or l'exploitant n'est, *stricto sensu*, ni une personne physique ni une personne morale. Il s'agit de la famille, la petite communauté qui vit sur une exploitation et grâce à elle. Cette famille est dirigée par son chef, l'ancien, mais celui-ci délègue le plus souvent son autorité dans les affaires professionnelles à l'un de ses fils, souvent le plus âgé. Nous n'avons pas approfondi l'étendue de cette délégation, qui échappe à la question coopérative, mais la conséquence est que la personne qui participe à la coopérative le fait au nom de la famille, et toutes les références objectives qui servent de base à divers calculs, comme la quantité de riz produit, le nombre d'hectares de l'exploitation, sont comprises par tous comme se rattachant à cette famille.

En apparence, il n'y a pas de grande incidence et l'on pourrait seulement regretter une imprécision terminologique. Il n'en est rien, et plusieurs mécanismes de l'Acte uniforme sur les sociétés coopératives sont mis à mal par le fonctionnement réel. Tout d'abord, les droits et les obligations mis à la charge du coopérateur le sont en réalité à celle de la famille, encore que cela ne fasse pas beaucoup de différence en pratique, dans la mesure où il ne viendrait à l'esprit de personne d'autre dans la famille d'exécuter une obligation que son chef n'aurait pas respectée. Mais les marques les plus évidentes de l'inadaptation apparaissent au moment du changement de représentant de la famille. En cas de décès, de mariage avec déménagement (extrêmement rare), de brouille familiale avec disgrâce, bref si la personne en charge de diriger l'activité professionnelle change, il devrait y avoir sortie d'un coopérateur et procédure d'adhésion d'un nouveau coopérateur. Ceci serait lourd et n'aurait absolument aucun sens, et il n'est jamais procédé à ces opérations.

La difficulté provient de l'impossibilité de faire rentrer l'exploitation, ou la famille exploitante, dans l'une ou l'autre des catégories de personne physique ou de personne morale. La personne physique ne correspond évidemment pas à un groupe, et la personne morale est conçue pour un autre contexte, celui des regroupements volontaires, formalisés. L'applicabilité du droit à la famille africaine requerrait de repenser la notion de sujet de droit, et il conviendrait de commencer par s'interroger sur l'opportunité d'une telle rénovation. Nul doute en effet que, en contrepoint de l'attrait de cette solution, les difficultés techniques qu'elle engendre pourraient bien être le signe de difficultés philosophiques qui en rendent la praticabilité douteuse. En attendant, l'Acte uniforme sur les sociétés coopératives ne peut être

---

[122] Il faut préciser que cette particularité est liée à l'organisation sociale de la famille et, en conséquence, ne se retrouve pas au sein des coopératives féminines. Les femmes, qui ne représentent pas la famille, participent à la coopérative en leur seul nom propre, n'engagent que leur propre activité.

adapté. Dans les coopératives que nous avons étudiées, personne n'y voyait de difficulté et aucun différend ne s'est jamais élevé à ce propos, mais la situation pourrait bien être très différente dans d'autres coopératives, à commencer par les coopératives de logement, compte tenu du lien plus étroit qu'elles font apparaître entre la personne du coopérateur et la titularité des droits liés à cette qualité.

Ces exemples montrent, nous l'espérons, que l'ineffectivité ne se résume pas au respect des règles, elles incluent la règle elle-même dans le jeu complexe qui s'institue entre la règle et ses destinataires. La règle ineffective est le plus souvent une règle inadaptée. Sous cet angle, une difficulté particulière résulte de la formalisation du fonctionnement des coopératives.

B. Les difficultés de la formalisation

La formalisation accompagne classiquement la complexification, dans un processus qui tend à domestiquer cette complexité afin de favoriser la maîtrise par les sujets. Dans une coopérative, l'absence de forme se traduit par une comptabilité inexistante ou défaillante, l'absence de traces écrites des délibérations et des décisions. Or ce défaut rend difficile ou impossible la réflexion stratégique faute de données fiables, interdit l'information des coopérateurs et donc leur contrôle démocratique. Dès lors, elle est nécessairement appréhendée comme problématique. L'impréparation des coopérateurs à affronter ces difficultés, dont l'analphabétisme est le trait le plus médiatisé, ne doit pas être laissée de côté. Pourtant, si l'éducation doit certainement être développée, ses bienfaits ne peuvent être immédiats et il est illusoire d'attendre ce futur éloigné, et il n'est pas sérieux de rejeter purement et simplement le temps présent dans l'ombre du droit ineffectif.

Certes, les actes uniformes ne sont pas totalement sourds aux particularités africaines, comme en atteste la reconnaissance de la signature par apposition de l'empreinte digitale (AU scoop, art. 10 al. 3). Mais il n'est pas besoin d'être grand clerc pour voir que la solution est insatisfaisante : comment imaginer que l'empreinte ainsi recueillie soit fiable ? Elle n'est pas sans intérêt ; peut-être donne-t-elle au signataire la conscience de sa participation ? Mais elle manque totalement à la fonction habituellement attribuée à la signature. L'Acte uniforme sur la comptabilité connaît trois niveaux de règles pour chercher à s'adapter à la taille de l'entreprise et donc aux charges financières qu'elle peut supporter pour la tenue de la comptabilité. Il n'est toutefois pas certain que ceci soit suffisant pour permettre le respect des règles comptables.

Nous n'avons pas la compétence, ni le temps dans ces quelques lignes, pour fournir des orientations précises pour des solutions innovantes. Nous nous contenterons donc de deux remarques, tenant à la fonction du formalisme et à l'heureuse structuration du mouvement coopératif en réseaux.

Le détour par les fonctions du formalisme est essentiel, dans la mesure où le formalisme ne doit pas être recherché pour lui-même. Il n'a de sens que par son but, et il est permis de se demander si ce ou ces buts ne peuvent être atteints par d'autres voies. Le formalisme correspond à plusieurs finalités, que nous résumerons ainsi. Tout d'abord vis-à-vis des tiers, il garantit la fiabilité des actes passés et leur connaissance. À ce titre, il peut difficilement être éludé, et il n'est pas certain qu'il le soit par les coopératives africaines, du moins pour les actes les plus importants.

Plus délicat est le formalisme interne à la coopérative. Celui-ci est destiné tout à la fois à fixer la vie coopérative et à constituer une base pour les décisions futures. En effet, faute de chiffre d'affaires connu, d'un relevé de décisions, d'une liste des adhérents, il est difficile pour les coopérateurs de se projeter. Tous ces documents ne semblent pas faire défaut. Les assemblées générales donnent lieu à des comptes-rendus, tout comme les conseils d'administration. Il existe souvent un livre des coopérateurs où sont inscrites leurs diverses transactions avec la coopérative.

Il faut toutefois relever deux limites. D'une part, l'analphabétisme de la plupart des coopérateurs ne leur permet pas d'y avoir accès. D'autre part, le faible développement des activités coopératives, centrées sur la collecte des récoltes et la fourniture de crédit, ne fournit pas de nombreuses informations à enregistrer. Il n'est pas exclu, dans ces conditions, que la faible formalisation soit le fruit d'un faible besoin, ce qui nous ramène à l'utilité de susciter une stratégie plus ambitieuse de la part des coopératives. C'est en dehors du droit mais ceci pourrait bien impliquer naturellement un plus grand respect des règles puisqu'elles trouveraient alors leur pleine utilité.

Nous voudrions par ailleurs insister sur une force du mouvement coopératif dont il n'est pas sûr que l'Acte uniforme sur les sociétés coopératives utilise suffisamment les potentialités. Il s'agit de l'organisation en faîtières. En effet, ce système structuré est un acteur particulièrement opportun pour accompagner les coopératives dans des processus délicats, par exemple, la formalisation. Un partenariat pourrait être promu entre les pouvoirs publics et les faîtières, avec une répartition des compétences claire. L'Acte uniforme définit déjà des compétences spécifiques pour les fédérations et les confédérations, il reste possible d'aller plus loin dans les services qui peuvent être assurés au profit des coopératives de base (tenue de comptes, développement stratégique...). Il est frappant que l'Acte uniforme sur les sociétés coopératives ne comporte aucune trace de la révision coopérative, qu'on trouve pourtant dans la plupart des législations au niveau international[123].

De cette rapide étude, deux types de conclusions peuvent être tirés, concernant d'un côté les coopératives, de l'autre le droit.

Quant aux coopératives, il nous semble que la focalisation sur les aspects juridiques est suffisante. Le fonctionnement des coopératives est satisfaisant sous cet angle. De toute évidence, toutes les coopératives ne fonctionnent pas de la même manière. Mais notre intuition, qui demande à être vérifiée, est que les coopératives qui dysfonctionnent sont celles qui n'ont pas d'activité réelle, voire pas d'existence. Les ministères africains, comme les organisations coopératives, savent bien qu'il existe des coopératives d'aubaine, des milliers dans certains pays, effet pervers de certaines politiques publiques ou, plus encore, d'incitations des organisations internationales. Même dans les coopératives qui fonctionnent correctement, le développement de l'activité peut être un critère de l'étendue de la formalisation.

Avec l'aide des ONG, les mouvements coopératifs ont acquis une maîtrise significative de l'Acte uniforme qui leur est dédié. Elles sont même fréquemment en avance sur les pouvoirs publics : nombre de coopératives sont prêtes à modifier leurs statuts pour se conformer à l'Acte uniforme, tandis que les registres pour les immatriculer sont encore inexistants. Mais la maîtrise du droit va plus loin. En effet, la compréhension de l'Acte uniforme, sa connaissance sont souvent mieux disséminées au sein des mouvements coopératifs que dans l'administration : certains fonctionnaires sont très compétents mais la diffusion est très lente. Cette bonne connaissance par les coopératives constitue un avantage, et elle a certainement joué dans leur capacité à faire évoluer des positions publiques défavorables ou erronées. Mais cette supériorité apparente peut aussi avoir des conséquences négatives, puisque le droit est avant tout celui qu'applique l'administration, fût-il différent de celui inscrit dans les normes étatiques, dans la mesure où les recours sont, au moins à court terme, illusoires.

Quant au droit, plusieurs observations doivent être faites. Tout d'abord, ce n'est pas une surprise, son élaboration ne s'arrête pas à l'adoption d'un Acte uniforme, puisqu'il faut encore que celui-ci soit articulé avec les règles nationales et que les mesures de mise en œuvre soient prises. Et le niveau national est l'occasion de l'établissement d'un rapport de force auquel les acteurs ne sont pas prêts au plan international. Ce rapport de force emprunte certains éléments de la coconstruction des politiques publiques, quoique de façon contrainte. Les destinataires de la règle ne sont donc pas totalement passifs ou rétifs à son application, ils peuvent se l'approprier en participant, d'une façon ou d'une autre, à son élaboration.

---

[123] Il est vrai qu'elle n'était pas toujours connue non plus des législations africaines nationales antérieures, mais ceci était au moins pour partie lié au contrôle étatique.

Le contenu du droit manifeste lui aussi la nécessité d'un rapprochement du droit et de la réalité. Nous avons vu des exemples d'inadaptation du droit en raison de l'ignorance des réalités concrètes et, peut-être, de l'absence de volonté de les connaître. Il nous semble que des pistes de recherche émergent, par exemple, au regard de la notion de sujet de droit en Afrique, mais plus généralement des recherches plus empiriques afin de remettre le droit en contact avec les faits auxquels il est destiné.

Section 3 : Les enjeux de l'évaluation du droit dans la zone OHADA : le cas du droit des contrats

Julie PAQUIN, Professeure adjointe,
Section de droit civil, Faculté de droit,
Université d'Ottawa

Selon l'approche « *droit et développement* » développée au début des années 1990 par la Banque mondiale et adoptée par la suite par de nombreuses organisations nationales et multinationales d'aide au développement, l'exécution des contrats est, avec la protection des droits de propriété, une des pierres angulaires du développement économique. Cependant, force est de constater qu'en ce qui concerne l'OHADA, le droit des contrats demeure un élément négligé de la réforme entreprise il y a vingt ans. Ainsi, la liste des matières entrant dans le domaine du droit des affaires dressée à l'Article 2 du Traité OHADA ne fait aucune mention du droit des contrats, qui se trouve relégué au statut d'« *autre matière* » pouvant être incluse dans le cadre de la réforme, au gré du conseil des ministres. De plus, bien qu'un projet de rédaction d'un Acte uniforme sur les contrats ait été amorcé dès 2002, cet acte n'est toujours pas en vigueur à ce jour[124].

Dans le cadre du présent texte, notre objectif n'est pas d'expliquer le statut du droit des contrats dans la structure générale de la réforme OHADA, d'évaluer les mérites de l'Acte uniforme proposé ou de déterminer les raisons qui ont retardé son adoption. Notre ambition est plutôt de fournir des indications relatives aux conséquences éventuelles de la mise en œuvre d'un tel Acte uniforme dans les États membres. Plus précisément, il s'agit ici de déterminer quels pourraient être les effets d'un éventuel droit OHADA des contrats, à la lumière de la réalité sociale des États membres.

Pour ce faire, nous traiterons tout d'abord de la notion d'effectivité du droit et de la manière dont elle a été utilisée relativement au droit OHADA. Ensuite, nous examinerons les postulats fondant l'utilisation du droit des contrats comme outil de développement économique ainsi que les enjeux liés à l'évaluation de l'effectivité d'un tel droit. Enfin, nous utiliserons des observations des pratiques contractuelles de petites et moyennes entreprises opérant dans la zone OHADA afin d'offrir des pistes de réflexion

[124] FRILET note que, malgré la tenue de plusieurs rencontres entre différents intervenants, peu de progrès ont été accomplis depuis 2008 : Marc FRILET, "Legal Innovation for Development: The OHADA Experience" *dans* Hassane CISSÉ *et al.* (dir.), *Legal Innovation and Empowerment for Development,* Washington, DC, World Bank, 2012, 335 à la p. 341.

relativement à l'impact que pourrait avoir une éventuelle réforme du droit des contrats dans le contexte des pays de l'OHADA.

Par. 1 : L'évaluation du droit

Il existe actuellement peu d'études portant sur les effets de la réforme OHADA. En effet, la majorité des travaux portant sur cette initiative est l'œuvre de juristes qui, conformément à la tradition prévalant dans leur discipline, ont privilégié une approche « *normative* »[125], visant à identifier les « *lacunes* » et à corriger les insuffisances du droit en vigueur, que ce soit au plan de la *« qualité »* des règles choisies, de la cohérence du système juridique dans son ensemble, ou de ses relations avec les droits nationaux. Si ces études sont nécessaires, il semble néanmoins qu'une bonne compréhension du rôle de l'OHADA et de son importance requiert de sortir d'une perspective purement juridique et d'examiner non seulement le contenu de la réforme, mais également ses effets actuels et potentiels.

À cet égard, il faut noter que tout exercice consistant à évaluer un programme de réforme du droit se heurte à des difficultés relatives à l'imprécision entourant les concepts utilisés en la matière. Ainsi, le terme « *effectivité* », fréquemment employé en sociologie du droit pour désigner les écarts entre les règles de droit et leurs effets réels, ne fait pour autant l'objet d'aucun consensus parmi ses utilisateurs[126]. Alors que pour certains, l'effectivité du droit réfère au *« degré de réalisation, dans les pratiques sociales, des règles énoncées par le droit »*[127], d'autres utilisent ce terme de façon plus large pour désigner l'ensemble des « effets, voulus ou involontaires, recherchés ou accidentels, directs et indirects, prévus et inattendus, sociaux, politiques, économiques ou culturels »[128] de la règle évaluée.

Le terme « *effectivité* » semble renvoyer à deux façons différentes de considérer l'effet des règles de droit. Une première approche consiste à

---

[125] Pierre LASCOUMES et Évelyne SERVERIN, « Théories et pratiques de l'effectivité du Droit », (1986) 2 *Droit et Société* 127, p. 131 et ss. Un bon exemple de cette approche normative est fourni par Issa-SAYEGH, dont le « bilan » de l'OHADA ne fait état d'aucune évaluation des effets de la réforme : Joseph ISSA-SAYEGH, « L'OHADA : Bilan et perspectives », (2001) 3 *International Law FORUM du droit international* 156.

[126] À ce sujet, voir LASCOUMES et SERVERIN, ibid. ; Yann LEROY, « La notion d'effectivité du droit », (2011) 79 *Droit et société* 715 ; Pierre LASCOUMES, « L'analyse sociologique des effets de la norme juridique : de la contrainte à l'interaction », *dans* Andrée LAJOIE *et al.* (dir.), *Théories et émergence du droit : pluralisme, surdétermination et effectivité* (Montréal : Thémis, 2004) 151.

[127] Pierre LASCOUMES, « Effectivité » *dans* André-Jean ARNAUD (dir.), *Dictionnaire encyclopédique de théorie et de sociologie du droit*, 2e édition, (Paris : LGDJ, 1993) 217.

[128] Guy ROCHER, « L'effectivité du droit », dans Andrée LAJOIE *et al.*, *supra* note 126, 133, à la p. 136.

Une manière d'éviter les écueils liés à l'évaluation de l'efficacité du droit OHADA consiste à se concentrer d'abord sur son effectivité. En effet, une règle ne peut être efficace que dans la mesure où elle est effective, c'est-à-dire qu'elle entraîne effectivement une modification des comportements des acteurs qu'elle vise[136]. Deux types d'analyse peuvent se révéler pertinents à ce stade. Dans un premier temps, on peut se demander dans quelle mesure les institutions judiciaires et administratives sur lesquelles repose la mise en œuvre de la réforme créent les conditions nécessaires à son effectivité[137]. En ce qui concerne l'OHADA, plusieurs commentateurs ont ainsi mentionné comme faisant obstacle à l'effectivité du droit la non-existence ou le mauvais fonctionnement des registres constitués par les actes uniformes[138], des problèmes liés au fonctionnement de la Cour commune de justice et d'arbitrage[139] et le manque de connaissance du droit par les populations locales[140].

Dans un second temps, il s'agit de voir dans quelle mesure les règles mises en œuvre ont une influence sur le comportement des acteurs économiques, en mesurant leur degré d'observation des règles qui leur imposent des obligations ou d'utilisation de celles qui leur confèrent des droits. À cet égard, nous disposons toujours de peu de données fiables

---

Journal of Comparative Law, 895 (« *We argue that although there are some reasons for optimism about the potential impact of legal reforms upon development, the relevant empirical literature is inconclusive on many important issues and counsels caution about the wisdom of continuing to invest substantial resources in promoting legal reform* »).

136 Comme le mentionne FLÛCKIGER, « *on serait bien en peine de démontrer qu'une loi qui ne serait pas appliquée et qui ne provoquerait aucune modification d'un comportement humain puisse être la cause adéquate des effets observés sur l'environnement social et naturel.* » (*supra*, note 129, p. 86) Notons cependant que l'effectivité n'est pas suffisante pour assurer l'efficacité : une règle peut en effet produire des effets réels sans pour autant contribuer à l'atteinte des objectifs qu'elle est censée permettre d'atteindre.

137 Voir, par exemple, Xavier FORNERIS, "Harmonising Commercial Law in Africa: the OHADA", (2001) 46 *Juris Périodique* 77, qui mentionne, parmi les mesures à prendre pour faire en sorte que « the 'law in the books' become 'law in practice' », la formation des professionnels chargés de la mise en œuvre, la réforme des institutions judiciaires, et l'éducation des populations afin d'améliorer leur connaissance et leur appropriation du droit OHADA.

138 Voir notamment Martha SIMO TUMNDE, "OHADA as Experienced in Cameroon: Addressing Areas of Particular Concern to Common Law Jurists" *dans* Claire MOORE DICKERSON, dir., *Unified Business Laws for Africa : Common Law Perspectives on OHADA*, 2e éd. (London: IEDP, 2012), p. 81 à la p. 90.

139 Voir notamment Charles MANGA FOMBAD, "Some reflections on the prospects for the harmonization of international business laws in Africa: OHADA and beyond", (2013) 59:3 *Africa Today* 51, p. 68-69 ; Renaud BEAUCHARD, *supra* note 131, p. 331 ; Marc FRILET, *supra* note 124, p. 340 et ss.

140 BEAUCHARD, *ibid.*, p. 333 ; Isabelle DESCHAMPS, "Assessing the Organisation pour l'harmonisation en Afrique du droit des affaires, Contributions to Poverty Reduction in Africa : A Grounded Outlook" (2013) 6:2 *Law and Development Review* 111, p. 121.

relativement au respect ou à l'utilisation du droit OHADA[141]. Cependant, certains observateurs ont laissé entendre que la réforme était loin de rencontrer les objectifs recherchés que ce soit au plan de l'enregistrement des entreprises[142] ou de la promotion de l'arbitrage comme mode de résolution des différends[143].

Bien que les évaluations du droit OHADA qui ont été faites jusqu'à présent varient dans les approches qu'elles utilisent et les diagnostics qu'elles portent, elles ont néanmoins ceci en commun qu'elles ne remettent pas en question l'opportunité de la réforme elle-même. En d'autres termes, les commentateurs semblent partager une même croyance dans le pouvoir du droit OHADA d'agir comme vecteur de « sécurité juridique » et outil de développement économique. En conséquence, l'existence d'écarts entre le droit et la réalité sociale se trouve nécessairement conceptualisée comme un « problème » qui peut – et doit – être réglé soit en adaptant le droit, soit en agissant sur les acteurs sociaux[144]. Le corollaire de cette problématisation des écarts, dès lors perçus non comme un état de fait, mais comme un enjeu, est la sous-théorisation de la relation droit/société ou, suivant la terminologie employée en évaluation de programmes, l'omission d'évaluer au départ le « modèle logique »[145], sur lequel se fondent les réformes.

Dans le reste du présent texte, nous examinerons cette question relativement à la réforme éventuelle du droit des contrats dans la zone OHADA. Il s'agira d'abord d'exposer la logique sous-tendant les réformes visant à modifier les pratiques contractuelles dans les pays en voie de développement. Ensuite, nous analyserons cette logique à la lumière des connaissances actuelles en matière de relations d'affaires dans les économies industrialisées et les pays en voie de développement. Nous utiliserons

---

141 Parmi celles-ci, mentionnons celles obtenues dans le cadre du projet relatif à l'amélioration du climat des investissements au sein de l'OHADA mené par la Banque mondiale, qui a notamment permis de recueillir des données relatives au nombre de nouvelles inscriptions d'entreprises dans le registre régional du commerce et du crédit mobilier et le nombre de différends commerciaux soumis à des mécanismes alternatifs de résolution des conflits.

142 Selon DESCHAMPS, l'introduction du nouveau statut d'entreprenant n'a pas entrainé les résultats escomptés au niveau des inscriptions au registre du commerce : Isabelle DESCHAMPS, *supra* note 140, p. 133.

143 Perform Strategy, *supra* note 133, p. 9 et ss.

144 Le concept de « climat des investissements » utilisé par la Banque mondiale dans le cadre des rapports *Doing Business* est un bon exemple de concept fondé sur la problématisation des écarts, en l'occurrence les écarts entre les indicateurs de qualité de la réglementation mesurés dans les pays étudiés et les « *benchmarks* » établis.

145 Voir sur cette notion John A. Mc LAUGHLIN & GRETCHEN B. JORDAN, « Using Logic Models », dans Josepy S. WHOLEY, Harry P. HATRY & KATHRYNE. Newcomer, *Handbook of Practical Program Evaluation*, 2e édition (San Francisco : Josey Bass, 2004) p. 7.

notamment les observations faites au cours d'une enquête effectuée auprès de petites et moyennes entreprises de la région de Dakar[146].

Par. 2 : L'effectivité du droit des contrats

A. Approches théoriques

Malgré ses indéniables particularités[147], la réforme entreprise par l'OHADA ne constitue pas une initiative exceptionnelle en matière de développement international. Il s'agit plutôt de l'une des nombreuses manifestations d'un phénomène plus large connu sous le nom de « deuxième mouvement droit et développement », ou de « *rule of law revival* »[148]. Depuis les années 1990, un nombre croissant d'institutions nationales et internationales, dont au premier chef la Banque mondiale, ont fait de la réforme du droit un élément central de leurs programmes d'aide au développement. L'élaboration du nouvel agenda droit et développement est étroitement liée à la prise de conscience, par les spécialistes du développement, que les marchés ne peuvent se développer efficacement et agir comme vecteurs de développement économique que s'ils bénéficient d'un support institutionnel adéquat de la part des autorités étatiques.

Cette revalorisation du rôle de l'État dans le développement économique, après des décennies dominées par le paradigme de l'ajustement structurel, doit beaucoup à l'essor qu'a connu la Nouvelle Économie Institutionnelle (NEI) au cours des années 1990. Selon la NEI, le développement requiert la présence d'« institutions », définies largement comme l'ensemble des règles formelles ou informelles régissant les interactions, qui encouragent les activités productives en réduisant les « coûts de transaction » associés aux échanges. En conséquence, le principal obstacle à la croissance des pays en voie de développement, dont ceux de l'Afrique de l'Ouest, est l'absence d'institutions compatibles avec la croissance économique.

En théorie, les institutions nécessaires au développement peuvent être aussi bien formelles qu'informelles. En pratique, cependant, le nouvel agenda droit et développement met clairement l'accent sur la création ou la réforme d'institutionnelles formelles étatiques. En matière d'exécution des contrats, par

---

[146] Pour plus de détails sur la conception et les résultats de cette étude, voir Julie PAQUIN, *Legal Reform and Business Contrats in Developing Economies : Trust, Culture, and Law in Dakar*, Ashgate, 2013.

[147] On pense ici surtout au caractère supranational des Actes uniformes.

[148] Voir notamment Thomas CAROTHERS, "The Rule of Law Revival", *Foreign Affairs*, 1998, vol. 77, p. 95.

exemple, les modes informels de régulation sont considérés comme appropriés uniquement pour des transactions relativement simples, impliquant un nombre restreint de partenaires unis par des liens familiaux ou communautaires ; au contraire, les échanges complexes avec d'autres partenaires impliquent la présence de mécanismes d'exécution des contrats d'ordre étatique[149] assurant les contractants que leurs contrats seront respectés et les incitant ainsi à contracter avec un éventail plus large de partenaires. Vu l'importance de tels échanges comme vecteurs de développement, la réforme des institutions étatiques – soit les systèmes judiciaires et juridiques – chargés de l'exécution des contrats est considérée comme prioritaire.

Bien que l'OHADA n'ait jamais ouvertement endossé l'approche néo-institutionnelle, son approche en matière de réforme du droit présente de nombreux points communs avec celle-là. La notion de « sécurité juridique » qui sous-tend la réforme OHADA implique en effet que la décision d'investir et de contracter est directement liée à la présence d'un droit clair et appliqué de façon prévisible par le système judiciaire. L'effectivité du droit est ainsi fonction de sa capacité à sanctionner et, par-là, à prévenir les comportements déviants. L'OHADA se rapproche également de l'approche néo-institutionnelle dans son traitement des institutions informelles, conçues comme des solutions de rechange imparfaites ayant émergé, et persistantes, en raison de l'absence d'institutions formelles efficaces, et destinées à disparaître avec l'implantation d'un droit adéquat. En effet, il nous semble que, si l'OHADA peut sembler avoir ignoré le secteur informel lors de l'élaboration des actes uniformes[150], ce n'est pas par négligence, mais plutôt en raison de la conviction, exprimée avec force dans les travaux d'Hernando de Soto[151], que l'existence même de l'informel découle des imperfections du droit étatique.

Il existe cependant de bonnes raisons de remettre en question ce postulat de centralité du droit sur lequel se fonde la réforme OHADA. En effet, suivant le travail innovateur fait par Stewart Macaulay en 1963[152], plusieurs études ont démontré que la grande majorité des problèmes pouvant survenir dans des relations contractuelles sont réglés sans recourir aux institutions

[149] Selon un des fondateurs de la NEI et gagnant d'un prix Nobel en économie Douglass NORTH, de tels mécanismes sont « the critical underpinning of successful modern economies involved in the complex contracting necessary for modern economic growth. » : Douglass C. NORTH, *Institutions, Institutional Change and Economic Performance* (Cambridge: Cambridge University Press, 1990), p. 35.

[150] Voir à ce sujet Séverine MENETREY, « La place de l'investissement dans l'OHADA », *dans* Éric BALATE et Séverine MENETREY, *Questions de droit économique : les défis des États africains,* Larcier, 2011.

[151] Hernando DE SOTO, *The Other Path: The Invisible Revolution in the Third World* (New York: Harper & Row, 1989), p. 185 ("[t]he legal system so far seems to be the best explanation for the existence of informality.")

[152] Stewart MACAULAY, "Non-Contractual Relations in Business: A Preliminary Study" (1963) 28 *American Sociological Review* 1.

judiciaires ou même à des arguments de nature juridique, et ce, même dans des environnements où les institutions juridiques et judiciaires sont considérées comme fonctionnelles[153]. Vu le rôle marginal que semble jouer le droit dans une proportion importante des relations d'affaires, il semble que l'existence d'écarts entre le droit formel et les réalités contractuelles ne constitue pas une anomalie à corriger, mais plutôt une réalité dont on doit tenir compte dans l'évaluation du droit.

Dans cette perspective, la notion d'effectivité du droit soulève deux questions importantes. La première concerne l'identification et la conceptualisation des écarts pouvant exister entre droit et pratique dans la zone OHADA. Plus précisément, il faut se demander dans quels cas, et à partir de quels critères, un écart observé doit être considéré comme constituant un problème d'effectivité. La seconde question, qui découle de la première, est de portée normative, et consiste à se demander comment le droit formel devrait réagir à la présence d'écarts considérés comme « problématiques ».

B. Les contrats en action : l'exemple de Dakar

Si l'on considère la norme relative à la force obligatoire des contrats reconnue tant en droit civil qu'en *common law*, il semble évident qu'il existe à Dakar de nombreux écarts entre droit et pratiques contractuelles. En effet, l'environnement des affaires à Dakar se caractérise par un important manque de discipline contractuelle, ce qui constitue un enjeu important pour les petites et moyennes entreprises qui y opèrent. Pour celles-ci, la gestion des conséquences des violations contractuelles, dont au premier chef les délais et défauts de paiement, constitue un des principaux problèmes auxquels elles sont confrontées au quotidien. Par ailleurs, il semble également évident que, lorsque des différends contractuels surviennent, ils sont très généralement réglés sans faire appel au système judiciaire ou aux mécanismes de résolution des différends mis en place dans le cadre de l'OHADA. Le système juridique en place à Dakar ne semble ainsi pas remplir le rôle qu'on lui attribue en matière de prévention des problèmes contractuels et de règlement des différends. Quels sont les facteurs pouvant expliquer une telle situation ?

---

[153] Plusieurs de ces travaux s'inspirent de l'analyse économique afin d'expliquer les choix entre normes informelles et droit formel en termes de leur « efficacité » respective dans des circonstances spécifiques. Voir, par exemple, ELLICKSON, *Order Without Law: How Neighbors Settle Disputes* (Cambridge, MA: Harvard University Press, 1991) ("one reason people are frequently willing to ignore law is that they often possess more expeditious means for achieving order", p. 282); Lisa BERNSTEIN, "Opting Out of the Legal System: Extralegal Contracting in the Diamond Industry" (1992) 21 *Journal of Legal Studies* 115. Une minorité d'études adoptent quant à elles une perspective pluraliste : voir notamment Jean-Guy BELLEY, *Le contrat entre droit, économie et société* (Cowansville: Yvon BLAIS, 1998).

À première vue, on pourrait être tentés de blâmer l'État du droit, et plus particulièrement le fonctionnement du système judiciaire. Cependant, parmi les entreprises que nous avons rencontrées, seule une petite minorité a exprimé des réserves quant à la légitimité ou la pertinence du droit étatique. Les personnes interrogées avaient en général une opinion favorable du fonctionnement du droit et des tribunaux, et plusieurs d'entre elles avaient déjà été en contact avec le système judiciaire, que ce soit comme partie à un procès, à titre de témoin, ou par l'intermédiaire de parents ou d'amis juristes. Il semble donc que l'impopularité du droit doit donc être attribuée à d'autres facteurs, qui relèvent de l'environnement général, et non juridique des affaires, à Dakar.

À cet égard, il faut souligner que les PME dakaroises exercent leurs activités dans un contexte particulier. D'abord, comme les Dakarois en général, elles ont à faire face à un nombre élevé de problèmes sur lesquels elles n'ont que peu de contrôle. Des éléments comme les conditions climatiques, les défaillances des infrastructures[154] et le manque de ressources financières à la disposition des entreprises et des particuliers limitent grandement la capacité des acteurs économiques de satisfaire à leurs obligations. Puisque les PME disposent rarement d'un fonds de roulement suffisant et ont un accès limité au crédit bancaire, elles sont particulièrement mal placées pour faire face à des imprévus, incluant les retards de paiement ou de livraison de leurs clients ou fournisseurs. En cas de difficultés, elles doivent souvent régler leurs problèmes de liquidités en retardant les paiements dus à leurs propres fournisseurs.

Dans un tel contexte, il est aisé de comprendre pourquoi le droit étatique semble peu pertinent. D'abord, la capacité du droit de prévenir les conflits repose sur l'idée selon laquelle les parties à un contrat ont effectivement le choix de respecter ou non leurs engagements, et qu'elles feront ce choix à la lumière des conséquences (ou sanctions) juridiques rattachées à chaque option. Or, à Dakar, une bonne part des manquements contractuels découle plutôt de facteurs externes, susceptibles de toucher toutes les entreprises de la région. Il n'est pas surprenant de constater qu'une des solutions favorisées par les PME consiste à faire preuve de flexibilité et de compréhension avec leurs cocontractants, dans l'espoir d'être parmi les premiers à bénéficier d'une éventuelle amélioration de leur situation. La flexibilité peut aussi constituer une forme d'assurance : le fait de faire une faveur à un contractant qui le demande permet en effet d'espérer que celui-ci fera de même éventuellement, quand le besoin s'en fera sentir. Quant aux tribunaux, ou aux mécanismes alternatifs de résolution des conflits, ce n'est qu'en cas de

[154] On pense notamment au manque de fiabilité des services d'approvisionnement en électricité et aux insuffisances des infrastructures de transport terrestre.

mauvaise foi avérée – lorsque le cocontractant peut, mais ne veut pas remplir ses obligations – qu'on pourra envisager d'y avoir recours.

Si les PME ne peuvent éviter totalement de faire face à des violations contractuelles, elles peuvent néanmoins tenter de limiter la fréquence et l'impact de telles violations, notamment en privilégiant les transactions au comptant et en faisant affaire uniquement avec des partenaires fiables. Ces solutions sont cependant d'une utilité limitée dans le contexte dakarois. En effet, la concurrence souvent élevée à laquelle font face les PME de la part d'entreprises de taille variées fait en sorte qu'elles doivent souvent prendre plus de risques qu'elles le voudraient – notamment en offrant des modalités de crédit alléchantes – afin de remporter des marchés. De plus, Dakar représente un petit marché, dans lequel les fournisseurs sont souvent peu nombreux ou même inexistants pour certains produits ou services. Quant à la clientèle locale, elle a en général un pouvoir d'achat limité ; seul un petit nombre d'entreprises et d'individus ont les moyens de se procurer des biens et services spécialisés. Ces inconvénients ne peuvent être compensés par l'accès aux marchés étrangers, qui demeurent peu accessibles aux PME en raison de leur faible pouvoir d'achat et des coûts financiers liés au commerce international. En conséquence, les PME dakaroises sont généralement fortement dépendantes de leurs fournisseurs et de leurs clients. De plus, le contexte d'instabilité fait en sorte que de nouveaux évènements peuvent en tout temps venir changer la donne et transformer une entreprise en difficulté en un partenaire d'affaires précieux. Rompre une relation d'affaires n'est donc pas une décision à prendre à la légère.

Le comportement des PME dakaroises revêt un autre sens si l'on conçoit leurs contrats non comme des transactions isolées, mais comme des évènements s'inscrivant dans le cadre de relations de plus ou moins longue durée, dont la préservation constitue souvent un facteur de succès important pour les PME. Contrairement au recours au droit formel, perçu comme peu compatible avec la poursuite de rapports d'affaires harmonieux, la flexibilité contractuelle est un outil permettant de maintenir de bonnes relations avec ses partenaires, tout en faisant en sorte que les problèmes qui surviendront immanquablement soient réglés de manière à réduire au minimum les conséquences négatives qui pourraient en découler. Le fait de se montrer flexible et compréhensif permet par ailleurs de développer et de maintenir une bonne réputation dans les milieux d'affaires locaux, et ainsi de conserver ses partenaires ou d'en attirer de nouveaux. Le maintien d'une bonne réputation semble un facteur de succès important dans un marché comme celui de Dakar, dans lequel plusieurs réseaux, basés sur les rapports familiaux, le voisinage, la trajectoire scolaire ou professionnelle, les pratiques religieuses, l'origine géographique, les relations d'affaires ou d'autres facteurs se chevauchent, permettant à l'information de circuler librement.

Cette imbrication des relations d'affaires dans un ensemble de relations sociales de natures variées a des conséquences qu'on ne peut pleinement comprendre qu'en tenant compte de certains facteurs que les Dakarois décrivent comme d'origine culturelle. Pour les Dakarois, en effet, la culture locale est une « *culture du compromis* », dans laquelle presque tous les différends peuvent – et doivent – être réglés à l'amiable si chacun y met du sien. Cette croyance voulant qu'« un mauvais arrangement vaut mieux qu'un bon procès » semble difficilement compatible avec une approche juridique, qui définit les enjeux en termes d'atteintes aux droits des parties et vise à identifier et à sanctionner les comportements fautifs. Par ailleurs, il faut également noter qu'à Dakar, les conflits débordent souvent les deux parties directement impliquées pour revêtir une dimension collective. Ainsi, une pratique répandue dans les relations d'affaires consiste pour une partie à demander à un tiers d'intervenir auprès d'un partenaire d'affaires afin, par exemple, d'obtenir des contrats, d'obtenir des délais de paiement supplémentaires ou de favoriser le règlement de conflits. Bien que le terme « médiateur » soit souvent employé pour désigner de telles personnes, leur rôle est fort différent de celui d'un médiateur au sens juridique du terme. En effet, leur fonction essentielle consiste plutôt à « *convaincre* » l'autre partie de se comporter d'une certaine manière, en soulignant les conséquences d'un refus sur sa réputation à l'intérieur d'un ou plusieurs des réseaux auxquels il appartient ou encore sur la qualité de sa relation avec le médiateur lui-même. La force de conviction d'un médiateur dépend ainsi plus de son identité que de la valeur des arguments qu'il invoque : les meilleurs médiateurs sont les personnes dont l'opinion compte le plus pour la partie visée, que ce soit en raison de la profondeur de leur relation ou de son statut.

Si la culture du compromis et le recours à des médiateurs semblent incompatibles avec une approche juridique du conflit, il reste difficile de déterminer dans quelle mesure ils ont un impact sur la propension des PME à faire appel ou non au droit formel dans le règlement de leurs différends contractuels. En effet, les relations d'affaires nouées par les PME de Dakar ne forment pas une seule et unique catégorie de contrats, dans laquelle le droit joue – ou ne joue pas – un rôle uniforme et bien défini. Si certaines relations d'affaires demeurent fortement imbriquées dans les réseaux sociaux et dominées par des normes sociales favorisant le compromis, on peut également observer un certain nombre de stratégies visant à éviter l'application de telles normes, qui peuvent nuire à la conduite des affaires. Certaines entreprises favorisent ainsi clairement l'adoption d'un modèle contractuel de type juridique, laissant peu de place aux ajustements subséquents et à la flexibilité. Cependant, cette stratégie n'est pas à la portée de tous ; elle exige en effet d'avoir atteint une position concurrentielle assez avantageuse pour pouvoir se permettre de prioriser la rentabilité et le développement à long terme de l'entreprise plutôt que la création ou le maintien de relations d'affaires. Pour la plupart des entreprises, il s'agit donc non pas d'écarter la flexibilité, mais d'en faire un outil qui appuie le développement de l'entreprise, en servant de base à l'établissement de relations de partenariat fondées sur le soutien mutuel.

Conclusion

L'observation des relations contractuelles à Dakar révèle l'existence d'un écart important entre l'idéal juridique de la « sécurité des transactions » et la réalité des entreprises, pour lesquelles les violations contractuelles sont monnaie courante. Dans un tel contexte, on peut se demander quels effets pourrait avoir une éventuelle réforme du droit des contrats dans la zone OHADA. Trois remarques s'imposent à cet égard.

La première concerne la signification à donner à la présence d'écarts entre le droit des contrats et les pratiques sociales. Si nous adoptons le modèle économique adopté par la Banque mondiale, qui fait de la présence de sanctions efficaces le principal déterminant de la décision de respecter ou non des engagements contractuels, nous sommes forcés de concevoir de tels écarts comme un problème d'effectivité du droit. Cependant, le rôle marginal que joue le droit dans les relations d'affaires en général nous fournit de bonnes raisons de remettre en cause ce modèle. Le manque de connaissance du droit, d'intérêt pour les aspects juridiques d'une situation, ou de popularité des modes judiciaires de règlement des conflits parmi les gens d'affaires n'est pas une réalité limitée à la zone OHADA ni aux pays en voie de développement[155]. Dans un tel contexte, il semble problématique d'expliquer le comportement des entreprises dakaroises exclusivement en fonction de facteurs d'ordre local, comme la faiblesse de la « culture juridique »[156] ou l'appartenance au secteur dit « *informel* »[157]. Il semble

[155] MACAULAY, par exemple, note que « *[m]ost business people do not stay up nights reading appellate decisions* » (Stewart MACAULAY, "The Real and the Paper Deal: Empirical Pictures of Relationships, Complexity and the Urge for Transparent Simple Rules", (2003) 66 Modern Law Review 44, p. 62.) Voir aussi Hugh COLLINS, *Regulating Contracts* (Oxford: Oxford University Press, 1999), p. 123 « *Once we recognize that the parties to a contract are unlikely to wish to pursue legal sanctions even in the event of a breach of contract, than we can also appreciate that they will pay little attention to the question of whether the agreement is legally enforceable in the first place.* »

[156] Voir, par exemple, la position des intervenants rencontrés par Fontaine dans le cadre de la préparation de l'Acte uniforme sur les contrats : « *Two points were repeatedly stressed during the rapporteur's preparatory consultations. [...] The second point was that, in most countries, attention has also been drawn to the generally poor level of 'legal culture.' People are often unaware of the existence of legal rules, or they have only the haziest idea of what they are. When a problem arises or a dispute breaks out, they tend to ignore the law and the courts in favour of other means of redress or they simply resign themselves to*

également clair que la fréquence des violations contractuelles observées à Dakar ne découle pas de certaines insuffisances du droit en place. En effet, les causes principales de cette indiscipline contractuelle ont peu à voir avec l'état du système juridique ou judiciaire, mais relèvent plutôt de facteurs exogènes, avec lesquels les entreprises composent comme elles le peuvent. Or, un système juridique, aussi efficace soit-il, peut difficilement prévenir les violations contractuelles liées non pas à l'opportunisme, mais à l'incapacité d'un contractant à remplir ses obligations.

La deuxième remarque, qui découle de la première, concerne l'efficacité du droit des contrats OHADA en tant qu'outil de développement des entreprises et de l'activité économique. En effet, le droit formel souffre d'une lacune importante dans le contexte dakarois, c'est-à-dire son incapacité de fournir des solutions aux problèmes les plus importants des entreprises. En cas de violation contractuelle, son seul effet est souvent d'entraîner la partie défaillante à la faillite sans entraîner de bénéfices réels pour le demandeur. Il faut également comprendre que, pour une entreprise qui fait face à des problèmes contractuels, la priorité n'est pas de défendre ses droits, mais de trouver des solutions à des problèmes souvent urgents[158], comme le manque de liquidités ou de fournitures nécessaires à la poursuite de ses activités. Dans cette perspective, on voit mal comment l'amélioration de l'efficacité du droit formel – en réduisant les délais et les coûts liés à son utilisation ou en assurant une meilleure qualité du processus judiciaire – pourrait fournir des solutions satisfaisantes pour les PME. En d'autres termes, que l'on définisse les objectifs à atteindre de façon étroite – comme une question de « sécurité contractuelle » – ou plus largement – en termes de « développement des entreprises locales » – la réforme du droit des contrats risque d'être un moyen inefficace de les atteindre.

Dans un tel contexte, il semble que la meilleure manière d'assurer tant la « sécurité des conventions » que le développement des entreprises n'est pas de sanctionner les contractants défaillants, mais d'intervenir afin de réduire les sources d'incertitude qui causent les violations contractuelles. Parmi les

---

their fate. » (Marcel FONTAINE, "Law harmonization and local specificities – a case study: OHADA and the law of contracts", (2013) 18:1 *Uniform Law Review – Revue de droit uniforme* 50, p. 53).

[157] Selon DICKERSON, « *[i]t is, first, important to recognize the reality that in the informal sector, as much as eighty to ninety percent of disputes are settled by informal mechanisms. While such a figure must be next-to-impossible to document, it is plausible that the vast majority of disputes do not start in the formal judicial system.* » (Claire MOORE DICKERSON, "Informal-Sector Entrepreneurs, Development and Formal Law: A Functional Understanding of Business Law", (2011) 59:1 American Journal of Comparative Law 179, p. 221). Cette observation peut facilement être étendue pour inclure également les entreprises du secteur formel, y compris celles opérant dans des économies industrialisées.

[158] Comme le souligne à juste titre BELLEY, le but des gens d'affaires est d'abord et avant tout de « *faire des affaires et non du droit* » (BELLY, *supra* note 153, p. 290).

mesures qui pourraient avoir un effet positif à cet égard, l'amélioration des infrastructures est une priorité. Nous pouvons aussi mentionner la satisfaction de besoins en matière d'information permettant d'identifier des partenaires d'affaires potentiels et d'évaluer les risques associés à des transactions spécifiques, par la création, par exemple, d'agences de notation du crédit fonctionnelles. Les désavantages découlant de la taille du marché dakarois, et ouest-africain en général, pourraient être diminués en améliorant l'accès aux marchés étrangers, par exemple, par la création d'associations permettant de regrouper des commandes et de diminuer ainsi le coût des approvisionnements. Finalement, il semble que l'accès au crédit demeure un problème pour les PME. En effet, les initiatives de microcrédit qui ont la faveur dans les programmes de développement international visent essentiellement les microentreprises et ne sont pas en mesure de financer les investissements nécessaires à la croissance des PME ou même de leur fournir des liquidités suffisantes. Une étude exhaustive sur les pratiques bancaires dans la région serait utile afin de mieux comprendre les déterminants de ce que les PME qualifient d'attitude frileuse des institutions financières à leur égard et de proposer des mesures appropriées.

La dernière remarque concerne les éventuels effets pervers d'une réforme du droit des contrats. En effet, l'inefficacité d'une éventuelle réforme du droit ne signifie pas une absence totale d'effectivité. La flexibilité contractuelle observée à Dakar semble souvent constituer pour les PME un mode d'adaptation aux conditions locales qui, bien que parfois contraignant, comporte également certains avantages. De fait, il semble que les entreprises les plus susceptibles de faire appel au droit formel dans le cadre de leurs relations contractuelles sont celles qui n'ont pas besoin des bénéfices associés à la flexibilité, que ce soit au moment de créer des relations d'affaires ou d'éviter les conflits contractuels. Dans ce contexte, la réforme du droit n'est pas un outil neutre, puisqu'elle constitue un moyen de renforcer la position déjà dominante des acteurs qui sont déjà en mesure d'y faire appel du fait de leur position favorable sur le marché. En effet, on peut supposer qu'en améliorant l'efficacité des mécanismes formels de règlement des conflits, la réforme du droit pourrait créer une pression supplémentaire sur les acteurs occupant une position moins favorable sur le marché en les incitant à traiter en priorité les réclamations provenant des entreprises dominantes, au détriment de leurs autres partenaires d'affaires. Ultimement, il n'est pas impossible que le fait de faciliter les recours judiciaires puisse inciter certaines entreprises à ne pas conclure de contrats, contrariant ainsi les objectifs de la réforme[159].

[159] Cette hypothèse a été soulevée notamment par l'économiste Marcel FAFCHAMPS : voir Marcel FAFCHAMPS, *Market Institutions in Sub-Saharan Africa* (Cambridge, MA: The MIT Press, 2004), p. 34 (« *Harsh punishment may deter bad types from making empty promises but it can also discourage bona fide parties who cannot be totally sure they can honour their*

À la lumière des observations qui précèdent, quelques remarques s'imposent en ce qui concerne l'adoption éventuelle d'un Acte uniforme sur les contrats. D'une part, il importe d'éviter de faire preuve d'une ambition excessive dans la détermination des objectifs à atteindre, et de condamner ainsi un tel acte à l'ineffectivité. D'autre part, même si le contenu des règles de droit choisies est peu susceptible d'avoir un effet sur l'effectivité de la réforme auprès des entreprises locales, cette question en est une qui revêt une certaine importance pour les professionnels du droit concernés. L'adhésion des personnes qui seront chargées de la mise en œuvre de la réforme semble en effet un prérequis nécessaire, quoique non suffisant, à l'effectivité du droit OHADA. De plus, dans la mesure où l'État du droit constitue effectivement un facteur important dans les décisions d'investir ou non dans une région déterminée[160], l'opinion des juristes travaillant auprès d'investisseurs potentiels n'est pas un élément à négliger. Dans cette perspective, les effets symboliques, plutôt qu'économiques, d'une éventuelle réforme devraient faire l'objet d'une attention particulière.

---

contract, especially in environment subject to shocks »).

[160] Le lien entre État du droit et investissement reste cependant à établir de façon claire. Voir notamment à ce sujet Amanda PERRY-KESSARRIS, "Effective Legal Systems and Foreign Direct Investment: In Search of the Evidence", (2000) 49 *Internationl Comparative Law Quarterly* 779.

Chapitre 2
L'effectivité du droit en question auprès des petits acteurs économiques

Par nature, le juriste se préoccupe davantage des litiges susceptibles de conduire devant un juge. Or, nous connaissons bien l'adage : *de minimis non curat pretor.* Et le préteur n'est pas que le juge, il est aussi le docte. Mais ceci ne renvoie pas inéluctablement le menu fretin dans le non-droit, et il y a de nombreuses interactions entre eux. Le constat est d'autant plus évident que les petites choses sont plus nombreuses puisque, prises ensemble, elles en deviennent une grande. C'est certainement le cas en Afrique, et la question se focalise principalement autour de l'informel, quoique le lien entre petite taille et informel soit discutable. Les approches empiriques invitent certainement à changer l'appréhension de ce phénomène.

Pierre-Étienne Kenfack propose d'abord un regard décapant sur l'ambition même de proposer un moule formel adapté au secteur informel, sur la base d'enquêtes de terrain auprès des personnes concernées. Le résultat est décapant : les acteurs du secteur informel ont des besoins auxquels le droit pourrait apporter des réponses mais, faute de les avoir investigués, les réformes en cours s'appuient sur des présupposés erronés et n'ont aucune chance de succès. Les acteurs trouvent d'autres solutions, y compris dans le droit, et ne voient pas à quoi pourrait leur servir le statut d'entreprenant prétendument taillé à leur mesure (section 1).

À l'opposé, les *Jua Kali* en Afrique de l'Est offrent un visage différent, auquel Faustin Ekollo nous introduit. Créés en dehors de l'État, ils ont fini par se faire reconnaître par lui dans leur originalité et, au lieu de les encadrer, l'État a utilisé leur vitalité pour apporter les services qu'ils étaient mieux à même de fournir que lui. Des approfondissements seraient mérités pour situer cette orientation dans une construction politique de la place de l'État et de la société civile, mais nul doute qu'on trouve dans cette expérience une contre-situation instructive pour l'Afrique francophone (section 2).

Dans un registre différent, Denis Roger Soh Fogno nous entraîne à prendre au sérieux une disposition inadaptée de l'Acte uniforme sur le droit commercial général : l'incapacité des mineurs. Personne ne met sérieusement en doute cette disposition, qui paraît tout à la fois équitable et rationnelle. Pourtant, des millions de mineurs effectuent quotidiennement des actes de commerce, et ces opérations, faute d'être encadrées par le droit, s'en trouvent exclues. Faut-il les considérer toutes comme nulles ? Sans doute non. Mais alors que faire ? Peut-on trouver d'autres bases de réponse dans le droit OHADA ? L'imagination du dogmaticien trouve peut-être ici ses limites, mais ses efforts ouvrent la voie vers des difficultés techniques que trop souvent un mouvement furtif du pied fait disparaître subrepticement sous un tapis providentiel (section 3).

La même inadéquation des actes uniformes avec les réalités locales est illustrée par les exigences d'inscription au Registre du commerce et du crédit mobilier. L'étude de Michel Afana Bidounga sur les données relatives à différents registres est instructive quant aux types d'inscription mais également quant à leur nombre (section 4).

Section 1 : La contribution des normes au passage des agents économiques du secteur informel vers le formel : enquête sur l'effectivité du statut de l'entreprenant au Cameroun

Pierre Étienne KENFACK,
Professeur agrégé,
Université Yaoundé 2

Le mot norme a deux sens principaux : dans un premier, il désigne ce qui est conforme à la majorité des cas, à une moyenne. Dans un second, il renvoie, soit à l'idéal de ce qui doit être, au modèle à reproduire, soit à des principes ou des règles abstraites, à des lois à observer[161]. C'est ce second sens, qui permet de cerner la norme juridique qui est une règle de conduite, que le droit recommande ou impose de suivre. La norme juridique peut provenir du droit posé ou du droit espéré ou idéal. Cette réflexion est celle qui émane du droit posé, celle qui émane de l'autorité publique et qui doit être respectée par tous les sujets de droit. Celle qui, ayant une portée générale, impersonnelle et obligatoire, qui organise la vie dans une société et dont le respect est assuré au besoin par la force publique[162].

La doctrine reconnaît à ce type de norme plusieurs fonctions : celle d'encadrement, d'orientation, de rationalisation des activités et de conduite des individus et des groupes[163]. À côté de ces fonctions purement juridiques, on reconnaît également à la norme juridique des fonctions politique, sociale et économique. On se rappelle la fonction de développement que les États africains ont assignée à leurs textes au début des indépendances et que plusieurs auteurs mettent en exergue dans leurs travaux[164], la fonction de

---

[161] Cf. P. AMSELEK, « Norme et loi », *Archives de philosophie du droit*, n° 25, 1980.

[162] J. L. AUBERT et E. SAVAUX, *Introduction au droit et thèmes fondamentaux de droit civil*, 15e édit, Sirey LMD, 2014 ; F. TERRE, *Introduction générale au droit*, 10e édit. Dalloz, Paris, 2015.

[163] P. AMSELEK, « L'évolution générale de la technique juridique dans les sociétés occidentales », *RDP*, 1982, p. 279 et s.

[164] Lire notamment Alain PELLET, *le Droit international de développement*, Paris, PUF., Que sais-je ? 1987 ; M.BENNOUMA, *Droit international du développement. Tiers-monde et interpellation du droit international*, Paris, Berger-Levraut, 1983 ; G. FEUER et H. CASSAN, *Droit international du développement*, Paris Dalloz, 1er édit. 1985, 2e éd , 1991. M. Virally MICHEL, « Vers un droit international du développement », in *Annuaire français de droit international*, volume 11, 1965. p. 3 et s.

recherche d'équilibre entre l'économique et le social que les législateurs font jouer au droit social aujourd'hui en Afrique[165], etc.

S'inscrivant dans cette logique, les acteurs de la révision de l'Acte uniforme OHADA sur le droit commercial général adopté en 2010 et qui est entré en vigueur le 15 mai 2011 ont souhaité conférer à ce texte entre autres missions, celle de faire passer certains agents économiques du secteur informel vers le secteur formel en créant, à côté du statut classique de commerçant, celui dit de l'entreprenant qui permet à « *un entrepreneur individuel, personne physique, sur simple déclaration, d'exercer une activité professionnelle civile, commerciale, ou artisanale* ».

Pour comprendre le sens de cette ambition, il faut se souvenir que dans l'espace OHADA cohabitent deux secteurs d'activités économiques : le secteur formel et le secteur informel.

Le secteur formel est facile à identifier et à caractériser. Il est constitué des entreprises enregistrées par les services et les fichiers officiels et dont le contrôle de l'activité par l'autorité publique est assez aisé. Il regroupe les entreprises multinationales, les sociétés commerciales et les commerçants enregistrés au Registre du commerce et du crédit mobilier, les sociétés civiles professionnelles ou non, etc. Le droit produit par l'OHADA y est appliqué avec aisance[166].

Le secteur informel est en revanche difficile à cerner. Introduit par un anthropologue à l'occasion d'une étude sur le Ghana en 1971[167] et officiellement utilisé par un rapport de l'OIT portant sur une mission globale sur l'emploi au Kenya[168], le concept de secteur informel n'a pas de définition précise. Explicités en fonction des objectifs à atteindre, les travaux des chercheurs permettent de dégager des éléments permettant de le caractériser. C'est un secteur composé d'unité de production de taille modeste, employant une main-d'œuvre prioritairement familiale, appliquant des horaires souples, recourant à des sources de financement non connues des circuits officiels et fabriquant des produits finalisés. Il regroupe les microentreprises de production et de services qui ne sont pas systématiquement enregistrées par les appareils, les services et les recensements statistiques officiels, échappent largement aux réglementations administratives, aux systèmes de sécurité

---

[165] Tous les codes du travail des pays d'Afrique noire francophone ont pour socle aujourd'hui la recherche de l'équilibre entre l'intérêt de l'entreprise et la protection des travailleurs. Voir, par exemple, Loi n° 92/007 du 14 août 1994 portant Code du travail camerounais, Loi n° 3/94 du 21 novembre 1994, modifiée par la loi n° 12/2000 du 12 octobre 2000 portant Code du travail de la République gabonaise, etc.

[166] S. KWEMO, *L'OHADA et le secteur informel, l'exemple du Cameroun*, Paris, Larcier, 2012.

[167] K. HART, "Informal income opportunities and urban employment in Ghana", *Journal of Modern African Studies*, II. 1. 1973, p. 61-80

[168] B.I.T. *Employment incomes and equality: a strategy for increasing productive employment in Kenya, Genève*, 1972.

sociale et de protection du travail, aux impositions fiscales, n'utilisent pas de comptabilité. Dans ce secteur qui occupe plus de 75 à 90 pour cent de la population active, le droit OHADA a du mal à s'appliquer[169].

La lecture des travaux préparatoires de la révision de l'Acte uniforme sur le droit commercial général pour introduire le statut d'entreprenant révèle que l'ambition des réformateurs était de stimuler et faciliter la création sans complications ni tracasseries d'entreprises ; de rendre aisée l'identification des agents économiques en incitant les entrepreneurs individuels du secteur informel à se déclarer officiellement en qualité d'entreprenants ; de fluidifier le passage des opérateurs du secteur informel vers le secteur formel[170]. Même si cela n'apparaît pas clairement de la lecture des travaux préparatoires, l'ambition des réformateurs est de réduire l'étendue du secteur informel. C'est du moins ce qui ressort des propos du professeur ISSA-SAYEGH, un des tout premiers analystes de ce statut qui écrit : « Le législateur OHADA a voulu créer un remède à la plaie du secteur informel très répandue dans son espace territorial, voire dans tous les pays en développement, par une incitation à exercer au plein jour une activité économique afin de réaliser un ajustement qui s'impose »[171].

Quelques années après l'entrée en vigueur du texte réformé, il est possible de commencer à évaluer le degré de concrétisation de cette ambition. Peut-on dire que par la création du statut d'entreprenant, les réformateurs ont réussi à faire passer des entrepreneurs du secteur informel vers le secteur formel ? À réduire la taille du secteur informel ?

Pour répondre à cette série de questions visant à évaluer l'aptitude d'une norme à opérer des mutations dans les secteurs économiques, nous avons procédé à une enquête sur l'effectivité du statut de l'entreprenant en deux temps.

Dans un premier, nous avons consulté des registres de commerce pour vérifier l'état des déclarations d'activités d'entreprenants. Ont ainsi été consultés les registres de commerce de quatre grandes métropoles du Cameroun : Douala capitale économique, de Yaoundé capitale politique, Bafoussam siège du petit commerce de détail et Garoua, haut lieu des activités artisanales et de quelques petites villes où nous avons eu l'occasion de séjourner.

Dans un second temps, après avoir pris conscience des limites de l'administration d'un questionnaire à compléter par les personnes

---

169 Sur ces points, lire notamment, Fred FLUTMAN, « Formation et travail décent dans le secteur informel des pays en développement », *Séminaire du GEFOF*, Paris, 24 février 2006, p. 8 ; Harold LIBELL, « Le secteur informel dans les années 80 et 90 », *Études du Centre de développement*, Paris, OCDE, 1991, p. 13 et s ; S. KWEMO, *L'OHADA et le secteur informel, l'exemple du Cameroun*, Paris, Larcier, 2012.

170 Pour un point exhaustif sur les travaux préparatoires de cette réforme, lire P. G. POUGOUE et S. S. KUATE TAMEGHE, *L'entreprenant*, PUA, Yaoundé, 2013.

171 J. ISSA-SAYEGH, « L'entreprenant, un nouvel acteur économique en droit OHADA : ambigüités et ambivalence », *Penant*, n° 878, janvier-mars 2012, p. 5 et s.

interrogées, nous avons eu des entretiens directs avec les potentiels entrepreneurs, choisis sur la base de la réalité des transactions qu'elles effectuent en vertu de notre propre observation et non de l'apparence de leurs installations et de leurs déclarations. L'enjeu étant de vérifier leur connaissance du statut, leur volonté ou leur réticence à y adhérer, etc. Nous avons ainsi enquêté directement auprès des vendeurs de tissus, des pièces détachées automobiles ou de matériaux importés de construction qui exposent quelques échantillons des produits dans des kiosques ou des étals de fortune alors que l'essentiel de la marchandise est parfois dissimulé dans des voitures garées plus loin ou dans leurs domiciles. Nous avons enquêté auprès de vendeurs de produits des carrières comme le sable et les pierres servant à construire, de vendeurs matériaux de construction préfabriqués comme les parpaings, les voûtes, les ourdis, etc. ; auprès de fabricants et vendeurs d'objets d'art, de grands coiffeurs et couturiers, des forgerons qui vendent des portes métalliques, des menuisiers, etc.

Le temps et les contraintes diverses nous ont conduit à limiter notre activité au Cameroun, avec espoir que les enseignements tirés des résultats obtenus dans ce pays membre de l'OHADA puissent informer sur la réception de ce statut nouveau, et instruire sur le processus d'élaboration des normes.

Les résultats de notre enquête ont mis en perspective l'inaptitude des normes créant le statut d'entreprenant à faire passer des acteurs économiques du secteur informel vers le secteur formel (Par. 1). De ces résultats, nous avons tiré des enseignements (Par. 2).

Par. 1 : L'inaptitude des normes créant le statut d'entreprenant à faire passer les agents économiques du secteur informel vers le secteur formel

Pour vérifier si le statut de l'entreprenant a fait migrer des agents économiques du secteur informel vers le secteur formel, l'indicateur le plus fiable est le Registre du commerce et du crédit mobilier où doivent s'effectuer les déclarations d'activités comme entreprenants pour accéder au statut. Dans aucun des registres de commerce tenus dans les greffes des tribunaux des villes camerounaises où nous avons mené notre enquête, ne se trouve une trace d'un enregistrement d'une déclaration d'activité permettant aux personnes d'accéder au statut d'entreprenant comme l'exigent les articles 30 et 34 de l'Acte uniforme portant droit commercial général. Une telle constatation de plus de trois ans après l'entrée en vigueur de l'Acte uniforme révisé de ce texte permettait déjà de conclure à l'ineffectivité du statut créé le 15 décembre 2010. Mais cela n'aurait pas permis de savoir si cette ineffectivité est conjoncturelle ou structurelle. Seule une interrogation de la pratique et des différents acteurs pouvait nous aider dans ce sens. Nos entretiens et l'observation de la pratique nous ont permis de nous rendre compte que deux raisons majeures empêchent que le statut de l'entreprenant tel que conçu et présenté par l'Acte uniforme révisé en 2010 permette la migration des opérateurs économiques du secteur informel vers le secteur formel : la non-attractivité du statut (A) et la concurrence d'autres statuts (B).

A. La non-attractivité du statut de l'entreprenant

Que gagnerait un agent du secteur informel à faire une déclaration d'activité pour devenir entreprenant ? La lecture de l'Acte uniforme portant droit commercial général donne des éléments de réponse :

Il aurait comme premier gain, conformément aux articles 1 et 2 de l'Acte uniforme, le droit à des avantages liés au statut du commerçant, dont les trois principaux sont :

– le droit de bénéficier des règles de la preuve commerciale, spécialement conformément à l'article 5 de l'Acte uniforme, outre la possibilité de se servir des livres de commerce tenus conformément aux dispositions de l'Acte uniforme et états financiers de synthèses comme moyens de preuve, de prouver en présence d'un commencement de preuve, par tout moyen contre ses clients ou fournisseurs non commerçants,

– le droit de bénéficier, conformément à l'article 33 de l'Acte uniforme, de la prescription abrégée de 5 ans pour les obligations nées entre ses clients, ses fournisseurs et lui[172],

– le droit au bail à usage professionnel pour éviter une perte de clientèle due à une rupture du contrat de bail.

Il aurait comme second gain le droit au bénéfice des mesures incitatives que l'article 30 alinéa 7 impose à chaque État-partie de fixer en matière d'imposition fiscale et d'assujettissement aux charges sociales.

Pourquoi malgré ces mesures et incitations, aucun opérateur économique n'est déclaré comme entreprenant dans les registres des villes de notre enquête ?

La première réponse vient de ce que certains avantages énoncés ne présentent aucun intérêt dans la zone pour la plupart des opérateurs concernés. Il en est ainsi du plus décisif qu'est le droit au bail à usage professionnel. Outre le fait qu'ils peuvent conclure des baux sans passer par le statut d'entreprenant, l'observation révèle que les potentiels entreprenants utilisent pour la plupart soit un espace communal, soit un espace familial, ou

[172] D'après l'article 33, « *Les obligations nées à l'occasion de leurs activités entre entreprenants ou entre entreprenants et non-entreprenants se prescrivent par cinq ans si elles ne sont pas soumises à des prescriptions plus courtes* ».

leurs propres voitures pour mener leurs activités. Dans ce cas, le bail à usage professionnel n'apparaît plus comme une mesure incitative à l'accès au statut d'entreprenant.

La deuxième vient de ce que les mesures incitatives que l'Acte uniforme renvoie à la décision des États ne sont pas encore prises.

La troisième, enfin, vient de ce que le statut est contraignant pour des personnes qui par nature aspirent à une absence totale de contraintes. Conformément aux articles 31 et 32 de l'Acte uniforme portant droit commercial général révisé, l'entreprenant doit tenir au jour le jour un livre mentionnant chronologiquement l'origine et le montant de ses ressources, en distinguant d'une part, les règlements selon leur mode, d'autre part, les emplois avec leurs montants et leurs destinataires. S'il exerce une activité de vente de biens meubles et de fourniture de logements, il doit en outre tenir un registre de ses achats avec l'indication de leur mode de règlement et des références des pièces justificatives[173]. Certes, les contraintes sont minimes, mais elles existent et cette existence est un problème pour des personnes qui fonctionnent depuis longtemps sans se soumettre à des obligations imposées.

Si on combine cette absence de portée des mesures destinées à attirer les opérateurs du secteur informel vers le formel et cette soumission à des obligations nouvelles avec le caractère provisoire du statut d'entreprenant, il est permis de conclure que le statut d'entreprenant est peu non attractif et par conséquent ne peut faciliter sa sollicitation par opérateurs économiques.

L'enquête a également révélé que le statut d'entreprenant est ineffectif au Cameroun parce qu'il subit la concurrence d'autres statuts.

B. La concurrence d'autres statuts

Deux statuts attirent plus les opérateurs économiques susceptibles de solliciter le statut d'entrepreneurs : le statut d'artisan qui récupère une bonne partie des potentiels entreprenants et le statut de commerçant.

Le statut d'artisan a été créé par la loi n° 2007/004 du 13 juillet 2007 régissant l'artisanat au Cameroun. Il s'applique aux métiers consistant en la fabrication et la commercialisation d'objets ayant essentiellement une valeur esthétique et culturelle, et révélant une bonne utilisation des ressources naturelles ainsi qu'un raffinement dans la présentation des formes et de l'expression de la beauté. Ce statut attire les agents économiques qui en

---

[173] Pour une présentation critique de ces contraintes, lire notamment, D. TRICOT, « Statut du commerçant et de l'entreprenant », *Droit et patrimoine*, n° 281, mars 2011, p. 67 et s., OHADATA D-12-15 ; A. FOKO, « La consécration d'un nouveau statut professionnel dans l'espace OHADA : le cas de l'entreprenant », *RRJ_Droit prospectif*, déc. 2012, p. 1536 et s ; S. KUATE TAMEGHE, « Interrogations sur l'entreprenant », *RRJ-Droit prospectif*, mars 2013, p. 1071. A. AYEWOUDADAN, « L'entreprenant en droit uniforme OHADA », *RRJ-Droit prospectif*, janv. 2013, p. 299 et s.

remplissent les conditions par la facilité d'accès à la vie juridique comme opérateur économique et par les avantages qu'il procure.

Relativement à la facilitation de l'accès à la vie juridique, d'après l'article 10 de la loi, les artisans et les entreprises artisanales se font enregistrer gratuitement dans un répertoire tenu par la commune de leur ressort. Relativement aux avantages, le texte impose à l'État et aux institutions publiques entre autres missions de veiller à la mise en place des mécanismes qui garantissent aux artisans et aux entreprises artisanales l'information et le conseil de base, l'assistance individuelle à la gestion, l'assistance collective, l'assistance commerciale, l'assistance technologique. De mettre en place des mécanismes de soutien financier, de leur allouer des ressources de toute nature susceptibles de renforcer les capacités, de mettre en place des structures chargées du financement et de la promotion de leurs activités ainsi que de la couverture des risques sociaux qu'ils courent.

Ces avantages ont conduit un certain nombre de potentiels entreprenants à s'enregistrer comme artisans. L'enquête que nous avons menée a révélé qu'on retrouve aujourd'hui enregistrés comme artisans, les producteurs et commerçants des masques, les fabricants des ouvertures et balcons métalliques, les producteurs de poutres et d'objets de décoration en maçonnerie, etc. qui ont de chiffres d'affaires annuels dépassant la dizaine de millions de francs. L'existence de cette législation ampute, enlève au statut proposé par l'Acte uniforme sur le droit commercial général, une franche importante de sa population cible.

Aussi curieux que cela puisse paraître, le statut d'entreprenant est également concurrencé par celui de commerçant. Plusieurs entreprenants rencontrés ont affirmé être inscrits au registre du commerce. À la question de savoir, pourquoi avoir fait ce choix ? Trois groupes de réponses se sont dégagés des entretiens. D'après le premier, il n'y avait aucun choix à faire dès lors que leur inscription au registre du commerce était antérieure à la modification de l'Acte uniforme en 2010 pour introduire ce nouveau statut.

D'après le deuxième groupe de réponses, résultat de la question de savoir s'ils pouvaient renoncer au statut de commerçant au profit de celui d'entreprenant, toutes les personnes interviewées ont répondu que cela était inutile du fait que le statut d'entreprenant étant destiné à muter vers celui de commerçant, il valait mieux s'en tenir au premier qui procure les mêmes avantages, moins les défauts. La même réponse a été donnée par les entreprenants inscrits après l'entrée en vigueur de l'Acte uniforme. D'après eux, le statut d'entreprenant est un statut provisoire alors que celui de commerçant est définitif. Autant attendre d'être capable d'entrer directement dans le premier.

Le troisième groupe de réponses, en provenance des acteurs inscrits au registre du commerce comme commerçant révèle que le but de leur inscription n'était pas les avantages du statut de commerçant, mais la possibilité de faire des prestations de service au profit de l'État. Pour commercer avec l'État, il faut être inscrit au registre du commerce, l'inscription à titre de commerçant étant définitive et ayant pour premier but la publicité, elle est préférable à celle d'entreprenant qui devra être mutée plus tard au profit de celle de commerçant. Autant s'en tenir à la première.

Il ressort clairement de notre enquête que le statut d'entreprenant reste une vue de l'esprit sur le terrain et que, contrairement au vœu des réformateurs de l'Acte uniforme sur le droit commercial général en 2010, la norme OHADA n'a pas réussi à faire passer les agents économiques du secteur informel vers le secteur formel. Ce constat négatif est riche d'enseignements qu'il faut également présenter.

Par. 2 : Les enseignements du constat

L'absence totale de trace de l'enregistrement d'entreprenants dans les registres prévus à cet effet dans l'espace OHADA met en perspective deux enseignements majeurs : le premier est qu'une législation visant la production des normes aspirant à l'effectivité est soumise à des contraintes (A). Le second est que la production des normes contraires à la nature des choses a des limites (B).

A. Les contraintes d'une législation visant la production des normes aspirant à l'effectivité

Comment faire des normes ayant des chances de s'appliquer réellement ? Le doyen Carbonnier dans un chapitre de *Essai sur les lois* intitulé « Une législation revisitée comme un champ de bataille », recommande aux législateurs de faire comme des militaires qui veulent gagner la guerre, d'élaborer une stratégie législative, il écrit : « La législation serait aveugle, si elle n'était précédée, dominée par une stratégie législative »[174]. Parmi les points importants de la stratégie, il faut en signaler trois qui ont été oubliés par les réformateurs de 2010 : la prise en compte de l'environnement d'application, l'identification du véritable problème à résoudre et l'identification du bénéficiaire de la norme.

Les créateurs du statut de l'entreprenant ont-ils étudié et pris en compte l'environnement d'application du texte ? Les résultats de notre enquête

---

[174] Dans essai sur les lois il écrit : « *La législation serait aveugle, si elle n'était précédée, dominée par une stratégie législative* ». J. CARBONNIER, « Une législation revisitée comme un champ de bataille », *Essais sur les lois*, 2e édition, 1995, Répertoire du notariat Defrénois, 1955, p. 197-198.

limitée au Cameroun suggèrent une réponse négative car, les promoteurs de ce statut se seraient rendu compte qu'il existe déjà dans l'espace des statuts concurrents comme celui d'artisan et de commerçant. Dans un tel cas, la réaction normale aurait été de régler le conflit entre les statuts d'entreprenant et d'artisan, notamment en substituant le premier au second. Ils se seraient rendu compte du véritable enjeu de l'accès à la vie juridique des acteurs du secteur informel, spécialement leur inscription comme commerçants au registre du commerce qui n'a pour but que le bénéfice du bail commercial, de la prescription ou des facilités de preuve, mais davantage la possibilité de gagner des marchés publics. Sur cette base, ils n'auraient pas calqué le statut de l'entreprenant sur celui de commerçant, mais en auraient fait un statut autonome. Ils auraient également pris des précautions pour que l'accès aux marchés publics ne soit pas conditionné uniquement par l'enregistrement comme entreprenant ou commerçant, mais soumis au respect des obligations qu'impose chacun de ces statuts.

Les promoteurs du statut de l'entreprenant ont-ils pris en compte le véritable problème à résoudre et le véritable bénéficiaire du statut d'entreprenant ? L'analyse révèle qu'au-delà du souci de réduire la taille du secteur informel, le véritable problème que les promoteurs de ce statut nouveau souhaitaient résoudre, est celui de l'identification des acteurs économiques en vue de faire leurs prévisions économiques et fiscales. Il s'agissait donc d'attirer les agents du secteur informel vers le formel. La question est comment attire-t-on les personnes : avec des fleurs ou des chaînes ? L'analyse de l'Acte uniforme portant droit commercial général montre que les promoteurs ont choisi les chaînes parce que, en dehors des hypothétiques mesures incitatives que les États n'ont toujours pas prises, il n'existe dans l'Acte uniforme aucune mesure destinée à attirer ces opérateurs. Les bénéficiaires réels du statut étant les États, le législateur OHADA devait se préoccuper des fleurs, des mesures permettant de rendre ce statut attractif pour espérer son effectivité ; par exemple, la réduction des obligations fiscales, les soutiens financiers et à la formation, etc.

N'ayant pris en compte ni l'environnement d'application, ni le véritable problème à résoudre et n'ayant pas identifié le véritable bénéficiaire de la norme, les promoteurs du statut de l'entreprenant ont créé des normes qui n'avaient aucune chance d'être effectives[175]. Mais même en respectant toutes ces contraintes, le législateur OHADA aurait-il pu réduire la taille du secteur informel ? Ainsi se pose la question de l'étendue du pouvoir de celui-ci, des limites de la production des normes contraires à la nature des choses.

---

[175] En ce sens, lire, G. REISACHER, *Le statut de l'entreprenant : entre espoir et désillusion d'une tentative de formalisation de l'économie en zone OHADA*, Mémoire de Master, HEC, Université Paris 1, 2014 ; F. BOGLA, *L'entreprenant en droit OHADA*, Mémoire de Master, Université Yaoundé 2, 2012.

B. Les limites de la production des normes contraires à la nature des choses

Pour faire passer les agents économiques du secteur informel vers le formel, fallait-il créer un statut sans lien avec leur nature, mais procéder par assimilation avec le statut des commerçants ? Plus généralement, un législateur peut-il créer des normes sans se soucier de leur concordance avec la nature des choses ? Certains l'ont pensé en soutenant que le droit est ce que le législateur a voulu[176]. C'est sans doute cette vision autoritaire du pouvoir législatif et l'autorité de ceux qui la défendent, qui ont fait croire au législateur OHADA que par les normes, il pouvait saisir toutes les formes d'activité économique sur le territoire des États membres sous l'angle du droit des affaires classique, spécialement du droit commercial. Il l'a matérialisée en rapprochant le statut de l'entreprenant créé avec celui de commerçant[177]. Or, derrière l'enjeu de réduire la taille du secteur informel, de faire muter les opérateurs économiques du secteur informel vers le secteur formel, se cachaient d'autres enjeux : notamment la facilitation de l'identification de certains agents économiques, l'octroi d'un statut valorisant à ceux qui, hier, étaient pour la plupart dans le domaine de la commercialité de fait, la réduction du chômage et corrélativement la criminalité que le secteur informel charrie selon l'expression de certains auteurs[178]. Simplement pour atteindre ce résultat, fallait-il construire un statut calqué sur celui déjà connu de commerçant ? Poser des règles sans tenir compte des spécificités du secteur informel ?

Le choix fait par les réformateurs met en perspective l'ambition civilisatrice du droit législatif ou du droit posé OHADA présenté comme seul capable de vertus de développement, appelé à terme à régir toutes les activités économiques de l'espace OHADA. Une telle volonté d'hégémonie d'un droit, simple expression d'un choix est-elle possible ?

Les résultats de notre enquête révélant l'absence de trace d'enregistrement d'entreprenants dans les registres de commerce et le refus des acteurs de le faire montrent que cette ambition n'est pas réaliste et perd de vue que la règle de droit ne doit pas être un diktat sans base des autorités, mais la formalisation de la nature des choses. Ces résultats confirment l'assertion de Montesquieu qui écrivait dans *L'Esprit des lois*, qu'une bonne loi doit découler de la nature des choses[179].

---

[176] Notamment les théoriciens de l'absolutisme du monarque, les auteurs de l'école du positivisme juridique, et spécialement le doyen Georges RIPERT. Cf. G. RIPERT, *Les forces créatrices du droit*, Paris, LGDJ, 1955, p. 71 et s.

[177] En témoigne l'insertion de ce statut dans l'Acte uniforme portant droit commercial général à l'occasion de la révision de cet acte en 2010.

[178] P. G. POUGOUE et S. S. KUATE TAMEGHE, *L'entreprenant OHADA*, PUA, Yaoundé, 2013, p. 157 et s.

[179] MONTESQUIEU, *De l'esprit des lois*, Paris, Flammarion, 2008, p. 61.

Faire passer des opérateurs économiques du secteur informel vers le formel en passant par le statut de commerçant est-il conforme à la nature des choses ? Une réponse positive procéderait de ce que cette assimilation ou ce rapprochement de statut était un besoin pour le secteur. Or, la réalité est tout autre. Le secteur informel pour accéder à la formalité n'a pas besoin des armes du droit commercial. Il peut accéder à la formalité sans passer par le canal du droit commercial. Une telle assertion s'appuie sur le fait que le secteur formel n'est nullement un secteur clandestin. Il fonctionne au vu et su de tous, y compris des autorités. De plus, c'est un moyen important de lutte contre le chômage adapté au type d'économie qu'il régit. C'est une forme d'organisation qui fonctionne publiquement avec des règles identifiables qui ne sont pas celles de l'économie formelle[180]. Parce que le secteur se suffit à lui-même, ses acteurs n'ont pas besoin d'être tirés vers un autre, ils n'ont pas besoin d'accéder à la formalité par le canal d'un autre statut. Ce n'est donc pas dans la nature des choses de vouloir faire muter par des normes ses acteurs de leur secteur vers le secteur formel en passant par un statut légal sans rapport avec leur spécificité.

Conclusion

Les résultats de l'enquête sur la contribution du statut de l'entreprenant à faire passer des acteurs économiques du secteur informel vers le secteur formel nous donnent plusieurs enseignements.

Le premier est que le conseil de Carbonnier invitant à ne pas légiférer sans stratégie reste actuel. De ce fait, stratégiquement, pour espérer que les normes créant le statut d'entreprenant aient des chances de s'appliquer, le législateur OHADA devait prendre en compte l'environnement d'application, identifier le véritable problème à résoudre et le bénéficiaire réel de la norme.

Le deuxième est que, pour attirer les agents économiques du secteur informel vers le formel, le passage par un statut connu n'est pas nécessaire. Il est possible de le faire en créant un statut adapté à la nature de l'activité. Que les constructeurs du droit OHADA doivent supporter la cohabitation dans l'espace avec le droit du secteur informel, qui mérite d'être recherché et mis à disposition du public, des opérateurs économiques et des décideurs afin qu'ils en fassent un bon usage. Ceci impose aux chercheurs de ne plus étudier le droit du secteur informel en référence à l'OHADA, mais de

---

[180] NATIONS UNIES, « Étude sur la mesure du secteur informel et de l'emploi informel en Afrique », décembre 2007, p. 10 et s ; Commission économique pour l'Afrique, Etude sur la mesure du secteur informel et de l'emploi informel en Afrique, Nations unies, CES juillet 2009.

l'analyser et de le révéler dans ses mécanismes, ses vertus et ses limites afin qu'il contribue efficacement au développement de l'économie de l'espace où il se déploie avec autant d'aisance.

Section 2 : La comparaison des Jua Kali et de « l'entreprenant OHADA » dans le secteur informel : interrogations sur l'effectivité du droit dans le secteur informel

Faustin EKOLLO,
docteur en droit, Nice

Les *Jua Kali* du Kenya sont l'équivalent du secteur informel et de l'entreprenant de la zone OHADA. En swahili, le terme Jua Kali signifie *ceux qui travaillent sous le soleil*. En réalité, c'est par simplification que l'on évoque les Jua Kali du Kenya car c'est toute la communauté est-africaine, plus ou moins l'Afrique des Grands Lacs, en général anglophone, qui est concernée. L'équivalent des Jua Kali en Tanzanie s'appelle *Nguvu Kazi*.

À l'opposé de la marginalisation que subit l'entreprise informelle dans la zone OHADA, les Jua Kali participent pleinement à la vie institutionnelle en Afrique de l'Est et jouissent depuis de nombreuses années d'un succès commercial et social enviable. Il est donc tentant de se demander si certains aspects de leur organisation pourraient être transposés au secteur informel de la zone OHADA.

Ce regard interafricain est désormais facilité par le léger rapprochement des arrière-plans respectifs de *common law* et de droit civil, après le virage idéologique du président français François Hollande, lors de ses vœux à la presse le 14 janvier 2014, un peu sous un air de Congrès de Bad Godesberg du SPD[181]. Ce début de remise en cause historique du rôle intrusif d'un État omnipotent en France, confirmé par les orientations déclarées du Premier ministre, Monsieur Manuel Valls, va à l'encontre de l'esprit du droit Ohada actuel. Celui-ci, en présentant l'entreprenant comme une commande de l'État, avec mission de faire disparaître le secteur informel, reprend les poncifs de l'État dirigiste désireux de plier la réalité à ses désirs. En ce qui concerne les acteurs de l'économie informelle, se posent alors des questions d'efficacité et de légitimité de certains choix étatiques dans la zone OHADA.

---

[181] Reconnaissance de l'économie de marché, en 1959 par la formule : Le marché autant que possible, l'État autant que nécessaire…

Par. 1 : Le secteur informel n'est pas une pathologie

Il faut au préalable se défaire de la confusion fréquente entre *économie informelle* et *activités criminelles*. Cette confusion est en partie le fait de certaines législations qui sanctionnent pénalement, mais de manière artificielle, toute activité non structurée ou non déclarée selon les normes étatiques[182]. Historiquement, on trouvait l'aspect le plus caricatural de ces infractions artificielles dans les délits de sabotage économique des législations soviétiques. On retrouve souvent ces artifices dans le statut des étrangers dans les législations de nombreux pays de l'OCDE. Mais c'est également le cas, amplement, des sanctions pénales concernant les obligations de déclaration en matière sociale.

On retiendra que les activités informelles sont simplement celles qui ne sont pas enregistrées par les structures officielles.

À compter des années 1990, les Jua Kali se lancent dans une lutte visant à dénier à l'État le droit de définir unilatéralement les orientations économiques et sociales concernant de larges groupes d'individus qui ne lui demandent rien. La détermination de ces groupes qui évoquent la nation contre l'État conduit l'État kényan à renoncer à transformer les structures informelles en structures formelles ; il reconnaît qu'aucune directive autoritaire à l'encontre de la majorité de la population n'est légitime, y compris en matière fiscale. S'instaure alors une coopération entre l'État et les associations de Jua Kali, avec comme principes essentiels la primauté de l'entreprise privée, même informelle.

La primauté de l'entreprise fut également mise en avant dans les pays de la zone CFA, après le choc des mesures d'ajustement structurel des années 90, choc qui a débouché sur la mise en place de l'Ohada. Il aura néanmoins fallu attendre plus d'une quinzaine d'années, en décembre 2010 pour voir apparaître, d'une part, l'entreprenant issu de l'Acte uniforme révisé sur le droit du commerce général et, d'autre part, l'Acte uniforme sur les sociétés coopératives. Le secteur informel était enfin pris en compte par le droit uniforme OHADA, mais de manière négative, dans le but avoué de le faire disparaître.

À cet égard, la lecture de l'article 1er, al. 4, de l'Acte uniforme OHADA sur le droit du commerce révisé, laisse interdit, même dans la perspective dirigiste des pays Ohada.

Les personnes physiques ou morales, et les groupements d'intérêt économique, constitués, ou en cours de formation à la date d'entrée en

[182] À travers les différentes éditions de l'ouvrage de Raymond GASSIN, *Criminologie*, le juriste français connaît la distinction entre infractions naturelles et infractions artificielles (dont relèvent nombre de délits économiques).

vigueur du présent Acte uniforme, doivent mettre les conditions d'exercice de leur activité en harmonie avec la nouvelle législation dans un délai de deux ans à compter de la publication du présent Acte uniforme au Journal officiel.

Appliquées au secteur informel, ces dispositions imposeraient une métamorphose à marche forcée contestable quand on pense que ce secteur représente 60 à 90 % de la population active dans la majorité des pays d'Afrique noire.

Certes, plusieurs auteurs semblent prendre pour argent comptant cette législation Ohada de l'entreprenant[183]. Quelques-uns, tout en approuvant les objectifs du législateur Ohada, considèrent qu'il faut privilégier l'éducation et une fiscalité adaptée[184] ; d'autres pensent que le statut n'est pas assez attractif[185].

Contrairement à la responsabilisation des Jua Kali, on relève dans la zone OHADA une tendance des États dirigistes à imposer des orientations économiques à la majorité des populations. Au Sénégal, la loi d'orientation n° 2008-29 du 28 juillet 2008 relative à la promotion et au développement des PME dévoile, en son article 27, l'objectif de favoriser la migration du secteur informel vers le secteur formel. On retrouve la même formule à l'article 26 de la Charte des PME et de l'artisanat du Congo Kinshasa. Au Bénin, un important rapport sur le secteur informel conclut que « le secteur informel apparaît comme une préoccupation importante » ; le rapport constate avec regret qu'il apparaît irréaliste qu'on invite un secteur majoritaire à plus de 90 % à intégrer un secteur minoritaire, avant de suggérer néanmoins des mesures autoritaires de formalisation[186]... Au Gabon, l'État n'a pas craint de lancer une lutte contre le secteur informel qu'il « considère comme un mal »[187].

Cette hostilité des acteurs du secteur public à l'égard de l'économie informelle dans la zone OHADA pose un problème de légitimité et d'effectivité. Les États et leurs clercs, incompétents en matière commerciale et financière, vont vouloir modeler l'activité à leur goût en matière sociale et commerciale, contrariant l'esprit d'entreprise et favorisant des situations de précarité massive au sein des populations concernées qui sont très majoritairement organisées en entreprises informelles.

183 POUGOUE et KUATE TAMEGHE, *op. cit.*, p. 19.

184 S. KWEMO, *L'OHADA et le secteur informel* (*exemple du Cameroun*), préf. Ph. DEMBECQUE, M.-Th. MENGUE, Larcier 2012, p. 335 et ss.

185 FOKO Athanase, « La consécration d'un nouveau statut professionnel dans l'espace OHADA : le cas de l'entreprenant », Revue de la recherche juridique. *Droit prospectif*, 01/12/2012, p. 153.

186 Conseil Économique et Social, Rapport sur Le Secteur Informel au Bénin – Problématique et Perspective de Contribution à L'Économie Nationale, 2011.

187 « Gabon : la lutte contre le secteur informel se poursuit », Afrik.com du 10 avril 2013.

À leur décharge, les dirigeants de la zone OHADA ne sont pas seuls à considérer l'économie informelle comme un mal en soi. Le thème fait fortement consensus en France, pays dans lequel l'étatisme fait partie de la culture commune. On retrouve cette idéologie dans un rapport de l'OCDE qui affirme que la formalisation doit être une priorité des gouvernements : Is Informal Normal ?[188] ; à plusieurs reprises, ce rapport considère que l'emploi informel limite la capacité de l'État à garantir des conditions économiques et sociales justes. Certains travaux de l'OIT partagent cette analyse pathologique ; ils opposent économie informelle et travail décent au point qu'un de ses derniers thèmes d'étude porte sur la transition de l'économie informelle vers l'économie formelle[189].

Toutefois, l'OIT met désormais plutôt l'accent sur le caractère inadapté des législations ou sur le caractère excessif des charges, pour décrire et/ou justifier l'économie informelle :

> L'expression « économie informelle » fait référence à toutes les activités économiques de travailleurs et d'unités économiques qui ne sont pas couvertes ou insuffisamment – en vertu de la législation ou de la pratique – par des dispositions formelles. Ces activités n'entrent pas dans le champ d'application de la loi, ce qui signifie que ces travailleurs et unités opèrent en marge de la loi ; ou bien ils ne sont pas couverts dans la pratique, ce qui signifie que la loi ne leur est pas appliquée alors même qu'ils opèrent dans le champ d'application de la loi ; ou bien encore la loi n'est pas respectée parce qu'elle est inadaptée, contraignante ou qu'elle impose des charges excessives[190] ?

En réalité, analyser le secteur informel comme une pathologie est en soi contestable ; c'est la position d'un courant doctrinal grandissant qui avait été lancée par l'économiste péruvien Hernando de Soto dans un livre précurseur : *El Otro Sendero – La Revolución Informal ;* dans l'avant-propos, le grand écrivain Mario Vargas Llosa résume cette doctrine radicale :

> *Cuando se habla de economíainformal se piensainmediatemente en un problema [...]. Hernando de Soto sostiene que esamanera de encarar el asunto es totalmenteerrónea. Porque en paísescomo el Perú el problema no es la economíainformal sino el estado [...]. Cuando la legalidad es un privilegio al que sólo se accedemediante el podereconómico y político, a las clases populares no les quedaotraalternativa que la ilegalidad*[191].

---

[188] Sous la direction de JOHANNES P. JÜTTING et Juan R. de LAIGLESIA, 2009 ; le titre de la version française est édulcorée : *L'emploi informel dans les pays en développement – Une normalité indépassable ?* – En libre accès en ligne.

[189] Conférence Internationale du Travail, 103e session, 2013-2014, Rapport.

[190] *Ibid.* questionnaire, question 7.

[191] Hernando DE SOTO, con Enrique GHERSI, Mario GHIBELLINI y el Instituto Libertad y Democracia, El Otro Sendero – *La Revolución Informal*, prólogo de Mario VARGAS LLOSA, El BARRANCO 1986, p. XVIII-XIX.

De Soto insiste sur ce que les femmes et hommes qui produisent biens et services, sans être déclarés aux administrations, méritent néanmoins que les gouvernants respectent leurs efforts, leurs biens et leurs droits.

C'est cette adaptation des normes à la majorité informelle que les pays de la Communauté économique de l'Afrique de l'Est ont choisie, avec un éclatant succès, y compris en appliquant parfois les nouvelles préconisations de l'OIT dites ILO-SYNDICOOP, dont l'esprit *bottom-up*, loin de rechercher une adaptation du secteur informel à des normes étatiques ou internationales, insiste sur une amélioration de l'organisation du secteur informel en soi[192], afin de rehausser directement le niveau et la qualité de vie de ses acteurs, sans songer à quelque interposition institutionnelle ou à quelque objectif officiel.

C'est dire qu'il faudrait renoncer à formaliser à tout prix l'informel en zone OHADA[193], d'autant que, même dans la perspective des prélèvements obligatoires, l'orientation prise par les pays de la zone CFA montre ses limites.

Par. 2 : Fiscalité et exploitation du domaine public : quelle légitimité à l'égard du secteur informel ?

Les tentatives scientifiques d'appréhender l'économie informelle en soi tournent court[194] ; celle-ci est abordée en général par ses rapports avec l'État et les personnes publiques. À cet égard, il peut être trompeur d'examiner l'effectivité des règles concernant les prélèvements obligatoires ou l'exploitation du domaine public sans s'interroger sur leur légitimité.

A. Sur les obligations fiscales et déclaratives

En dehors du soubassement culturel français, la fiscalité entre indirectement dans le droit Ohada par le biais de l'Acte uniforme sur la comptabilité des entreprises. Par dérogation, son article 13 met en place un système

---

192 Stirling SMITH and Cilla ROSS, "Organizing out of poverty: stories from the grassroots – How the SYNDICOOP approach has worked in East Africa", ILO-ICA-ICFTU, *Co-operative College*, 2006 [gracieusement offert en ligne].

193 Adolphe MUNKULU MBATA, *Pratiques informelles et solidarités en Afrique – Solidarités et stratégies de survie en milieu urbain congolais, les micro-crédits*, L'Harmattan, 2008, p. 250.

194 Frédéric LAPEYRE & Andreia LEMAITRE (Sous la direction de) *Politiques publiques et pratique de l'économie informelle en Afrique subsaharienne,* L'Harmattan 2014 ; malgré la volonté déclarée d'étudier en soi l'économie informelle, on constate, par exemple, que les développements de Fabrice ESCOT, dans le chapitre 2, sur *Les débrouillards de Bamako*, sont en grande partie consacrés au regard des acteurs institutionnels et à l'impact des politiques publiques.

minimal de trésorerie dont relèvent le secteur informel et de la TPE. L'article 30, *in fine*, de l'Acte uniforme sur le droit commercial général renvoie néanmoins aux États pour ce qui est des mesures incitatives concernant l'entreprenant.

En réalité, plusieurs États Ohada appliquaient déjà des techniques forfaitaires relevant du système minimal de trésorerie, avant la lettre : patentes ou prélèvements libératoires. La chose n'évitait néanmoins pas les tracasseries administratives et les doublons liés à la fiscalité locale ou aux fiscalités spéciales. Désormais, on assiste à une timide évolution ; certains États de la zone OHADA mettent en place un régime de taxation simplifié en vue d'alléger les obligations déclaratives et de faciliter la gestion administrative du secteur informel et des micro-entreprises. C'est le cas du Sénégal dont le nouveau code général des impôts (CGI), dans ses articles 134 et suivants, issu de la loi 2012-31 du 31 déc. 2012, prévoit une Contribution Globale Unique (CGU). La CGU regroupe six anciens impôts et taxes en les adaptant aux microentreprises et aux très petites entreprises, classification dont dépendent les entreprises du secteur informel. C'est aussi l'esprit de l'article 24 de la loi n° 006/PR/2008 du 3 janvier 2008, sur la Charte des investissements de la République du Tchad, qui vise explicitement à épargner au secteur informel de lourdes obligations administratives. Les autorités tchadiennes à travers un impôt spécifique pour le secteur informel, l'Impôt Général Libératoire, IGL, des articles 25 à 28 quater CGI, essayent d'éviter tout harcèlement inutile aux professionnels du secteur informel, tout en leur permettant de contribuer fortement aux besoins de l'État. Il faut saluer cet IGL qui est divisé par zone et par secteur et dont les autorités tchadiennes assurent une diffusion régulière, avec des explications, y compris en arabe[195].

Malgré ce début d'adaptation des mesures fiscales, les acteurs de l'économie informelle sont massivement hostiles à l'esprit des prélèvements obligatoires ainsi qu'à leurs modalités de recouvrement en raison de leur caractère unilatéral et de leurs excès. Les techniques de recouvrement créent quotidiennement des tragédies inutiles ; c'est le cas lors des contrôles routiers par les forces de l'ordre ; c'est aussi le cas en matière de microfinance où l'on voit régulièrement, sous des prétextes fiscaux ou réglementaires, les États accaparer des fonds sur lesquels ils peuvent mettre la main. Le résultat en est une immense déperdition d'énergie et de ressource et un climat de méfiance envers les institutions, avec des répercussions négatives même dans le secteur formel.

[195] Voir l'interview de M. Souradj KOULALALLAH, président de la chambre du commerce du Tchad : « Le secteur informel génère des chiffres très importants », *Journal du Tchad.com*, du 17.11.2011.

En Afrique des Grands Lacs, le caractère autoritaire et unilatéral des prélèvements obligatoires est en voie de disparition, le Kenya montrant la voie. Les Jua Kali discutent avec les pouvoirs publics la quotité et les modalités des prélèvements obligatoires. Plusieurs associations, coopératives et/ou fédérations se sont regroupées pour former une coalition nationale du secteur informel[196]. Cette coalition veille à émettre des opinions en matière fiscale, surveille et, au besoin, réfute les études et doctrines officielles ; la coalition négocie les éléments de fiscalité à l'égard du secteur informel. La première des réfutations mise en avant par la coalition nationale du secteur informel au Kenya est l'idée reçue selon laquelle les Jua Kali seraient traditionnellement exempts de fiscalité. La coalition affirme qu'au contraire, ne bénéficiant d'aucune condition pour des exonérations, les Jua Kali sont plutôt surimposés, de manière souvent arbitraire et anarchique[197]. Depuis 2007, il existe un *turnover tax* spécifique aux Jua Kali[198] dont le taux est actuellement de 3 % sur le chiffre d'affaires. Cet impôt adapté a fait bondir les recettes fiscales kényanes, en partie grâce aux déclarations et paiements électroniques, mais surtout grâce à sa très large acceptation.

Autour des grandes villes kényanes, les autorités publiques ont autorisé l'exploitation de parcelles inoccupées du domaine public par les Jua Kali. En échange, dans le cadre d'opérations-pilotes, ces derniers effectuent des déclarations fiscales simplifiées par mandataire de site ou par le biais de coopératives, à l'aide de SMS téléphoniques. Ces règles adaptées et, surtout, négocies limitent le harcèlement administratif et policier dont les Jua Kali faisaient l'objet. Paradoxalement, il faut le redire, ces arrangements ont contribué à un bond en avant des recettes sociales et fiscales provenant des Jua Kali, au Kenya et dans toute l'Afrique des Grands Lacs : l'inverse de la courbe de Laffer !

En Afrique-Ohada, le secteur informel est peu organisé. Alors que les coopératives sont un outil profondément maîtrisé par les Jua Kali, même la doctrine universitaire Ohada ignore en général les possibilités de coopérative ou de GIE qui s'offrent à l'entreprenant, au point que des livres sur les coopératives Ohada ne comptent pas une seule ligne sur des schémas intégrant spécifiquement le secteur informel[199] ! Les très rares auteurs qui consacrent des développements à l'utilité des coopératives ou du GIE pour les entreprenants se limitent à quelques considérations générales[200]. À la

[196] *National Informal Sector Coalition*, NISCO.

[197] Pour une défense similaire en faveur du secteur informel en zone OHADA, voir Prosper BACKINY-YETNA, « Secteur informel, fiscalité et équité, l'exemple du Cameroun », *Statéco*, n° 104, 2009.

[198] Inséré dans l'article 12 c du IncomeTaxAct, Cap. 470 ; voir le site du *Kenya Revenu Authority*, kra.go.ke.

[199] Par exemple, Jean GATSI, *Le droit OHADA des sociétés coopératives*, L'Harmattan 2011.

[200] P.-G. POUGOUE & S. S. KUATE TAMEGHE, *L'entreprenant OHADA*, Presses universitaires d'Afrique 2013, § 194.

vérité, on retrouve la même pauvreté organisationnelle chez l'autoentrepreneur français, y compris d'un point de vue théorique ; il faut souvent prendre connaissance de travaux en langues étrangères pour trouver des analyses visant à améliorer l'activité des autoentrepreneurs à travers sociétés coopératives, GIE ou associations[201].

D'ailleurs, les conditions et modalités de mise en place de l'entreprenant sont incompréhensibles au point que certains auteurs évoquent un monstre juridique d'inefficacité[202]. Il s'agit, il faut le redire, de l'expression d'une culture dirigiste qui ne parvient pas à se dégager de méthodes autoritaires héritées de la colonisation, encourageant nombre d'acteurs commerciaux à rester dans le secteur informel[203].

Il faut insister sur la nocivité de l'État intrusif en Afrique-Ohada, génératrice de clientélisme et d'inertie[204]. L'économie informelle apparaît alors comme une réponse à ces barrières à l'activité[205]. On note toutefois une importante évolution à travers la naissance de pratiques de communication entre le secteur informel et les autorités fiscales. Il nous semble que c'est au Sénégal que cette évolution est la plus élaborée. Dans ce pays, d'une manière générale, au-delà des questions liées au secteur informel, il existe un bureau de la communication et des relations avec le public, au sein de la direction générale des impôts et des domaines. Ce bureau publie chaque année un état récapitulatif des réponses que l'administration fiscale fournit aux contribuables[206]. Ce qui manque néanmoins complètement dans les pays de la zone OHADA, c'est un début de fiscalité négocié, du moins discuté, avec les représentants du secteur informel. Sans cela, en dehors même du caractère peu adapté des prélèvements obligatoires, c'est le problème central de sa légitimité qui va continuer à limiter l'efficacité de l'impôt. La chose est d'autant plus impérieuse que les débats touchant aux lois de finances devant les parlements des pays de la zone OHADA n'ont aucune réalité.

---

201 Nadie LEVRATTO & Évelyne SERVERIN, Become Independant! The Paradoxical Constraints of France "Autoentrepreneur" *Regime*, *Journal of Small Business Management*, 2015, Vol. 53-1, p. 284-301, en libre accès: http://onlinelibrary.wiley.com/doi/10.1111/jsbm.12064/full.

202 KOUMBA E. MESMIN, « Les enjeux de l'extension de l'Acte uniforme relatif aux procédures collectives d'apurement du passif aux entreprises informelles africaines : enjeux juridiques et économiques », *Rev. Ersuma*, n° 1, juin 2012.

203 Roland ATANGA FONGUE, *Contrôle fiscal et protection du contribuable dans un contexte d'ajustement structurel…* L'harmattan 2008 (préface d'Yves BRARD), p. 32 et ss.

204 Claire MOORE DICKERSON, "Informal-Sector Entrepreneurs, Development and Formal Law: A Functional Understanding of Business Law", 59 *American Journal Comparative Law* 2011, 179-226.

205 Thérèse MOULENDE FOUDA, *Les mécanismes de financement en milieu rural camerounais – Une analyse des déterminants de la demande des services financiers des ménages*, thèse inéd., Versailles, 2003, p. 185 et ss pour ce qui concerne la finance informelle.

206 Voir ANGE C. MANCABOU, *Gestion fiscale et comptable de l'entreprise – Fiscalité sénégalaise et comptabilité OHADA*, préf. Amadou BA, L'Harmattan 2013, p. 369-370.

B. Sur l'exploitation du domaine public par les activités informelles

De nombreuses activités informelles se pratiquent sur la voie publique ou sur le domaine public. Le grand public francophone avait suivi l'opération à grande échelle à Abidjan, dite de déguerpissement de la rue Princesse. Ce qui caractérisait cette opération est que, sous prétexte de salubrité publique, les autorités ivoiriennes avaient chassé, au bulldozer, du jour au lendemain, des centaines de commerçants informels d'une rue de plus de deux kilomètres, sans leur offrir d'alternative et, évidemment, sans les indemniser.

Bien sûr, il existe des règles en matière d'occupation du domaine public. Mais la destruction massive de biens de centaines de commerçants au motif qu'ils occupent sans autorisation le domaine public est économiquement malsaine. Cette violence manque en plus de légitimité.

Au Kenya, après de longues négociations, une charte[207] fut mise en place pour organiser des titres opposables d'exploitation d'emplacements du domaine public par des associations ou coopératives de Jua Kali, moyennant des redevances raisonnables. Ce supplément de rentrées fiscales a favorisé l'aménagement d'accès aux zones industrielles de Jua Kali, permettant, par exemple, le passage aux véhicules de pompiers et faisant reculer l'impression d'insécurité grâce à l'électrification. Du côté des Jua Kali, les titres d'exploitation du domaine public ont permis sa mise en valeur par des installations relativement esthétiques, tout en améliorant sensiblement la légitimité et l'efficacité des prélèvements obligatoires dans leur ensemble.

Pour percevoir davantage le retard de la zone OHADA en termes de responsabilisation et d'organisation des acteurs du secteur informel, à l'égard de l'occupation du domaine public, il faut évoquer la facilité avec laquelle le secteur informel en Afrique de l'Est a souvent mis en œuvre les préconisations de l'OIT dénommées *ILO-SYNDICOOP*.

Prenons l'exemple du *Gikomba Self Help Group*, aussi appelé *Gikomba Wanabiashara SACCO* [*Savings And Credit Cooperative*], coopérative de petits commerçants informels du marché de Gikomba, dans la banlieue de Nairobi[208]. Alors que les sanitaires municipaux du marché étaient hors d'usage depuis longtemps, le *Gikomba Self Help Group* obtint l'autorisation de la municipalité de les réhabiliter, à ses frais ; le résultat fut spectaculaire. Les installations existantes furent rénovées et ouvertes au public moyennant paiement d'une obole ; d'autres installations sanitaires furent installées. Les effets bénéfiques furent d'abord la création de dizaines d'emplois dédiés à l'entretien des sanitaires aux quatre coins du marché ; ensuite, le marché de

---

[207] Cette charte fut ensuite confortée par le Micro and Small enterprise Act 2012, art. 46 & 47 : Authority to advise on zoning of land… Development of insfrastructure.

[208] L'anecdote est tiré de *Stirling SMITH and Cilla ROSS, op. cit. supra ;* on trouve dans l'ouvrage, offert en ligne, des histoire similaires pour l'Ouganda, la Tanzanie ou le Rwanda.

Gikomba a pu bénéficier d'une plus grande activité ; les recettes municipales s'en trouvèrent fortement améliorées, sans le moindre centime d'investissement public !

Dans l'exemple du marché de Gikomba, plus grand marché à ciel ouvert du Kenya qui reçoit chaque jour des dizaines de milliers de personnes, les Jua Kali occupent essentiellement des parcelles du domaine public. Paradoxalement, l'économie informelle a permis de rénover ou de créer des équipements sanitaires, suppléant la carence des services publics. Si l'on ajoute que l'organisation des Jua Kali a fortement amélioré les recettes municipales, la remise en cause de nombreux clichés s'impose.

Une évolution similaire, quoique moindre, fut observée en Tanzanie en ce qui concerne les *Nguvu Kazi*. Par ironie de l'histoire, les Nguvu Kazi étaient au départ une opération gouvernementale de travail forcé. Le gouvernement nettoyait les villes et renvoyait de gré ou de force les *oisifs* dans les villages pour leur imposer l'agriculture[209]. Ce fut un échec. Le vocable est resté pour désigner le secteur informel. En 1989, le Président tanzanien Mwinyi fit une déclaration solennelle, interdisant aux forces de l'ordre et autres autorités de détruire les marchandises des vendeurs ambulants et leur enjoignant d'arrêter toute forme de harcèlement à leur endroit :

> *Whether licensed or not [...] the traders were actually engaged in legal activities trying to struggle against harsh economic conditions facing everybody. [...] All urban councils should help the people engaged in petty businesses because that was one way of easing their economic burden*[210].

L'évolution des relations entre les pouvoirs publics et les Jua Kali a contribué à la création de nombreux établissements stables qui, à leur tour, ont facilité l'apparition de cercles vertueux qu'il faut signaler sur le plan de l'accès aux marchés et en matière de protection sociale.

Par. 3 : Accès aux financements et aux marchés par les entreprises informelles

La possibilité d'exercer paisiblement une activité dans un climat de confiance et de sécurité, génère des résultats visibles dans l'économie Jua Kali. En général, ce climat de confiance fait défaut dans la zone OHADA pour ce qui est du secteur informel, à cause de l'arbitraire étatique. Une

---

[209] K. MITI, « L'opération Nguvu Kazi à Dar es-Salaam, ardeur au travail et contrôle de l'espace urbain », in *Politique Africaine* n° 17, Les politiques urbaines [...], mars 1985, p. 88-104.

[210] *Daily News* 3/5/1989 cité par DAVID W. KENT & PAUL S. D. MUSHI, "The Education and Training of Artisans for the Informal Sector in Tanzania", *paper No 18*, DFID 1995-96, § 2.4.3.

anecdote permet de comprendre comment l'interventionnisme débridé des pouvoirs publics dans la zone OHADA va à l'encontre de la recherche du climat de confiance et de sécurité pour les PME et le secteur informel.

L'anecdote est racontée par le ministre des Finances du Cameroun qui avait lancé une campagne de vulgarisation en 2011 pour montrer l'importance de la loi sur le crédit-bail. Mais la démonstration tourne à la catastrophe totale, d'autant que le ministre croyait bien faire[211] ! Selon le ministre, une société locale de crédit-bail avait aidé un entrepreneur local à acquérir deux camions à semi-remorques pour le transport de marchandises ; les deux camions furent saisis par la douane pour une allégation de fraude. Hélas, selon le ministre, « ne disposant d'aucun argument en sa faveur pour réclamer son bien, la société de crédit-bail alors propriétaire de l'engin, a dû attendre plus d'un an pour le récupérer ». En dehors même des approximations sur les vertus du crédit-bail, le ministre et son entourage ne se rendent donc pas compte qu'immobiliser des biens de cette importance pendant un an dans un pays pauvre est une aberration qu'aucune loi (ou absence de loi) ne peut sérieusement excuser. En réalité, la leçon du ministre conforte l'administration camerounaise dans ses très mauvaises habitudes d'arbitraire et de vandalisme qui constituent une entrave sérieuse aux possibilités d'investissement et nuisent au climat des affaires[212].

Mais ces mauvaises habitudes ne sont pas seulement le reflet de problème de moralité ; elles sont aussi liées à l'ampleur de ce qu'il faut bien appeler l'étatisme dans la zone OHADA. Même en matière de microfinance, l'Afrique-Ohada n'arrive pas à sortir d'une culture de Gosplan, avec comme priorité palpable l'immixtion ou le contrôle par l'État et la mise à l'écart des acteurs intéressés pour ce qui est de l'élaboration des règles.

Cette tendance est perceptible même à travers le vocabulaire employé[213]. Ainsi, dans les réglementations préparées par la Commission bancaire de l'UMOA et la BCEAO en Afrique de l'Ouest ou la COBAC en Afrique centrale, comme dans les réglementations dans les États de la zone OHADA, on évoque la microfinance à l'aide d'une terminologie issue des habitudes du droit public : tutelle, systèmes financiers décentralisés (SFD), assujettis. Il est prévu un agrément – microfinance qui impose des années d'expérience – voire cinq à dix ans d'expérience « de haut niveau » en Afrique centrale. Sans surprise, des dossiers d'agrément d'entreprise de microfinance atten-

---

[211] *Cameroon Tribune* du 17 mars 2011 cité par le site Cameroon Infonet.

[212] Désiré AVOM & Gislain Stéphane GANDJON FANKEM, « Qualité du cadre juridique, corruption et commerce international : le cas de la CEMAC », *Revue d'économie politique*, 2014-1, p. 101-128.

[213] Il faut le rappeler, avec le classique de Samuel I. HAYAKAWA : « *On pense avec les mots* » ; on savait déjà, avec le grand philosophe américain William JAMES que *Whistling to keep up courage is no mere figure of speech* [siffler pour se donner du courage n'est pas une simple figure de rhétorique].

dent facilement un à trois ans. Ces textes de conception autoritaire expriment, tous, une culture d'exclusion de la réalité : les tontines villageoises d'Afrique centrale ou du Bénin ne sont pas prises en compte, les ratios et les exigences de garanties sont souvent irréalistes. De plus, ces réglementations, à la fois inadaptées et excessives, sont parfois désinvoltes. Il est ainsi inadmissible de lire dans le règlement COBAC EMF 2010-02, relatif à l'organisation de la comptabilité des établissements de microfinance, en son article 37, des dispositions complètement hors-sujet, recopiés sans relecture de textes de comptabilité générale :

> À leur sortie du magasin ou à l'inventaire, les biens interchangeables – fongibles – sont évalués, soit en considérant que le bien entré est le premier sorti (méthode dite P.E.P.S.), soit à leur coût moyen pondéré d'acquisition ou de production (méthode dite C.M.P.).

On retrouve cette tendance à une certaine distance avec la réalité dans un ouvrage, acclamé à juste titre, sur le droit et la pratique bancaire dans l'espace OHADA ; l'auteur fait d'intéressants développements sur le droit au compte bancaire. Après avoir relevé que la condition d'un revenu régulier fait problème en zone OHADA, il évoque les limites du recours aux comptes bancaires collectifs liés aux tontines ou les difficultés des opérations financières dématérialisées[214] ; il traite aussi de l'interbancarité, avec des suggestions inspirées de France ou d'Europe, comme le programme SEPA – *Single Euro Payment Area.* On ne comprend néanmoins pas que l'auteur ne fasse aucun effort de liaison avec les pratiques sophistiquées de banque par téléphone d'origine kényane, transposables à la zone OHADA [déjà partiellement transposées] qui ont pratiquement résolu les divers problèmes qu'il expose : banque par téléphone dite *M-Pesa*, compte en banque collectif pour des membres relevant du secteur informel dit *Chama accounts* (ou *Chama banking*), protection sociale informelle par le *Mbao scheme*. Du coup, en dépit des affirmations du préfacier, le professeur Michel STORCK, on ne trouve pas d'analyse prospective des liens entre la pratique bancaire traditionnelle et le *shadow-banking* alors que la matière est d'intérêt prioritaire pour la majorité des acteurs en Afrique-Ohada. Même la question de la banque par téléphone portable est pratiquement éliminée en deux ou trois phrases.

Ce climat de déni de réalité, d'interventionnisme étatique et d'autoritarisme contraste, une fois de plus, avec la situation des Jua Kali.

Une loi kényane traduit l'esprit de conquête des marchés financiers nationaux et internationaux des Jua Kali : le *Micro and Small Enterprise Act 2012*, adopté après dix ans de négociation (oui, dix ans !) avec le

---

[214] Manuel Roland TCHEUMALIEU FANSI, *Droit et la pratique bancaire dans l'espace OHADA*, avant-propos d'Alain KENMOGNE SIMO, préface de Michel STORCK, L'Harmattan 2013, voir respectivement p. 209 et ss. pour les comptes collectifs ou p. 326 et ss. pour le porte-monnaie électronique.

gouvernement kényan. Ce texte vise à faciliter l'accès des Jua Kali aux technologies et au crédit par le biais de fonds non étatiques. Les Jua Kali ont absolument refusé l'oxymoron que l'État pouvait aider les entreprises informelles. En revanche, ils ont insisté pour que les sources de financement contiennent expressément des mécanismes de *Crowdfunding.* Les cadres du gouvernement n'en avaient jamais entendu parler, dans les années 2007-2010 ; ensuite, quand ils comprirent, ils furent un peu terrorisés par la notion ; le gouvernement obtint que le terme *Crowdfunding* ne figure pas *verbatim.* À la place fut utilisée une périphrase : *all moneys from any other source provided, donated or lent to the Fund*[215] *!*

Depuis lors, il y a eu la révolution financière induite par l'officialisation du crowdfunding pour les PME par le *Jobs Act 2013* américain (*Equity Crowd Funding*). Le texte américain est plus ou moins repris par tous les grands pays et par la Commission européenne. Les Jua Kali qui avaient plusieurs longueurs d'avance en ce domaine sur les meilleurs technocrates kenyans vont désormais pouvoir exploiter cette technique de financement au grand jour pour accéder massivement au levier de l'épargne publique nationale, régionale et internationale, des années avant l'OHADA[216], sans tracasseries administratives, et avec un savoir-faire précieux pour des gens qui, en général, n'ont pas effectué d'études supérieures.

Il faut souligner que le *Micro and Small Enterprise Act 2012* kenyan n'est pas une copie de textes britanniques ou américains. Cela signifie qu'il existe une culture d'innovation qui touche au droit et à la finance, chez les Jua Kali. Cette culture d'innovation est d'ailleurs très bien décrite dans plusieurs livres sur les Jua Kali[217] et commence à attirer massivement la coopération de l'université et des ingénieurs.

Sur le plan des techniques financières, la créativité des associations de Jua Kali a permis, après les années 2000, d'expérimenter, puis de créer un

---

[215] Article 51 (4) du Micro and Small Enterprise Act 2012.

[216] Sur ce point, les faits nous donnent tort ; peu après le présent symposium, le site d'information Cameroon Infonet annonçait, le 12 déc. 2014, le succès tonitruant d'une opération de crowdfunding lancée en mai 2013 par la startup locale *Kiro'o Games Studio*, pour plus de 120 000 € ; le plus remarquable néanmoins est que, pour une fois, les autorités camerounaises se sont abstenues d'intervenir alors que plusieurs voix s'étaient élevées, affirmant que cette procédure de *crowdfunding sauvage* violait la législation sur l'appel public à l'épargne ; or, la législation sur l'appel public à l'épargne est l'exemple même de législation artificielle, sans aucune emprise sur la réalité en Afrique OHADA. En matière de crowfunding, il nous semble donc que la position des autorités camerounaises montre la voie à suivre : laisser faire de manière empirique et n'intervenir par la loi ou le règlement qu'au regard des problèmes et des besoins de la réalité, c'est-à-dire de l'expérience.

[217] Kennet KING, "Jua Kali Kenya: Change & Development in an Informal Economy – 1970-1995", *East African Educational Publishers*, 1996, p. 200 et ss : Technological confidence and the technological challenge ; plus reservé et insistant sur la coopération avec des sources extérieures, comme des ingénieurs, Steve DANIELS, "Making Do: Innovation in Kenya's Informal Economy", *Analogue Digital*, p. 78 et ss.

système de banque mobile par téléphone portable ; il était évident que l'accès aux comptes bancaires traditionnels resterait pour très longtemps un vœu pieux pour la majorité des Jua Kali. Cette solution, *M-Pesa*[218], a fini par se répandre dans toute l'Afrique et, désormais, elle est appliquée dans certains pays d'Amérique latine et d'Asie. Certains pays d'Europe la découvrent sous l'appellation de porte-monnaie électronique[219] ! Un très beau petit livre, accessible électroniquement, décrit le mécanisme du *M-Pesa* et en présente agréablement une histoire[220]. Un rapport des Nations unies présente l'Afrique de l'Est comme un exemple pour le reste du continent en matière d'innovation économique[221]. D'ailleurs, l'Université en France a désormais embrassé le sujet, même si c'est en anglais[222] !

Le *National Payment System Regulations 2014*[223], réglementation nationale bancaire et prudentielle kényane, a consolidé les pratiques des TPE de microfinance. Leur accès aux activités et services financiers les plus sophistiqués, y compris en matière d'E-finance, est garanti à travers le statut de *small-money issuer,* dans les articles 46 et suivants ; à cette fin, les conditions d'immatriculation et d'exercice des entreprises de microfinance auprès de la Banque centrale du Kenya bénéficient de dérogations et d'adaptation. Le gouvernement s'est engagé à ne pas procéder à des mesures de contraintes sur les fonds sauf exceptions parfaitement admissibles et intelligibles pour tous. Du coup, par le relais de ces entreprises de microfinance, et à l'aide des TIC, spécialement des téléphones mobiles, les Jua Kali font circuler d'énormes masses financières dont profitent la nation kényane, l'État kényan par ricochet et le système banco-boursier, en avance de plusieurs longueurs sur l'Afrique-Ohada.

Cette culture d'innovation et ce climat de confiance ont permis aux Jua Kali de se lancer dans un puissant commerce régional et international, démultipliant les possibilités d'intégration sans tutelle monopolistique des

---

218 Pesa signifie argent en swahili ; le terme était internationalement connu grâce à la célèbre chanson de Myriam Makeba *Malaïka* qui possède un refrain : *Pesa zasumbuarohoyangu* (l'argent me monte à la tête).

219 « La banque mobile africaine débarque en Europe », *Jeune Afrique* en ligne, 31 mars 2014.

220 TONNY K. OMWANSA & Nicholas SULLIVAN, “Money, Real Quick : The History of M-Pesa”, Guardian Books 2012.

221 « Les services monétaires par téléphone mobile – À l'appui du développement de l'activité économique dans la Communauté d'Afrique de l'Est – Étude comparative des plates-formes et réglementations actuelles », *CNUCED-UNCTAD*, 2012, en ligne.

222 Hélène SMERTNIK, *M4D : How the mobile phone becomes a tool for development – Focus on the Republic of Kenya*, University of Paris 1, Panthéon-Sorbonne, Professional Master Degree *Political and Social Communication*, 2011-2012; Ephantus KIHONGE, “*The Role of Small and Medium Enterprises (SMEs) in Small Towns in Rural-Urban Continuum : the Case of Sagana and Karatina in Mount Kenya Region, Central Kenya”*, th. Géographie, Clermont-Ferrand 2, 2014, libre accès en ligne : http://www.theses.fr/2014CLF20003/document.

223 *Kenya Gazette* Suppl. N° 119, 1st August, 2014 (Spec. issue).

États[224]. Il existe ainsi une grande foire régionale annuelle des Jua Kali dont la quinzième édition s'est tenue en décembre 2014 à Kigali, Rwanda : *Jua Kali / Nguvu Kazi Exhibition*. Lors de la quatorzième édition à Nairobi, en décembre 2013, les autorités de la Communauté économique est-africaine ont pu claironner leur satisfaction en indiquant que grâce aux échanges infrarégionaux générés par les Jua Kali, le commerce régional connaissait une croissance annuelle massive de 21,9 %, atteignant 5,5 milliards US $[225].

Il faut dire un mot sur la financiarisation avancée du secteur agricole Jua Kali. En 1997, grâce en partie à la neutralité de l'État qui a accepté de laisser faire, des cadres kényans ont créé une bourse agricole destinée à ouvrir les marchés locaux, régionaux et internationaux pour, entre autres, les Jua Kali du secteur agricole : *Kenyan Agricultural Commodity Exchange, KACE ;* cette bourse de droit privé a connu un gigantesque succès grâce à l'utilisation de la radio, en langue swahilie. Les opérations se font essentiellement par SMS et téléphone portable intervenant de manière interactive lors d'émissions radio du programme en swahili *Soko Hewani*. On peut traduire *Soko Hewani* par le marché sur les ondes. Le plus surprenant, c'est que certains cadres étatiques en Afrique de l'Est se plaignent désormais de la timidité des pratiques boursières sur *Soko Hewani* ; en effet, les promoteurs kényans refusent pour le moment d'intégrer les opérations à terme.

Du coup, le gouvernement du Rwanda se prépare à lancer une bourse agricole régionale qui permettrait des opérations à terme et pourrait jouer un rôle de coordination des différents marchés agricoles régionaux, au sens large.

En zone OHADA, il n'existe aucun effort notable de construction juridique sur les tontines d'Afrique centrale ou du Bénin. De même, dans des pays dans lesquels l'initiative étatique a mis en place des bourses de valeur dont l'activité est à peine symbolique, il n'existe pas de bourse de matières agricoles ; or, celles-ci amélioreraient fortement l'accès des petits agriculteurs locaux aux circuits financiers et aux marchés internationaux et leur nécessité est criante.

---

224 Kristof TITECA & Rachel FLYNN, "Hybrid Governance, Legitimacy and (Il)legality in the Informal Cross-Border Trade in Panyimur, Northern Uganda", *African Studies review*, Vol. 57, 1, April 2014, p. 71-91.

225 East African Community Secretariat, 11 dec. 2013, 14th EAC Jua Kali/NguvuKazi Opens in Nairobi.

Par. 4 : Protection sociale du secteur informel et innovation technologique

On retrouve la culture d'innovation efficace des Jua Kali en matière de protection sociale. Il faut en effet souligner l'extraordinaire essor des mécanismes de protection sociale spécifiques aux Jua Kali. Une fois de plus, on relève que ceux-ci ont leur mot à dire dans leur protection sociale ; mieux encore, ils en maîtrisent l'organisation, démentant les opinions faisant de la protection sociale un apanage de mécanismes obligatoires dirigés d'une manière ou d'une autre par l'État ou des structures paraétatiques[226].

La retraite conçue par les Jua Kali est fondée sur des exigences adaptées à leurs revenus, leur mode de vie et leurs espérances. À travers le *Mbao pension fund, Ksh. 20/day,* on cotise en s'inscrivant en trois clics volontairement par téléphone ; on paie par téléphone, on est remboursé par téléphone ! Les prévisions sont prudentes, avec une entrée calculée sur les revenus moyens des Jua Kali les plus faibles : c'est le *Ksh. 20 du Mbao pension fund* ; son succès est gigantesque[227].

D'ailleurs, en Afrique du Sud, pays le plus riche d'Afrique, des projets sont en cours pour reproduire les mécanismes du Mbao fund[228].

À l'inverse, en Afrique-Ohada, autorités publiques et doctrines universitaires semblent incapables de faire autre chose que de reproduire le système autoritaire contributif français en le tropicalisant plus ou moins[229]. En France, la population est écartée de la gestion de la protection sociale au profit de l'État et d'organismes étatiques. La chose est aggravée par l'inexistence de fonds de pension[230] que la propagande étatique française présente comme la

---

226 Cathérine COLLOMBET, « Dynamisme et contrastes de la protection sociale dans les pays émergents », *Revue de droit sanitaire et social*, 2013, p. 648 ; selon l'auteur, le secteur informel est un obstacle à la couverture sociale ; elle ajoute que même si une adhésion individuelle facultative est possible, la faiblesse et l'irrégularité des revenus la rendent très difficile ; en réalité, inconsciemment, l'auteur ne conçoit la protection sociale qu'à travers les modalités et principes érigés en France ou, à l'extrême rigueur, à travers certains préceptes admis par l'OIT .

227 "Mbao Pension Savings Double in Six months", *Business Daily* (Kenya) on line, 24 12 2013.

228 "Mbao pension plan to be replicated in SA", the Star (Kenya) on line, Nov. 12, 2012.

229 Voir en dernier lieu, pour le Sénégal, « Protection sociale des travailleurs du secteur informel : vers la mise en place d'un régime simplifié, contributif et obligatoire », *Seneweb* du 4 janv. 2014 ; pour le Cameroun, un décret n° 2014-2377/PM/ du 13 août 2014 organise une couverture volontaire du secteur informel et du secteur libéral pourvu que cela se fasse à travers la CNPS, érigé en monopole étatique ou para-étatique, un peu à l'image des couvertures complémentaires ou des caisses sectorielles françaises.

230 Les caisses et fonds de retraite ou de prestations complémentaire issus de la loi 97-277 du 25 mars 1997 créant les plans d'épargne retraite sont parfois présentés par les auteurs comme des fonds de pension à la française ; cette présentation est abusive.

pire des choses. Jusqu'à date récente, le trust était interdit. Il a été introduit sous la forme extrêmement limitée de la fiducie. Cet état de choses a créé en France un climat d'ensemble d'illettrisme financier que les cadres de la zone OHADA ont tendance à reproduire.

Par contraste, chez les Jua Kali, la population apprend à gérer sa protection sociale. Pour la protection maladie-maternité-accidents, des micro-assurances, avec systèmes de réassurance, prennent en charge les graves indisponibilités et couvrent désormais plus de 60 % des Jua Kali des zones urbaines[231]. Des couvertures négociées par des associations et/ou coopératives de Jua Kali sont payées, selon le cas, collectivement ou individuellement : en général, pas de durée de cotisation, les cadences de contribution sont très souples ; mais les petits problèmes de santé ne sont pas pris en charge, ni les petites indisponibilités. Il existe quelques difficultés liées au phénomène de passagers clandestins et de fraude ; elles sont marginales.

Les assurances des Jua Kali ont négocié avec le *Retirement Benefits Autthority* et avec l'*Insurance Regulatory Authority* pour s'appuyer en partie sur leurs personnels et leurs réseaux, réalisant ainsi des économies de gestion et d'échelle. Les fonds générés par les cotisations des Jua Kali et leurs *Chama accounts* représentent désormais la plus grande masse d'argent privé au Kenya. Cette manne contribue à irriguer toute l'économie et consolide les mécanismes financiers et boursiers.

Le système commence à être connu hors d'Afrique[232] ; il serait donc temps que l'Ohada voisine s'y intéresse aussi ; certes, cela les obligerait probablement à découvrir les mécanismes de *trust* ou de fonds de pension qui sont encore largement tabous en France, et à plus forte raison en zone OHADA... Mais la profonde remise en cause qui s'annonce en France en matière économique et sociale devrait libérer les cadres africains dans la recherche de solutions qui plongent leurs racines dans la réalité économique et sociale africaine, spécialement pour ce qui est du secteur informel.

Dans ces conditions, il faut saluer l'analyse du professeur Ousmane SIDIBE qui, dans un article fondateur, privilégie des solutions juridiques qui prennent en compte la réalité socioculturelle, sous un titre évocateur : À la recherche de « l'esprit du droit africain » : quelques réflexions basées sur l'analyse de la prévention et de la réparation des accidents de travail dans l'économie informelle au Mali[233].

---

[231] Séverine LEBOUCHER, « Kenya : grandes manœuvres autour de la clientèle non bancarisée », *Revue-Banque*, août 2014, in *dossier Inclusion financière : pour bancariser le monde en développement.*

[232] Rose MUSONYE KWENA & JOHN A. TURNER, « Élargir la couverture des régimes de pension et d'épargne au secteur informel : le régime de pension Mbao du Kenya », *Revue internationale de sécurité sociale*, avril-juin 2013, p. 85-106.

[233] *Mélange POUGOUE, De l'esprit du droit africain,* Kluwer & CREDIJ 2014, p. 651.

Section 3 : La problématique du commerce des personnes physiques mineures dans l'espace OHADA

Denis Roger SOH FOGNO,
Enseignant-chercheur à la FSJP
de l'Université de Dschang

Le commerce a, de tout temps, été considéré comme un des tremplins de la prospérité économique de ses pratiquants et des États[234]. Cette vision séculaire est pourtant de plus en plus remise en cause par les effets pervers du commerce[235], de telle sorte que par justesse, on considère que si le commerce peut être un tremplin pour le développement, de même, il peut être un frein pour ce même développement, tout dépendant de la manière dont il est mené et par quels acteurs il est mis en œuvre. S'agissant des acteurs du commerce, le législateur de l'OHADA[236] a entrepris de filtrer l'accès aux diverses professions commerciales, en prenant le soin de recaler celles des personnes qu'il estime n'être pas physiquement et psychiquement aptes à mesurer les risques encourus[237]. De tels acteurs se mettraient dans une insécurité juridique et financière, ainsi que leurs cocontractants.

Si ce filtre à l'entrée des professions commerciales venait à être défaillant, laissant ainsi accéder aux professions commerciales les aigrefins

---

234 Les premières transactions commerciales sont millénaires et c'est dans un but commercial que plusieurs explorations ont été réalisées.

235 Le commerce permet en effet la circulation de substances parfois toxiques et dangereuses, le pillage des ressources naturelles et des espèces protégées, etc.

236 L'OHADA, engagée dans une marche désormais irréversible (voir ANOUKAHA F. : « L'OHADA en marche », in *Annales de la Faculté des Sciences Juridiques et Politiques de l'Université de Dschang*, Tome VI, PUA, 2002, numéro spécial, p. 7-21. Cet article est aussi publié sur le site de l'OHADA, OHADATA, D-04-36), compte en son sein 17 États avec l'adhésion récente de la République démocratique du Congo (RDC). Au regard du rayonnement de l'instance activité législative et jurisprudentielle sur l'économie des pays adhérents et au-delà, nul doute que ce nombre devrait aller sans cesse croissant. Nonobstant son jeune âge, l'OHADA est aujourd'hui considérée comme étant une expérience réussie d'intégration par le droit, et c'est fort de ce succès qu'une expérience similaire est maintenant en gestation sur le continent américain où il est question de créer l'OHADAC (Organisation pour l'Harmonisation du Droit des Affaires en Caraïbe), qui regroupera dans un premier temps le Cuba, la République dominicaine et Haïti. Les négociations dans ce sens vont bon train, et les autres États de l'Amérique du Sud invités aux assises ne se sont pas montrés frileux. Il serait d'ailleurs souhaitable qu'à terme il y ait une collaboration entre les deux Organisations, laquelle conduirait à leur fusion et en conséquence à l'élargissement du champ *ratione loci* d'application des normes harmonisées du droit des affaires.

237 SOH FOGNO D-R. et TCHOFFO A. : « L'assainissement de la profession commerciale dans l'espace de l'OHADA », *Penant*, n° 862, janvier-mars 2008, p. 90-110.

et les indésirables, le législateur de l'OHADA a pris d'autres mesures pour continuer leur chasse, afin de s'assurer que les professions commerciales ne soient finalement réservées qu'aux seules personnes méritantes. En effet, la liberté du commerce et de l'industrie n'est pas la liberté accordée à n'importe qui pour fabriquer et vendre n'importe quoi, n'importe où et n'importe comment. De la sorte, à tout moment, un acteur qui aujourd'hui est sain peut devenir malsain demain. Il devrait de ce fait être extirpé des professions commerciales. C'est dans cette logique qu'il convient de recaler à l'entrée ceux des acteurs qui le sont déjà.

Cette représentation est bien idéaliste et caricaturée, car à l'épreuve de la pratique, on est ahuri de remarquer que les habitudes, qui ont parfois la peau bien dure en Afrique, ont fini par vider la substance véritable de certaines dispositions pourtant pertinentes de l'OHADA. L'exemple type peut être tiré de l'Acte uniforme sur le droit commercial général AUDCG dont certaines dispositions sont permanemment foulées aux pieds par les personnes physiques mineures non émancipées qui continuent, impunément, d'exercer parfois à titre de profession, une activité commerciale sous le regard impuissant et laxiste des autorités étatiques.

Il serait en effet singulier qu'un habitant permanent d'un des pays membres de l'OHADA ne reconnaisse pas avoir été abordé par une personne dont on ne saurait discuter sa qualité de mineur, à l'effet d'acheter tel ou tel bien meuble de plus ou moins grande valeur économique ou financière. Dans le même sens, il serait rare qu'un habitant permanent ou un résident d'un des pays membres de l'OHADA n'ait pas eu à acheter un bonbon, un papier hygiénique ou tout autre objet mobilier de grande ou de faible valeur dans la rue, aux feux de signalisation, à l'entrée des marchés et grands magasins, etc., à une personne dont la fraîcheur et parfois la candeur du visage trahissent clairement sa minorité et parfois sa non-émancipation. Ce genre d'activités qu'on peut qualifier de « petit commerce », très répandu pendant les vacances, fait pourtant vivre parfois toute une famille, ce qui rend captivante la problématique de ce commerce exercé par des personnes physiques mineures très souvent non émancipées, surtout que cette pratique reste en théorie prohibée par les dispositions pertinentes de l'AUDCG.

En effet, sur le plan juridique, l'AUDCG est resté péremptoire sur la question. L'art. 7 al. 1 est l'une des dispositions qui n'a pas été modifiée au terme de l'abrogation de la version de 1998, puisqu'on continue d'y lire que « le mineur, sauf s'il est émancipé, ne peut avoir la qualité de commerçant ni effectuer des actes de commerce ». Cette interdiction est la suite logique de l'art. 6 du même texte qui dispose que « nul ne peut accomplir des actes de commerce à titre de profession, s'il n'est juridiquement capable d'exercer le commerce ». En considérant la lettre de cet art. 6, on pourrait se laisser dire que ce qui est interdit aux personnes incapables ce n'est pas l'accomplissement des actes de commerce isolés, mais leur accomplissement à titre de profession. Une telle compréhension serait en contradiction avec l'art. 7 ci-dessus qui reprécise l'idée de l'art. 6 en ce qui concerne les personnes physiques mineures non émancipées, en disposant qu'elles ne peuvent pas accomplir les actes de commerce. Quid des personnes physiques majeures incapables ? Devrait-on leur étendre cette interdiction et décider qu'elles ne peuvent pas accomplir les actes de commerce même isolés ?

Quoi qu'il en soit, l'interdiction d'accomplir les actes de commerce et de se prévaloir de la qualité de commerçant ne concerne pas les personnes physiques majeures saines d'esprit de l'un et de l'autre sexe, puisque chacune d'elles peut entreprendre la profession commerciale dans le strict respect de la réglementation communautaire. Dans ces conditions, il est justifié de considérer que cette solution doit tenir compte de l'état des facultés mentales de la personne physique majeure candidate à la profession commerciale[238].

L'interdiction de l'art. 7 ne concerne finalement que les personnes physiques mineures non émancipées. L'âge à prendre en compte pour la détermination de la majorité varie en fonction des pays. Est considérée comme mineur au Cameroun, par exemple, toute personne physique de l'un ou de l'autre sexe qui n'a pas encore 21 ans révolus[239]. Par contre, la personne physique mineure est réputée être émancipée lorsqu'elle est mariée ou lorsque le juge en a ainsi décidé. En effet, l'émancipation du mineur de l'un ou de l'autre sexe découle de plein droit de son mariage[240]. Elle peut aussi découler de la décision de la juridiction compétente, à la demande de ses

[238] Comme le Code de commerce de 1807, l'AUDCG dans son ancienne version tout comme la version en vigueur est resté désespérément muet sur la question du commerce fait par les majeurs incapables. Pour résoudre le problème, il faut se référer au droit commun de la capacité, tel que prévu par les dispositions du droit interne des États-parties. Par application des dispositions du Code civil dans sa version de 1804 applicables au Cameroun, on doit distinguer que le majeur est sous protection judiciaire, en curatelle ou alors sous tutelle.
Le majeur sous protection judiciaire, considéré comme un faible d'esprit, a la possibilité de devenir commerçant sans aucune restriction.
En revanche, le majeur sous tutelle est considéré sur le plan juridique comme étant un mineur non émancipé et, par conséquent, il ne saurait avoir la qualité de commerçant ni accomplir valablement les actes de commerce.
Quant au majeur en curatelle, il peut avoir la qualité de commerçant, pourvu qu'il soit assisté de son curateur, et notamment pendant les périodes de crise. En conséquence, *« l'impossibilité du majeur en curatelle de faire le commerce devrait donc être analysée comme une simple impossibilité matérielle plutôt que comme une impossibilité juridique »* – AKUETE P.-S. et YADO TOE J. : *OHADA Droit commercial général*, Coll. Droit uniforme africain, Juriscope, Bruylant, Bruxelles, 2002, p. 99, n° 165 (478 pages).
[239] Il faut distinguer l'âge révolu de l'âge accompli. L'âge révolu se compte d'année en année, alors que l'âge accompli se compte de jour à jour. Par exemple, en supposant qu'on est au 25 décembre 2014, une personne qui est née le 19 février 1993 aura 21 révolu, mais n'aura pas encore 21 ans accomplis.
[240] Art. 476 du Code civil.

parents ou tuteurs légaux[241]. Elle ne découle donc ni de l'accouchement, ni de l'union libre que l'on appelle juridiquement concubinage, qu'il soit simple ou notoire[242].

De l'économie de l'art. 7 ci-dessus, il ressort qu'aucun problème ne se pose lorsqu'il s'agit d'apprécier juridiquement l'accomplissement des actes de commerce par une personne physique mineure émancipée. Elle peut, contrairement à ce qui est prévu en droit français[243], avoir la qualité de commerçant sans que les dispositions de l'AUDCG soient violées, alors même qu'en théorie l'émancipation ne lui ajoute rien sur sa maturité physique ou psychologique. Par contre, l'accès à la profession commerciale reste fermé à l'égard de ceux des mineurs qui ne remplissent pas l'une des conditions de l'émancipation. Il en est de même de l'accomplissement des actes de commerce, même de manière isolée.

La réalité sur le terrain est pourtant froide, puisqu'elle est contraire à la volonté du législateur, du moment où certaines personnes physiques mineures non émancipées bravent les dispositions légales et se livrent parfois allègrement à une activité commerciale permanente. Difficile d'avoir des statistiques exactes sur l'ampleur de ce phénomène pernicieux dans les pays de l'OHADA[244]. Pourtant, les autorités administratives et municipales ont conscience de ce qu'il s'agit d'un véritable problème de société devant lequel quelque chose doit être fait pour en limiter la propagation. Par exemple, en juillet 2014, le délégué du gouvernement auprès de la Communauté urbaine de Yaoundé au Cameroun a pris un communiqué dans lequel il interdisait formellement toute activité commerciale exercée par les mineurs, sous peine de saisie des marchandises vendues et d'interpellation des mineurs en infraction[245]. Dans le même sens, le préfet de l'arrondissement de la Mifi dans la région de l'Ouest du Cameroun, véritable vivier de commerçants mineurs non émancipés, a pris durant la même période un arrêté leur interdisant toute activité commerciale[246]. Toutefois, dans l'un et l'autre cas, l'interdiction du commerce de ces personnes physiques mineures n'avait pas pour fondement la violation flagrante des dispositions pertinentes de l'art. 7 al. 1 de l'AUDCG, mais leur exposition à des dérives de toutes sortes, lesquelles débouchent sur les grossesses précoces non désirées, les vols à la

[241] Art. 477 et s. du Code civil.

[242] Voir VOIRIN P. : *Droit civil Personnes-Famille-Incapacité-Biens-Obligations-Sûretés*, Paris, LGDJ, T.1, 26e éd., par Gilles GOUBEAUX, 1997, p. 81 et s., n° 151 et s.

[243] Voir GUYON Y. : *Droit des affaires, T.1, Droit commercial général et sociétés*, 12e éd., Paris, Economica, 2003, p. 41, n° 41.

[244] Au cours des recherches relatives à la production de cette communication, toutes les tentatives dans le sens de l'obtention des statistiques à partir desquelles on aurait le nombre exact de mineurs non émancipés accomplissant les actes de commerce et les secteurs les plus privilégiés au Cameroun, par exemple, se sont avérées infructueuses.

[245] Voir le Journal *Cameroon Tribune* du mercredi 9 juillet 2014, p. 20.

[246] Voir le Journal *Cameroon Tribune* du vendredi 11 juillet 2014, p. 18.

tire, la consommation de l'alcool et des drogues dures, etc. De la sorte, dans les deux villes citées ci-dessus, les sanctions palpables n'ont pas suivi et le communiqué comme l'arrêté sont restés sans effet véritable sur les actes de commerce accomplis de manière ostentatoire par les personnes physiques mineures non émancipées.

Sur le plan juridique, on ne peut s'empêcher de se demander comment qualifier les actes d'achat et de revente des biens meubles dans le commerce accomplis par ces personnes physiques mineures non émancipées. En principe, l'AUDCG ne subordonne pas la qualification d'un acte comme étant acte de commerce par nature, à la majorité et donc la capacité de son auteur. C'est en réalité cette catégorie d'actes, pratiqués de manière professionnelle, qui donne le statut de commerçant à son auteur et non l'inverse. La logique aurait donc conduit à ce que, nonobstant le statut de mineur de leur auteur, ces actes demeurent des actes de commerce et leurs auteurs acquièrent la qualité de commerçants. Mais par application des dispositions de l'art. 7 al. 1 ci-dessus, on ne peut pas, sans encourir l'illégalité, retenir une telle qualification. Va-t-on alors les qualifier d'actes civils quand on sait pertinemment qu'ils consistent en l'achat et en la revente des biens meubles dans le commerce[247] ? Ou alors, le législateur a-t-il voulu dire que le fait d'acheter en vue de revendre est un acte de commerce par nature sauf lorsqu'il a pour auteur un mineur ? Si on retient une réponse affirmative, le vide juridique persisterait, puisque le législateur de l'OHADA s'est abstenu de qualifier de tels actes. À ces préoccupations, pour l'instant, ni le législateur, ni la jurisprudence, ni la doctrine à notre connaissance ne donnent une réponse claire.

Pour mieux baliser la réflexion, il convient de considérer que le commerce des personnes physiques mineures non émancipées ne concerne pas directement l'accomplissement des actes de commerce par accessoire et ceux par la forme, mais uniquement les actes de commerce par nature qui sont ceux qui sont effectivement pratiqués par les mineurs non émancipés et qui posent le plus de problème[248]. En tenant compte de la réalité du terrain dans les pays membres de l'OHADA où les personnes physiques mineures profitent de la relative incurie des autorités gouvernementales nationales et internationales pour se livrer aux activités d'achat et de revente des biens meubles de faible ou de grande valeur, la question demeure de savoir comment concilier cette interdiction purement déclaratoire de l'art. 7 al. 1 de l'AUDCG à la pratique du commerce par les personnes physiques mineures non émancipées. Mieux et en sens inverse, comment le droit de l'OHADA

[247] Voir sur cette notion KUATE TAMEGHE S.-S. : « Actes de commerce », *in Encyclopédie du droit OHADA*, sous la direction de Paul-Gérard POUGOUE, Lamy, décembre 2011, p. 3, n° 8.

[248] Voir *infra*, n° 19.

peut-il intégrer la réalité du commerce des personnes physiques mineures dans ses dispositions ?

La réponse idoine à cette question centrale commande de faire d'abord une analyse froide de l'état des lieux, avant de proposer des pistes de solution. Cette analyse de l'état des lieux permet de remarquer qu'il existe actuellement un divorce flagrant entre les dispositions légales et la pratique du commerce par les personnes physiques mineures dans l'espace de l'OHADA (Par. 1), ce qui justifie la recherche des solutions qui pourraient conduire à une conciliation entre ces dispositions pertinentes et la pratique du commerce par les personnes physiques mineures (Par. 2).

Par. 1 : Le divorce entre les dispositions légales et la pratique du commerce par les mineurs non émancipés

Ce divorce se traduit matériellement par le décalage qui existe entre les dispositions de l'art. 7 al. 1 de l'AUDCG et la réalité sur le terrain. En effet, ce ne serait pas un abus de langage que de parler de l'endémie du commerce des personnes physiques mineures dans l'espace de l'OHADA, compte tenu de la quasi-inexistence des mesures concrètes prises par les États-parties pour le juguler[249]. La passivité, ou mieux la tolérance des États-parties, a conduit à la floraison de ce commerce exercé par des mineurs, ce qui justifie amplement la recherche des causes de ce dérèglement. Dans ce sens, la formule purement déclaratoire de l'art. 7 al. 1 de l'AUDCG (B) peut être considérée comme étant une avance aux justifications de ce commerce exercé par des personnes mineures non émancipées (A).

A. Les justifications de l'endémie du commerce des mineurs non émancipés

Elles sont nombreuses et bigarrées. Mais on peut les regrouper en justifications d'ordre économique d'une part (1) et en justifications d'ordre culturel d'autre part (2).

1. LES JUSTIFICATIONS D'ORDRE ÉCONOMIQUE

La crise économique mondiale des années 90 n'a pas épargné la plupart des pays africains, parmi lesquels ceux de l'OHADA. Les raisons sont non

[249] Dans la plupart des pays membres de l'OHADA, il n'existe pas une politique nationale de lutte contre le commerce des personnes physiques mineures. Les seules mesures de lutte sont, pour l'instant, dans un pays comme le Cameroun, menées par les autorités administratives et municipales locales.

seulement le fait de l'imbrication de l'économie mondiale qui ne tient parfois qu'à *« un fil »,* tel l'état de santé économique et financière de certains pays occidentaux développés comme les États-Unis ou l'Allemagne, etc., mais aussi du fait que l'économie de la plupart des pays de l'OHADA est restée sous la coupe des anciennes puissances colonisatrices et notamment la France qui a su, de manière subtile, substituer à la colonisation le néocolonialisme dont les effets sur les économies des nations sont plus pervers que la colonisation elle-même[250]. Du coup, un gouffre s'est vite creusé entre la minorité des citoyens des pays de l'OHADA qui vit et la majorité qui survit[251].

Les plans d'ajustement structurel imposés par les institutions financières internationales et autres bailleurs de fonds n'ont fait qu'empirer la situation, puisque ces plans, passés comme une camisole de force à la plupart des pays africains parmi lesquels ceux de l'OHADA, n'ont pas tenu compte du contexte local. C'est d'ailleurs ce qu'avait fini par reconnaître M. Rodrigo Rato, alors directeur général du Fonds monétaire international[252] lorsqu'il disait que « les programmes et les conseils de politique économique du FMI doivent tenir compte des problèmes spécifiques des pays africains. Nous devons veiller à ce que nos programmes et nos conseils soient adaptés à la situation de chaque pays »[253].

Face à cette pauvreté rampante et généralisée, la demande en biens et services de la plupart des familles à revenu moyen était largement devenue supérieure à leur bourse. L'arrogance et l'insolence du luxe dans lequel la classe politique baignait en ce moment sonnaient comme une insulte à l'égard de la majorité de la population laissée pour compte. Il fallait se débrouiller pour vivre, mieux, pour survivre. Dans cette entreprise de survie, aucune main n'était considérée comme étant de trop, ou frêle. Des menus travaux exercés par des personnes mineures, on y a inclus le commerce, très souvent pratiqué en période de vacances. Sous le prétexte de préparer la rentrée scolaire, le commerce des jeunes élèves est entré dans les mœurs. Accepté des parents qui voient ainsi un délestage substantiel des charges qui

---

[250] Feu le Président Félix HOUPHOUËT-BOIGNY disait du néocolonialisme que *« c'est un colonialisme bien pire que l'ancien ; parce que le vieux colonialisme assumait des responsabilités, tandis que le néocolonialisme n'en prend aucune »* – Cité par CHANTEBOUT B. : *Le tiers-monde*, éd. Armand Colin, Paris, 1989, p. 49.

[251] C'est cette situation qui est parfois à l'origine des guerres internes. Voir BAKER J. : Développement urbain et transformation rurale, in *Développement et Coopération*, n° 3/1996, mai-juin 1996, p. 14-17 ; MARTINOTTI G. : « La vie dans les métropoles de demain », *in Terre Patrimoine commun*, sous la direction de Martine BARRERE, Paris, La Découverte, 1992, p. 137-143 et MEYER R. : « Les villes du tiers-monde débordent de toutes parts », *Éditorial du N° 3/1996*, mai-juin 1996 de Développement et Coopération, p. 3.

[252] Allocution prononcée lors de sa rencontre avec les gouverneurs africains du FMI Washington, le 1er octobre 2004.

[253] Voir sur http://www.imf.org/external/np/speeches/2004/100104f.htm

sont les leurs et toléré par les autorités étatiques, du commerce ponctuel pendant les vacances, plusieurs mineurs non émancipés en ont finalement fait une profession, surtout ceux en difficultés scolaires.

De leur côté, certains parents se sont faits à l'idée que plus ils ont des enfants, plus ils ont de la main-d'œuvre et donc des bras supplémentaires dans la lutte pour la survie. Alors, sans respect de la planification familiale, les enfants sont nés, ce qui a constitué des bouches supplémentaires à nourrir. Dans ce désordre, il n'était pas facile pour tout le monde de se trouver une place dans l'économie formelle[254]. C'est alors que l'économie informelle a gagné du terrain, au point d'occuper environ 90 % de l'économie de certains pays comme le Cameroun[255]. Il devenait alors plus facile pour les mineurs de s'y insérer, en bravant ainsi la pertinence des dispositions de l'OHADA en vigueur.

Finalement, on note bien que c'est la pauvreté matérielle et intellectuelle[256] qui sert de prétexte à l'endémie du commerce des mineurs dans la plupart des pays membres de l'OHADA. Parfois, par simple instinct de

---

[254] En Afrique subsaharienne, les femmes occupent une place de choix dans l'économie informelle – Voir DAVID N. : « Secteur informel : Quand les femmes prennent en main leur destin », in *Développement et Coopération*, n° 4/2000 de juillet-août 2000, p. 21-22 ; MENGUE M-T. : « Regard sur la situation de la femme au Cameroun », in *Cahier africain des droits de l'homme n° 11*, mars 2011, p. 67 et s. ; TCHOUASSI G. : « La microfinance comme forme innovante d'autonomisation des femmes : le cas de la mutuelle financière des femmes africaines du Cameroun », in *La microfinance, outil de financement pour l'économie sociale informelle en Afrique centrale*, PUCAC, Yaoundé, 2009, p. 115 et s.

[255] KWEMO S. : *L'OHADA et le secteur informel : l'exemple du Cameroun*, Thèse Paris I Panthéon-Sorbonne et l'Université Catholique d'Afrique Centrale (UCAC), décembre 2010.

[256] Voir sur cette notion de pauvreté GOUGUET J.-J. : *Réflexions méthodologiques sur la connaissance de la pauvreté*, Thèse d'État, Université de Bordeaux I, 1978 ; GOUGUET J.-J. : *Pauvreté – Exclusion*, Universalia – Encyclopaedia, Universlis, Paris, 1994 ; GOUGUET J.-J. : « L'éradication de la pauvreté : de la nécessité d'une alternative », in *Vers un nouveau droit de l'environnement ?*, *Actes de la réunion mondiale des juristes et associations de droit de l'environnement* (Sous la direction de Michel PRIEUR), éd. du Centre International de Droit Comparé de l'Environnement (CIDCE), Limoges, 2003, p. 117-131 ; ABEGA S.-C. : *Société civile et réduction de la pauvreté*, éd. Clé, Yaoundé, 1999 ; GOLDSMITH T. : « La nourriture ou le développement, il faut choisir… » *in* l'Écologiste, Comment nourrir l'humanité ?, n° 7, juin 2002, pp. 30-33 ; JENTSCH G. : « Nouvelles orientations dans la lutte contre la pauvreté : Expériences acquises et perspectives pour la coopération publique au développement », in *Développement et Coopération*, n° 1/1997, janvier-février 1997, pages 4, 5 et 33, mais surtout le joli article de RAHNEMA M. : « La production de la pauvreté moderne », *in* l'Écologiste, Défaire le développement, REFAIRE LE MONDE, Spécial N° 6, Hiver 2001, vol. 2, à la p. 31 où l'auteur précise que *« La misère c'est manquer du nécessaire, la pauvreté du superflu »*.

Plusieurs regroupements ont été osés en Afrique. Par exemple, l'UDEAC (Union Douanière des États de l'Afrique centrale) sur les cendres de laquelle devait naître la CEMAC (Communauté Économique et Monétaire d'Afrique Centrale), la CEAO (Communauté Économique Ouest-Africain), la CEDEAO (Communauté économique et Douanière des États de l'Afrique de l'Ouest), la CEPGL (Communauté Économique des Pays des Grands Lacs), et la liste n'est point exhaustive.

survie, les mineurs sont bien obligés de se lancer dans des activités commerciales, du moment où les autorités étatiques ne leur offrent que très peu d'alternatives. Petit à petit, ce commerce des mineurs est devenu un véritable phénomène culturel.

2. Les justifications d'ordre culturel

Historiquement parlant, d'intenses relations commerciales se sont établies entre différents peuples de la sous-région d'Afrique centrale, tous membres de l'OHADA[257], notamment entre le Tchad, la Centrafrique et le Cameroun[258], au début du IXe siècle. Ces relations commerciales se sont matérialisées par l'existence de routes commerciales, malheureusement aujourd'hui disparues, entre peuples de la sous-région[259]. Ces « échanges commerciaux s'accompagnèrent le plus souvent des échanges culturels »[260]. Justement, sur le plan des échanges culturels, on peut citer, par exemple, la célébration de la fête du Kagi[261] qui se célèbre dans une grande liesse par les Tupuri, qu'ils soient du nord du Cameroun ou du Tchad[262]. Cette fête se célèbre autour d'un chef spirituel qui peut être de l'un ou de l'autre pays[263]. Des fêtes de ce type et des routes commerciales historiques répertoriées avaient leur prolongement dans les autres pays membres de l'OHADA, de telle sorte qu'il est permis de dire que le peuplement de l'Afrique en général n'est pas allogène[264]. Au contraire, il repose sur des substrats identitaires fondés non seulement sur les langues, mais aussi les gènes[265], toute chose qui

---

257 Voir ARDITI C. : « Commerce, Islam et État au Tchad (1900-1990) », in *Grands commerçants d'Afrique de l'Ouest*, éd. Khartala et Orstom, 1993, p. 175 et s (p. 175-219).

258 Voir PASSANG MADI F. : *Contacts Mundan-Fulbé pendant la période récente*, Mémoire de maîtrise, Faculté des Arts et Lettres, Université du Tchad, 1979, notamment l'introduction (260 pages).

259 TCHAGO BOUIMON : « Les échanges commerciaux et culturels entre la région du Tchad et le nord du Cameroun avant l'arrivée des Européens », Communication au colloque international de Yaoundé des 26 au 28 avril 2000 sur le thème : Dynamiques d'intégration régionale en Afrique centrale, Colloque de Yaoundé, inédite, *passim*.

260 TCHAGO BOUIMON : Communication au Colloque de Yaoundé *op. cit.*, p. 16.

261 Fête du poulet.

262 Pour plus de détails sur cette fête traditionnelle, voir TCHAGO BOUIMON : « La fête religieuse de *Kâgi* ou *Hii (yi) kâgi*, facteur d'unité politique, religieuse et culturelle du royaume de Doré », in *Actes du colloque international sur : L'identité tchadienne, l'héritage des peuples et les apports extérieurs, N'Djamena*, 25 au 29 novembre 1991, Paris, CNRS, 1994, p. 230-246.

263 C'est la plus grande fête tupuri qui se célèbre par des sacrifices (égorgement de poulets) et une grande consommation de bière à base de maïs.

264 Voir FROMENT (A.) : « Le peuplement de l'Afrique centrale : Contribution de l'anthropologie », in *Paléoanthropologie en Afrique centrale. Un bilan de l'archéologie du Cameroun*, Paris, L'Harmattan, 1998, p. 14 et s. (p. 14-90).

265 Voir CAVALLI SFORZA L. L.: Genes, peoples and languages, *in* Scientific amerin, éd. Odile Jacob, Paris, 1996, 226 pages.

a favorisé l'éclosion des échanges commerciaux. De ce point de vue, la pratique des échanges et du commerce est un héritage culturel.

L'entrée des pays africains dans le « modernisme » n'a pas ébranlé cet héritage culturel commercial. Matériellement, il est toléré dans la plupart des pays de l'Afrique membres de l'OHADA que des biens de consommation soient vendus un peu partout. Les marchés et centres commerciaux n'ont pas le monopole de la commercialisation des biens et services. Il n'est pas rare, même dans des quartiers huppés et résidentiels, de voir des personnes construire des maisons en prévoyant une boutique, fonctionnelle ou pas, dans un coin de la barrière ! Les biens se vendent dans les rues, aux postes de contrôle routier, aux postes de péage routier, à l'entrée des banques, curieusement aux enterrements, et bref dans tous les endroits à grande affluence permanente ou sporadique.

Les mineurs non émancipés tiennent la part belle dans ce commerce. Certains de ces mineurs agissent pour le compte de leurs parents, dans la mesure où les biens vendus sont la propriété de leurs parents qui en gardent les fruits. Mais pour d'autres, ils sont maitres de leurs affaires, nonobstant leur minorité. C'est le cas des enfants de la rue et des enfants abandonnés dont la récupération par les services sociaux est rendue parfois difficile du fait de la modicité des moyens matériels, de l'étroitesse et de l'inadéquation des structures d'accueil, ainsi que des formations en vue de leur réinsertion dans le circuit économique formel. Du coup, la plupart de ces enfants sont livrés à eux-mêmes et n'ont d'autre choix de survie que celui de se livrer à des travaux de rue parmi lesquels les activités commerciales qu'ils combinent bien souvent à la filouterie et à l'arnaque. Si on additionne ces « petits commerçants » qui foisonnent dans toutes les villes de tous les pays de l'OHADA, on se fait une idée de la part importante qu'ils occupent dans l'économie. Pourtant, cette activité commerciale reste proscrite par les dispositions pertinentes de l'AUDCG.

Quelles que soient les justifications ci-dessus avancées, elles ne sauraient suffire pour soutenir l'endémie du commerce des mineurs non émancipés dans l'espace de l'OHADA. En effet, le législateur n'a pas subordonné l'interdiction du commerce des personnes physiques mineures non émancipées à une quelconque exception. Il n'est pas non plus prévu que les circonstances économiques ou culturelles peuvent servir de justification à la violation de cette interdiction. Par conséquent, tout ce qui peut être avancé comme justification n'est finalement qu'un pis-aller qui s'est progressivement construit autour de la formule purement déclaratoire des dispositions de l'AUDCG dont l'inefficacité est avérée.

B. L'inefficacité de la formule purement déclaratoire de l'art. 7 al. 1 de l'AUDCG

L'art. 7 al. 1 de l'AUDCG utilise une formule purement déclaratoire. Le principe de l'interdiction du commerce des personnes physiques mineures non émancipées y est clairement énoncé (1). Cependant, on peut s'interroger sur l'efficacité de ce texte, compte tenu de ce qu'il ne prévoit aucune sanction adéquate en cas de violation de l'interdiction (2).

1. L'INTERDICTION DE L'ACCOMPLISSEMENT DES ACTES DE COMMERCE ET DONC DU COMMERCE DES MINEURS NON ÉMANCIPÉS

La prose utilisée par le législateur de l'OHADA à l'art. 7 al. 1 de l'AUDCG est suffisamment claire. Il y est dit que « le mineur, sauf s'il est émancipé, ne peut avoir la qualité de commerçant ni effectuer des actes de commerce ». Parce que l'accomplissement des actes de commerce par nature comme profession[266] confère la qualité de commerçant à son auteur, on se serait normalement attendu, pour plus de logique, à une interversion des interdictions de cette disposition. De la sorte, on se serait attendu que le législateur dise que le mineur, sauf s'il est émancipé, ne peut ni accomplir les actes de commerce, ni avoir la qualité de commerçant. Quoi qu'il en soit, dans l'un comme dans l'autre cas, il ressort clairement que ce qui est interdit au mineur non émancipé est non seulement l'accomplissement des actes de commerce, mais aussi l'acquisition de la qualité de commerçant.

D'une part, s'agissant de l'interdiction d'accomplir les actes de commerce par les personnes physiques mineures non émancipées, il convient de noter que l'interdiction est totale et ne tient pas compte de la nature de l'acte de commerce accompli par la personne physique incapable. En effet, la précision de la nature de l'acte de commerce qui confère la qualité de commerçant à son auteur lorsqu'il est accompli à titre de profession est une innovation de la nouvelle rédaction de l'art. 2 de l'AUDCG, après les critiques de la doctrine[267], car l'ancienne prose de cette disposition ne précisait pas que celui qui se prévaut de la qualité de commerçant doit accomplir les actes de commerce par nature. Le texte se bornait à dire de manière laconique que « sont commerçants ceux qui accomplissent des actes de commerce, et en font leur profession habituelle ». Mais de manière logique, on écartait du champ de la définition et donc des critères d'octroi de la qualité de commerçant personne physique, les actes de commerce par la forme et ceux par accessoire.

---

[266] Art. 2 de l'AUDCG.

[267] AKUETE P.-S. et YADO TOE J. : *OHADA Droit commercial général, op. cit.*, p. 78 et s., n° 132 et s.

La raison tenait en ce que la qualification des actes de commerce par accessoire, notamment ceux qui sont accessoires à une profession commerciale et non à une opération commerciale, suppose que celui qui les accomplit avait auparavant la qualité de commerçant. De la sorte, on ne pourrait pas, par anticipation et sans se leurrer, se fonder sur ces actes pour reconnaître à cette personne la qualité de commerçant[268]. De même, quant aux actes de commerce par la forme, la doctrine considérait qu'il s'agit, pour l'essentiel, des instruments de mobilisation des créances usités par les commerçants dans leurs relations d'affaires[269]. Quoique leur signature valable au regard des règles spéciales qui les régissent, même par des civils, soit un acte de commerce, elle ne confère pas la qualité de commerçant à ses signataires.

L'acquisition de la qualité de commerçant leur étant interdite, les personnes physiques mineures non émancipées ne peuvent pas, sur le plan juridique, accomplir les actes de commerce qui auraient normalement été qualifiés d'actes de commerce par accessoire. Même si tel était le cas, leur répétition ne saurait leur conférer la qualité de commerçant, du moment où elle ne la confère pas aux personnes physiques majeures. Dans le même ordre d'idée, la signature d'un effet de commerce qui est un acte de commerce par la forme ne peut se faire que par une personne physique majeure. Le commerce des personnes physiques mineures ne saurait donc découler des actes de commerce par la forme. Il ressort de ce qui précède qu'il est interdit au mineur non émancipé d'accomplir les actes de commerce par nature, ceux par accessoire, et ceux par la forme.

Dans la pratique, les commerçants ne sont pas les seuls à accomplir les actes de commerce. En effet, il est unanimement admis que les civils peuvent accomplir les actes de commerce, sans pourtant prétendre acquérir la qualité de commerçant. Il s'agira dans ce cas des actes de commerce isolés[270]. Par exemple, une personne qui profite d'un voyage ou d'un séjour dans une localité différente de la sienne pour acheter des biens meubles dans le commerce, dans l'intention de les revendre, une fois revenue chez elle. La qualité de commerçant ne lui sera accordée que si elle en fait une profession, c'est-à-dire qu'elle accomplit régulièrement ces actes de commerce par lesquels elle tire l'essentiel de ses revenus. De même, il est unanimement admis que la qualité de commerçant n'est pas un obstacle à l'accomplissement des actes civils. C'est pour cette raison qu'un commerçant peut bien accomplir les actes civils. Par exemple, un commerçant qui achète une robe

---

[268] Voir ADIBO R. : « Le domaine d'application de la commercialité par accessoire dans le système OHADA et français », in *Penant*, n° 853, 2005, p. 417-429.

[269] L'art. 4 de l'AUDCG, dans son ancienne version tout comme dans sa version révisée cite la lettre de change, le billet à ordre et le warrant.

[270] Voir AKUETE P.-S. et YADO TOE J. : *OHADA Droit commercial général*, *op. cit.*, p. 61, n° 96.

ou un bijou pour sa femme, ou qui achète un téléviseur ou tout autre objet dans le but de l'utiliser chez lui. Dans ce cas, sa qualité de commerçant ne fera pas obstacle à l'application éventuelle des règles du droit civil en cas de difficulté.

En décidant que le mineur non émancipé ne peut pas accomplir les actes de commerce, le législateur n'a subordonné cette interdiction ni à l'habitude, ni à la profession. Le but de l'acte de commerce éventuellement accompli par le mineur non émancipé importe peu, puisqu'il n'a pas été envisagé par le législateur qui a choisi de viser plus haut, en interdisant l'accomplissement de l'acte de commerce lui-même, lorsqu'il est accompli par une personne physique mineure. Ainsi, le mineur ne saurait valablement accomplir un acte de commerce même isolé, et c'est cette situation qui pose problème, car dans la pratique, les mineurs accomplissent, sans être inquiétés, des actes d'achat et de revente des biens meubles. Le législateur n'ayant pas précisé que l'achat des biens meubles et leur revente ne sont pas un acte de commerce lorsqu'il est accompli par un mineur non émancipé, on n'aurait juridiquement aucun argument à faire valoir pour soutenir que de tels actes ne seraient pas des actes de commerce lorsqu'ils sont accomplis par des personnes physiques mineures non émancipées. C'est en réalité l'accomplissement de tels actes qui est interdit aux mineurs non émancipés. Leur accomplissement en violation des dispositions légales ne devrait avoir aucune incidence sur leur nature et leur qualification. Dans ces conditions, on devrait retenir que de tels actes sont des actes de commerce. Mais parce qu'ils sont accomplis par des personnes physiques mineures non émancipées et en violation des dispositions pertinentes de l'al. 1 de l'art. 7 de l'AUDCG, ils devraient rester comme tels et ne produire aucun effet de droit.

D'autre part, s'agissant de l'interdiction d'acquisition de la qualité de commerçant par les personnes physiques mineures, cela va de soi. En effet, s'il est interdit au mineur non émancipé d'accomplir les actes de commerce, combien à plus forte raison l'acquisition de la qualité de commerçant ! La lecture combinée des dispositions de l'AUDCG et de l'AUDSC[271] permet de dégager clairement les critères de l'acquisition de la qualité de commerçant personne physique dans l'espace de l'OHADA. Trois critères sont avancés :

– Le premier critère, être associé d'une société commerciale dans laquelle tous les associés ou une catégorie sont tenus solidairement et indéfiniment du passif social[272]. Les personnes physiques mineures non émancipées ne

[271] Acte uniforme relatif au droit des sociétés commerciales et du groupement d'intérêt économique.

[272] C'est le cas des associés des sociétés en nom collectif et des commandités des sociétés en commandite simple. Sur la question des modalités pratiques de leur poursuite dans le cadre des procédures collectives, voir LE CORRE P.-M. : « La poursuite des associés de sociétés sous procédures collectives par les créanciers », La Semaine juridique, Éd. Entreprises et affaires, n° 10, 6 mars 2008, p. 30-34.

sauraient être associées dans ce type de société, simplement parce que lorsqu'une personne ne peut pas individuellement avoir la qualité de commerçant, elle ne saurait non plus l'avoir en étant associée dans une société qui la lui conférerait.

– Le second critère, être intermédiaire de commerce[273]. Ici aussi, aucun intermédiaire de commerce ne saurait être une personne physique mineure non émancipée, parce qu'on appliquerait aux candidats à la profession d'intermédiaire de commerce les dispositions des art. 6 à 12 de l'AUDCG relatifs à la capacité, aux interdictions[274] et aux incompatibilités[275].

– Le troisième critère, faire de l'accomplissement des actes de commerce par nature sa profession, tel que prescrit par l'art. 2 de l'AUDCG.

Au regard de ce qui précède, il est interdit à la personne physique mineure non émancipée d'avoir la qualité de commerçant par l'accomplissement des actes de commerce par nature à titre de profession, l'acquisition de la qualité d'associé dans une société de personnes ou celle d'intermédiaire de commerce. Malheureusement, cette interdiction n'est pas assortie de sanctions adéquates.

2. L'ABSENCE DE SANCTIONS ADÉQUATES

De manière générale, on admet que les conditions subjectives d'accès aux professions commerciales par les personnes physiques sont posées par les art. 6 à 12 de l'AUDCG. Ces articles réglementent la capacité pour devenir commerçant, les incompatibilités et les interdictions. Ils prévoient les sanctions applicables en cas de violation des règles relatives aux incompatibilités et aux interdictions. Mais ils sont curieusement et désespérément muets en ce qui concerne la violation des règles de capacité posées aux art. 6 et 7. Il est en effet prévu ce qui suit : si les règles relatives aux incompatibilités sont violées, les actes ainsi accomplis par la personne en situation d'incompatibilité restent valables à l'égard des tiers de bonne foi. Ceux-ci peuvent, si bon leur semble, se prévaloir des actes accomplis par la personne en situation d'incompatibilité, mais celle-ci ne peut s'en prévaloir[276]. Les tiers de bonne foi sont ceux qui ne savaient pas que leur cocontractant était en situation d'incompatibilité. À ceux qui ne savaient pas, il faut soustraire

---

[273] Art. 3, 7e tiret de l'AUDCG révisé, et art. 170 de l'AUDCG révisé.

[274] Voir sur la question KUATE TAMEGHE S.-S. : « Sortie de la cour du Roi Peteau : À propos de l'interdiction d'exercer la profession commerciale de l'Acte uniforme OHADA relatif au droit commercial général », *Penant*, n° 861, 2006, p. 492-515.

[275] Voir ANOUKAHA F. : « L'incompatibilité d'exercice d'une activité commerciale dans l'espace OHADA : le cas du Cameroun », in *Annales de la Faculté des Sciences Juridiques et Politiques de l'Université de Dschang*, Tome V, PUA, 2001, p. 5-24.

[276] Art. 8 de l'AUDCG.

ceux qui auraient dû savoir. Dans cette dernière hypothèse, clamer sa bonne foi ne suffira plus, car le tiers sera réputé être de mauvaise foi.

Si les règles relatives aux interdictions sont violées, sans préjudice d'autres sanctions qui sont pour l'essentiel pénales et professionnelles, les actes accomplis par l'interdit sont inopposables aux tiers de bonne foi[277]. Autrement dit, l'acte reste valable entre les parties signataires, mais est simplement inopposable aux tiers de bonne foi. Comme dans le cas des incompatibilités, les tiers de bonne foi sont ceux qui ne savaient pas que leur cocontractant était en situation d'interdiction. De ceux qui ne savaient pas, il faut ôter ceux qui auraient dû savoir. La bonne foi est toujours présumée. Ces actes sont cependant opposables à l'interdit.

Dire du mineur non émancipé qu'il ne peut avoir la qualité de commerçant revient à dire implicitement qu'il ne saurait tomber ni sous le coup des incompatibilités, ni sous celui des interdictions, car l'une et l'autre situation supposent que le coupable avait auparavant la qualité de commerçant. Par conséquent, les sanctions ci-dessus ne sauraient en aucun cas s'appliquer au mineur non émancipé. Par contre, que décider lorsqu'il est prouvé qu'une personne physique mineure accomplit les actes de commerce par nature, en violation des dispositions pertinentes de l'al. 1 de l'art. 7 de l'AUDCG[278] ?

A priori, on pourrait considérer que la sanction légale de la violation de l'interdiction de l'exercice des activités commerciales par les personnes physiques mineures a consisté, pour le législateur, à leur refuser l'acquisition de la qualité de commerçant. En effet, si le législateur de l'OHADA ne le dit pas expressément, il va sans dire que la qualité de commerçant donne droit à certains avantages tels le droit au renouvellement du bail professionnel, la prescription abrégée et la liberté de preuve en matière commerciale. Ces avantages dont la vacuité a déjà été relevée en ce qui concerne les entreprenants, bien à l'aise dans le secteur informel[279], ne sauraient être une sanction qu'on appliquerait au commerce des personnes physiques mineures, puisqu'en réalité ces acteurs n'ont pas besoin de la qualité de commerçant pour exercer leurs activités commerciales. Alors, cette pseudo sanction s'effondre logiquement du fait de son inefficacité, ce qui laisse en friche la piste de la recherche d'autres sanctions plus efficaces.

Si une sanction avait expressément été prévue, son effectivité aurait été, comme dans d'autres domaines, une arme efficace de lutte contre le commerce des personnes physiques mineures non émancipées. Mais dans ce

---

[277] Art. 12 de l'AUDCG.

[278] Cette question révèle un vide juridique embarrassant qui permet pour le moment aux personnes physiques mineures non émancipées de l'espace de l'OHADA de prendre les autorités administratives et judiciaires au dépourvu.

[279] Voir sur la question SOH FOGNO D.-R. : « L'entreprenant dans l'espace de l'OHADA : une mauvaise solution en face d'un réel problème », *RDAO*, 2e semestre 2012, n° 02, p. 236 et 237.

cas, elle n'existe pas, de telle sorte qu'il est saugrenu d'envisager son effectivité, encore moins son efficacité. Dans ces conditions, quelle est la portée d'une règle de droit si son application est rendue facultative du fait de l'inexistence des sanctions applicables en cas de violation ? À rien du tout, la règle de droit n'ayant pleinement son sens que lorsqu'elle est coercitive, ce qui la différencie d'un simple conseil. L'interdiction de l'accomplissement des actes de commerce par les mineurs non émancipés, tout comme celle d'avoir la qualité de commerçant, ne seraient alors qu'un simple conseil laissé à la discrétion des mineurs de l'espace de l'OHADA, puisque quotidiennement cette interdiction est impunément violée.

À la fin de cette première partie, on peut dire que le divorce semble durablement consommé entre les dispositions de l'al. 1 de l'art. 7 de l'AUDCG et la pratique du commerce par les personnes physiques mineures non émancipées de l'espace de l'OHADA. Durablement, mais pas définitivement. En effet, quelques arguments peuvent être avancés pour favoriser la conciliation entre ces dispositions et la pratique du commerce par les personnes physiques mineures non émancipées de l'espace de l'OHADA.

Par. 2 : La conciliation entre les dispositions légales et la pratique du commerce par les mineurs non émancipés

Il s'agit de voir dans quelles mesures faire coïncider la pratique du commerce par les mineurs non émancipés aux dispositions légales. Le législateur de l'OHADA, à travers l'art. 7 al. 1, a certainement fait un choix, celui d'interdire le commerce des personnes physiques mineures non émancipées. Mais il n'a pas assumé ce choix, car comme relevé ci-dessus, l'absence de sanctions adéquates vide cette disposition de sa substance et entame sérieusement son efficacité. Mais le choix aurait pu également être fait en sens inverse, c'est-à-dire dans celui de la prise en compte du commerce des mineurs non émancipés. Ce serait sans doute inadmissible. Dans tous les cas, des réformes s'imposent, afin de rendre effective la conciliation entre la pratique de ce commerce illégal et les dispositions légales. Concrètement, il s'agira soit d'adopter une solution radicale qui conduira à l'aménagement de l'interdiction du commerce des personnes physiques mineures non émancipées (A), soit d'adopter une solution souple qui conduira au contraire à l'aménagement de ce commerce (B).

A. La solution radicale : l'aménagement de l'interdiction du commerce des mineurs non émancipés

L'adoption d'une solution radicale suppose le maintien du principe de l'interdiction du commerce des mineurs non émancipés. Dans ce cas, pour concilier ce principe avec la pratique qui le foule impunément aux pieds, de nécessaires aménagements s'imposent tant dans le domaine de la réglementation en vigueur que dans celui de l'économie des États membres de l'OHADA. Dans le domaine de la réglementation en vigueur, il faudra adopter et appliquer des sanctions adéquates aux mineurs non émancipés qui exercent une activité commerciale (1), tandis que dans le domaine de l'économie des États membres de l'OHADA, il faudra proposer d'autres alternatives à ces mineurs non émancipés afin de limiter la tentation de transgresser les dispositions de l'art. 7 al. 1 de l'AUDGC (2).

1. LA PISTE DE L'ADOPTION ET DE L'APPLICATION DES SANCTIONS ADÉQUATES

Si l'application des sanctions en cas d'exercice des activités commerciales par les personnes physiques mineures non émancipées peut être une sinécure, leur adoption par contre peut s'avérer être une entreprise plus délicate. Il faudra en effet décider du cadre d'application, de l'opportunité d'une telle sanction, mais surtout de sa nature.

D'abord, s'agissant du cadre d'application des sanctions encourues en cas d'exercice d'une activité commerciale par les mineurs non émancipés, on devrait décider que les sanctions identiques s'appliqueraient de la même façon sur le territoire de tous les États-parties au traité de l'OHADA. Une telle solution s'appuierait sur le fait que l'adhésion au traité de l'OHADA induit directement l'adhésion à la communauté juridique créée par le traité. Une solution contraire conduirait à fragmenter le droit des affaires que le législateur de l'OHADA veut unifier[280].

Ensuite, s'agissant de l'opportunité de l'adoption des sanctions applicables en cas d'exercice des activités commerciales par les mineurs non émancipés, l'endémie de ce commerce et l'inexistence totale de sanction peuvent justifier l'immédiateté de la mesure. Mais est-il vraiment réaliste d'envisager une révision de l'AUDCG, quand on sait que la version originaire venait d'être abrogée ? Une telle révision consacrerait l'instabilité du droit uniformisé de l'OHADA, ce qui serait source d'insécurité juridique et juridictionnelle, toute chose qui ajournerait durablement les objectifs premiers du traité qui se propose de booster les investissements dans les

[280] Voir KEBA MBAYE : « L'histoire et les objectifs de l'OHADA », *Petites affiches*, n° 305, octobre 2004, p. 4-7.

États-parties[281]. Pourtant, la nécessité d'une telle audace, compte tenu du vide juridique actuel, ce, en dépit de ses conséquences, vaudrait la peine, puisqu'il s'agirait d'une modification dans le sens de l'amélioration et donc dans celui de la protection des droits acquis et non dans celui de leur compromission. En attendant d'en arriver là, la tentation d'appliquer les sanctions de droit commun paraît bien séduisante. Encore faudra-t-il en déterminer la nature exacte.

Enfin, s'agissant de la nature des sanctions applicables en cas d'exercice par une personne physique mineure non émancipée d'une activité commerciale, le choix pourra être fait entre les sanctions civiles et les sanctions pénales, ou alors la combinaison des deux. À l'analyse, l'adoption des sanctions civiles et pénales poserait des problèmes, ce qui rendrait encore plus compliquée la possibilité d'envisager la combinaison des deux types de sanctions. Dans la pratique, l'application des sanctions pénales laisse toujours en friche la possibilité de recourir aux sanctions civiles.

Pour ce qui est des sanctions civiles, inutile de vouloir envisager les dommages et intérêts en l'absence d'un préjudice clairement identifié par l'exercice des activités commerciales par les mineurs non émancipés, encore moins l'inopposabilité, puisque le recours à une telle mesure suppose la validité de l'acte querellé[282]. Par contre, on serait plus tenté de recourir à la plus sévère, la nullité des actes accomplis par les mineurs non émancipés. Dans ce cas, le législateur de l'OHADA a peut-être jugé inutile de la prévoir, puisqu'en matière civile, il est prévu que les actes juridiques conclus par des personnes physiques mineures non émancipées sont nuls[283]. Mais une telle précision n'aurait point été surabondante, quand on sait que dans certaines hypothèses le même législateur a prévu de manière expresse la nullité[284].

S'agissant de la protection du mineur, cette nullité pourrait être relative comme dans le contexte français[285]. De la sorte, elle pourra être invoquée par le mineur devenu majeur ou par son représentant légal, mais pas par son cocontractant de mauvaise foi. L'adoption pure et simple de cette sanction serait dangereuse dans le contexte des pays membres de l'OHADA, à cause de l'insécurité juridique qui planerait sur les opérations conclues entre les mineurs non émancipés et les majeurs de bonne foi.

---

[281] Voir art. 1 du Traité de l'OHADA qui dispose qu'il a pour objet *« l'harmonisation du droit des affaires dans les États-parties par l'élaboration et l'adoption de règles communes simples, modernes et adaptées à la situation de leurs économies, par la mise en œuvre de procédures judiciaires appropriées, et par l'encouragement au recours à l'arbitrage pour le règlement des différends contractuels ».*

[282] Voir TERRE F. ; SIMLER P. et LEQUETTE Y. : *Droit civil les obligations*, 8e Éd. Précis Dalloz, Paris, 2002, p. 96, n° 82.

[283] Art. 1308 du Code civil.

[284] Par exemple, les arts. 133 al. 3, 151, etc.

[285] GUYON Y. : *Droit des affaires*, T.1, Droit commercial général et sociétés, *op. cit.*, p. 41, n° 40.

L'essentiel des activités commerciales consistant en l'accomplissement d'une série d'actes juridiques, on pourrait bien appliquer dans le contexte de l'OHADA la nullité absolue aux actes de commerce accomplis par les mineurs non émancipés dans le cadre de l'exercice de leurs activités commerciales, ce qui résoudrait juridiquement la question de l'application des sanctions civiles. D'accord. Sauf que cette nullité, qu'elle soit relative ou absolue, n'a aucun impact sur le terrain de la pratique et est par conséquent très peu dissuasive et donc inefficace. En plus, les biens commercialisés par les mineurs non émancipés de l'espace de l'OHADA sont des biens meubles dont la seule possession suffit pour prouver leur propriété[286], si bien que les possesseurs des biens meubles acquis auprès des mineurs non émancipés peuvent juridiquement se prévaloir de leur propriété, compte tenu de ce que ces biens ne sont ni volés ni perdus et, comme tels, n'entrent pas dans la catégorie des exceptions légalement prévues[287]. Cette propriété, par la seule possession des biens meubles acquis auprès des mineurs non émancipés, consolide la vacuité de la proposition de la nullité comme sanction de tels actes, surtout lorsque le bien meuble ainsi vendu ne fait l'objet d'aucune revendication dans le délai légal de deux ans[288].

Pour ce qui est des sanctions pénales, on devrait *a priori* les écarter toutes, qu'il s'agisse des peines d'amende ou d'emprisonnement. En effet, pour qu'elles soient applicables, il faudrait d'abord ériger le commerce des personnes physiques mineures en infraction, ce qui serait trop sévère et irréaliste. Même en les retenant, la législation de l'OHADA serait celle de l'incrimination et les diverses législations nationales celles de la détermination des quanta des peines[289].

Là encore, il se poserait un gros problème, celui de la minorité des auteurs. En effet, la majorité pénale ne se confond pas avec la majorité civile

---

286 Voir art. 2279 al. 1du Code civil selon lequel en fait de meuble, la seule possession vaut titre.

287 Voir al. 2 de l'art. 2279 du Code civil qui apporte une exception à la règle lorsque le bien meuble a été volé ou perdu par son propriétaire originaire.

288 Al. 2 de l'art. 2279 du Code civil, *ibid.*

289 Voir sur la question SOCKENG R. : *Droit pénal des affaires OHADA*, Coll. Le bord, 1re Éd., Presses de l'imprimerie MINSI Le COMPETING, mars 2007, 242 pages ; KOM KAMSU M. : *Le droit pénal des sociétés commerciales dans l'Acte uniforme OHADA*, Mémoire de DEA en Droit communautaire et Comparé CEMAC, Université de Dschang, février 1999, 146 pages ; FOMCHIGBOU MBANCHOUT J.-J. : « De quelques réflexions sur la *"codification"* pénale communautaire du *"législateur"* de l'OHADA », in *L'effectivité du droit de l'OHADA*, PUA, sous la direction de Jean GATSI, Yaoundé, PUA, 2006, p. 63-77 ; MAHOUVE M. : « Le système pénal OHADA ou l'uniformisation à mi-chemin », in *Penant*, n° 846, janvier-mars 2004, p. 87-96 ; KANGAMBEGA E.-L. : « Observations sur les aspects pénaux de l'OHADA », in *Penant*, septembre-décembre 2000, p. 304-335 ; FOKO A. : « Analyse critique de quelques aspects du droit pénal OHADA », in *Penant*, n° 858, 2007, p. 195-239, et YAWAGA S. : « Politique criminelle de l'OHADA », in *Encyclopédie du droit OHADA*, sous la direction de Paul-Gérard POUGOUE, Lamy, décembre 2011, p. 1382-1401.

et commerciale. La première est de 18 ans dans la plupart des pays membres de l'OHADA, alors que la seconde est de 21 ans. Dans ces conditions, on assisterait à une punition à double vitesse, ceux des mineurs entre 18 et 21 ans étant passibles de sanctions pénales, tandis que ceux qui seraient en deçà de 18 ans seraient exonérés d'une telle sanction, pour les mêmes actes. Cela n'aurait rien d'injuste ou de choquant *a priori*, compte tenu de ce que c'est ce qui se passe en réalité dans la pratique, les mineurs de moins de 18 ans ne pouvant pas être pénalement condamnés pour des actes qui sont normalement des infractions. Cette dernière catégorie est vraisemblablement la plus nombreuse dans cette activité commerciale illégale.

Pour dire vrai, il n'est pas du devoir de l'OHADA de faire la police à l'intérieur des frontières des États-parties afin de s'assurer que les dispositions des Actes uniformes sont effectivement appliquées. C'est pour cette raison que le recours aux sanctions classiques pour lutter contre le commerce des mineurs non émancipés est inapproprié, comme le démontrent avec force et détail les développements ci-dessus. Chaque État-partie doit s'organiser à sa manière pour lutter contre ce commerce aux effets pernicieux sur le développement de la jeunesse, avenir des États-parties. Ils pourront, par exemple, recourir à la confiscation systématique des marchandises, ce qui pourra être plus dissuasif que toute mesure. Mais de manière plus positive, il faudra véritablement proposer d'autres alternatives économiques aux mineurs non émancipés.

2. La piste d'autres alternatives économiques aux mineurs non émancipés

Le commerce des mineurs non émancipés ne prospère dans la plupart des pays membres de l'OHADA que parce que les jeunes qui le pratiquent de manière permanente n'ont parfois pas d'autres alternatives. Ces alternatives sont pourtant nombreuses, les unes étant plus accessibles que les autres.

D'abord, on peut avancer la scolarisation. En effet, la plupart des jeunes qui se livrent à une activité commerciale sont encore en âge scolaire. Mais dans la plupart des pays membres, l'école primaire n'est pas obligatoire et dans ceux où elle est obligatoire, l'État n'a pas pris les mesures d'accompagnement nécessaires. Par exemple, au Cameroun, l'école primaire est en principe obligatoire et le gouvernement l'a rendue gratuite pour tous les enfants. Mais cette volonté politique est vite rattrapée par la pratique qui rend parfois l'école primaire beaucoup plus chère qu'avant cette mesure de gratuité[290]. De plus, aucune sanction n'est prévue à l'encontre des parents qui

[290] Au Cameroun, cette mesure relève encore d'une simple hypothèse d'école, car à la suppression pure et simple des frais de scolarité, les directeurs d'écoles primaires et maternelles ont substitué les frais d'APE (Association des Parents d'Élèves) qui sont

refusent d'envoyer leurs enfants à l'école primaire, ce qui fait conclure que les jeunes finalement ne sont pas obligés de fréquenter l'école primaire ! C'est en ce sens d'ailleurs que des voix s'élèvent de plus en plus pour faire remarquer que l'école n'est pas la seule piste qui puisse conduire à l'épanouissement de la jeunesse[291].

Ensuite, aux mineurs non émancipés en difficulté scolaire, les États de l'OHADA peuvent les amener à s'intéresser au sport qui occuperait leur temps et leur permettrait de cultiver les vertus de la patience et du pardon. Mais une telle mesure suppose la multiplication des offres en infrastructures sportives, ce qui est difficile dans le contexte de la plupart des pays membres où les plans d'occupation du sol[292], lorsqu'ils existent, ne sont pas toujours respectés dans les nouveaux quartiers[293], tandis que dans les anciens, les aires ludiques sont quasi inexistantes[294].

Enfin, à ceux qui ne peuvent ni se scolariser ni effectuer une activité sportive ou les deux à la fois, les États membres de l'OHADA peuvent développer les centres d'apprentissage des métiers. Sur le terrain, des offres dans ce sens existent bien. Mais leur nombre est parfois insuffisant par rapport à la demande. Dans plusieurs cas, la formation qui y est dispensée est en décalage par rapport aux offres d'emploi, de telle sorte que les jeunes

---

obligatoires, au mépris des règlements en vigueur qui la rendent facultative par le respect de la liberté d'association telle que garantie tant par la Constitution que par les textes internationaux. Leur taux varie d'une école à une autre. Il est généralement supérieur aux frais de scolarité qui avaient été supprimés. On peut penser que cette situation est entretenue par le gouvernement qui aurait pu tout simplement supprimer les frais d'APE et augmenter ses subventions aux écoles primaires et maternelles. Mais ce jugement peut aussi être relativisé, puisque certains directeurs récalcitrants ou véreux ont été démis de leurs fonctions. Mais ce saupoudrage est très peu dissuasif et le raquetage des parents est érigé en règle.

291 Voir en ce sens DEUTSCHER E. : « La crise de l'éducation, un problème global de développement », *in* Développement et Coopération, n° 2/1995, mars-avril 1995, à la page 10, qui pense que *« dans les pays en voie de développement, il est évident depuis longtemps que ni l'école, ni l'université, ni la formation extra-scolaire ne sont à même de pallier les carences de la société (...). L'idée rabâchée depuis trois décennies selon laquelle l'éducation serait "la clé du développement", s'est avérée être un leurre, car les conditions socio-économiques et politiques de ce développement n'étaient pas réunies ».*

292 Voir sur la question, à titre d'illustration, DEMORTIER P. : *La participation des administrés à l'élaboration des plans d'occupation des sols, étude à partir d'exemples des régions angevières et nantaises*, Mémoire de DEA (Diplôme d'Études Approfondies) en sciences administratives et financières, Faculté de Droit et des Sciences Politiques de l'Université de Nantes, 213 pages dactylographiées.

293 Voir MARTINOTTI G. : « La vie dans les métropoles de demain », *in* Terre Patrimoine commun, sous la direction de Martine BARRERE, Paris, La Découverte, 1992, p. 141 et s. p. 137-143.

294 Voir MONTASSIER K. : *Les espaces verts en milieu urbain*, Mémoire de DEA (Diplôme d'Études Approfondies) en droit public et droit de l'environnement, Faculté de Droit et des Sciences Politiques de l'Université de Nantes, Septembre 1998, 84 pages qui démontrent le rôle important sur le maintien de l'équilibre urbain des espaces verts qui peuvent servir d'aires ludiques.

formés dans ces centres restent exposés au chômage. Dans d'autres cas, ce sont les coûts prohibitifs de la formation qui en limitent l'accès.

Au regard de ce qui précède, on peut conclure que le maintien du principe de l'interdiction du commerce des personnes physiques mineures et par conséquent, son aménagement n'est pas aisé. Les sanctions classiques, même si elles avaient été prévues par les législateurs, seraient inappropriées et donc inopérantes. La plupart des alternatives qui auraient permis aux mineurs non émancipés d'éviter plus aisément la tentation de transgresser les dispositions de l'art. 7 al. 1 de l'AUDCG, butent sur la précarité généralisée des économies des États membres de l'OHADA. Ces difficultés pourraient servir de justification au ménagement du commerce des mineurs non émancipés par l'adoption d'une solution plus souple.

B. La solution souple : l'aménagement du commerce des mineurs non émancipés

L'adoption d'une solution souple suppose une tolérance du commerce des mineurs non émancipés. À cette idée, on serait fondé à relever sa vacuité, quand on sait que c'est ce que les États membres de l'OHADA ont jusqu'ici fait. Mais il s'agirait, dans la réalité, de passer d'une tolérance de fait à une tolérance de droit, qui consisterait à intégrer le commerce des personnes physiques mineures dans la législation applicable, ou mieux, à s'assurer que la législation applicable cesse de n'envisager ce phénomène que pour l'interdire laconiquement. Dans ce cas, le commerce des personnes physiques mineures devra être ménagé. Ce ménagement pourra tirer ses fondements de la difficile prise en compte de la majorité prévue en droit social dans les pays membres de l'OHADA (1). Cette prise en compte déjà difficilement concevable justifierait à elle seule l'impossibilité de la légalisation du commerce des personnes physiques mineures (2).

1. PAR LA DIFFICILE PRISE EN COMPTE DE LA MAJORITÉ DU DROIT SOCIAL

L'idée ici serait de partir des dispositions de l'art. 2 de l'AUDCG selon lesquelles le commerçant est celui qui fait de l'accomplissement des actes de commerce par nature sa profession, pour remarquer que le commerce est avant tout une profession. De manière générale, la profession se définit comme étant un métier, un emploi, une charge, une fonction, une occupation à partir de laquelle on peut tirer ses moyens d'existence, et bien sûr un travail[295]. Dans ces conditions, le commerce serait alors un travail comme les autres. De la sorte, on devrait considérer la législation nationale de chaque

[295] Voir Le Petit ROBERT 2011, p. 2035.

État membre de l'OHADA sur le travail[296] pour décider que le mineur non émancipé qui a la majorité selon le droit social pourrait aussi librement accéder aux professions commerciales. Par exemple, au Cameroun, la majorité en droit social est fixée à 14 ans par le Code du travail[297].

Une telle solution permettrait aux personnes mineures de moins de 21 ans qui ne veulent plus suivre leurs études et qui veulent entreprendre une activité économique, d'exercer une activité commerciale, dans le strict respect de la réglementation sociale en vigueur. Ce point de vue serait d'autant plus défendable qu'en l'état actuel, aucun texte n'interdit à une personne mineure non émancipée de devenir agricultrice, artisane, charpentière, cordonnière, etc. Lorsqu'elles exercent de telles professions, les personnes mineures non émancipées paient les impôts et autres taxes, sans que leur minorité soit une cause d'exonération. La liberté d'exercice des activités commerciales serait cette perche qui leur permettrait de cesser d'être des hors-la-loi. Si on leur permet de travailler en dépit de leur minorité, pourquoi ne pas leur permettre d'exercer une activité commerciale ? De la sorte, leur expérience accumulée depuis l'adolescence leur permettrait sans doute d'être des professionnels aguerris demain !

En admettant que le commerce soit un travail, on devrait aussi admettre que les dispositions du droit du travail lui soient applicables. Mais on ne saurait soutenir *mordicus* cette idée et l'appliquer intégralement, parce que juridiquement, le commerçant doit agir pour son compte propre[298], même si cette condition n'est pas expressément prévue par le législateur de l'OHADA[299]. Or, il est admis unanimement que celui qui travaille pour lui-même n'a aucune dépendance économique[300] et, comme tel, ne saurait se voir appliquer les dispositions du Code du travail[301]. L'application des dispositions du droit du travail est subordonnée à l'existence d'un employeur et d'un travailleur entre lesquels se trouvent un lien de subordination et la

[296] En attendant l'entrée en vigueur de l'Acte uniforme sur le droit du travail dont le chantier dure maintenant depuis quelques années.

[297] Art. 86 du Code du travail camerounais. Voir spécifiquement Code du travail camerounais annoté, sous la direction de Paul-Gérard POUGOUE, Yaoundé, PUA, 1997, p. 127 et suivantes.

[298] AKUETE P.-S. et YADO TOE J. : *OHADA Droit commercial général*, *op. cit.*, p. 79, n° 134.

[299] Les dispositions de l'AUDCG dans leur ancienne rédaction ne le disaient pas expressément. La nouvelle n'a pas fait mieux. Mais cette condition est indispensable à l'acquisition de la qualité de commerçant, puisqu'elle permet de faire la différence entre le commerçant et le gérant salarié d'une part, et entre le commerçant et sa conjointe d'autre part.

[300] Voir CUCHE P. : La définition du salarié et le critérium de la dépendance économique, DH, 1932, p. 101 et s.

[301] Voir, à titre d'illustration, l'art. 28 du Code du travail camerounais qui définit le contrat de travail comme étant *« une convention par laquelle un travailleur s'engage à mettre son activité professionnelle sous l'autorité et la direction d'un employeur, en contrepartie d'une rémunération »*.

rémunération de la prestation du travailleur par l'employeur[302]. Si la profession commerciale est donc un travail, ses règles sont spéciales et dérogent aux dispositions plus générales du droit du travail, par application de la maxime *« generalia spécialibus non derogant »,* ou plus positivement *« specialia generalibus derogant »*[303].

Finalement, la piste de la prise en compte de la majorité selon le droit social dans les pays membres de l'OHADA pour tenter de soutenir l'aménagement du commerce des personnes physiques mineures est bien infructueuse, tous les arguments la soutenant s'évanouissant d'eux-mêmes. L'échec de cette piste rend par conséquent impossible la légalisation du commerce des mineurs non émancipés dans les pays membres de l'OHADA.

2. Par l'impossible légalisation du commerce des mineurs non émancipés

Le postulat ici est de se dire que si une question ne trouve pas une réponse idoine malgré toutes les idées avancées qui comportent, on l'a vu, des limites, pourquoi ne pas s'attaquer à la question elle-même ? En effet, il va de soi que si une question est erronée, on ne devrait logiquement pas s'attendre à une réponse soutenable. Alors, on soutiendrait que l'interdiction du commerce des personnes physiques mineures est en elle-même une question erronée qui justifierait la levée d'une telle interdiction pour le rendre conforme à la pratique. Ce pari serait un peu saugrenu et risqué. Mais il permettrait de réconcilier durablement les dispositions de l'OHADA à la pratique endémique du commerce des personnes physiques mineures. Mais une telle solution serait inédite puisqu'elle n'existe dans aucun autre pays du monde, ce qui ferait de l'espace de l'OHADA un espace à part dans lequel les investissements pourraient être soit freinés[304], soit relancés[305] en fonction de l'angle selon lequel on saisit le problème. De plus, l'adoption d'une telle solution s'opposerait à la réglementation internationale du travail qui interdit le travail des mineurs des deux sexes[306].

---

302 Voir aussi FAVENNEC-HERY F. et VERKINDT P.-Y. : *Droit du travail*, Paris, LGDJ, 2e éd., 2009, p. 398 et s., n° 275 et s.

303 Voir *Locutions latines juridiques*, Paris, Armand Colin, Dalloz, 2004, p. 25.

304 Ils pourront être freinés par les défenseurs de droits de l'homme en général et de l'enfant en particulier. En effet, l'enfant dispose des droits généraux en tant qu'être humain et des droits catégoriels en tant qu'enfant.

305 Ils pourront être relancés dans la mesure où la plupart des investisseurs ne se préoccupent guère des droits de l'homme, dans la mesure où seuls comptent les profits. Les enfants seraient alors des acteurs supplémentaires disponibles et peu onéreux.

306 Voir convention de l'OIT n° 138 du 26 juin 1973, entrée en vigueur le 19 juin 1976, relative à l'âge minimum d'admission à l'emploi qui fixe l'âge légal à 18 ans et accorde une dérogation spéciale à 14 ans dans les pays en développement, pourvu que l'enfant ait fini la scolarité obligatoire. Voir dans le même sens la convention de l'OIT n° 138 du 17 juin 1999,

Quels que soient les arguments qui peuvent être avancés pour justifier la légalisation du commerce des personnes physiques mineures[307], une telle solution connaîtrait d'énormes difficultés dans son application, car ces activités commerciales ne peuvent se passer dans la pratique de la conclusion des contrats. Or, il est de règle que le mineur non émancipé ne saurait valablement contracter[308]. Si le mineur non émancipé ne peut pas être un acteur plein dans la vie civile, il ne saurait non plus l'être dans la vie économique où les risques sont plus grands. De manière plus pratique, le refus de la qualité de commerçant aux personnes physiques mineures non émancipées ne tiendrait pas de l'impossibilité matérielle d'exercice d'une telle activité, mais des conséquences juridiques qu'une telle solution engendrerait.

Ces conséquences juridiques, à elles seules, suffisent pour soutenir *mordicus* l'idée de l'impossibilité de la légalisation du commerce des personnes physiques mineures, car l'application d'une telle solution aboutirait à la remise en cause inacceptable des fondements du droit en général et celui des contrats en particulier.

Conclusion

La greffe dans les pays de l'OHADA des dispositions relatives à la capacité des personnes physiques à exercer une activité commerciale dans certains pays européens, a échoué[309]. De la sorte, sans être un « casse-

---

entrée en vigueur le 19 novembre 2000, relative à l'interdiction des pires formes de travail des enfants et l'action immédiate en vue de leur élimination.

[307] Voir *supra*, n° 38 et s.

[308] Art. 1124 du Code civil. Voir aussi F. TERRE, P. SIMLER et Y. LEQUETTE, *Droit civil Les obligations*, Paris, Dalloz, 8e éd. 2002, p. 108 et s., n° 95 et s.

[309] Dans la plupart des pays européens et notamment en France, le commerce se fait dans des centres commerciaux et il est rare que les personnes physiques mineures en font une activité permanente. De la sorte, les dispositions de l'art. 7 al. 1 y seraient facilement applicables. Cette disposition empruntée ne colle pas tout à fait avec le contexte africain, ce qui traduit bien l'idée d'un simple mimétisme de la part des rédacteurs de ces dispositions de l'AUDCG – Voir sur la notion de mimétisme comme source de droit ABARCHI D. : « Problématique des réformes législatives en Afrique : le mimétisme comme méthode de construction du droit », in *Penant*, n° 842, janvier-mars 2003, p. 88-105 ; MUKA TSHIBENDE L.-D. : « Les Gaulois, nos ancêtres ? Sur la circulation et l'influence du modèle juridique français en Afrique noire francophone », *in* Rev. rech. jur.-Droit prospectif, n° 2006-1, Presses universitaires d'Aix-Marseille, p. 379-409, ou OHADATA D-07-02, mais surtout POUGOUE P.-G : « La notion de droit francophone a-t-elle un sens ? », Résumé d'une communication orale à Bordeaux le lundi 17 septembre 2007 dans le cadre de la Deuxième Semaine du Droit comparé de l'Université de Montesquieu Bordeaux IV, sur OHADATA D-07-44 et OHADATA D-07-43.

tête chinois »[310], le commerce des mineurs non émancipés est finalement devenu un véritable serpent de mer que les États membres de l'OHADA doivent pourtant saisir, s'ils veulent assainir les milieux d'affaires et rendre cet espace économique plus attractif[311]. Interdit par les textes de l'OHADA en se basant sur la réglementation civile qui considère le mineur non émancipé comme un incapable d'exercice[312], le commerce des personnes physiques mineures est pourtant prospère dans la pratique, du fait des résistances économiques et culturelles séculaires, et de l'inexistence des sanctions expressément prévues dans les textes, ce qui a conduit à leur ineffectivité dans la pratique des États. Cette situation crée un divorce entre les dispositions pertinentes de l'art. 7 al. 1 de l'AUDCG et la pratique que ne parviennent à concilier, pour l'instant, ni la solution radicale qui consisterait à maintenir le principe de l'interdiction du commerce des personnes physiques mineures, ni la solution souple qui consisterait à lui trouver des circonstances atténuantes par lesquelles on le légaliserait. En l'absence des sanctions légales, les États doivent renforcer les mesures alternatives de lutte telles les saisies systématiques des marchandises des mineurs non émancipés, la formation obligatoire des mineurs non émancipés, etc. Ce jeu en vaut la chandelle, puisque le succès d'une telle gageure serait révolutionnaire.

---

[310] Le problème n'est pas insoluble, compte tenu de ce que la solution retenue par les textes n'est pas mauvaise. C'est leur application qui fait problème.

[311] Voir SOH FOGNO D.-R. et TCHOFFO A. : « L'assainissement de la profession commerciale dans l'espace de l'OHADA », *op. cit.*, p. 100 et s.

[312] Voir VOIRIN P. : *Droit civil Personnes-Famille-Incapacité-Biens-Obligations-Sûretés*, *op. cit.*, p. 193 et s., n° 396 et s.

Section 4 : Les données relatives au Registre du commerce et du crédit mobilier

Michel AFANA BIDOUNGA,
Docteur en Droit privé
de l'Université de Nantes

Quel est l'état de l'application et l'effectivité des règles du droit OHADA[313] régissant le Registre du commerce et du crédit mobilier, après bientôt dix-sept années d'existence ? La question est d'autant plus intéressante que le contexte socio-économique qui a vu naître ce corps de règles est en permanente mutation[314]. Le droit OHADA régissant le Registre du commerce et du crédit mobilier est-il encore applicable au contexte socio-économique de l'heure ? L'application quotidienne desdites règles suscite très souvent de nouvelles interrogations et de vives réactions de la part des professionnels du droit[315].

Le Registre du commerce et du crédit mobilier ne cesse donc d'interpeller. Il est démesuré pour certains[316], ineffectif pour d'autres[317]. La sécurité judiciaire et juridique comme l'affirme à juste titre un auteur « le sera davantage lorsque le Registre du commerce et du crédit mobilier assurera la transparence souhaitée sur l'ensemble des opérateurs économiques de la région »[318]. Le professeur ANOUKAHA François a ajouté à cet égard que « ... l'effectivité de l'OHADA sera illusoire aussi longtemps que certains mécanismes institués par l'OHADA ne seront pas mis en place.

---

313 GATSI J., « L'applicabilité et l'effectivité des normes juridiques de l'OHADA », *Revue communautaire de droit et des affaires*, n° 1, janvier-mars 2013, p. 153-159.
314 AKAM AKAM A. Les Mutations juridiques dans le système OHADA, L'Harmattan Cameroun, 2009.
315 KOTO J. V., L'application des Actes uniformes de l'OHADA, PUR, 2013, 354 pages.
316 POUGOUE P. G., « *Présentation générale du système OHADA* », « Les Mutations juridiques dans le système OHADA », L'Harmattan Cameroun, 2009, p. 7-19.
317 Selon le greffier en chef auprès de la Cour commune de Justice et d'Arbitrage à Abidjan, « *Le Fichier régional n'est pas encore fonctionnel, aucune statistique n'est pas encore envisageable* », courriel de mars 2014.
318 DAVID J., « Avant-propos », *introduction critique à l'OHADA*, Presses universitaires d'Afrique, 2008, p. 17-18. Selon un autre auteur, « *L'effectivité de l'amélioration de l'accès au crédit des entreprises sera illusoire aussi longtemps que le mécanisme particulièrement innovant qu'est le RCCM ne sera pas mis en place ; le succès de l'OHADA en dépend* », KALIEU ELONGO Y. R., « Le rôle du Registre du commerce et du crédit mobilier OHADA dans l'amélioration de l'accès au crédit », in *Les Mutations juridiques dans le système OHADA*, L'Harmattan Cameroun, 2009, p. 133 à p. 140.

Parmi ces mécanismes, le Registre du commerce et du crédit mobilier mérite une attention particulière, le succès de l'OHADA en dépend »[319].

Dans la même veine, le Professeur Pougoue Paul-Gérard écrira pour pousser la logique jusqu'à son terme que : « De même, le merveilleux mécanisme qu'est le RCCM est loin d'être opérationnel et il nécessitera de très importants moyens financiers pour sa mise en œuvre. Il paraît trop ambitieux et peu réaliste »[320]

Le temps est passé, la pratique de cet outil d'information et de transparence, modèle unique interpelle. Peut-il vraiment rayonner ? Le nouveau Registre du commerce et du crédit mobilier est-il vivant ? Son modèle d'intégration est-il efficace ? Les interrogations sont nombreuses, c'est dire que le temps est venu de tenter une première évaluation de l'ambitieux programme qui était confié au Registre du commerce et du crédit mobilier. Les apports bienfaisants des nouvelles règles régissant cet instrument ont pour ambition d'apporter sécurité juridique et judiciaire aux opérateurs privés

Le Registre du commerce et du crédit mobilier est une des innovations importantes dans le nouveau paysage de l'OHADA[321]. L'Acte uniforme portant sur le droit commercial général adopté le 15 décembre 2010 à Lomé[322], en ses articles 34 à 100, porte sur les fonts baptismaux et édicte les règles de fonctionnement du Registre du commerce et du crédit mobilier. Il a six fonctions :

La première est celle de la réception des demandes d'immatriculation des commerçants physiques, des sociétés commerciales et autres personnes morales, dans les conditions prévues aux articles 44 et suivants de l'Acte uniforme relatif au droit commercial général.

La deuxième est la réception de la déclaration d'activité de l'entreprenant[323].

---

319 ANOUKAHA F., « L'OHADA en marche », Annales de la Faculté de Sciences juridiques et Politiques de l'Université de DSCHANG, Tome 6, 2002, p. 6-21.

320 POUGOUE P. G., « Présentation générale du système OHADA », « les Mutations juridiques dans le système OHADA », L'Harmattan Cameroun, 2009, p. 7-19.

321 KALIEU ELONGO Y. R., « Le rôle du Registre du commerce et du crédit mobilier OHADA dans l'amélioration de l'accès au crédit », in *Les Mutations juridiques dans le système OHADA*, L'Harmattan Cameroun, 2009, p. 133 à p. 140.
KONE (M.), le Nouveau droit commercial des pays de la zone OHADA, comparaison avec le droit français, L.G.D.I, 2003, n° 352 et s..
SANTOS A.P, Commentaire sous livre II, Acte uniforme sur le droit commercial général, OHADA traité et actes uniformes commentés et annotés, 37 2D, 2008, p. 198, etc.

322 Le Registre du commerce et du crédit mobilier est institué par les livres II, III, IV et V de l'Acte uniforme portant le droit commercial révisé le 15 décembre 2010 à Lomé.

323 KANTCHOP T. N., « Libres propos sur l'entreprenant : essai de normalisation du secteur informel par le législateur OHADA », *Revue communautaire de Droit et des Affaires*, janvier-mars 2013, pp. 105 à 120.

La troisième est de recevoir également l'inscription des sûretés mobilières limitativement énumérées par l'Acte uniforme. D'où l'appellation Registre du commerce et du crédit mobilier[324].

La quatrième consiste à permettre l'accès des assujettis et des tiers aux informations conservées[325].

La cinquième consiste en la satisfaction aux exigences de sécurité, de célérité, de transparence et de loyauté nécessaires au développement des activités économiques.

Enfin, le Registre du commerce et du crédit mobilier reçoit les états financiers de synthèse des sociétés commerciales à savoir : le bilan, le compte de résultat, le tableau financier des ressources et emplois, et l'état annexé de l'exercice écoulé.

L'innovation qui marque de façon indélébile le modèle OHADA est sa conception à un triple niveau : un fichier local[326] au greffe de chaque juridiction compétente ou d'un organe compétent dans l'État-partie, un fichier national[327] et un fichier régional auprès de la Cour commune de justice et d'arbitrage à Abidjan[328]. C'est un outil d'information et de transparence centralisant l'ensemble des opérateurs économiques des États membres de l'OHADA[329]. Il s'agit d'un exceptionnel instrument de sécurité, de célérité, de loyauté, de publicité et de transparence, vital pour le climat des affaires, précieux pour les acteurs de la vie économique y compris la

---

324 « *Il n'y a pas donc un, mais deux registres car, à bien y regarder et à la lecture des textes, les deux fonctions sont différentes.* »

325 Le Registre du commerce et du crédit mobilier permet de connaître le niveau de l'endettement des opérateurs économiques de l'espace OHADA. Article 34 décembre de l'Acte uniforme, « permettre l'accès des assujettis et des tiers aux informations conservées par le Registre ».

326 Article 36 alinéa 1 de l'Acte uniforme : « *Le Registre du commerce et du crédit mobilier est tenu par le greffe de la juridiction compétente ou l'organe compétent dans l'État-partie sous la surveillance du Président de ladite juridiction ou du juge délégué par lui à cet effet ou de l'autorité compétente dans l'État-partie* ».

327 Article 36 alinéa 2 de l'Acte uniforme : « *un Fichier national centralise les renseignements consignés dans chaque Registre du commerce et du crédit mobilier* ». Le Fichier national comme son nom l'indique est tenu au niveau de chaque État auprès d'une institution désignée par l'État (greffe d'une juridiction d'appel ou autre autorité administrative). Au Cameroun, par exemple, le Fichier national est localisé à la Cour d'appel du Centre (Yaoundé).

328 Article 36 alinéa 3 de l'Acte uniforme : « ... *centralise les renseignements consignés dans chaque fichier national* ».

329 Abdou DIOUF, « *Préface* », *Introduction critique à l'OHADA*, Presses universitaires d'Afrique, août 2008, p. 13 et p. 15, Ainsi, avec le Fichier régional, on peut disposer des données sur l'ensemble des opérateurs et investisseurs économiques des États de l'espace OHADA. Il s'agit d'un exceptionnel instrument de sécurité, de célérité, de loyauté, de publicité et de transparence, vital pour le climat des affaires, précieux pour tous les acteurs de la vie économique y compris la communauté économique et financière internationale.

communauté économique et financière internationale, d'où l'intérêt de la présente contribution scientifique.

Ce Registre du commerce et du crédit mobilier traverse aujourd'hui une crise d'effectivité, et son avenir est préoccupant. Cette interpellation invite à une réflexion critique. Le dessein de la présente étude est donc de sonder profondément cet instrument, pour vérifier les ressorts, déceler les fissures, mesurer la constance de la volonté politique des États-parties de l'OHADA, scruter l'environnement afin de pouvoir apprécier sa vitalité, son efficacité, son efficience, de son attractivité économique[330] et de son effectivité sociologique.

S'agissant de l'effectivité[331], souvent utilisée lorsqu'il s'agit de parler d'application du droit n'est pas toujours définie et cette absence de définition peut donner lieu à des confusions. À notre sens, dans le cadre de ce travail, nous reprendrons à notre compte la définition selon laquelle « L'effectivité mesure l'écart entre la règle posée et les comportements suivis »[332]. En cela, l'effectivité se distingue de « l'efficacité qui mesure l'écart entre l'objectif poursuivi par une règle de droit et le résultat obtenu »[333].

Il s'agit, en somme de se demander si les nombreux espoirs placés dans cet instrument juridique se traduisent dans les réalités économiques satisfaisantes[334] en Afrique. Le but de cette étude est précisément d'aider à poser de bonnes questions et de contribuer à trouver de bonnes réponses. C'est une analyse sans complaisance qui interpelle mais toujours avec mesure dans le ton, pondération dans les propositions. L'objet de la présente réflexion est ainsi d'ouvrir les pistes pour consolider les acquis et projeter l'avenir.

---

[330] Abdou DIOUF, « *Préface* », *Introduction critique à l'OHADA*, Presses universitaires d'Afrique, août 2008, p. 13 et p. 15, Le Registre du commerce et du Crédit mobilier est conçu donc de façon originale au service de l'intégration juridique en recevant à la fois au niveau local, national et régional auprès de la Cour commune de justice et d'arbitrage à Abidjan, l'immatriculation des personnes physiques et morales, la déclaration d'activité de l'entreprenant et l'inscription des sûretés mobilières.

[331] ENCINAS DE MUNAGORI R., LHUILIER G., *Introduction au droit, Édition Flammarion*, 2002, p. 21. ; GATSI (J.), « L'applicabilité et l'effectivité des normes », Revue communautaire de Droit et des Affaires, n° 1, janvier-mars 2013, p. 153 à p. 159.

[332] ENCINAS DE MUNAGOBRI R., LHUILIER G, *Introduction au droit*, Édition Flammarion, 2002, p. 21.

[333] ENCINAS DE MUNAGOBRI R., LHUILIER G, *Introduction au droit*, Édition Flammarion, précis.

[334] Selon un auteur, « *Le droit doit faciliter l'activité économique au lieu de la contrarier* », PAILLUSSEAU J., « Une révolution juridique en Afrique : l'OHADA », Dialogues avec Michel JEANTIN, Dalloz, 1999, p. 93 et suivant ; YOUMSI (J.), « L'OHADA : un instrument pour le développement des investissements dans un climat de sécurité juridique et judiciaire », *Juridis périodique* n° 30, avril-mai-juin 1997, p. 98 et suivant.

Jacques DAVID « *Avant-propos* », « *Introduction critique à l'OHADA* », Presses universitaires d'Afrique, août 2008, p. 17 à p. 19.

La première question est de savoir combien de personnes physiques commerçantes, des sociétés commerciales et autres personnes morales sont immatriculées au Registre du commerce et du crédit mobilier de Douala[335], Yaoundé[336] – Cameroun et à Abidjan[337] – Côte d'Ivoire, avec les évolutions par année. Combien de sûretés réelles mobilières sont inscrites dans lesdits registres ? Combien d'entreprenants déclarés ? Combien de groupements d'intérêt économique, succursales et établissements publics immatriculés ?

La deuxième question est : quels types de sociétés commerciales dominent ? Quels types de sûretés mobilières sont prépondérants ? Quelle est la taille des sociétés ?

La troisième : combien d'immatriculations modificatives, complémentaires, secondaires et radiations sont enregistrées ? Quels sont les coûts réels ? Quel est le nombre de publications requis en cours de vie sociale ? Et quels sont les coûts desdites publications ? Combien d'inscriptions modificatives, complémentaires et secondaires sont enregistrées par année ?

En adaptant la démarche critique et empirique, les données de base nous ont permis de mesurer l'écart entre les règles posées par le législateur de l'OHADA et les comportements suivis. Le Registre du commerce et du crédit mobilier dans les textes est une construction séduisante. Dans les faits, les défis sont nombreux et délicats. Il traverse une crise d'effectivité qui mérite de dresser un état des lieux afin d'en proposer des solutions. Le présent travail a pour objet de procéder à cet état des lieux avec cet esprit d'objectivité.

Le Registre du commerce et du crédit mobilier chancelle, les certitudes d'hier sont remises en question. L'on constate une sorte de léthargie, un sentiment que ledit registre est en panne. Le nouveau dispositif normatif régissant le Registre du commerce et du crédit mobilier est quantitativement considérable mais son effectivité est loin d'être acquise. Les constats empiriques du Registre du commerce et du crédit mobilier nous ont permis de découvrir des difficultés pratiques. Ceci laisse apparaître de nombreuses défaillances, des points d'ombre qui augurent de l'existence des difficultés perceptibles dans l'application du Registre du commerce et du crédit mobilier (Par. 1). Mais celles-ci peuvent être surmontées et c'est dans cette optique qu'il nous semble judicieux de faire quelques propositions concrètes en vue d'une réforme de cet instrument d'information et de transparence

[335] Il s'agit des fichiers locaux du Tribunal de première instance Douala-Bonanjo, du Tribunal de première instance de Douala-Ndokoti.
[336] Il s'agit du fichier national tenu à la Cour d'appel du Centre à Yaoundé, des fichiers locaux : Tribunal de première instance de Yaoundé – Centre administratif, Tribunal de première instance de Yaoundé-Ekounou.
[337] Le fichier régional est basé auprès de la Cour commune de justice et d'arbitrage à Abidjan (Côte d'Ivoire).

centralisant les renseignements sur l'ensemble des opérateurs économiques des États membres (Par. 2).

Par. 1 : Des difficultés pratiques dans la mise en œuvre du Registre du commerce et du crédit mobilier.

Les difficultés pratiques dans la mise en œuvre du Registre du commerce et du crédit mobilier peuvent tenir à diverses raisons qui sont techniques ou de toute autre nature. Elles sont liées aux insuffisances normatives, d'une part (A) et de l'environnement juridique, d'autre part (B).

A. Les difficultés pratiques liées aux normes juridiques

Le Registre du commerce et du crédit mobilier fait actuellement l'objet d'une réglementation, bien encore inachevée. L'observation des données relatives au Registre du commerce et du crédit mobilier de Douala, Yaoundé et Abidjan nous a permis de faire quelques constats empiriques.

Sur le plan formel, la tenue matérielle des registres suivant les exigences légales n'est pas respectée. Par exemple, dans les fichiers locaux de Douala, au lieu des commerçants personnes physiques, les greffiers mentionnent les établissements. Cette manière de tenir lesdits registres est de nature à créer une confusion dans l'esprit des professionnels du droit.

Sur le plan du fond, l'on note un écart énorme entre le nombre de commerçants immatriculés et ceux exerçant effectivement l'activité commerciale. Ces insuffisances résultent du coût élevé des frais inhérents à l'immatriculation et au nombre élevé des pièces demandées.

La pratique quotidienne du droit OHADA nous a permis de découvrir des incohérences et des failles dues à la pression fiscale. Chaque État fixe les mesures incitatives des commerçants personnes physiques ou morales, en matière d'imposition fiscale, d'assujettissement aux charges sociales. Ce qui explique le manque d'engouement à la procédure d'immatriculation.

Cette pression fiscale décourage et pousse les commerçants à exercer dans la clandestinité et à la fabrication de faux Registres du Commerce du Crédit Mobilier.

En outre, l'Acte uniforme du 15 décembre 2010 a consacré le statut d'entreprenant[338] et sa déclaration d'activité sans frais[339] au Registre du

[338] KANTCHOP T.N., « Libres propos sur l'entreprenant : essai normalisation du secteur informel par le législateur OHADA », *Revue Communautaire de Droit et des Affaires*, n° 01 janvier-mars 2013, p. 105 à p. 120 ; KWEMO S., *L'OHADA et le secteur informel : l'exemple du Cameroun*, Thèse, Université de Paris I, 2012, 432 pages.

commerce et du crédit mobilier. Cette déclaration d'activité de l'entreprenant au Registre du commerce et du crédit mobilier n'est pas encore effective. Le droit commercial OHADA ne règle pas définitivement toutes les interrogations liées à son statut[340]. Depuis 2010, un seul entreprenant a été déclaré dans le fichier local du Tribunal de première instance de Yaoundé Ekounou: il est apparu comme un déphasage entre l'Acte uniforme et la pratique quotidienne du droit OHADA. Le secteur informel, qui est le moteur de la croissance économique au Cameroun, ne s'intéresse point au Registre du commerce du crédit mobilier. Les formulaires utilisés pour la demande de déclaration d'activité ne sont pas encore opérationnels. Par souci d'uniformisation, les greffes ou les responsables de l'organe compétent dans l'État-partie attendent vainement les formulaires dont les modèles et notices explicatives sont souvent publiés par le journal officiel de l'OHADA. Ces hésitations ou retards jettent un doute sur cet instrument.

L'autre incohérence, c'est le manque d'informations des futurs entreprenants à ladite formalité. Ce qui explique sûrement l'indolence des entreprenants à la déclaration de leurs activités aux fichiers locaux de Yaoundé et de Douala.

L'organisation du Registre du commerce et du crédit mobilier semble être l'une des plus urgentes. Il y a, par conséquent, premièrement, autant de Registres du commerce et du crédit mobilier que de ressorts de juridictions commerciales[341], et secondairement, sûrement autant de formes, de juridictions commerciales que d'États membres. C'est dans cette perspective que certains auteurs affirment : « Le nombre et la qualité des Registres du commerce et du crédit mobilier n'a pas été suffisamment pensé et doit impérativement être corrigé »[342].

Deuxièmement, la procédure dudit Registre est lourde, formaliste et complexe, et la pratique n'est pas aisée. Il n'y a pas un seul Registre mais trois, un registre des immatriculations, un registre des inscriptions des sûretés réelles mobilières et le registre de déclaration d'activité de l'entreprenant.

---

339 Article 65 de l'Acte uniforme : « *Toutes les déclarations de l'entreprenant sont faites sans frais* ».
Les constats sur le terrain nous ont permis de découvrir que les greffes ont des difficultés sur le statut de l'entreprenant : qui est entreprenant, petits commerçants, *« call boxeuses »,* agriculteur, artisan, un acheteur de vivres *« bayam-salam ».*

340 KANTCHOP T. N., « Libres propos sur l'entreprenant : essai normalisation du secteur informel par le législateur OHADA », *Revue communautaire de Droit et des affaires*, n° 01 janvier-mars 2013, p. 105 à p. 120 ; KWEMO S., *L'OHADA et le secteur informel : l'exemple du Cameroun,* Thèse, Université de Paris I, 2012, 432 pages.

341 Au Cameroun, l'on a environ deux Registre du commerce et du crédit mobilier, au Niger, une dizaine. Par exemple, au Mali où l'on trouve des tribunaux de commerce autonomes, alors qu'au Cameroun, Niger, les juridictions commerciales sont rendues par une des chambres ou sections, du tribunal de droit commun.

342 Article 45 de l'Acte uniforme : « *À l'appui de sa demande, le demandeur est tenu de fournir les pièces justificatives suivantes quel que soit leur forme ou leur support…* ».

Le nombre de pièces demandées à l'appui de la demande à l'immatriculation est trop élevé[343] comme nous l'avions dit précédemment.

En outre, la procédure du Registre du commerce et du crédit mobilier est très coûteuse[344]. Ce qui décourage les futurs assujettis et les autres opérateurs économiques, favorisant ainsi le phénomène des faux Registres du commerce et du crédit mobilier[345]. Le nombre insuffisant des sociétés anonymes immatriculées aux fichiers locaux de Douala et Yaoundé en est une parfaite illustration[346].

L'observation des données montre que la quasi-majorité des sociétés commerciales immatriculées aux fichiers locaux de Yaoundé et Douala sont des sociétés à responsabilité limitée pluripersonnelles, les formalités desdites sociétés sont simples, et le capital social est attractif. Le nombre peu élevé des sociétés anonymes, l'absence des sociétés en nom collectif, des sociétés en commandite simple, s'expliquent en raison des écueils suscités.

Également, le nombre de nantissements inscrits aux fichiers de Douala et Yaoundé est moindre à cause des frais élevés et variables. Seuls quelques fonds de commerce et matériels professionnels, véhicules automobiles, y sont inscrits.

L'on constate aussi que le nombre de commerçants personnes physiques immatriculés aux fichiers locaux de Yaoundé et Douala est en nette progression à partir de 2010, et cela résulte de plusieurs prescriptions importantes qui ont respectivement trait, d'une part, à la mise en conformité des procédures nationales avec des textes supranationaux notamment l'Acte uniforme OHADA du 15 décembre 2010 relatif au droit commercial général, et d'autre part, à des aménagements concernant l'exigence du titre de propriété, du certificat de résidence et l'instauration des photocopies en lieu et place des extraits de certains documents.

L'on note enfin l'omission du législateur OHADA. Celui-ci n'a pas confié un contrôle permanent au greffe ou à l'organe compétent dans l'État-partie. Il ne peut pas vérifier, à tout moment, des immatriculations et leur conformité.

La procédure régissant le Registre du commerce et du crédit mobilier est complexe, inachevée et regorge de nombreuses failles, et comme toute

---

343 CHIFFLOT F., BOURGEOIS, BENKEMOUN L. et THOUVENOT S., « Pérenniser le succès de l'OHADA : pistes de réflexion », *Revue de droit des affaires internationales*, 2006, n° 2, p. 241 et s.

344 Au Cameroun, l'immatriculation des personnes physiques coûte : 53 000 FCFA + 20 000 FCFA des frais de publications, les personnes morales 37 000 FCFA + frais de publication, l'inscription des sûretés réelles mobilières, 11 500 FCFA.

345 Au tribunal de Première de Douala-Bonanjo l'on a noté plus de cent faux Registres du commerce et du crédit mobilier.

346 Voir le constat des statistiques des fichiers locaux de Registre du commerce et du crédit mobilier.

œuvre humaine, il est perfectible. Plusieurs arguments de fond suscités militent en faveur de la relecture immédiate desdits Actes uniformes[347].

B. Les difficultés pratiques liées à l'environnement juridique

Il existe de nombreuses pesanteurs et résistances au fonctionnement harmonieux du Registre du commerce et du crédit mobilier. Il s'agira seulement d'en signaler quelques-unes. La faiblesse dudit registre n'est certainement pas qu'institutionnelle, elle est d'abord humaine. Elle concerne la corruption et la maîtrise approximative des techniques et mécanismes institués par le droit OHADA par les structures d'application dudit Registre. Les écarts d'interprétation de cet instrument[348] sont palpables.

Le greffe du Tribunal de première instance de Douala-Bonanjo a refusé d'inscrire un nantissement au motif que les bénéficiaires n'étaient pas immatriculés au Cameroun, et donc de ce fait, n'avaient pas de numéro au Registre du commerce et du crédit mobilier du bénéficiaire. Après bien des discussions, l'inscription a été faite mais le greffe ne paraît pas convaincu par l'argumentation développée à savoir que c'est l'immatriculation du Cameroun qui détermine l'inscription de la sûreté au Registre du commerce et du crédit mobilier. Relativement au bénéficiaire, c'est l'identification en vigueur dans son pays qui doit être indiquée. Ce sera suivant le cas ou le numéro du Registre du commerce et du crédit mobilier ou autres[349].

Le nombre des assujettis à l'immatriculation, à la déclaration d'activité et à l'inscription des sûretés réelles mobilières, dans les fichiers de Yaoundé et de Douala par année, est faible. Plusieurs raisons peuvent être évoquées : l'ignorance, l'analphabétisme et la pauvreté des assujettis.

On peut encore ajouter d'autres causes : une cause sociologique liée au secret dans les sociétés traditionnelles africaines au détriment de la transparence souhaitée, la mise en place effective des fichiers, la transmission des informations d'un registre à un autre, et l'organisation du système de communication.

S'agissant de la transmission des informations, les problèmes de mise à jour des fichiers, la fiabilité des informations conservées, la mise à jour des modifications survenues se posent avec acuité. Ce qui explique le nombre peu élevé des radiations, des modifications complémentaires et secondaires dans les fichiers de Yaoundé et de Douala.

---

[347] Voir le constat des statistiques des fichiers locaux de Registre du commerce et du crédit mobilier.

[348] NGWE M., « L'application des Actes uniformes de l'OHADA au Cameroun », *Penant*, janvier-mars 2006, p. 80-85.

[349] NGWE M., « L'application des Actes uniformes de l'OHADA au Cameroun », *Penant*, janvier-mars 2006, p. 80-85.

Concernant le système de communication, l'accès aux différentes informations n'est pas effectif, ce qui affecte largement l'efficacité et l'efficience de cet instrument.

C'est dans cette perspective que le greffier en chef, la Cour commune de justice et d'arbitrage affirme : « Le fichier régional de RCCM n'est pas encore fonctionnel. Aucune statistique n'est encore envisageable[350] ». Les fichiers sont donc tenus et exploités sur support papier.

Relativement à la mise en place effective des fichiers, le problème de réorganisation de ces fichiers est palpable. Les volets crédit mobilier et la déclaration d'activité ont du mal à se mettre véritablement en place.

Enfin, en ce qui concerne le fonctionnement harmonieux des fichiers, l'on a constaté des lenteurs et des variations des coûts d'un greffe à un autre, d'un notaire à un autre surtout en matière de publicité dans les journaux d'annonces légales.

En outre, l'immobilisation et l'inertie gangrènent les greffes du Cameroun[351]. Dans un autre registre, la pratique quotidienne nous a permis de découvrir l'inadaptation des locaux[352], un personnel insuffisant, le manque des moyens financiers et matériels. Il s'agit des préoccupations d'ordre technique, infrastructurel et même logistique.

L'informatisation du Registre du commerce et du crédit mobilier des fichiers n'est pas opérationnelle. La transmission des informations d'un registre à l'autre est lente, l'informatisation système de communication est tatillonne. La non-réalisation des objectifs assignés par cet instrument est observable.

De plus, le Registre du commerce et du crédit mobilier est déconnecté de la réalité quotidienne : le taux de pénétration de cet instrument dans les pratiques africaines est parcellaire. Il est loin des réalités locales, l'émergence insoupçonnée du commerce informel n'est pas prise en compte. L'ignorance des assujettis, des destinataires et la perception sociale par ces derniers dudit outil est faible.

---

[350] Selon le greffier en chef auprès de la Cour commune de justice et d'arbitrage à Abidjan, « *Le Fichier régional n'est pas encore fonctionnel, aucune statistique n'est pas encore envisageable* », courriel de mars 2014.

[351] Question des lenteurs et des coûts qui pourraient entrainer des variations importantes d'un greffe à un autre, d'un pays à l'autre.

[352] Une infrastructure non adaptée à leur travail.

Par. 2 : La nécessité d'une réforme du Registre du commerce et du crédit mobilier

Quelques réformes et des améliorations au Registre du commerce et du crédit mobilier s'imposent. Il s'agit d'une part : du renforcement normatif (A) et d'autre part, du renforcement structurel, susceptibles d'assurer l'application plénière dudit registre (B).

A. Le renforcement normatif

Dans l'intérêt même de la pérennité et du rayonnement du Registre du commerce et du crédit mobilier après dix-sept années d'immobilisme, de lourdeur et de blocage, il est urgent de proposer quelques réformes et pistes de réflexions.

Dans les États où il n'en existe pas, il faudrait instituer des tribunaux de commerce dans les États membres de l'OHADA[353] , désengorgeant ainsi les juridictions étatiques. Une harmonisation de la carte judiciaire dans le sens d'une diminution des juridictions compétentes commercialement. Le législateur OHADA pourrait concevoir, par exemple, en tout et pour tout, un Registre du commerce et du crédit mobilier et une juridiction commerciale de première instance au siège de chaque Cour d'appel[354].

En outre, les autres axes de l'enracinement du Registre du commerce et du crédit mobilier sont nombreux : Cela passe nécessairement par l'implantation du décor législatif dans tous les États membres de l'OHADA. L'évolution du cadre réglementaire et le renforcement des structures d'application s'avèrent indispensables.

S'agissant du décor législatif, il faudrait un toilettage des textes, une réduction des coûts de publicité et des greffes, une simplification des formalités et des procédures dudit Registre : réduire les coûts, produire les photocopies en lieu et place des extraits de certains documents. Il faudrait aussi une clarification des concepts[355] et surtout compléter ce droit par les dispositions du droit interne.

La réussite du Registre du commerce et du crédit mobilier suppose aussi en effet un environnement économique et fiscal serein, il faut éviter des règles fiscales disparates et coûteuses. La simplification et l'abaissement des règles fiscales en sont une parfaite illustration.

---

[353] CHIFLOT B., BENKEMOUN L., THOUVENOT C., « Pérenniser le succès de l'OHADA : pistes de réflexions », *RDAI – IBLJ*, n° 2, 2006, p. 229.

[354] Il faut donc créer une organisation judiciaire simplifiée et clarifiée.

[355] Le statut d'entreprenant (Le Bénin a déjà pris une loi qui organise l'entreprenant), l'acte par lequel le juge devra faire d'injonctions judiciaires aux assujettis récalcitrants.

Il en est de même du renforcement des personnes habilitées à surveiller le fonctionnement harmonieux des fichiers. Enfin, il faudrait instituer d'une part, un registre du commerce et des sociétés, et d'autre part, un registre des sûretés mobilières.

B. Le renforcement structurel

Sur le plan institutionnel, pour l'application plénière du Registre du commerce et du crédit mobilier, il faudrait donner aux structures d'application les moyens de se renforcer[356]. Ces préoccupations sont assurément d'ordre technique, infrastructurel et même logistique. Il suffit alors de doter les greffes, ou les organes compétents dans l'État, du matériel nécessaire aux différentes transcriptions prévues. Un tel instrument suppose d'importants moyens financiers et risque d'être paralysé si un financement pérenne n'est pas mis en place.

La mise en place effective de l'informatisation des fichiers permettant ainsi une communication par voie électronique. Cela nécessite l'accès à l'internet, à la fibre optique.

Mais, cette proposition est battue en brèche en Afrique avec le problème de l'énergie électrique. Au Cameroun, par exemple, les coupures intempestives d'électricité sont monnaie courante. L'énergie solaire serait donc une solution salutaire.

Sur le plan personnel, il faudrait nécessairement prendre en compte certaines données, telles que le renforcement de la formation et la compétence des structures d'application dudit registre. Cela pose le problème de la spécialisation ou non des magistrats et des greffiers dans les questions économiques. La qualification et le désintéressement des acteurs intervenants dans ladite procédure.

La vulgarisation du Registre du commerce et du crédit mobilier est une piste de son enracinement ; de nombreux séminaires et colloques doivent être organisés, pour permettre aux uns et aux autres d'intégrer cet instrument, encore à la recherche de son autonomie. Pour qu'il y ait retour sur investissement, il faudrait que ceux qui ont été formés mettent leurs connaissances acquises au bénéfice des futurs commerçants

De plus et de façon générale, cet instrument ne peut atteindre la promesse de fleurs, que si l'environnement politique et éthique est rassurant. La lutte contre la corruption est un impératif pour tous les acteurs de l'OHADA. Il faudrait également tenir compte des réalités africaines, notamment le secteur informel.

---

[356] Certains auteurs affirment : « ... *de même le merveilleux mécanisme qu'est le Registre du commerce et du crédit mobilier est loin d'être opérationnel et il nécessitera de très importants moyens financiers pour sa mise en place. Il parait trop ambitieux et peu réaliste* », POUGOUE P. G. « Présentation générale du système OHADA », « Les Mutations juridiques dans le système OHADA », L'Harmattan Cameroun, p. 11 à p. 19.

C'est peut-être cet instrument qui balisera véritablement les chemins de l'éclosion du monde des affaires en Afrique et constituera le levain de l'intégration juridique communautaire, préalable à l'intégration économique.

Au total, ces quelques pistes de solution permettront au Registre du commerce et du crédit mobilier de consolider son rayonnement communautaire et international.

Conclusion

Parvenu au terme de cette étude sur le Registre du commerce et du crédit mobilier de l'OHADA, nous souhaiterions conclure celle-ci en deux temps.

De prime abord, il est permis de retenir que le Registre du commerce et du crédit mobilier est un exceptionnel instrument de publicité et de transparence, vital pour le climat des affaires, précieux pour tous les acteurs de la vie économique y compris la communauté économique et financière internationale. La spécificité du modèle du Registre du commerce du crédit mobilier est établie. Mais il est loin de répondre aux promesses des fleurs. La pratique quotidienne du droit OHADA nous a permis de découvrir les difficultés liées aux insuffisances normatives et structurelles. Peut-être comporte-t-il un brin de rêve. Il faut, pour le faire rayonner avec éclat, en corriger les aspérités.

Le rayonnement intérieur et extérieur de cet instrument suppose d'abord d'importants moyens financiers, et il risque d'être paralysé si un financement singulièrement pérenne n'est pas mis en place. Cela se ressent dans son fonctionnement.

En outre, le renforcement des structures d'application de ce mécanisme et un toilettage des textes assurant ainsi une simplification des procédures s'imposent.

Que les États-parties soient aussi conséquents de leur engagement politique et de l'obligation juridique dans la création de l'OHADA, renforçant ainsi la sécurisation des affaires.

Ces quelques remarques révèlent à quel point le Registre du commerce et du crédit mobilier constitue l'épine dorsale du droit OHADA. Il sera extrêmement difficile par conséquent de faire l'économie d'une réflexion sur celui-ci dans le cadre d'une réforme du droit commercial général.

Il peut entrer dans le XXIe avec de nombreux atouts lui garantissant un succès renouvelé ou au contraire dépérir lentement et tomber dans la désuétude. Son sort est entre les mains du législateur, de la jurisprudence, de la pratique et de la doctrine africaines qui se doivent de guider leur réflexion. Autrement dit, c'est l'avenir même du droit de l'OHADA qui est en jeu. À cet égard, la présente contribution est porteuse d'une dynamique nouvelle. Le Registre du commerce et du crédit mobilier est aujourd'hui un instrument vivant. Il pénètre notre quotidienneté. L'application est parfois délicate et complexe. Mais, c'est la vie du droit, à la doctrine de le canaliser et à la pratique de le façonner.

ANNEXE 1 : Données du fichier local du Registre du commerce et du crédit mobilier du Tribunal de première instance de DOUALA BONANJO

Opération / Nombre par Année			Coût (FCFA)		2013	2012	2011	2010	2009	2008	2007	2006	2005
			Greffe	Publicité									
Immatriculation	Établissements		33 000	20 000	3091	2000	1592	831	1197	1051	1192		
	Sociétés	SA	36 500	Variable	2	4	2	1	2	3	1		
		SARL	36 500		1039	1100	902	877	1260	1432	1324		
	Groupements d'Intérêt Econo.		36 500		02	03	00	05	10	12	08		
Inscription de sûretés	Nantissements		11 500		184	359	145	94	64	57	84		
Déclaration d'activités	Entreprenants		Sans frais	Sans frais	00	00	00	00					
Modification	Établissements		33 000	20 000	78	45	38	22	25	30	18		
	Sociétés		36 500	Variable	456	13	435	156	101	93	45		
Radiation	Établissements		33 000	20 000	13	10	07	05	03	08	04		
	Sociétés		36 500	Variable	10	13	11	12	14	10	09		

ANNEXE 2 : Données du fichier local du Registre du commerce et du crédit mobilier du Tribunal de première instance de DOUALA NDOKOTI

Opération / Nombre par Année			Coût (FCFA)		2014	2013	2012	2011	2010	2009	2008	2007	2006	2005	2004
			Greffe	Publicité											
Immatriculation	Établissements		36 500	20 000	250	278	609	502	514	643	398	418	131	535	958
	Sociétés	SAS	36 500	Variable	1										
		SA	36 500		00	1	2	4	1	00	2	1	00	2	4
		SARL	36 500		200	269	317	361	311	259	214	200	08	229	312
	Groupements d'Intérêt Econo.		36500			00	00	01	00	00	00	00	00	00	00
Inscription de sûretés	Nantissements		11 500		10	31	19	06	12	00	16	00	00	00	00
	Crédit-bail		11 500		2	1	00	00	00	00	00	00	00	00	00
Déclaration d'activités	Entreprenants		Sans frais	Sans frais	00	00	00	00	00						
Modification	Établissements		33 000	20 000	9	16	21	04	31	01	12	01	00	01	00
	Sociétés		33 000	Variable	2	21	46	33	36	20	17	03	00	04	00
Radiation	Établissements		33 000	20 000	1	02	13	06	01	00	00	00	00	00	03
	Sociétés		36500	Variable	00	00	00	00	00	00	00	00	00	00	00

Données du fichier local du Registre du commerce et du crédit mobilier du Tribunal de première instance de DOUALA NDOKOTI (suite)

Opération			Coût (FCFA) Greffe	Coût (FCFA) Publicité	Nombre par Année 2003	Nombre par Année 2002
Immatriculation	Établissements		36 500	20 000	777	318
	Sociétés	SAS	36 500	Variable		
		SA	36 500		1	0
		SARL	36 500		220	149
	Groupements d'Intérêt Econo.		36500		00	00
Inscription de sûretés	Nantissements		11 500		00	00
	Crédit-bail		11 500		00	00
Déclaration d'activités	Entreprenants		Sans frais	Sans frais		
Modification	Établissements		33 000	20 000	00	00
	Sociétés		36 500	Variable	00	00
Radiation	Établissements		33 000	20 000	00	00
	Sociétés		36 500	Variable	00	00

ANNEXE 3 : Données du fichier local du Registre du commerce et du crédit mobilier du Tribunal de première instance de YAOUNDÉ – EKOUNOU

Opération \ Nombre par Année			Coût (FCFA) Greffe	Coût (FCFA) Publicité	2014	2013	2012	2011	2010	2009	2008	2007	2006	2005	2004
Immatriculation	Personnes physiques		33 000	20 000	71	105	207	191	162	154	142	147	200	00	
	Personnes morales	SAS	36 500	Variable	00										
		SA	36 500		00	1	00	00	00	2	00	00	00	00	
		SARL	36 500		21	26	25	03	10	04	08	06	18	00	
	Groupements d'Intérêt Econo.		36500		00	00	00	00	00	00	00	00	00	00	
Inscription de sûretés	Nantissements		11 500		00	12	09	08	00	00	00	00	00	00	
	Gage		11 500		02	00	00	00	00	00	00	00	00	00	
Déclaration d'activités	Entreprenants		Sans frais	Sans frais	01	00	00	00	00						
Modification	Établissements		33 000	20 000	00	04	00	00	01	02	00	01	00	00	
	Sociétés		36 500	Variable	01	01	00	00	03	05	00	03	00	00	
Radiation	Établissements		33 000	20 000	00	00	00	00	00	01	00	00	00	00	
	Sociétés		36 500	Variable	00	00	00	00	00	00	00	00	00	00	

ANNEXE 4 : Données du fichier local du Registre du commerce et du crédit mobilier du Tribunal de première instance de YAOUNDÉ – CENTRE ADMINISTRATIF

Opération \ Nombre par Année			Coût (FCFA) Greffe	Coût (FCFA) Publicité	2004	2005	2006	2007	2008	2009	2010	2011	2012	2013
Immatriculation	Personnes physiques (Établissements)		33 000	20 000	731	438	694	1365	1567	985	1629	2519	3617	4919
	Personnes morales	SCP	36 500		00	00	00	00	00	00	00	00	00	00
		SA	36 500		2	1	2	3	5	1	6	5	7	5
		SARL + SCI	36 500		400	418	365	478	543	230	654	761	820	993
	Groupements d'Intérêt Econo.		36500	Variable	00	00	00	00	00	00	00	00	00	00
Inscription de sûretés	Nantissements		11 500		04	19	21	17	19	13	38	86	128	85
	Gage		11 500		00	01	02	02	10	02	02	02	00	04
Déclaration d'activités	Entreprenants		Sans frais	Sans frais							00	00	00	00
Modification	Établissements		33 000	20 000	94	120	100	158	180	70	160	186	228	236
	Sociétés		36 500	Variable	02	06	08	05	02	03	13	09	03	07
Radiation	Établissements		33 000	20 000	06	01	05	03	01	00	03	09	07	15
	Sociétés		36500	Variable	03	01	01	02	00	02	00	06	03	13

ANNEXE 5 : Données du fichier régional du Registre du commerce et du crédit mobilier auprès de la Cour commune de justice et d'arbitrage d'Abidjan

Opération / Nombre par Année			Coût (FCFA)		2004	2005	2006	2007	2008	2009	2010	2011	2012	2013
			Greffe	Publicité										
Immatriculation	Personnes physiques (Établissements)													
	Personnes morales	SCP												
		SA												
		SARL + SCI												
	Groupements d'Intérêt Econo.													
Inscription de sûretés	Nantissements													
	Gage													
Déclaration d'activités	Entreprenants													
Modification	Établissements													
	Sociétés													
Radiation	Établissements													
	Sociétés													

NB. ***Une correspondance du greffier en chef de la Cour commune de justice et d'arbitrage d'Abidjan atteste que le fichier régional RCCM n'est pas encore fonctionnel, et donc aucune statistique n'est envisageable.***

Chapitre 3
L'effectivité du droit en question dans la diversité des mécanismes financiers

Il est assez facile de mettre en évidence l'inadaptation du droit à l'informel, mais s'en tenir à un tel constat serait une simplification excessive. Il est donc nécessaire de décaler le regard et d'apprécier cette effectivité ailleurs, et rien de plus convaincant que de se porter au cœur du système. Dans un capitalisme financiarisé, nul doute que les aspects financiers en relèvent. La confrontation du droit aux besoins de la pratique révèle la relative ineffectivité du premier en raison de son inadaptation aux seconds.

La fragilité première d'un système financier, si on exclut l'appétit du système lui-même, repose sur le risque d'impayé. Or, la doctrine commente doctement les textes législatifs, parfois quelques décisions de justice, plutôt que de se frotter aux problèmes concrets que rencontrent les acteurs à ce propos. C'est un tout autre regard que nous proposent tant Alain Kenmogne Simo (section 1) et Patrice Samuel A. Badji (section 2) à propos de la prévention des impayés. Les mécanismes juridiques traditionnels marquent leurs limites. Des voies alternatives sont esquissées, fruits de l'imagination des acteurs ou des auteurs, et leur potentialité comme leur choc avec des valeurs juridiques majeures sont évalués.

Marie Duvale Kodjo Gnintedem s'engage dans une recherche similaire à propos de l'une des techniques les plus classiques de prévention des risques : les sûretés (section 3). Émergence de certaines d'entre elles, ineffectivité absolue d'autres, survivance aussi de sûretés hors du droit... L'état des lieux est bienvenu, marquant pour l'avenir les questions techniques sans intérêt pratique et celles qui, au contraire, souffrent de l'inattention des théoriciens, qui suivent plus l'actualité du législateur que celle des acteurs économiques.

Quant à Apollinaire de Saba, il invite à une mise à plat de la lancinante question de la dette publique intérieure des États (section 4). S'il ne peut éviter le détour par la jurisprudence bien connue de la CCJA, l'apport essentiel de son travail consiste dans la mise en contexte et l'esquisse de voies de sortie. Même incomplètes, les statistiques attestent l'urgence de la question compte tenu de la fragilisation des économies que représentent ces impayés. Rapports de force et prise de conscience conduisent toutefois à des évolutions dans divers pays, et le regard comparatiste fournit des pistes pratiques que le lecteur est invité à suivre, avant et afin qu'elles parviennent aux oreilles du juge et du législateur communautaires.

Aux marges des activités formelles et informelles et surtout à la base de la légitimité du droit, la fiscalité occupe une place particulière dans la formalisation du droit. Luisito Bertinelli et Arnaud Bourgain proposent une analyse des effets des réformes du droit des affaires sur les recettes fiscales. Bien qu'intuitivement attendus, ces effets ne sont en effet pas révélés par un lien mécanique (section 5).

Finalement, à rebours des préjugés, l'informel ressurgit. Le poids de l'épargne qui circule en provenance de l'informel est à présent mieux connu, qu'elle corresponde aux flux provenant de la diaspora ou de l'épargne mobilisée sur le continent. Faut-il rappeler que les banques africaines sont globalement en surliquidité ? Loin des mécanismes authentiquement nègres (l'expression est évidemment ironique), les tontines ne fonctionnent plus en vase clos et Manuel Roland Tcheumalieu Fansi montre comment les connexions se mettent en place avec le système bancaire officiel (section 6). Des mécanismes juridiques sont mobilisés, des inventions techniques apparaissent, et le droit ne peut s'en désintéresser sauf à perdre toute légitimité.

Section 1 : La prévention des impayés des établissements de microfinance

Alain KENMOGNE SIMO,
Professeur Université de Yaoundé 2

Quelle que soit sa source ou sa cause[357], la créance constitue un élément important du patrimoine d'un créancier ; elle fait partie de son actif. Mais l'importance de cet élément ne se manifestera vraiment que si ce créancier est payé. Or, malheureusement, l'impayé apparaît de plus en plus comme le mal contemporain des créanciers car s'il y a un risque auquel est exposé celui qui prête, c'est celui de ne pas être remboursé à l'échéance. Dès lors que ce risque se réalise, on est en présence d'un impayé. Autrement dit, les impayés sont des créances qui n'ont pas été payées à leur échéance. Leur gestion présente un intérêt crucial pour toute entreprise financière en général, et pour les établissements de microfinance (EMF selon l'abréviation adoptée par la réglementation en zone CEMAC pour désigner les établissements qui se livrent à l'activité de microfinance), en particulier puisque l'activité de ces établissements consiste essentiellement en l'octroi de crédits[358]. L'idéal pour celui qui octroie les crédits est que les bénéficiaires remboursent leur crédit à l'échéance. Malheureusement, il n'en est pas toujours ainsi. C'est d'ailleurs à cause de ce risque de crédit que l'activité des établissements qui octroient des crédits est généralement considérée comme une activité très risquée[359]. Pourtant, le dispensateur de crédits se trouve dans une situation

---

[357] Les causes des impayés peuvent être très variées. Pour l'essentiel, elles sont subjectives ou objectives. Les premières (qui constituent la principale source du contentieux) ont trait aux parties, i.e. le dispensateur du crédit et le client bénéficiaire du crédit. Chacune de ces deux parties est susceptible d'être la cause du non-remboursement. En ce qui concerne le client, par exemple, il peut même être la cause du non-remboursement en dépit de sa bonne foi. C'est le cas lorsqu'il a la volonté de payer mais fait face à des difficultés dont l'origine peut être variée. Cela peut être le cas, par exemple, d'un fournisseur de l'administration qui ferait face aux lenteurs administratives dans le recouvrement de sa propre créance, d'un commerçant qui aurait acheté des marchandises pour se rendre à une foire et qui ne les a reçues qu'à la fin de la foire, d'un client qui à quelques jours de l'échéance serait victime d'un événement familial malheureux… Dans tous ces différents cas, la bonne foi du client à elle seule ne lui suffira pas pour faire face à l'échéance de remboursement.

[358] À cause d'un certain nombre de facteurs (raréfaction des ressources propres, recherche de l'effet de levier, difficultés d'émergence d'une bourse des valeurs mobilières…), le crédit bancaire apparaît encore aujourd'hui comme étant la principale source de financement des activités économiques dans notre zone. Et parmi les institutions qui octroient le crédit, les EMF occupent une place non négligeable.

[359] Les impayés constituent certainement l'une des principales causes de défaillance des entreprises prêteuses.

assez complexe : pour gagner plus d'argent, il a besoin d'octroyer davantage de crédits ; mais, plus il en octroie, plus il s'expose au risque de non-remboursement. Pour être pérennes, les EMF doivent être viables et rentables. Ce qui dépend indiscutablement du niveau des crédits qu'ils octroient et, surtout, du niveau de leurs impayés. D'où la nécessité de lutter contre ces derniers. Et, ici comme en matière de santé, la meilleure façon de lutter est certainement de prévenir les impayés.

De nombreux intérêts se rattachent à la prévention parmi lesquels il peut être mentionné l'incidence financière du coût du montant des créances irrécouvrables[360] ou de celui des intérêts financiers dus au retard ou au défaut de paiement et l'incertitude du recouvrement des impayés. On pourrait ajouter que, même lorsque la prévention n'aura pas réussi, le fait d'y avoir eu recours ne sera pas nécessairement inutile car la prévention peut faciliter le recouvrement des impayés en cas d'échec de la prévention.

La problématique n'est donc pas tant de savoir si la prévention des impayés présente une utilité pour les EMF que de savoir comment ces derniers peuvent l'organiser. La présente communication porte donc sur les moyens susceptibles de permettre aux EMF de minimiser le niveau de leurs impayés et, ce faisant, de préserver leur survie et de favoriser leur contribution à l'essor économique de leur clientèle.

S'il est clair qu'ici comme ailleurs (et peut-être plus qu'ailleurs), « prévenir vaut mieux que guérir », la question se pose de savoir comment on doit le faire. Autrement dit, quel vaccin ou quelles précautions peut-on prendre pour éviter d'avoir des impayés ou, tout au moins, pour espérer en avoir très peu.

D'un point de vue général, cette question peut recevoir une réponse simple et radicale, à savoir *traiter au comptant*. On voit bien dans certains magasins des phrases qui traduisent cette solution[361]. Mais il convient de reconnaître que cette solution n'est pas seulement simple, elle est même simpliste puisqu'il n'est pas toujours possible de traiter au comptant[362] et, même quand il est techniquement possible de le faire, cela n'est pas toujours réaliste[363]. Alors, dans certains secteurs, comme celui des EMF, on est bien

[360] Il convient de préciser à ce sujet que tirant argument de la crise de la fin des années 80, le régulateur de la zone CEMAC réglemente de manière assez rigoureuse la gestion des impayés avec notamment l'obligation de transfert en créance douteuse et de provisionnement (ce dernier ayant nécessairement un impact sur les résultats de l'établissement).

[361] « *Payez avant d'être servi* », « *le crédit est mort, tué par la confiance* », « *pas de bon pour* »...

[362] Dans son activité d'octroi des crédits, par exemple, l'EMF est amené à donner de l'argent aujourd'hui pour être remboursé plus tard. Il est donc impossible pour lui de traiter au comptant.

[363] Si une entreprise qui produit et vend peut théoriquement décider de ne vendre qu'à ceux qui paient cash, il convient de reconnaître qu'une telle décision risque de réduire énormément le rythme de ses affaires.

obligé de faire confiance et donc de traiter à crédit. Mais, il est nécessaire de bien placer sa confiance pour éviter qu'elle ne soit trahie. En conséquence, il faut savoir traiter à crédit en minimisant le risque d'impayé. Ce qui revient à mettre en place une politique préventive adéquate ; cette politique pouvant être plus ou moins facile en fonction de la nature de l'opération et des caractéristiques du client : par exemple, le type de client (sociétés ou particuliers), sa situation (financière et géographique[364]), la nature de ses activités[365], l'ancienneté de la relation…

Cela dit, il existe quelques techniques susceptibles d'être utilisées pour minimiser le risque d'impayé. Leur utilisation à bon escient permet de réduire non seulement le risque qui trouve sa source chez le client, mais aussi celui qui peut provenir de l'établissement lui-même. De manière générale, ces techniques visent à sécuriser non seulement la décision d'octroi du crédit mais aussi le crédit octroyé. Malheureusement, pour les EMF, l'adoption ou la mise en œuvre des unes et des autres peut ne pas être aisée.

Par. 1 : La difficulté de la sécurisation de la décision d'octroi du crédit

Le meilleur moyen de sécuriser le crédit que l'on va octroyer est certainement d'augmenter les chances de remboursement. Ce qui signifie que la lutte contre les impayés doit être engagée bien en amont, *i.e.* dès l'entrée en relation avec le client. Dès lors la question devient de savoir comment faire pour augmenter les chances de remboursement. Traditionnellement, les dispensateurs de crédit ont pris l'habitude de solliciter les garanties à cet effet (B). Sans minimiser l'importance de ces dernières, la préoccupation devrait être d'abord de bien sélectionner parmi les demandeurs ceux qui méritent la confiance (A).

A. La difficulté de bien sélectionner les bénéficiaires de crédits

Il convient d'avoir présent à l'esprit que la population cible des EMF est constituée pour l'essentiel des exclus du système bancaire traditionnel. Pour les EMF, cet élément à lui tout seul constitue déjà une limite non négligeable par rapport à la sélection des bénéficiaires de leurs crédits. Par ailleurs, s'ils

---

[364] Théoriquement, un client local est plus facile à analyser qu'un client qui se situe à l'étranger.

[365] Un client grossiste à qui l'on vend des biens que l'on a produits peut être moins compliqué à analyser qu'un client qui demande un crédit ou pour qui on doit fournir un service tel que construire un bien quelconque…

sont sélectifs, il risquerait de leur être reproché de ne pas jouer leur rôle social.

Quoi qu'il en soit, les EMF ne peuvent bien sélectionner les bénéficiaires de leurs interventions que s'ils ont une bonne connaissance de ceux qui les sollicitent (1) et une procédure adéquate de sélection des bénéficiaires (2).

1. Les difficultés de bien connaître les demandeurs de crédit

Lorsque l'on examine les causes de défaillance, en dehors de celles qui se ramènent à des problèmes de gestion (incompétence du dirigeant, inadéquation des choix stratégiques, désorganisation ou mésentente au niveau de l'équipe dirigeante, méconnaissance des coûts de revient...) et à la baisse tendancielle ou conjoncturelle de la demande, la défaillance des entreprises en général, et des EMF, en particulier, est due assez souvent à une crise de trésorerie causée par la défaillance de clients importants du fait du non-paiement. Et ceci arrive très souvent parce que, obnubilée par le souci de faire « *du chiffre* », l'entreprise n'a pas pris la peine de bien connaître sa clientèle. Pourtant, l'objectif ne doit pas seulement être de « réussir » les ventes[366] car s'il est bon de vendre, il est encore mieux d'être payé. Une bonne connaissance de la clientèle[367] est alors susceptible de limiter le risque de défaillance des clients. Et pour les établissements qui octroient les crédits, cette connaissance doit reposer sur une bonne évaluation de la solvabilité des demandeurs. Ce qui suppose une bonne connaissance de leur patrimoine. Malheureusement, la difficulté d'avoir des informations fiables sur les demandeurs fait en sorte qu'il est difficile pour les EMF de bien connaître les demandeurs qui les sollicitent[368]. En effet, il est difficile de connaître aussi bien leur actif que leur passif.

La difficulté de connaître l'actif tient essentiellement au fait qu'il n'est pas toujours évident de vérifier les prérogatives juridiques qui sont celles du demandeur par rapport à des biens qu'il a : en est-il véritablement propriétaire ou possesseur, voire simple détenteur ? Les conditions dans

---

[366] Il est vrai qu'en ce qui concerne les établissements de crédit, ils ont été encouragés dans cette attitude par les analyses et les classements qui pendant longtemps ne se fondaient que sur la taille de leur bilan. Aujourd'hui, ayant compris que la force d'une institution financière ne réside pas surtout dans sa capacité à accorder des crédits, mais dans sa capacité à assumer des risques, les principaux classements mondiaux des banques (tels que ceux publiés par The Banker ou Euromoney), depuis une vingtaine d'années se fondent plutôt sur le niveau des fonds propres (Cf. P.-H. CASSOU, « Fonds propres des banques : les nouvelles normes McDonough », *Option Finance*, n° 669, 17 décembre 2001, p. 28).

[367] Connue sous le sigle *C.C.* (connaissance clientèle) ou, en anglais, *KYC* (know your costumer).

[368] Il convient néanmoins de dire que l'ampleur de cette difficulté n'est pas la même pour tous les EMF : pour ceux de la première catégorie qui ne traitent qu'avec leurs membres, la situation est moins complexe que pour ceux de la 2e catégorie, par exemple.

lesquelles les personnes qui constituent la cible des EMF contractent ne permettent pas toujours d'établir avec certitude leur propriété[369]. Quand bien même il y aurait la certitude que le demandeur est propriétaire des biens à sa disposition, encore faudrait-il s'assurer de la consistance de ses droits, notamment que les biens dont il est propriétaire sont libres de tout droit d'un tiers ou qu'ils ne sont pas déjà juridiquement grevés. La question se pose d'autant plus que certaines sûretés n'impliquent pas nécessairement la dépossession du débiteur.

Si l'état du patrimoine immobilier était plus facile à vérifier[370], aujourd'hui, la vérification de celui du patrimoine mobilier peut être considérée comme devenue plus facile, *a priori*. En effet, en soumettant la plupart des sûretés mobilières à l'obligation de publication au registre du commerce et du crédit mobilier, le législateur OHADA devrait avoir facilité leur preuve. De plus, l'article 66 de l'Acte uniforme portant organisation des sûretés (AUS) permet de solliciter des informations et donne deux jours au maximum au greffier pour répondre en délivrant au demandeur un certificat attestant qu'aucune inscription n'a été prise, ou un état général des inscriptions existantes ou un état particulier lorsque la demande ne concerne qu'un bien appartenant au débiteur ou au constituant. Le véritable problème maintenant est que la publicité des sûretés est loin d'être devenue la chose la mieux partagée chez les personnes qui constituent la cible des EMF.

Il faudrait ajouter, pour les personnes physiques (qui constituent le gros de la clientèle des EMF), que leur statut matrimonial et leur régime matrimonial sont susceptibles d'influencer l'étendue de leur patrimoine ou de leur pouvoir sur celui-ci. Or, malheureusement, les dysfonctionnements de l'état civil dans certains pays membres de l'OHADA sont loin de constituer une simple vue de l'esprit.

Lorsque le demandeur est une société, l'EMF doit s'assurer qu'il y a une adéquation entre sa dimension et le montant de l'engagement : octroyer un crédit d'un montant très élevé à des sociétés de petite taille peut être le meilleur moyen de courir au-devant des impayés, sauf si l'on prend des précautions complémentaires (par exemple, demander un acompte ou une garantie). À ce niveau, c'est peut-être la compétence interne même dans les EMF qui est susceptible de constituer un handicap. À l'exception de quelques grandes structures[371], la plupart des EMF ne brillent pas par la

---

369 La qualité de la cible inclinait à la conclusion de contrats oraux.

370 Du fait de l'obligation de publier les transactions immobilières à la conservation foncière.

371 Et encore, même pour celles-ci, quand bien même elles recruteraient des diplômés, encore faudrait-il que ces derniers aient reçu une formation en adéquation avec la mission et l'activité des EMF. Or, malheureusement, les programmes académiques ne prennent pas toujours ce secteur en compte. Et les EMF eux-mêmes n'assurent pas la formation continue de leur personnel. Faudrait-il, au mépris des pouvoirs de direction de l'employeur, en faire une obligation ?

qualité de leurs ressources humaines : les personnes recrutées ne le sont pas toujours sur la base de leur formation et leur recyclage est rarement effectué.

S'il est déjà assez difficile d'apprécier l'actif des demandeurs, il convient de dire qu'il est encore plus malaisé de connaître leur passif. Or, ce n'est certainement pas être prudent que de traiter avec une personne déjà criblée de dettes. Mais encore faut-il le savoir au moment où elle tente d'entrer en relation avec nous. Mais pour le savoir, il faudrait déjà le vouloir. Il y a donc un grand intérêt à vérifier les impayés de celui avec qui on va contracter. Du fait de la qualité des personnes avec lesquelles elles traitent, les banques peuvent profiter d'un certain nombre de mesures à ce sujet telles que les vérifications auprès de certains organismes (CNPS, Trésor, autres banques, de la centrale des risques et du fichier des incidents de paiement)[372] et du RCCM[373]. Certes, tout ceci ne peut être vraiment efficace que si les greffes des juridictions sont à mesure de jouer leur rôle et le jouent effectivement (ce qui est assez loin d'être le cas aujourd'hui). Au moins, ont-elles la chance de pouvoir en bénéficier. Ce qui n'est pas le cas des EMF qui traitent avec les populations pauvres dont l'étendue des dettes, bien que généralement pas élevée, est difficile à cerner.

En définitive, le but de l'approfondissement de la connaissance de sa clientèle est de pouvoir sélectionner ceux avec lesquels on peut traiter en ayant le maximum de chance d'être payé, spontanément ou de manière forcée[374]. La véritable difficulté dans notre pays est l'inexistence ou l'ineffectivité des bases de données pouvant permettre d'apprécier la solvabilité des entreprises[375].

2. Les contraintes de définition d'une procédure adéquate de sélection des bénéficiaires

Malgré le fait que le risque présenté à l'EMF rentre *a priori* dans ses prévisions ou remplit les normes d'éligibilité, la décision de le prendre, c'est-à-dire d'octroyer le crédit, devrait suivre un circuit bien précis en fonction de la nature et du niveau du concours, sans pouvoir causer un retard énorme au client. Pour concilier la sécurité des fonds de l'établissement et le besoin de rapidité que peut éprouver le client demandeur, il faudrait non

[372] En ce qui concerne le Trésor et l'organisme de sécurité et de prévoyance sociale, par exemple, étant donné qu'il s'agit de créanciers privilégiés et dont le montant de la créance peut être très élevé, la vérification peut donner au créancier une idée de ses chances d'être payé si jamais son cocontractant venait à être en cessation des paiements

[373] En organisant la publicité des privilèges et des sûretés réelles, la législation actuelle permet une meilleure connaissance de ces créances.

[374] Malgré son caractère quelque peu immoral, il faut toujours se souvenir du réalisme de l'adage selon lequel on ne prête qu'aux riches.

[375] Malgré que leur fiabilité ne soit pas assurée, il n'est pas inutile de recourir même à des coupures de journaux pour avoir des informations sur certains clients.

seulement opérer une répartition adéquate des pouvoirs, mais aussi, assurer la collégialité de la décision.

En ce qui concerne la répartition des pouvoirs, il convient de dire que le souci de la couverture du territoire amène les EMF (au moins ceux qui sont d'une certaine taille) à ouvrir de nombreuses agences afin d'être le plus proche possible de leur clientèle. Pour les besoins d'organisation, ces agences sont regroupées en directions régionales ou sous-régionales avec à leur tête des responsables. Ce type d'organisation pose immédiatement le problème du pouvoir de décision : par exemple, la décision par rapport à un dossier introduit par un client auprès d'une agence située à l'extrême nord du Cameroun doit-elle provenir du siège situé à Douala ? Dans la pratique, peut-être par mesure de prudence, la réponse est généralement affirmative[376]. D'où des goulots d'étranglement qui finissent par susciter l'irritation de la clientèle. Les avancées technologiques sont susceptibles de constituer un début de solution. Mais à condition qu'il soit acquis que les documents électroniques ou scannés peuvent servir de preuve. Si le législateur OHADA dans ses dernières réformes va dans ce sens[377], cela ne semble pas encore définitivement établi. En attendant, il est peut-être nécessaire d'adopter une organisation reposant sur des délégations de pouvoirs au profit d'autres organes en fonction de la nature, du montant du concours sollicité et, peut-être même du type de demandeur[378]. Malheureusement, le fonctionnement des EMF apparaît encore comme étant fortement centralisé du fait que leur création repose très souvent sur la volonté d'une seule personne, ou d'une famille.

Quant à la collégialité de la décision, il s'agit de faire en sorte que toute décision de crédit soit prise en principe par un comité de plusieurs personnes (au moins trois)[379] afin de limiter le risque de concussion, d'erreur et de renforcer l'objectivité dans l'octroi du crédit[380]. La composition de ce comité devant être variable en fonction du niveau de délégation. Dans le domaine des EMF (comme dans celui des établissements de crédit plus largement), le risque de conflits d'intérêts est assez élevé. En effet, les dirigeants et les

[376] Peut-on trouver aussi une justification juridique dans le fait que ce sont les dirigeants légaux qui sont habilités, en principe, à parler au nom de l'entreprise ?

[377] Cf. Articles 5 et 79 et suivants de l'Acte uniforme portant sur le droit commercial général (spécialement l'article 82).

[378] On pourrait distinguer, par exemple, selon que celui qui demande le crédit est un particulier ou une personne morale et dans ce dernier cas, selon la situation financière de la personne et la durée du crédit qu'elle sollicite.

[379] Seuls des crédits d'un tout petit montant pouvant être accordés par une personne. Et dans ce cas, il est souhaitable non seulement que cette personne soit assez haut placée dans l'organigramme, mais aussi qu'un plafond global soit fixé.

[380] Il convient de signaler à ce sujet que l'activité des EMF peut être considérée comme étant encore plus difficile que celle des autres institutions qui octroient les crédits dans la mesure où du fait du grand nombre d'opérations avec de faibles montants et de la dispersion des demandeurs, les coûts des transactions sont généralement élevés.

principaux actionnaires de l'établissement peuvent être tentés de se financer ou de financer leurs activités sur les ressources de l'établissement en marge de toute appréciation. Cette attitude n'est pas dangereuse seulement pour les dépôts de la clientèle[381] ou des membres, mais aussi pour l'économie entière. En effet, les activités ainsi financées, très souvent, ne constituent pas des activités rentables. C'est la raison pour laquelle la réglementation soumet les engagements en faveur des « apparentés[382] » à des règles assez strictes, notamment la limitation du niveau global[383] et individuel[384] des engagements à prendre directement ou indirectement[385] sur ces personnes et l'obligation de communiquer au secrétariat général de la COBAC la liste nominative et l'encours individuel des apparentés bénéficiaires des engagements de l'établissement (article 5 du règlement). À notre avis, ces mesures globales auraient dû être doublées d'une mesure particulière concernant les EMF de 2e catégorie, à savoir l'exigence que, quel qu'en soit le montant, tout prêt ou garantie consenti par ce type d'EMF, directement ou indirectement, à leurs apparentés devra être approuvé à l'unanimité par les membres du Conseil d'Administration de l'établissement et sera mentionné dans le rapport annuel des commissaires aux comptes à l'assemblée des actionnaires[386]. En l'absence d'une disposition pareille, les établissements de la zone auraient intérêt à en faire une règle déontologique ou éthique[387].

L'étude intrinsèque du dossier de crédit apparaît comme étant un élément encore plus difficile pour les EMF que pour tout autre établissement qui octroie les crédits. De plus, elle n'est pas suffisante car elle doit être complétée par l'exigence de garanties adéquates.

---

[381] Lorsqu'il s'agit d'un EMF habilité à en recevoir (EMF de deuxième catégorie).

[382] Dans la littérature bancaire et financière, la notion renvoie à ceux qui sont proches de l'établissement, à savoir les actionnaires ou associés, les administrateurs, les dirigeants et le personnel.

[383] Selon l'article 2 du règlement COBAC EMF 2002/10 relatif aux engagements des EMF en faveur de leurs actionnaires, administrateurs, dirigeants et personnel, l'encours global des engagements nets portés directement ou indirectement sur ces personnes ne doit pas excéder 20 % des fonds propres patrimoniaux ou des fonds propres nets de l'établissement. En cas de non-respect de cette disposition, la COBAC est habilitée à adresser à l'établissement une injonction à l'effet de prendre dans un délai déterminé toutes mesures de nature à mettre l'établissement concerné en conformité avec la norme (cf. article 6 du règlement).

[384] En vertu de l'article 3 du règlement cité ci-dessus, il y a correction des fonds propres patrimoniaux (FPP) ou des fonds propres nets (FPN) de l'établissement lorsqu'un engagement individuel sur l'une de ces personnes dépasse 5 % des FPP ou des FPN.

[385] Le règlement considère comme engagements indirects, ceux qui sont portés sur des personnes morales ou physiques sur lesquelles un apparenté exerce une influence tangible (cf. article 4).

[386] Cet ajout aurait été d'autant plus nécessaire que l'alinéa 2 de l'article 507 AUDSCGIE exclut les établissements de crédit de la nullité que l'alinéa 1 a prévue pour les contrats (prêts, découverts, aval…) que la société conclut en faveur de ses dirigeants.

[387] Ils pourraient prévoir dans leurs statuts une disposition dans ce sens.

B. *La difficulté d'exiger des garanties adéquates*

Les garanties au sens large du terme peuvent être très variées. On peut d'ailleurs distinguer les garanties formelles (1) des garanties informelles (2). Mais qu'il s'agisse de l'un ou l'autre type, la tâche des EMF aujourd'hui n'est pas facile

1. La difficulté du choix d'une garantie formelle

L'analyse du dossier recommandée ci-dessus présente une importance non négligeable. Mais étant donné qu'il peut y avoir eu erreur ou mauvaise appréciation, ou que les éléments sur lesquels l'analyse était basée peuvent évoluer défavorablement, il sera toujours prudent pour l'établissement de microfinance de solliciter une garantie. Celle-ci permet d'accroître les chances de recouvrement de sa créance. Mais pour cela, il faudrait choisir une garantie adéquate. En effet, il existe une variété de garanties formelles : même si l'on ne s'en tenait qu'aux véritables sûretés réglementées par le législateur OHADA, il y aurait le cautionnement, la garantie autonome, le droit de rétention, les différents gages et nantissements, les privilèges généraux et spéciaux et les hypothèques[388]. Face à cette panoplie, le créancier doit faire attention à la garantie qu'il va exiger. Autrement dit, au lieu de faire du passe-partout, il doit faire du sur-mesure, *i.e.* de prendre une garantie adaptée. Une garantie adaptée pour un débiteur personne morale peut ne pas l'être pour un débiteur personne physique ; une garantie adaptée pour un débiteur commerçant peut ne pas l'être pour un débiteur non-commerçant. Les EMF doivent donc faire preuve de beaucoup d'imagination, compte tenu de la spécificité de leur activité liée à la nature de leur clientèle. On considère traditionnellement que la microfinance renvoie à l'octroi de petits crédits ou de crédits de faibles montants et de faible durée (microcrédit) à des agents économiques dont les revenus ou les ressources monétaires sont faibles (voire très faibles) et qui appartiennent au secteur non structuré ou informel. De ce fait, qu'il s'agisse des sûretés personnelles ou des sûretés réelles, les EMF peuvent rencontrer des difficultés dans leur sollicitation.

Pour les sûretés personnelles, la difficulté tient essentiellement au fait que le service d'ami que constituait le cautionnement est devenu difficile à développer en dehors du cadre commercial et au fait que la garantie autonome ne peut être souscrite par des personnes physiques (la clientèle des EMF étant constituée en grande partie de personnes physiques, il ne leur est pas permis de demander à d'autres personnes physiques avec qui elles

[388] Pour une étude détaillée de ces mécanismes, voir Adolphe MINKOA SHE, *Droit des sûretés et des garanties du crédit dans l'espace OHADA*, T 1 (Les garanties personnelles, 267 p.) et T 2 (Les garanties réelles, 398 p.), éd. Dianoia.

partageraient des affinités, professionnelles ou amicales, par exemple, de s'engager comme garantes autonomes en leur faveur).

Pour les sûretés réelles, dans un système de « titrement » comme le nôtre[389], les demandeurs ne sont généralement pas légalement propriétaires de leur terrain (faute de titre foncier) et pour les biens mobiliers, non seulement il peut être difficile de prouver la propriété, compte tenu des conditions dans lesquelles ils deviennent propriétaires[390], mais aussi les biens en question peuvent avoir une valeur relative. De plus, accepter un gage avec dépossession peut susciter pour les EMF des difficultés de magasinage. Or, malgré toutes les précautions prévues par le droit[391], se contenter d'un gage sans dépossession expose à la mauvaise foi du client.

Il convient néanmoins de signaler, par rapport au type de client des EMF, l'existence de quelques sûretés pouvant être considérées comme très indiquées : c'est le cas, par exemple, du gage de stock de matières premières ou de produits d'une exploitation agricole (cf. art. 120 et s. AUS)[392]. Mais là aussi, malgré la souplesse de cette sûreté, elle ne peut avoir de vitalité que si les créanciers croient en elle. Or, malheureusement, l'exploitation agricole est assez particulière par sa trop grande dépendance de la nature (climat). Finalement, si *a priori* le fait pour le législateur OHADA d'avoir consacré ces sûretés-là peut être regardé comme une bonne chose, encore faudrait-il que cela se traduise dans la réalité par un recours important à elles. Ceci est d'autant plus important que les garanties informelles semblent de plus en plus affaiblies ou inefficaces.

2. L'AFFAIBLISSEMENT DES GARANTIES INFORMELLES

Il y a encore quelques années, on pouvait considérer que les EMF bénéficiaient d'un avantage dans la mesure où, à côté de ces garanties formelles, ils pouvaient profiter des garanties informelles qui étaient d'ailleurs assez fortes (la connaissance du terrain et la pression sociale,

---

389 C'est-à-dire un système où la seule preuve de la propriété immobilière est le titre foncier.

390 Même si en vertu de l'article 2279 alinéa 1 du Code civil, en matière de meubles, possession vaut titre, il peut être dangereux pour un EMF de se contenter de cette règle pour présumer la propriété du demandeur dans la mesure où non seulement son application est soumise à des conditions (qui pourraient s'avérer par la suite non réunies), mais aussi elle connaît des exceptions (dont il peut être difficile pour l'EMF de vérifier *a priori* si on ne se trouve pas dans ces cas). L'EMF a donc intérêt à s'assurer de la propriété du demandeur avant de lui offrir le crédit. Or, les personnes qui constituent leur cible n'acquièrent pas toujours dans les conditions qui leur permettent de se ménager une preuve formelle de leur droit.

391 Obligation de conservation en bon père de famille mise à la charge du constituant (cf. article 108 alinéa 2 AUS) avec droit pour le créancier de solliciter un complément de gage ou la déchéance du terme en cas de non-respect de l'obligation (cf. article 109 alinéa 2) et incrimination du détournement de gage.

392 C'est aussi le cas du gage de matériel professionnel et des véhicules automobiles (cf. articles 118 et s. AUS).

notamment). Pour sécuriser leurs crédits, ils pouvaient les octroyer à des groupes qui se rechargeaient de les redistribuer à leurs membres ou les accorder directement aux bénéficiaires avec la caution solidaire des groupes. Grâce à la pression sociale, les membres remboursaient aux groupes (qui à leur tour reversaient à l'EMF) ou à l'EMF directement. Malheureusement, ces garanties fonctionnent de moins en moins bien car avec l'explosion des cadres sociaux, on assiste à un effritement des liens qui fondaient cette pression sociale.

Après avoir décidé d'octroyer le crédit, si l'EMF veut prévenir efficacement l'impayé, sa tâche ne sera pas achevée. Il lui faudra encore sécuriser le crédit dont la décision d'octroi a été prise.

Par. 2 : La difficulté de sécuriser le crédit octroyé

Une fois la décision d'octroyer le crédit prise, l'établissement doit encore prendre quelques précautions relativement à la manière de mettre les fonds à la disposition du bénéficiaire (A). Après le décaissement des fonds, il faudra également suivre les encaissements (B).

A. Les précautions à prendre dans la mise à disposition des fonds

Ces précautions peuvent être particulières : elles sont alors fonction du type, de l'objet ou du montant du crédit. C'est ainsi que lorsqu'il s'agit d'un crédit important, l'EMF peut, si l'objet du financement s'y prête, procéder à un décaissement échelonné : les décaissements suivants n'étant effectués que si la preuve de l'utilisation judicieuse des précédents a été apportée. Ce qui implique un suivi de la destination du crédit.

En dehors de ces précautions particulières, l'établissement devrait aussi veiller à bien rédiger les contrats de crédit. Ce qui implique non seulement de bien identifier le bénéficiaire (1) mais aussi de prévoir des clauses protectrices (2).

1. Les difficultés de bien identifier le bénéficiaire

L'identification du bénéficiaire ne pose pas les mêmes difficultés selon qu'il s'agit d'une personne physique ou d'une personne morale.

Pour les personnes physiques, les principaux éléments à requérir sont, selon les cas :

– *leurs noms et prénoms* : ceci peut être plus ou moins facile en fonction de la fiabilité du système d'état civil et de délivrance des cartes nationales d'identité. Ce qui n'est pas du pouvoir des EMF, mais plutôt de celui des pouvoirs publics. Néanmoins, les EMF doivent s'évertuer à faire une identification la plus précise possible : lorsque le crédit est accordé à une femme mariée, par exemple, ils doivent prendre le soin de préciser non seulement son nom de dame, mais aussi celui de jeune fille[393] ;

– *leur domicile et leur adresse* : cet aspect de l'identification aurait pu être assez facile s'il existait un bon système d'adressage dans les pays membres de l'OHADA. Ce qui n'est malheureusement pas le cas partout. Ce qui, une fois de plus, ne relève pas du pouvoir des EMF. Néanmoins, ces derniers ne doivent pas se contenter d'une simple boîte postale[394] ;

– *leur profession* : la principale difficulté pour les EMF est relative au fait qu'il peut ne pas être facile de connaître avec exactitude la profession de certains de leurs clients (notamment ceux qui évoluent dans l'informel) ;

– *leur statut et leur régime matrimoniaux* : ici également, le peu de fiabilité du système d'état civil n'est pas de nature à faciliter la tâche aux EMF dans la mesure où de « vrais faux actes de mariage » ne sont pas rares, sans compter les fausses copies d'actes.

Pour les personnes morales, contrairement aux personnes physiques dont l'existence peut être facile à saisir, elles peuvent être fictives. Il faudrait donc s'assurer de leur existence légale[395]. De plus, il faudrait porter une attention particulière à certains éléments tels que leur dénomination sociale, leur adresse[396], leur siège social, leur forme juridique[397], leur nationalité[398]…

---

[393] Ce qui permettrait de réduire le risque de mauvaise foi de la part de la bénéficiaire qui pourrait consister en cas de divorce et d'abandon du nom du mari, par exemple, à refuser de se reconnaître comme bénéficiaire du crédit (ce risque est plus élevé lorsque le crédit est à moyen ou long terme, la bénéficiaire pouvant même avoir changé régulièrement de carte nationale d'identité entre-temps).

[394] Il convient de signaler que pour des raisons de lutte contre le blanchiment des capitaux et le financement du terrorisme, les établissements de crédit sont astreints à une obligation de connaissance de leur clientèle qui s'étend à leur bonne localisation.

[395] En faisant abstraction des limites du fonctionnement du RCCM, on peut dire que ceci est facile à faire dans la mesure où il suffit d'exiger un extrait et, éventuellement, procéder à des vérifications en fonction de l'importance du crédit sollicité.

[396] Selon l'Acte uniforme relatif au droit des sociétés commerciales et du GIE, le siège des sociétés qu'il régit ne doit pas être constitué seulement par une boîte postale. Si cette règle est respectée, cela devrait faciliter la localisation des sociétés.

[397] Elle permet de savoir notamment si l'on pourra ou non recourir contre ses associés si la société elle-même ne paie pas.

[398] La connaissance du domicile est importante parce que pour les sociétés, elles ont en principe la nationalité de leur siège social (or, en cas de différence entre la nationalité du débiteur et celle du créancier, cela peut susciter un conflit de lois et un conflit de juridiction) et pour les personnes physiques, les pratiques de recouvrement qui sont licites dans certains pays peuvent être prohibées dans d'autres (le cas, par exemple, des rappels téléphoniques qui dans certains pays européens peuvent être assimilés à du harcèlement).

Si la bonne identification du bénéficiaire est déjà de nature à protéger l'EMF en le protégeant de l'éventuelle mauvaise foi du bénéficiaire, sa protection doit être complétée par le contenu du contrat.

2. La nécessité de l'insertion de clauses protectrices

La liberté contractuelle permet d'imaginer et d'insérer les clauses de nature à protéger en cas de non-paiement. Parmi elles, on peut considérer que les principales sont :

– la clause résolutoire : elle permet d'anéantir le contrat lorsque l'une des parties n'exécute pas son obligation. Ce faisant, elle délie l'autre partie de la sienne. Elle peut donc être très utile dans les contrats à exécution successive ;

– la clause pénale : clause qui permet de fixer conventionnellement le montant des dommages-intérêts forfaitaires qui seront dus par le débiteur d'une obligation inexécutée. Lorsque le montant de cette indemnité est relativement fort, la clause constitue un moyen de pression pour pousser le débiteur à s'exécuter ;

– la clause de réserve de propriété : retardant le transfert de propriété jusqu'au paiement complet du prix (cette clause peut être utilisée dans certaines modalités de financement) ;

– la clause de déchéance de terme : elle prive le débiteur du bénéfice du terme en rendant la dette immédiatement exigible si le débiteur pose certains actes sans le consentement du créancier ;

– la clause d'indexation : elle protège le créancier contre la dépréciation monétaire en faisant varier le montant de la dette en fonction d'un indice choisi. Les parties n'ont pas une totale liberté pour le choix de l'indice car non seulement il leur interdit de choisir certains indices (les indices généraux comme le niveau général des prix ou le SMIG), mais aussi l'indice qu'elles choisissent doit être en relation directe avec l'objet du contrat ou l'activité de l'une d'elles.

– la clause d'augmentation de la garantie : elle oblige le débiteur à augmenter la garantie fournie en cas de survenance ou de réalisation d'un événement prévu au contrat. La rédaction de cette clause devra être suffisamment précise pour éviter des discussions : par exemple, il ne faudrait pas utiliser une expression comme « en cas de dégradation de la situation financière du bénéficiaire », mais dire avec précision ce qui caractérisera cette dégradation (baisse du chiffre d'affaires, du bénéfice net…).

La liberté contractuelle ayant des limites, il ne suffit pas de stipuler ces clauses ; encore faudrait-il s'assurer qu'elles sont valables et opposables. Ce qui implique qu'elles sont équilibrées (pas de clauses abusives), claires, précises et apparentes (les plus importantes devant même être ressorties en caractères très apparents).

Il faudrait s'assurer que le contrat engage le client : ce qui, lorsque cela est possible, devrait amener à privilégier les contrats signés du client (compte tenu de la clientèle cible des EMF qui comprend des personnes qui ne savent ni lire ni écrire, ceci peut être difficile à réaliser).

B. Les difficultés relatives au suivi de la relation

Après la mise des fonds à la disposition du bénéficiaire, ce dernier doit faire l'objet d'un suivi[399]. Ce qui peut impliquer de se documenter suffisamment sur le client pour s'assurer que les éléments qui ont justifié qu'on lui fasse confiance n'évoluent pas défavorablement, notamment lorsque le contrat prévoit un renforcement de la garantie en cas de survenance de certains évènements. Autrement, il ne servirait à rien de prévoir, par exemple, qu'en cas de dégradation de la situation financière du bénéficiaire, la garantie devra être renforcée si on ne suit pas pour vérifier si cette situation se dégrade ou pas.

Ce suivi peut aussi impliquer un accompagnement du bénéficiaire car malgré toute la bonne foi du bénéficiaire, si l'objet du financement n'a pas prospéré, le remboursement sera difficile à assurer. Compte tenu du type de clients des EMF, cet aspect peut d'ailleurs être primordial. Le suivi de la relation impliquera dans certains cas de suivre les encaissements et donc de gérer les relances (ce sera le cas lorsqu'il était prévu un remboursement par échéances ou lorsque l'EMF a accepté ce type de remboursement après la défaillance du bénéficiaire). Le suivi du respect des échéances devra alors se faire de manière assez méticuleuse. Si aujourd'hui des logiciels facilitent ce suivi, la principale difficulté pour les EMF (tout au moins pour les plus petits d'entre eux) peut résider dans le coût d'acquisition et de gestion de ces logiciels.

Compte tenu du type de clients auxquels les EMF ont affaire, le risque de déplacement est très grand. En effet, le bénéficiaire du crédit peut fermer boutique à tout moment et disparaître. Certes, si comme assez souvent l'EMF aura fait cautionner l'opération, il aura le droit de mettre en œuvre le cautionnement. Sauf que, quelquefois, la personne qui a cautionné le bénéficiaire aura disparu avec lui. Dans d'autres cas, c'est la validité même du cautionnement qui pourrait être remise en cause. Ce qui revient au problème de compétence interne évoqué ci-dessus. Face à ces difficultés, certains EMF ont pris l'habitude de recourir à des pratiques dont certaines peuvent carrément constituer des délits. Ils convoquent souvent le débiteur (ou la caution) et le retiennent dans leurs locaux jusqu'à ce qu'une de ses

[399] Sans que celui-ci porte atteinte à son droit au respect de sa vie privée.

relations (amicales ou familiales) consente à venir payer, ne serait-ce qu'une partie de la dette. Si la mesure est souvent efficace, il n'en demeure pas moins qu'elle peut être pénalement répréhensible.

Pour finir, étant donné qu'il n'y a pas de mauvais clients mais plutôt de mauvais crédits, on peut en conclure que la principale difficulté pour les EMF est de trouver le crédit adéquat à leur cible. Ce qui repose sur une bonne formation de leur personnel et une bonne connaissance de leur clientèle (chose qui malheureusement n'est pas aisée pour eux compte tenu du fait que leur clientèle est trop variée et diversifiée)[400]. Lorsqu'après avoir mis toutes ces procédures en œuvre, l'EMF sera en possession d'informations fiables, le principal problème est qu'une sélection sérieuse des bénéficiaires risquera d'entraîner l'exclusion d'une bonne partie de sa clientèle cible. Étant donné que celle-ci est constituée des exclus du système bancaire classique, il y aurait donc exclusion des exclus (ce qui va poser le problème même de la raison d'être des EMF !). Dans ces conditions, l'approfondissement de la connaissance de sa clientèle qui vise à sélectionner ceux des clients avec lesquels on peut traiter en ayant le maximum de chance d'être payé, spontanément ou de manière forcée, risque d'induire le refus de crédit, et donc de détourner les EMF de leur mission. La problématique de la prévention des impayés des EMF manifeste finalement toute la difficulté qu'il y a pour ces établissements à concilier leur mission économique et leur mission sociale car s'ils veulent bien prévenir le risque, la tentation est grande de ne prêter qu'aux riches[401]. Et s'ils ne prêtent qu'aux riches, quel sera le sort des « laissés-pour-compte » qui constituent en principe leur raison d'être ?

---

[400] Faut-il alors qu'ils se spécialisent géographiquement ou techniquement ?

[401] Malgré son caractère quelque peu immoral, il faut toujours se souvenir du réalisme de l'adage selon lequel on ne prête qu'aux riches.

Section 2 : Les systèmes financiers décentralisés sénégalais face au risque d'impayé : étude à l'aune du droit OHADA

Patrice Samuel A. BADJI,
Professeur Université Cheikh Anta Diop de Dakar

Ubi societats, ibi jus ! Cette célèbre formule romaine ne signifie pas qu'il n'y ait qu'un seul droit pour l'ensemble du monde[402]. Elle suggère plutôt que, dès qu'une société a suffisamment de consistances, quelle que soit sa taille, elle se donne un droit[403]. L'adage traduit, au-delà, l'idée de réception du droit ou système venu d'ailleurs.

Depuis toujours, on s'est posé la question de savoir si le droit OHADA est un droit africain des affaires ou un droit des affaires en Afrique. Toujours est-il que même si c'est le système d'intégration juridique le plus abouti, il n'en demeure pas moins qu'elle doit faire face à la concurrence d'autres organisations telles que l'UEMOA dont le domaine d'intervention est l'activité bancaire. Les banques, entités soumises à la fois au droit OHADA et UEMOA accordent du crédit certes, mais prennent des garanties.

En effet, le droit des sûretés est le substrat absolument indispensable du crédit, moteur de l'économie[404]. En effet, il est admis que la vie économique ne peut fonctionner sans crédit qui vient du latin « *credere* » qui signifie confiance. Il faut faire remarquer qu'une personne notamment les systèmes financiers décentralisés n'acceptent de faire crédit aux personnes que lorsqu'ils sont certains de pouvoir recouvrer leur créance[405]. Ce faisant, ils sont en droit de prendre des garanties et plus particulièrement de se constituer des sûretés. Forts de ceux-ci, ils peuvent recouvrer leur créance.

Une équation doit d'abord être résolue à savoir qu'est-ce qu'un système financier décentralisé ? Qu'est-ce que c'est que l'effectivité ?

Les systèmes financiers décentralisés sont des institutions dont l'objet principal est d'offrir des services financiers à des personnes qui n'ont généralement pas accès aux opérations des banques et établissements

[402] R. LEGEAIS, *Grands systèmes de droit contemporains, Approche comparative*, Litec, 2004, p. 1.

[403] R. LEGEAIS, *ibid.*

[404] Publicités légales et informations dans les affaires, sous la direction d'A. SAYAGH, p. 169.

[405] En témoigne la fiche de visite précomité en vigueur à l'ACEP qui est une descente sur le terrain permettant de vérifier l'existence d'une activité, la capacité d'une personne à obtenir et rembourser un crédit.

financiers tels que définis par la loi portant réglementation bancaire[406]. Les services financiers sont des opérations (collecte de dépôts, prêt d'argent, engagement par signature) réalisées par les systèmes financiers décentralisés dans le cadre de l'agrément délivré par le ministre. On perçoit à travers cette définition une différence entre les systèmes financiers décentralisés et les banques et établissements financiers à caractère bancaire[407].

Au Sénégal, au 30 juin 2010, 345 systèmes financiers décentralisés ont été agréés[408]. Cet effectif ne prend pas en compte les 203 institutions affiliées[409]. La première loi à prévoir le régime juridique des SFD est la loi PARMEC, ensuite la loi 2008-47 du 3 septembre 2008 portant réglementation des systèmes financiers décentralisés[410] et le décret n° 2008-1366 du 28 novembre 2008 portant application de la loi relative à la réglementation des systèmes financiers décentralisés au Sénégal.

Le droit OHADA s'applique aux systèmes financiers décentralisés. Pour s'en convaincre, il conviendra de se référer à l'article 916 AUSCGIE[411].

Mais qu'entendre par sociétés soumises à régime particulier ? Ni le législateur de l'AUSCGIE, ni la CCJA qui pourtant dans un avis n° 001/2001/EP du 30 mai 2001, n° 4 a déclaré ceci : « Les dispositions de l'Acte uniforme relatif au droit des sociétés commerciales et du Groupement d'intérêt économique étant d'ordre public et s'appliquant à toutes les sociétés commerciales à raison de leur forme et quel que soit leur objet régissent les sociétés soumises à un régime particulier entrant dans le cadre juridique ainsi défini, ne nous donnent une définition. Toutefois, à l'égard de ces sociétés, l'article 916 alinéa 1er de l'Acte uniforme précité laisse également subsister les dispositions législatives spécifiques auxquelles lesdites sociétés sont soumises[412] »

C'est l'article 1-1 de l'Acte uniforme portant sur les procédures collectives qui en donne une énumération. Il s'agit des établissements de crédit, de microfinance, acteurs des marchés financiers, sociétés d'assurance et de réassurance.

---

[406] Loi organique n° 2008-47 du 3 septembre 2008 portant réglementation des systèmes financiers décentralisés, J.O. N° 6452 du samedi 31 janvier 2009.

[407] Voir loi n° 2008-26 du 28 juillet 2008, J.O. N° 6435 du samedi 1er novembre 2008

[408] V. Rapport d'activités semestriel 2010 de la Direction de la réglementation et de la supervision des services financiers décentralisés, p. 21. Cette direction est organisée par l'arrêté n° 5472 du 21 juin 2010 en application des articles 115 et 116 du décret n° 2008-642 du 16 juin 2008 portant organisation du ministère de l'Économie et des Finances.

[409] V. Direction de la réglementation et de la supervision des services financiers décentralisés, Données consolidées des services financiers décentralisés 2010, p. 6.

[410] J.O.R.S N° 6452 du samedi 31 janvier 2009.

[411] Aux termes de cette disposition : « *le présent Acte uniforme n'abroge pas les dispositions législatives auxquelles sont assujetties les sociétés soumises à un régime particulier* ».

[412] Cité par P. G. POUGOUE, « Doctrine OHADA et théorie juridique », *Revue de l'ERSUMA*, numéro spécial, novembre-septembre, 2011, p. 9.

On peut déduire de ces différentes précisions que le droit des sociétés commerciales constitue le droit commun[413].

Néanmoins, le droit bancaire de l'UEMOA conserve une certaine autonomie par rapport au système de l'OHADA considéré à tort comme un droit communautaire[414]. Nous avons l'article 2 AUSCOP[415] précité et l'Acte uniforme portant organisation des procédures collectives. En effet, la raison est simple : l'OHADA est une institution supranationale au même titre que l'UEMOA. Ces deux institutions entretiennent des rapports par moments pacifiques et conflictuels, que ce conflit soit réel ou latent. En tout état de cause, ce conflit peut être source d'insécurité juridique[416].

L'effectivité suppose le degré d'adaptation ou d'application du droit dans la société. Il s'agit d'évaluer l'écart qui peut exister entre le droit qui se dit et le droit qui se vit. C'est le caractère d'une règle de droit qui produit l'effet voulu, qui est appliqué réellement[417]. Pour une doctrine, l'effectivité est le premier souci d'un système juridique[418]. Celle-ci diffère ce faisant de l'efficience et de l'efficacité[419].

Faisons observer qu'une étude portant sur l'effectivité du droit de l'OHADA a déjà été menée[420].

Faire une étude sur l'effectivité du droit OHADA au sein des systèmes financiers décentralisés présente des enjeux considérables relatifs entre autres à l'impact de ces institutions sur le niveau de développement des populations notamment leur accès au crédit en vue de financer leurs activités[421], la perception qu'ont les populations sur les pratiques des services

---

413 V. Sur les difficultés à cerner ce qu'est un droit commun, J.-P. CHAZAL, *Réflexions épistémologiques sur le droit commun et les droits spéciaux*, Mélanges CALAIS-AULOY, p. 280 et s.

414 V. Article 2 de l'Acte uniforme sur les sociétés coopératives. Cet Acte a été adopté le 15 décembre 2010 à Lomé au Togo.

415 V. Article M.M. Aimée née NJANDEU, « L'esprit innovateur du législateur OHADA au ralenti dans l'Acte uniforme relatif au droit des sociétés coopératives », in *Mélanges P.G. POUGOUE, De l'esprit du droit africain*, LGDJ, 2014.

416 N. T. MIPAMB, « L'intégration économique régionale en Afrique de l'Ouest : le cas de la CEDEAO, de l'UEMOA et de l'OHADA, De la recherche de la sécurité juridique au risque d'insécurité juridique », *RTSJ*, n° 1, juillet-décembre 2011, p. 83 et s.

417 G. CORNU, *Vocabulaire juridique*, PUF, 2007, p. 345.

418 W. BARANÈS et M.-A. FRISON-ROCHE, « Le souci d'effectivité du droit », *D.* 1996, p. 301 et s.

419 L'efficacité renvoie à l'atteinte des objectifs fixés, tandis que l'efficience est relative à la philosophie d'analyse économique du droit, v. *L'accès au juge, Recherche sur l'effectivité d'un droit*, sous la direction de Virginie DONIER et Béatrice LAPEROU-SCHNEIDER, Bruylant, 2013, 1 000 p.

420 V. *L'effectivité du droit de l'OHADA*, PUA, 2006, sous la direction de J. GATSI.

421 V. M. KHARY MBOW, *Les systèmes financiers décentralisés de l'UEMOA : un outil de réduction de la pauvreté et de promotion de la scolarisation, Essai d'évaluation empirique sur données en panel,pagesperso.dial.prd.fr/.../pdf/51 mbow%20Momar.pdf.* L'auteur a

financiers décentralisés d'autant que l'on remarque une augmentation de la clientèle de ces institutions[422]. Est-ce à dire que le système de financement proposé par les banques et établissements financiers à caractère bancaire ne suscite guère d'engouement ? En tout cas, il demeure constant que les systèmes financiers décentralisés constituent aujourd'hui une alternative à l'exclusion bancaire et au coût très élevé du financement informel. Ils forment un levier permettant l'amélioration des conditions de vie des ménages démunis grâce à l'impact que leurs services peuvent avoir sur différents aspects économiques[423]. Cet impact peut se matérialiser par l'accès aux soins de santé, la baisse de la mortalité infantile, la prise de confiance, l'indépendance, l'accès aux marchés[424]. Au Sénégal, 52,2 % des hommes et 62,9 % des femmes interrogées jugent les conditions financières d'ouverture du compte très élevées[425]. Il en est de même des frais de tenue de comptes et des agios. Tous ces éléments constituent un obstacle au relèvement du taux de bancarisation. Ce taux de bancarisation est estimé à 7,4 %[426]. La bancarisation se définit comme le degré de pénétration des services offerts par les banques ou les institutions de microfinance dans une population donnée. Elle est mesurée par un indicateur, appelé taux de bancarisation qui traduit la proportion des personnes qui disposent d'un compte dans une population[427].

5. La méthodologie utilisée dans le cadre de cet article sort des sentiers battus car, nous avons, au-delà des recherches documentaires, procédé à des rencontres avec les professionnels du secteur de la microfinance[428].

étudié le lien entre les services financiers décentralisés, la pauvreté et la scolarisation. Il en est de même du poids de ceux-ci.

422 On est passé de 769 735 membres, clients ou sociétaires en 2005 à 1 470 280 en 2010. V. Données consolidées des services financiers décentralisés, 2010, p. 7. Cette augmentation du nombre de sociétaires peut s'expliquer par le fait que traditionnellement, les services offerts par les services financiers décentralisés étaient destinés au monde rural, mais leurs objectifs, leurs cibles et leur espace géographique se sont très rapidement élargis.

423 M. KHARY MBOW, *op. cit.*, p. 3.

424 WAMPFLER B. BOUQUET E et E. RALISON, « L'impact du réseau CECAM de Madagascar », *Rapport final 2003-2007*, Montpellier CIRAD, 58 p.

425 V. Rapport d'enquête nationale auprès des populations non bancarisées [ENPNB] de non-bancarisation produit par l'Observatoire de la qualité des services financiers, décembre 2012.

426 Source BCEAO. Ce taux est légèrement au-dessus de celui de l'UEMOA, 7 % mais en deçà de celui des pays de l'Afrique du Nord, 45 % pour le Maroc, 60 % pour la Tunisie et de l'Occident tel que la France, 99 %.

427 Rapport d'enquête nationale auprès des populations non bancarisées [ENPNB] de non-bancarisation produit par l'Observatoire de la qualité des services financiers, décembre 2012.

428 C'est l'occasion pour nous de remercier Monsieur Aliou DIOP, expert financier à l'observatoire de la qualité des services financiers décentralisés, Direction de la réglementation et de la supervision des services financiers décentralisés du Sénégal, Messieurs Souleymane SARR et Ousmane DIOUF de l'Alliance de Crédit et d'Épargne pour la Production [ACEP].

La question que l'on est en droit de se poser est celle de savoir comment les systèmes financiers décentralisés réagissent contre l'impayé. Quels instruments juridiques ou ajuridiques utilisent-ils pour y faire face ?

Le constat qui est fait c'est que les systèmes financiers décentralisés, quoique soumis au droit OHADA élude l'application de ce droit en utilisant des systèmes qui leur sont propres. L'adaptation des règles de l'OHADA aux besoins des gens pauvres ou qui exercent des activités agricoles, maritimes et artisanales est certes bénéfique mais constitue un couteau à double tranchant parce que la population à laquelle s'appliquent les techniques de recouvrement est la plupart du temps analphabète et donc peu informée des mesures légales de recouvrement des créances. Cette situation est parfois source d'abus. D'où l'interrogation suivante : qu'est-ce que cette situation non maîtrisée pourrait engendrer comme conséquences ?

On répondra entre autres, la résurgence de la justice privée, l'atteinte à l'honneur de la personne endettée et l'abus du droit de recouvrer sa créance.

Nous examinerons successivement dans le cadre de cette étude, la mise en place par les systèmes financiers décentralisés des techniques de garanties adaptées (Par. 1) et les abus de recouvrement constatés (Par. 2).

Par. 1 : L'application mitigée des mécanismes de garanties prévus par le droit OHADA

Confrontés à la réalité de la pratique, les services financiers décentralisés ont mis en place des techniques de garanties alternatives à ce qui est prévu dans le droit OHADA (B). On peut dire que nous sommes en présence d'une révolte des faits contre le droit ou d'une hypothèse de non-droit[429] dont nous allons livrer les raisons (A).

A. Les raisons de cette application

Les personnes qui ont recours aux services des systèmes financiers décentralisés exercent la plupart du temps une activité informelle, ne tiennent pas une comptabilité conforme aux normes légales, n'ont pas de garanties formalisables ou réalisables.

De Dakar à Yaoundé, en passant par Douala, Lomé, Abidjan, l'économie africaine est en grande partie informelle. Ils sont nombreux ceux qui vivent de petits boulots ou s'évertuent à sortir de la misère matérielle. Dans la zone OHADA, l'économie informelle constitue en moyenne entre 30 et 50 % du

---

[429] V. Sur cette question, J. CARBONNIER, *Flexible droit*, LGDJ, 8e édition., 1995, p. 23 et s.

PIB dans certains pays[430]. Le droit OHADA ne pouvait donc pas ignorer le secteur informel[431]. Bien au contraire, il essaye d'extirper le *citoyen lambda* qui exerce une activité économique des griffes de ce secteur. On peut citer l'exemple de l'instauration par le législateur OHADA du statut de l'entreprenant[432] largement inspiré de la loi de modernisation de l'économie n° 2008-776 du 4 août 2008[433]. Cela peut certainement s'expliquer par le fait que l'OHADA a une origine africaine et sa raison d'être est économique, tout simplement[434].

La comptabilité constitue l'ensemble des documents qui traduit de manière chiffrée la situation d'une entreprise[435] et sa tenue, une obligation pour les commerçants. Elle est soumise à des règles précises, et répond à des finalités pratiques[436].

L'article 13 de l'Acte uniforme portant droit commercial général dispose que tout commerçant, personne physique ou morale, doit tenir tous les livres de commerce conformément aux dispositions de l'Acte uniforme relatif à l'organisation et à l'harmonisation des comptabilités des entreprises. Il faut également se référer à l'article 2 de l'Acte uniforme du 24 mars 2000 portant organisation et harmonisation des compatibilités des entreprises[437] qui édicte que sont astreintes à la mise en place d'une comptabilité, dite comptabilité générale, les entreprises soumises au droit commercial qui ne sont rien d'autre que les entreprises individuelles ou sociétaires, même si ces dernières doivent respecter en outre les dispositions prévues par l'Acte uniforme relatif au droit des sociétés commerciales et du groupement d'intérêt économique.

Non seulement, tenir une comptabilité est une obligation, mais en plus, le respect de plusieurs principes tels celui de la prudence et de la transparence s'impose. Seulement, le constat fait par les professionnels des systèmes

---

430 P. J. BIKANDA, *Informalisation des économies africaines et logiques marketings des unités de production informelles* [UPI], *Gérer et décider*, vol. 1, n° 1, janvier 2005, p. 105.

431 Cette notion a été utilisée pour la première fois dans un rapport publié par le Bureau international du travail sur le Kenya en 1972. Il s'agit des activités non recensées, exercées avec peu de capital et beaucoup de main-d'œuvre non qualifiée, à échelle très restreinte, sans respect d'aucune réglementation, sans contrainte initiale qui gênerait « *l'entrée sur le marché* ». V. M. LELART, *De la finance informelle à la microfinance*, AUF, édition des archives contemporaines.

432 Aux termes de l'article 30 de l'Acte uniforme portant droit commercial général.

433 J.O. du 5 août 2008.

434 KEBA MBaye, « L'histoire et les objectifs de l'OHADA », *Petites affiches*, n° 205, 13 octobre 2004, p. 4. Il faut tout de même relativiser les origines africaines de l'OHADA et rappeler que celui-ci est né en grande partie de la plainte des investisseurs français confrontés en Afrique à une disparité de textes applicables dont la connaissance exhaustive était impossible.

435 B. ROLLAND, *Comptabilité*, In Dictionnaire de droit des affaires, Ellipses, 2007, p. 120.

436 B. ROLLAND, *ibid.*, p. 120.

437 J.O. OHADA, n° 10, du 20/11/2000, p. 1 et s.

financiers décentralisés demeure l'absence de tenue d'une comptabilité fiable et régulière. De deux choses l'une : soit les commerçants du secteur informel ne savent pas qu'il faut tenir une comptabilité, ce qui est douteux[438], soit ils ne maîtrisent pas les règles comptables, ce qui est plus probable. En tout cas, ils s'exposent à une sanction pénale à savoir la banqueroute simple[439] lorsqu'ils sont en cessation des paiements car le législateur OHADA, en déterminant les personnes concernées par la banqueroute simple, parle de commerçants personnes physiques tout court, précise s'ils sont du secteur formel ou informel. En outre le principe est connu, tout commerçant qui ne s'est pas immatriculé dans les délais légaux ne peut se prévaloir de ce défaut pour échapper aux rigueurs du droit commercial.

Les systèmes financiers décentralisés font parfois face à une clientèle aux garanties non formalisables ou réalisables à cause du défaut de mutation de leur titre de propriété. Or seuls les immeubles présents et immatriculés peuvent faire l'objet d'une hypothèque[440]. En outre, l'hypothèque doit être régulièrement inscrite conformément à la loi nationale de chaque État partie. Pour le cas du Sénégal, il faut se référer aux articles 2, 19 et 48 de la loi n° 2011-07 du 30 mars 2011 portant régime de la propriété foncière[441]. En effet, le régime foncier au Sénégal ne favorise pas tellement l'accès au crédit notamment le crédit rural[442] car les procédures foncières africaines ont été conçues de manière à faire accéder le moins de monde possible à la propriété. Il en est ainsi au Sénégal où, au centre du système foncier, il y a le domaine national qui exclut toute propriété du sol[443]. L'occupant des terres du domaine national a un droit d'usage[444] qui peut prendre fin par la désaffectation[445].

---

[438] Les boutiquiers qui habitent dans les villages reculés du Sénégal ont le plus souvent un cahier où ils mentionnent en arabe leurs opérations financières effectuées par jour. Cela constitue un livre-journal.

[439] Article 228, alinéa 4 de l'Acte uniforme portant organisation des procédures collectives d'apurement du passif.

[440] Les impenses peuvent également faire l'objet d'hypothèque.

[441] J.O. N° 6607 du samedi 13 août 2011.

[442] Avec la loi sur le domaine national, le paysan n'a que le droit d'usage et non de propriété, V. M. DEBENE et M. CAVERIVIERE, « Foncier des villes, foncier des champs. Rupture et continuité du système foncier sénégalais », *Annales africaines*, 1989-1990-1991, p. 75 et s.

[443] A. DIEYE, *Domanialité nationale et développement : l'exemple du Sénégal*, Thèse, UCAD, 2004, p. 145.

[444] Article 19 du décret 64-573 du 30 juillet 1964 fixant les conditions d'application de la loi n° 64-46 du 17 juin 1964 relative au domaine national

[445] V. Décret n° 72-1288 du 27 octobre 1972 relative aux conditions d'affectation et de désaffectation des terres du domaine national comprises dans les communautés rurales.

Les professionnels des systèmes financiers décentralisés sont conscients qu'il faut d'abord régulariser les titres[446], ensuite les inscrire[447] ; et non seulement la procédure est complexe, mais la constitution de l'hypothèque coûte cher[448]. À ce propos de cherté de l'inscription des sûretés, on peut citer un juriste de banque[449]. Au-delà de ces obstacles juridiques, il existe des obstacles sociologiques. En effet, dans la conscience de l'Africain traditionaliste, la terre appartient à la communauté dans « sa double acception sociologique et spirituelle »[450]. Elle appartient non seulement aux vivants, mais également aux enfants à naître, aux morts et aux esprits qui veillent sur la communauté[451].

Toutes ces raisons justifient l'existence de garanties alternatives.

B. La mise en place de systèmes de garanties alternatifs

Dans le secteur de la microfinance, les institutions qui y évoluent acceptent plusieurs types de biens en gage : les bijoux, le mobilier, les appareils électroménagers, les téléphones portables et autres matériels et équipements tels que les moulins à mil et les animaux sont ainsi acceptés[452]. Nous allons examiner, sans prétendre à l'exhaustivité, un certain nombre de garanties utilisées dans le secteur de la microfinance.

---

446 Si nous prenons l'exemple de la vente immobilière, nombreux sont ceux qui se contentent uniquement d'un acte de vente sous seing privé méprisant totalement le formalisme de validité à savoir l'acte authentique imposé par la loi. Aux termes de l'article 383 du COCC : « *Le contrat doit à peine de nullité, être passé par-devant notaire sauf dispositions législatives ou réglementaires contraires* ». Il résulte de la lecture de cette disposition que seul l'acte authentique dressé par le notaire est reconnu et seule la loi peut déroger à cette exigence formelle et non la volonté des parties au contrat de vente d'immeuble.

447 En droit sénégalais, il y a l'adage « *pas de droit réel sans inscription, et pas d'extinction sans radiation* ». Cet adage nous a été rappelé par le Conservateur de la propriété foncière de Dakar-Plateau, qui nous a reçu dans ses bureaux et dans la loi n° 2011-07 du 30 mars 2011 portant régime de la propriété foncière notamment dans l'exposé des motifs. Depuis cette loi, la prescription extinctive n'est plus un mode d'acquisition de la propriété, tout doit se faire dans la publicité ou transparence. Celle-ci ne profite qu'à l'État pour les immeubles abandonnés pendant trente ans par leurs occupants légitimes.

448 V. M. DEBENE, « La sécurité du crédit et de l'investissement en milieu rural au Sénégal, une approche juridique », p. 15. Aux termes de l'article 25 de la loi portant sur la propriété foncière au Sénégal, l'hypothèque conventionnelle est consentie par acte authentique.

449 M. DIALLO, « Contribution au diagnostic des difficultés d'application par les établissements financiers du nouvel Acte uniforme sur le droit des sûretés », *Revue de l'ERSUMA*, n° 2, mars 2010, p. 353.

450 G. A. KOUASSIGAN, *L'homme et la terre*, ORSTOM, Berger Levrault, 1966, p. 111.

451 K. MBAYE, « Voie africaine du socialisme et propriété », *Éthiopiques* n° 1, janvier 1975, p. 46.

452 M. SAMB, « Macrodroit et microfinance », in *Recueil d'études sur l'OHADA et les normes juridiques africaines*, PUAM, 2013, p. 222.

L'aval. C'est l'acte juridique passé par l'épouse commerçante d'un salarié qui a besoin de financer ses activités. Pour garantir sa dette, elle peut faire appel à son mari qui dispose d'un revenu régulier. Ce dernier doit donner au système financier décentralisé ses bulletins de salaire et signer un acte sous seing privé. Cette appellation peut se justifier certainement par le fait que dans le règlement n° 15/2002/CM/UEMOA, l'aval constitue une garantie de paiement du chèque ou d'une lettre de change[453]. Ramené au droit OHADA, il s'agit d'un cautionnement.

Le gage bijoux. C'est un acte conclu par une femme qui a besoin d'un financement, et pour garantir le paiement de sa dette, elle remet ses bijoux d'une grande valeur qui sont déposés dans des coffres et rendus une fois le paiement effectif. La valeur des bijoux en question est évaluée par un bijoutier dont le système financier décentralisé s'attache les services. Il va falloir déterminer si les frais d'expertise de ce bijoutier ne vont pas être compris dans le taux d'intérêt imposé par les institutions de microfinance.

La question à se poser est celle de savoir s'il est possible pour l'emprunteur de demander une contre-expertise lorsqu'il ne partage pas les conclusions du bijoutier commis par l'institution de microfinance. Si théoriquement rien ne l'interdit, il en ira autrement dans la pratique où l'emprunteur, pressé d'obtenir un financement, n'a pas le temps d'attendre une contre-expertise. Pour lui, mieux vaut avoir un début de solution à son problème que rien du tout.

Le nantissement équipement. C'est l'acte conclu par un transporteur qui a, par exemple, besoin d'un prêt de deux (2 000 000) millions, alors que son véhicule a une durée de vie de 10 ans. Malgré cette situation, le système financier décentralisé lui fait signer un acte de nantissement qui sera enregistré aux impôts et domaines sans inscription. En effet, les formalités d'enregistrement des contrats sont l'une des nombreuses niches de recettes[454]. Pourtant, le législateur OHADA a supprimé les formalités d'enregistrement des contrats constitutifs de sûretés mobilières. Cette opinion se justifie au regard de l'article 49 de l'ancien Acte uniforme portant organisation des sûretés.

Le nantissement mobilier. C'est l'acte conclu par une femme dont le mari n'a pas de revenu et qui a besoin d'un financement. Pour garantir le paiement de la créance de l'institution de microfinance, elle fait inventorier ses biens notamment son téléviseur, son armoire. En l'espèce, le prêt est plafonné à cinq cent mille (500 000) francs.

Cet inventaire se fait également lorsque les systèmes financiers décentralisés octroient un prêt à des agriculteurs. Ainsi sont inventoriés les

---

[453] Article 74 dudit règlement pour le chèque et 169 pour la lettre de change.

[454] M. DIALLO, *op. cit.*, p. 354.

ovins, caprins, charrettes ; ensuite, on fait signer un acte de vente légalisé à la gendarmerie à l'agriculteur.

Le crédit peut être fait à des organisations villageoises. En l'espèce, le service financier décentralisé fait recours à un cautionnement solidaire d'autant que si l'un des membres de l'organisation ne paie pas, il peut poursuivre les autres membres.

Le problème d'effectivité se pose d'abord au niveau de l'appellation. En effet, l'expression nantissement équipement et mobilier se justifie-t-elle ?

On ne peut que répondre par la négative au regard de la définition du gage[455] et des biens qui peuvent faire l'objet d'un nantissement[456]. La nouvelle définition du gage et du nantissement a conduit à redessiner les contours des modalités particulières du gage, telles qu'elles sont prévues actuellement dans l'AUS[457]. Compte tenu de leur objet incorporel, le gage de créances et le gage de propriétés intellectuelles deviennent des nantissements, tandis que le nantissement du matériel professionnel et des véhicules automobiles et le nantissement des stocks deviennent des gages, en raison de leur objet corporel[458]. C'est donc à tort que les systèmes financiers décentralisés parlent de nantissement pour les sûretés ayant pour objet un bien corporel. Il convient de noter que ce défaut relevé n'est pas une spécificité de la pratique en vigueur au Sénégal. À preuve, un auteur français, à propos du nantissement d'outillage et de matériel, a soutenu qu'en principe, cette expression est désormais impropre puisque le législateur réserve l'expression de nantissement aux biens incorporels[459]. En toute rigueur, il faudrait que l'on parle de gage d'outillage et de matériel. On peut imaginer que la pratique mettra du temps à s'habituer à la nouvelle terminologie[460].

Ensuite concernant l'inscription du gage au RCCM. Il convient de souligner qu'à l'exception du nantissement de compte de titres financiers et le gage avec dépossession, toutes les autres garanties prévues par le nouvel Acte uniforme, doivent faire l'objet d'une inscription au RCCM. À défaut de

---

455 Aux termes de l'article 92 de l'Acte uniforme portant organisation des sûretés, le gage est le contrat par lequel le constituant accorde à un créancier le droit de se faire payer par préférence sur un bien meuble corporel ou un ensemble de biens meubles corporels présents ou futurs. Par cette définition, le législateur OHADA délimite le domaine d'application des règles relatives au gage : il s'agit des biens meubles corporels.

456 Il s'agit au sens de l'article 126 de l'Acte uniforme portant organisation des sûretés, des créances, du compte bancaire, des droits d'associés, valeurs mobilières, compte de titres financiers, du fonds de commerce et des droits de propriété intellectuelle. L'adverbe « *notamment* » qui figure dans l'article précité peut laisser penser qu'il y a d'autres biens qui peuvent faire l'objet de nantissement. Tous les biens devraient pouvoir être admis sauf ceux corporels, à notre avis.

457 Il s'agit de l'Acte uniforme portant organisation des sûretés du 17 avril 1997.

458 A. M. COTTE, L. J. LAISNEY, « Vers un nouveau droit du gage » *OHADA*, Droit et patrimoine, n° 197, novembre 2010, p. 70.

459 A. BOLZE, *Procédures collectives et sûretés*, Vuibert, 2006, p. 59, n° 136.

460 A. BOLZE, *ibid.*, p. 59.

l'accomplissement par les créanciers d'une telle formalité, ces derniers ne peuvent se prévaloir de leurs privilèges vis-à-vis des tiers[461]. Le choix fait par le législateur de soustraire le gage avec dépossession au régime de l'inscription au RCCM est parfaitement compréhensible car le bien n'est pas entre les mains du débiteur mais entre les mains du créancier ou d'un tiers convenu entre les parties[462]. En tout état de cause, l'opposabilité du gage au tiers est due soit à son inscription, soit à la remise du bien gage[463]. C'est dire qu'il y a un gage sans dépossession et un gage avec dépossession. Ce qui lève la crainte des services financiers décentralisés face à l'efficacité de leur gage. En effet, au regard des textes OHADA relatifs au droit des sûretés, on se rend compte que concernant le gage, le législateur opère une distinction entre les conditions de validité[464] et les conditions d'opposabilité. Ainsi, si le bien reste entre les mains du constituant, le gage sera rendu opposable par une inscription au RCCM. En revanche, un gage avec dépossession deviendra opposable aux tiers dès la remise de la chose au créancier, ce qui n'exclut pas que cette formalité soit également doublée d'une inscription[465].

Peut-il y avoir des sûretés en dehors de celles prévues par l'Acte uniforme ? Pour un auteur, il faut distinguer entre les sûretés personnelles où une large place est accordée à la liberté contractuelle et les sûretés réelles où celle-ci est sinon absente, du moins limitée[466]. Cette opinion mérite d'être cautionnée au regard de l'article 209 de l'Acte uniforme portant organisation des sûretés qui admet la possibilité pour les États parties de prévoir des hypothèques forcées. Il ne peut y avoir de sûretés particulières que celles autorisées par le législateur OHADA.

Les systèmes financiers décentralisés n'épargnent pas à leur clientèle le respect d'un formalisme. Ainsi, dans le formulaire de la cession de salaire, il existe une partie réservée à l'identification du débiteur [numéro de matricule, poste occupé dans l'entreprise, le domicile, numéro de pièce d'identité], la

---

461 M. DIALLO, « Contribution au diagnostic des difficultés d'application par les établissements financiers du nouvel Acte uniforme sur le droit des sûretés », *Revue de l'ERSUMA*, n° 2, mars 2013, p. 352

462 M. DIALLO, *ibid.*, p. 352.

463 V. Article 97 Acte uniforme portant organisation des sûretés.

464 Article 96 Acte uniforme portant organisation des sûretés. La condition de validité du gage c'est l'écrit et non la remise du bien gage. Madame A. M. COTTE et Monsieur L. J. LAISNEY [« Vers un nouveau droit du gage », *Droit et patrimoine*, n° 197, novembre 2010, p. 66], ont vu juste en soutenant avant l'adoption du nouvel Acte uniforme sur les sûretés que la remise de la chose au créancier, aujourd'hui condition de validité du gage et critère de distinction avec le nantissement, deviendra peut-être demain une simple condition alternative d'opposabilité du gage, au même titre que l'inscription de cette sûreté au registre du commerce et du crédit mobilier.

465 A. M. COTTE et L. J. LAISNEY, « Vers un nouveau droit du gage OHADA », *Droit et patrimoine*, n° 197, novembre 2010, p. 67.

466 P. CROCQ, « Les grandes orientations du projet de réforme de l'Acte uniforme portant organisation des sûretés », *Droit et patrimoine*, n° 197, novembre 2010, p. 54.

reconnaissance de dette, l'identification du créancier, le montant du prêt, sa durée, son but, l'autorisation de virement. Ce formulaire est signé par l'emprunteur [signature précédée de la mention « lu et approuvé »], l'employeur et l'institution de microfinance. Faisons remarquer que le système financier décentralisé prend toutes les dispositions pour rentrer dans ses fonds. C'est ainsi que l'ordre de prélèvement donné par l'employé à son employeur est irrévocable. De plus, l'employé s'engage à rembourser sa dette après liquidation de sa situation ou à payer avec ses biens personnels.

Quant au formulaire de procuration, il comporte des éléments relatifs à l'identification du mandant [date et lieu de naissance, domicile, numéro de pièce d'identification], l'autorisation à effectuer une opération juridique bien précise[467], le pourquoi de l'opération précitée à savoir la garantie d'une dette, le nom du mandataire.

Il est permis au regard de ce formalisme de préciser que nous sommes d'abord devant un contrat d'adhésion. Ensuite, on peut parfois se poser la question de savoir si l'emprunteur est capable de mesurer la portée de son engagement vu qu'il n'a pas toujours la qualité de juriste ou tout court de sachant. Enfin, nous avons été surpris de constater qu'une parcelle pouvait faire l'objet de nantissement ; ce qui est en total déphasage avec les dispositions de l'Acte uniforme portant organisation des sûretés.

Si les techniques de garanties sont adaptées aux réalités des institutions de microfinance, celles de recouvrement sont, quant à elles, dévoyées.

Par. 2 : Le recours momentané à des techniques de recouvrement différentes de celles prévues par le droit OHADA

S'endetter pour pouvoir régler ses problèmes est vécu par certains comme l'ultime solution. D'abord parce que l'on se méfie [après tout, font-elles mieux que les banques ?] des institutions dont on ne connaît pas bien le mode de fonctionnement, ensuite parce que l'endettement peut ressembler à une forme de mendicité. Étant conscients de la haute opinion que certains clients ont de leur honneur, certains systèmes financiers décentralisés n'hésitent pas à faire usage de la pression sociale (A) ou à recourir aux services d'un officier de police judiciaire (B) pour recouvrer leurs créances.

---

[467] Dans les formulaires qui nous ont été fournis par l'ACEP, il s'agit d'un nantissement.

A. La pression sociale : moyen de recouvrement

La pression est-elle exclue en droit privé ? On ne peut que répondre par la négative au regard de l'astreinte[468], de la clause pénale[469], de la saisie conservatoire et du droit de rétention. Il s'agit d'une pression autorisée par la loi. Celle-ci est différente de celle pratiquée par les systèmes financiers décentralisés qui utilise la voie de l'intimidation ou celle de la publication de photos des mauvais payeurs[470].

Pourtant, dans l'enquête de satisfaction auprès des usagers des systèmes financiers décentralisés, 32 % qui déclarent connaître les méthodes de recouvrement trouvent la manière inacceptable du fait du manque de tolérance de la part des systèmes financiers décentralisés même à l'égard des clients réguliers dans le remboursement de leurs dettes[471].

La mesure de publication des photos du mauvais payeur est contraire au droit OHADA qui cherche à protéger la vie privée du débiteur en ce sens qu'une saisie ne peut commencer avant 8 heures et finir après 18 heures. En outre, elle ne peut avoir lieu un dimanche ou un jour férié. L'exclusion de la saisie le jour du dimanche semble être pour certains, la traduction de la préservation de la liberté de croyance car ce jour représente pour le chrétien un jour de sabbat, c'est-à-dire consacré au culte divin[472]. Il s'agit d'une humanisation des voies d'exécution.

Cependant, quelle que soit sa pertinence, cette opinion de l'auteur mérite d'être relativisée en ce sens que l'importance du dimanche en termes de religion varie d'une croyance à une autre car dans certains États parties au traité de l'OHADA, la majorité de la population est de confession

---

468 Article 196 et suivants du Code des obligations civiles et commerciales.

469 Article 153 du Code des obligations civiles et commerciales : les contractants peuvent par une clause pénale écrite, s'engager à payer une somme déterminée dans le cas d'inexécution totale, partielle, tardive ou défectueuse.

470 Pour le Professeur M. SAMB, « Macrodroit et microfinance, Recueil d'Études sur l'OHADA et les normes africaines », *collection, Horizons juridiques africains*, PUAM, 2013, *op. cit.*, p. 226), le recouvrement des créances passe parfois par plusieurs techniques de pression morale. Parmi les techniques utilisées par les institutions de microfinance, on cite celle dite du « *pingouin* » consistant à suivre le débiteur partout où il va par un homme déguisé muni d'un écriteau mentionnant la qualité de mauvais payeur du débiteur. Une pratique courante est celle consistant à dénoncer publiquement les mauvais payeurs en citant leurs noms lors des réunions publiques villageoises, à les traduire devant le chef de village ou le Conseil des anciens ou à afficher leurs photos sur la place publique. V. A. SANDY N. SABENI, *La gestion des risques de crédit dans une institution de microfinance, cas de PAMECAS/MECMO,* Mémoire de fin d'études 2003-2007 mémoire encadré par Jules SARR.

471 V. Enquête de satisfaction auprès des usagers des systèmes financiers décentralisés [ESUSFD, 2011], Rapport provisoire d'analyse des résultats, Octobre 2012, Observatoire de la qualité des services financiers décentralisés.

472 O. FANDJIP, « La prise en compte des droits de l'homme dans la législation OHADA des voies d'exécution », *Recueil d'Études sur l'OHADA et les normes juridiques africaines*, Collection « Horizons juridiques africains », PUAM, 2013, p. 136.

musulmane comme c'est le cas au Sénégal[473]. En outre, il est douteux de se baser sur la religion de l'ancienne colonie pour justifier son propos, et ce, eu égard au mouvement de sécularisation qui s'est emparé de la France et même de l'Afrique. Ne peut-on simplement pas dire que l'exclusion du dimanche des jours où la saisie est possible se justifie par le fait que pour la majorité des populations des États membres de l'OHADA, c'est un jour de repos ?

En revanche, nous faisons nôtre l'opinion de l'auteur selon laquelle la vente amiable est l'expression du respect de l'intégrité morale du débiteur saisi car la vente forcée du fait de sa publicité sape l'intégrité morale, l'honneur, voire la considération dont pouvait jouir éventuellement un débiteur[474]. Seulement, le débiteur doit informer l'huissier ou l'agent d'exécution qui, à son tour, se chargera d'informer les créanciers du débiteur.

Finalement, on se demande si on ne va pas parler d'abus du droit de recouvrer sa créance[475], et ce, du fait que les sûretés sont surdimensionnées. En droit français, les juges ont fait grief au créancier d'avoir saisi des biens d'une valeur excessive au regard du faible montant de sa créance[476]. Ainsi, la chambre des requêtes admettait l'abus du créancier qui avait fait saisir-arrêter des sommes [près de 6 000 francs] très supérieures au montant de sa créance[477]. C'est le respect du principe de proportionnalité.

En outre, le caractère d'ordre public des dispositions de l'Acte portant procédures simplifiées de recouvrement des créances et voies d'exécution interdit le recours à des techniques de recouvrement autres que celles prévues par le législateur OHADA. La Cour commune de justice et d'arbitrage l'a rappelé dans plusieurs décisions de justice en écartant le droit interne au profit de l'Acte uniforme[478].

On pourrait nous objecter que les systèmes financiers décentralisés dépendent du droit de l'UEMOA ayant la même valeur que le droit OHADA. Cette idée ne saurait prospérer d'abord parce que la loi organique

---

473 On aime bien dire que la population sénégalaise est composée de 95 % de musulmans et 5 % de chrétiens. C'est d'abord nier l'existence d'autres religions telles que l'animisme ou l'athéisme. Ensuite, que dire de l'augmentation de la population de part et d'autre ? En tout cas, le recensement de la population sénégalaise fait dernièrement en 2013 rétablira la réalité.

474 O. FANDJIP, « La prise en compte des droits de l'homme dans la législation OHADA des voies d'exécution », *Recueil d'Études sur l'OHADA et les normes juridiques africaines*, Collection « Horizons juridiques africains », PUAM, 2013, p. 134.

475 J. MESTRE, « Réflexions sur l'abus du droit de recouvrer sa créance », *Mélanges P. RAYNAUD*, Dalloz-Sirey, 1985, p. 439 et s.

476 J. MESTRE, *op. cit.*, p. 456, n° 37.

477 16 juin 1896, S.1897. I. 317.

478 CCJA, n° 13/2002, 18/4/2002.BICICI c/ Dioum M'Bandy et Boucherie moderne de Côte d'Ivoire, www.ohada.com, OHADATA J-02-66, observations Issa SAYEGH. Dans cette décision, la CCJA a estime que le délai d'appel applicable en matière d'audience éventuelle est celui prévu aux articles 49 et 300 de l'AUPSRVE et non l'article 403 du Code ivoirien de procédure civile.

n° 2008-47 du 3 septembre 2008 portant réglementation des systèmes financiers décentralisés ne prévoit pas des techniques de recouvrement spécifiques au secteur, ensuite le règlement n° 15/2002/CM/UEMOA sur les systèmes de paiement ne s'applique qu'aux banques et établissements financiers. Dans ce règlement, il est mentionné que la signification du protêt, faute de paiement au tireur par ministère de notaire, d'huissier ou de la personne dûment habilitée, vaut commandement de payer[479]. Si le tiré ne paie dans les 15 jours de la notification, copie exacte des protêts est remise au greffe du tribunal pour certainement que le juge délivre au porteur un titre exécutoire. C'est dire que l'AUPSRVE constitue le droit commun.

Au-delà de la pression sociale comme manifestation du caractère dévoyé des mesures d'exécution, il y a l'intervention injustifiée d'un officier de police judiciaire.

B. L'intervention d'un officier de police judiciaire dans le recouvrement

Qui ne se rappelle pas la pertinente remarque du juge Keba MBAYE : « La fierté du Sénégalais est de pouvoir dire : "je n'ai jamais mis les pieds dans un tribunal ou un commissariat de police[480]" ou celle de G. PONTIE et M. PILON : "D'avoir affaire à la justice reste encore perçu, partout en Afrique, comme une atteinte à l'honorabilité et à la dignité humaine. L'Africain, même s'il vit dans une case, ne supporte pas d'être enfermé dans une cage[481]" ? »

Ces différents points de vue traduisent la méfiance de la population à l'égard du système officiel de répression des actes délictuels.

Il est vrai que le droit de l'UEMOA, droit communautaire, n'a pas dérogé à la logique de protection des consommateurs notamment ceux qui sont très démunis. À preuve, le projet de règlement de l'UEMOA portant information et protection des consommateurs notamment les articles 116 sur le surendettement, et 5 alinéa 2 sur les clauses abusives.

Tel est le cas au niveau national avec, par exemple, la loi 94-63 du 22 août sur les prix, la concurrence et le contentieux économique[482].

Le droit bancaire de l'UEMOA obéit également à l'esprit de la raison d'être de la microfinance à savoir l'intégration dans le secteur des établissements de crédit des exclus du système bancaire. D'ailleurs, l'étude réalisée

---

479 Article 105 du Règlement n° 15/2002/CM/UEMOA sur les systèmes de paiement.

480 K. M'BAYE, *Le droit en déroute, liberté et ordre social*, Neuchâtel, Bannoniere, 1969.

481 G. PONTIE et M. PILON, « Un exemple de justice au quotidien : les conflits matrimoniaux au Togo », in *La justice en Afrique*, p. 104 et s.

482 Le fait que l'on commence par le prix suffit-il à démontrer la priorité du législateur sénégalais?

par l'Observatoire de la qualité des services financiers au Sénégal mis en place par le décret n° 2009-95 en date du 2 octobre 2008[483] le prouve.

Mais dans la pratique, on constate de nombreux abus dans le recouvrement des créances par le recours à un officier de police judiciaire notamment. Et pourtant, la loi est très claire relativement aux organes qui doivent intervenir dans le recouvrement des créances : l'huissier ou l'agent d'exécution principalement, l'État, les tiers.

En effet, les procédures d'exécution impliquent l'intervention d'organes spécialisés. Les opérations d'exécution sont des procédures qui ne peuvent généralement être menées que par certains organes. Ainsi, en droit français, la majorité des procédures d'exécution est menée par l'huissier de justice, qui est l'organe d'exécution par excellence dans l'ordre juridique, même s'il existe des procédures d'exécution pour lesquelles le législateur français a souhaité voir intervenir d'autres entités, le juge ou le greffier, par exemple[484].

L'intervention d'organes spécialisés doit être distinguée du recours à la contrainte matérielle. La grande majorité de ces organes spécialisés n'est en effet pas habilitée à faire usage de la force publique. Ils n'ont aucun pouvoir de contrainte propre susceptible d'être utilisé pour obtenir la remise d'un bien contre la volonté de son détenteur. Ainsi qu'il a été déjà exposé, ce pouvoir appartient à d'autres autorités étatiques, et les organes d'exécution n'ont donc d'autre choix que de requérir leur intervention si l'usage de la force est nécessaire dans une situation donnée. Ainsi, pour prendre un exemple tiré du droit français, l'huissier de justice n'a pas de pouvoir de contrainte physique. Il ne peut faire usage de la force. À vrai dire, quand bien même l'idée contraire lui traverserait l'esprit, il n'en aurait pas matériellement les capacités, n'ayant pas le droit de porter une arme. L'efficacité de ses interventions est donc liée à sa capacité à rechercher l'aide d'autres autorités disposant de ce pouvoir[485].

C'est cette réalité qui prévaut dans le droit OHADA où l'huissier est tenu de requérir au besoin l'aide de l'État qui va voir sa responsabilité engagée en cas de refus ou de carence dans l'assistance de l'huissier[486]. C'est dire que l'officier de police judiciaire intervient à tout le moins pour aider l'huissier à faire exécuter une décision de justice. C'est le cas lorsque l'occupant ne se trouve pas sur les lieux ou présent, refuse à l'huissier l'accès aux locaux. Pour éviter le divertissement des biens, l'huissier peut se faire assister par

---

[483] J.O. n° 6474 du samedi 13 juin 2009.

[484] G. CUNIBERTI, *« Le principe de territorialité des voies d'exécution »*, Journal du droit international (Clunet) n° 4, Octobre 2008, doctr. 9.

[485] G. CUNIBERTI, *ibid.*

[486] Voir l'article 29 Acte uniforme portant organisation des Procédures simplifiées de Recouvrement des créances et Voies d'Exécution.

une autorité de police ou de gendarmerie[487]. Est donc illégale, la pratique qui consiste à instaurer une collaboration entre le système financier décentralisé et un gendarme pour recouvrer une créance civile ou commerciale.

Cette illégalité se justifie d'abord par la suppression de la contrainte par corps, du moins en matière civile, dans certains États tels que le Sénégal, celle-ci n'étant d'actualité qu'en matière pénale[488]. Ensuite, il peut y avoir des abus commis par l'officier de police judiciaire dont l'intervention est requise. Cet abus est d'autant plus probable que l'éventualité de la perception d'une commission peut pousser l'officier de police judiciaire à user de zèle en méprisant les règles de procédures. En outre, qui ne sait pas que les personnes endettées ont peur des hommes de tenue ?

Conclusion

On remarque que les systèmes financiers décentralisés développent des techniques de recouvrement des créances différentes de celles prévues par l'OHADA. En effet, les divers acteurs de la microfinance, tant des bailleurs de fonds que des systèmes financiers décentralisés ou les autorités monétaires, sont aujourd'hui préoccupés par l'inadéquation des sûretés et procédures de recouvrement des créances prévues par les Actes uniformes de l'OHADA [AUS et AUPSRVE] avec celles pratiquées par les systèmes financiers décentralisés dans leurs opérations de crédit. Il en ressort qu'une concertation est nécessaire avec les Autorités de l'OHADA pour la révision du droit commun des sûretés et des voies d'exécution en vue de l'adapter au cas des systèmes financiers décentralisés[489]

Une note d'espoir ? On peut faire confiance à l'Observatoire de la qualité des services financiers dont le rôle est de veiller à ce que les systèmes financiers prennent en compte les intérêts de leur clientèle, à l'Association professionnelle des systèmes financiers décentralisés avec son code de déontologie.

On ne peut que faire nôtre cette opinion d'un auteur : « Pour qu'une loi vive, il faut qu'elle soit reçue dans le milieu juridique et qu'elle soit appli-

---

487 Article 42 AUPSRVE.

488 Voir article 709 et s du Code de procédure pénale sénégalais. En revanche, dans des pays tels que le Mali, la contrainte par corps est prévu à l'article 725 du Code de procédure civile, commerciale et sociale issu du décret n° 99-254/P-RM du 15 septembre 1999. Cette disposition est contraire à l'Acte uniforme portant procédures simplifiées de recouvrement et voies d'exécution qui n'envisagent que la contrainte faite sur les biens et non sur la personne du débiteur.

489 LHERIAU L., *Le droit des systèmes financiers décentralisés dans l'Union économique et monétaire ouest-africaine*, Faculté de Droit et de Sciences politiques de l'Université de Picardie Jules VERNE, juillet 2003, 608 p.

quée par les justiciables. Quand une loi ne parvient pas à s'imposer, lorsqu'elle cesse d'être observée, lorsque la pratique s'ingénie à la tourner, le législateur est conduit à l'adapter plutôt, bien souvent que d'en réprimer les violations[490] ».

[490] G. RIPERT, « Les forces créatrices du droit », n° 166.

Section 3 : Le paradoxe et la face cachée des sûretés : regard sur leur pratique au Cameroun

Marie Duvale KODJO GNINTEDEM,
Docteur/Ph.d de droit privé,
Université de Yaoundé II

Entreprendre de consacrer quelques lignes à la pratique des sûretés au Cameroun, mérite que l'on précise pourquoi la sûreté et non pas la garantie. De prime abord, le choix de l'une ou l'autre notion n'aurait aujourd'hui aucune influence sur les données substantielles. En effet, la plupart des auteurs s'accordent à dire que la sûreté, comprise dans son sens strict de mécanisme qui prémunit exclusivement contre l'insolvabilité[491], s'est fondue dans la garantie, notion extrêmement vague accueillant des institutions très diverses et hétéroclites[492]. L'heure est à l'approche fonctionnelle et pragmatique qui fait entrer dans les sûretés les divers procédés pouvant procurer d'autres avantages, mais permettant de se prémunir contre le risque d'insolvabilité, même si la garantie de paiement n'en est pas la finalité première[493]. C'est alors tout naturellement que, du droit des sûretés, l'on passe au droit des sûretés et des garanties[494], ou simplement au droit des garanties[495]. L'éclatement légal de la notion de sûreté va dans le même sens. En effet, plusieurs législations à travers le monde ajoutent aux mécanismes anciens des techniques ayant plus de liens avec d'autres branches du droit ou créées de toutes pièces par la pratique. Malheureusement, sous cet angle, la sûreté semble insaisissable[496] et difficilement évaluable. Toutefois, pour plusieurs raisons, elle mérite encore de retenir l'attention.

---

491 Il s'agit de la conception classique des sûretés.

492 P. JOURDAIN, « Quelques réflexions sur la notion de garantie en droit privé », *Études offertes au Professeur Philippe MALINVAUD*, Paris, Litec, 2007, p. 303.

493 Y. CHARTIER, « Rapport de synthèse, l'évolution du droit des sûretés », *Rev jur com*, numéro spéc., Févr. 1982, p. 150. De plus, « *en cette matière, intimement liée à celle du crédit, où le droit et l'économie se trouvent étroitement imbriqués, il peut paraître préférable de donner de la notion de sûreté une définition fonctionnelle conforme à la réalité* ». V. P. SIMLER et P. DELEBECQUE : *Les sûretés, La publicité foncière*, Paris, Précis Dalloz, 5e éd., 2009, n° 37, p. 28.

494 D. LEGEAIS, *Droit civil, sûretés et garanties du crédit*, LGDJ, 3e éd., 2002 ; A. MINKOA SHE. V. *Droit des sûretés et des garanties du crédit dans l'espace OHADA, les garanties réelles*, Paris, Dianoïa, t. 2, coll. Jus Data, 2010.

495 Y. R KALIEU ELONGO, *Les garanties conventionnelles du fournisseur de crédit en droit camerounais*, Thèse, Université de Montpellier I, 1995.

496 P. JOURDAIN relève que même le développement d'un droit de la garantie ne réussit pas à en rendre compte. V. art. préc. *Idem*.

D'abord, aussi anachronique que cela puisse paraître, il faut éviter d'aggraver le manque de théorisation[497] de la notion et se perdre dans le champ extrêmement vaste des garanties qui, *de lege*, se dispersent dans plusieurs textes, et, *de facto*, s'agrémentent d'inventions ingénieuses dans la limite de ce que la loi autorise à la liberté des hommes. La sûreté joue dès lors le rôle de prémisse, de fil d'Ariane dans le labyrinthe de la pratique. Ensuite parce que cette garantie a désormais un contenu légal bien défini. La législation présente l'avantage d'avoir regroupé les sûretés dans un texte unique qui pourrait être considéré comme le droit commun appelé à favoriser l'économie de textes, l'absorption des créations de la pratique et à, par conséquent, assurer la prévisibilité et la stabilité du droit, faciliter l'interprétation des règles spéciales et éviter des différences de régime injustifiées[498]. Aussi, le débat sur ce qui est sûreté ou non n'a plus lieu d'être. Autrement dit, la sûreté doit être limitée à ce qui a été retenu comme tel par le législateur ; les autres mécanismes de protection contre les risques de crédit restant des garanties. Du moins, c'est l'enseignement que l'on peut tirer des deux périodes qui marquent l'histoire du droit des sûretés au Cameroun : avant et après 1997.

Avant 1997, les garanties sont régies par quelques textes d'inspiration française, notamment le Code civil dans sa version de 1804 appuyé du Code du commerce et certaines législations spéciales[499]. Elles ne sont pas englobées sous un titre spécifique réservé aux sûretés ou garanties et se limitent au cautionnement, au nantissement, au gage, au privilège et à l'hypothèque[500]. Quant aux garanties inspirées des mécanismes du droit des obligations, elles ne se rencontrent pas en dehors des formules de délégation employées par les banques[501]. Un tel statisme est en contradiction avec l'ampleur des stratégies créées par le secteur qualifié d'informel[502] et des

---

497 V. R. A. MACDONALD et I. DESCHAMPS, « Planimétrie et topographie en droit des sûretés », in *Les mutations de la norme. Le renouvellement des sources du droit*, N. MARTIAL – BRAZ, J.-F. RIFFARD, M. BEHAR – TOUCHAIS (sous dir.), Paris, *Economica*, col. Études juridiques, p. 118.

498 Telle est l'une des visions du droit commun des sûretés que donnent certains auteurs – V. M. BOURASSIN, E. CLAUDEL, A. DANIS-FATOME, B. THULLIER : *Panorama de la législation et de la jurisprudence en droit civil des affaires, illustrations marquantes des relations entre droit commun et droits spéciaux, Dalloz*, 2006, p. 14 – en réaction contre ceux qui réfutent toute idée de droit commun. V. P. SIMLER et P. DELEBECQUE *op. cit.*, n° 19.

499 Les ordonnances de 1974 sur l'organisation foncière et domaniale et leurs modifications ultérieures ; les articles 113 et suivants du Code des marchés publics régissant le nantissement des créances de marchés publics.

500 Articles 2011 et suivants du Code civil applicable au Cameroun.

501 Notamment les délégations de salaires et de loyers, dont les études relèvent et encouragent la pratique. V. Y. R KALIEU ELONGO, *thèse préc.*, p. 178 s.

502 Le secteur informel recouvre un ensemble d'unités évoluant en marge des circuits légaux et produisant des biens et services en vue de créer des emplois et des revenus pour une frange de la population considérée comme pauvre et marginale. Sur la notion et ses origines, voir J. CHARMES, « *Débat actuel sur le secteur informel* », *Revue tiers-monde*, t. XXVIII, n° 112,

mutations que connaissent les garanties à l'étranger qui accentuent, sans succès, les appels à une réglementation adaptée[503].

Avec la création de l'Organisation pour l'Harmonisation en Afrique du droit des Affaires (OHADA) dont est membre le Cameroun[504], les garanties sont inscrites au rang des chantiers prioritaires[505] et un droit communautaire des sûretés qui se veut accessible, souple et conforme aux grandes évolutions théoriques et pratiques voit le jour. Il naît de l'Acte uniforme portant organisation des sûretés (AUS) le 17 avril 1997 et subit une réforme le 15 décembre 2010. Il définit la sûreté, dont l'interprétation doit être stricte[506], comme « l'affectation au bénéfice d'un créancier d'un bien, d'un ensemble de biens ou d'un patrimoine afin de garantir l'exécution d'une obligation ou d'un ensemble d'obligations, quelle que soit la nature juridique de celles-ci et notamment qu'elles soient présentes ou futures, déterminées ou déterminables, conditionnelles ou inconditionnelles, et que leur montant soit fixe ou fluctuant. »[507] Le droit communautaire des sûretés reprend en les retouchant les anciennes sûretés du Code civil auxquelles il ajoute des sûretés nouvelles à savoir le droit de rétention, la cession de créances à titre de garantie, la réserve de propriété, le transfert fiduciaire de sommes d'argent, le cautionnement, la garantie et contre-garantie autonome. Ne sont pas exclues les sûretés particulières pouvant être prévues par les droits maritime, fluvial, aérien, ainsi que les garanties de droit bancaire[508].

Oct.-Déc. 1987 et du même auteur, « Les origines du concept du secteur informel et la récente définition de l'emploi informel », *www.info.worldbank.org* .

503 Y. R. KALIEU ELONGO, *thèse préc.*, p. 38.

504 L'OHADA, qu'il n'y a plus lieu de présenter, compte aujourd'hui 17 États membres, avec l'entrée de la République démocratique du Congo le 13 juillet 2012. Cet important instrument d'intégration juridique au service de l'économie a donné lieu à une trop importante littérature régionale et internationale que quelques pages ne sauraient plus contenir. À titre indicatif, l'on pourrait renvoyer à *Encyclopédie du droit* OHADA, sous dir. P.-G. POUGOUE, Paris, Éditions Lamy, 2011, qui traite des aspects essentiels relatifs aux institutions juridiques et judiciaires de l'organisation.

505 Bien qu'on lui reconnaisse une conception large du droit des affaires, l'OHADA a, dans son traité fondateur, procédé à une énumération de ce qu'on pourrait qualifier de chantiers prioritaires. Il s'agit du droit commercial général ; du droit des sociétés commerciales ; du droit des sûretés ; du droit de l'arbitrage ; du droit comptable ; du contrat de transport terrestre de marchandises ; des procédures collectives ; des procédures simplifiées de recouvrement et voies d'exécution. Les autres matières font suite à l'extension décidée ultérieurement par le Conseil des ministres.

506 C'est du moins ce qu'on peut déduire de l'article 4 al. 3 de l'AUS qui dispose : « *Sauf disposition contraire du présent Acte uniforme, les seules sûretés réelles valablement constituées sont celles qui sont régies par cet acte* ».

507 Art. 1 AUS.

508 L'article 4 al. 4 de cet Acte uniforme précise que « *Les sûretés propres au droit fluvial, maritime et aérien, les sûretés légales autres que celles régies par le présent Acte uniforme, ainsi que les sûretés garantissant l'exécution de contrats conclus exclusivement entre établissements de financement, peuvent faire l'objet de législations particulières* ».

Ce nouveau modelage du droit des sûretés a suscité une abondante littérature au même titre que les autres textes générés par l'OHADA. De nombreux travaux – ouvrages, articles, séminaires, colloques, journées d'études, etc. – ont été menés par la doctrine la plus éminente et les praticiens les plus aguerris[509]. La plupart présentent les sûretés OHADA tout en relevant leurs qualités et aussi leurs limites. Très peu procèdent à leur évaluation sur le plan de leur réceptivité par la pratique et leur insertion dans un environnement qui les ignorait en grande partie. Pourtant, ce n'est pas le désir de connaître l'état des lieux des sûretés, après une aussi grande construction législative, qui fait défaut. C'est que, s'interroger sur l'incidence concrète de la réglementation des sûretés sur les pratiques des opérateurs économiques plonge inévitablement au cœur des problématiques à la fois de l'effectivité et de l'efficacité auxquelles les juristes ne sont pas habitués mais qui ne sont pas étrangères au droit des sûretés.

L'efficacité a longtemps été envisagée simplement comme un des attributs de la « sûreté idéale »[510]. Au fil du cheminement de l'idée selon laquelle « le crédit passe par la voie des sûretés efficaces »[511], elle en est devenue le critère principal[512]. Entendue comme le caractère de ce qui produit l'effet recherché par son auteur[513], elle suppose l'accomplissement de

---

509 Sur la réforme, lire P. CROCQ, « Les grandes orientations du projet de réforme de l'Acte uniforme portant organisation des sûretés », *Droit et patrimoine*, n° 197, novembre 2010, p. 52 s. ; K. M. BROU, « Le nouvel Acte uniforme portant organisation des sûretés et l'accès au crédit dans l'espace OHADA », Juris OHADA 2012, n° 1, p. 3 s. et n° 2, p. 3 s. ; Marie Duvale KODJO GNINTEDEM, « Heurs et malheurs de l'article 4 de l'Acte uniforme OHADA portant organisation des sûretés », *Revue de l'ERSUMA*, n° 2, mars 2013, p. 295 s. ; Guy-Auguste LIKILLIMBA, « L'agent des sûretés OHADA », *Revue de l'ERSUMA : Droit des affaires – Pratique professionnelle,* Numéro spécial, novembre/décembre 2011, p. 165 et s. ; Moctar SAKHO, « Le nouvel Acte uniforme OHADA portant organisation des sûretés : Propos introductifs autour d'une refonte d'envergure du droit des sûretés », *Revue de l'ERSUMA : Droit des affaires – Pratique professionnelle*, Numéro spécial – Novembre/Décembre 2011, *Législation* p. 87 et s. ; Lionel YONDO BLACK, « L'enjeu économique de la réforme de l'Acte uniforme OHADA portant organisation des sûretés : Un atout pour faciliter l'accès au crédit », *Droit et patrimoine*, n° 197, novembre 2010, p. 46 s.

510 CABRILLAC et MOULY dotent la sûreté idéale de quatre caractères : la simplicité de constitution, la capacité d'évolution en même temps que la ou les créances sur le débiteur, l'atteinte parcimonieuse au crédit du constituant, l'exécution efficace, simple et à faible coût. V. M. CABRILLAC et C. MOULY : *Droit des sûretés*, Paris, Litec, 3e éd., 1995, n° 7. Les mêmes attributs sont cités par MALAURIE et AYNES en des développements presque identiques. V. P. MALAURIE et L. AYNES : *Droit civil, les sûretés, la publicité foncière*, Paris, Cujas, t. 9, 8e éd., 1996, n° 8.

511 M. CABRILLAC et P. PETEL: « Juin 1994, le printemps des sûretés réelles ? », *Dalloz* 1994, Chronique p. 243, n° 1. Sur la relation entre efficacité des sûretés et facilité d'octroi des crédits, V. E. SOUPGUI : *Les sûretés conventionnelles à l'épreuve des procédures collectives dans l'espace OHADA*, thèse, Université de Yaoundé II, 2008, n° 3, p. 19.

512 Pour AUGER, la nécessité du moment se résume en l'existence de sûreté simple, mais surtout efficace. V. J. AUGER, « Problèmes actuels des sûretés réelles », *Revue juridique Thémis*, n° 31, 1997, p. 632.

513 F. TERRE : *Introduction générale au droit*, Paris, Dalloz, 9e éd., 2012, n° 554, p. 473.

deux objectifs à savoir la garantie des créanciers et le soutien du crédit[514]. En incluant le critère d'efficacité de la sûreté dans les travaux préparatoires des textes, les législateurs en ont fait un déterminant de l'attractivité d'un système juridique national par rapport aux autres[515]. Sa défaillance impulse généralement une révision. La preuve est que l'on a assisté ces dernières années[516] à d'importants bouleversements du droit des sûretés motivés par la recherche d'efficacité, que la Commission des Nations unies pour le droit commercial international (CNUDCI) a accompagné en publiant en 2007 un guide législatif sur les opérations de garanties[517].

L'effectivité, elle, détermine les effets réels de la règle sur les comportements sociaux. Elle peut être définie comme le « degré de réalisation dans les pratiques sociales des règles énoncées par le droit »[518]. Elle amène à procéder à une « comparaison entre un modèle normatif de comportement et les conduites réelles de ses destinataires, c'est-à-dire l'étude de la correspondance entre les règles de droit et les comportements »[519]. L'associer à l'efficacité n'est pas sans conséquences. La première est de mener une réflexion neutre ne s'arrêtant pas seulement aux lacunes de la réglementation afin de suggérer une réforme[520], mais allant plus loin par la compréhension et l'appréciation des techniques de résistance développées et leur possible cohésion avec la réglementation.

La seconde est d'adopter une attitude pragmatique et une démarche empirique. Celles-ci nous ont amenés à procéder à des enquêtes dans les régions où sont implantées le plus grand nombre d'entreprises, à savoir Douala et Yaoundé, et à des entretiens oraux. En raison de l'absence de données statistiques, des enquêtes ont été effectuées, non sans difficultés[521], à

---

514 Sur les objectifs des sûretés, V. J. MESTRE *et al.*, *ouv. préc.*, n° 88, p. 80 ; Auger *art. préc.*, p. 641.

515 M. ATTAL : « Les incidences internationales de la réforme du droit français des sûretés réelles », *Recueil Dalloz*, chron., 2006, p. 1738.

516 Parmi les États ayant revisité leur législation, on peut citer les États de l'OHADA, la France, le Québec, le Mexique, le Honduras, la Colombie.

517 CNUDCI, *Guide législatif de la CNUDCI sur les opérations de crédit*, Vienne, Nations unies, 2011, http://www.uncitral.org/.

518 D. ALLAND et S. RIALS (sous dir.) : *Dictionnaire de la culture juridique*, Paris, Quadrige Lamy – PUF, 1re éd., 2003, V° Effectivité.

519 *Dictionnaire de la culture juridique*, *op. cit.*

520 En ce qui concerne les sûretés OHADA avant la réforme de 2010, il a été décrié l'excès de formalisme, une ignorance des sûretés très prisées dans la pratique, le dysfonctionnement du Registre du commerce et du crédit mobilier pour ce qui est de l'inscription des sûretés, mais surtout les difficultés chroniques lors de la réalisation de celles-ci.

521 Non seulement les registres se limitent à 2004, mais en plus, il est difficile, voire impossible, d'avoir des données antérieures à cette date. Pour ces données, il faut se fier aux rares analyses antérieures de la doctrine qui en font mention. Quant au registre du commerce et du crédit mobilier, la promiscuité de l'infrastructure oblige le personnel à conserver les dossiers et registres passés dans des salles dont l'accès est prohibé au public, mais en plus, le fichier national, censé regrouper les informations contenues dans les différents registres des

la Cour suprême, au Tribunal de première instance de Yaoundé – Centre administratif et au fichier national du Registre du commerce et du crédit mobilier (RCCM) tenu à la Cour d'appel du Centre. Des données sont remontées du Tribunal de première instance de Douala-Bonanjo, semblables à celles de Yaoundé. Quant aux autres juridictions, les coups de fil passés faisant état de l'absence des sûretés mobilières inscrites nous ont convaincu de l'inutilité de nous y rendre. Les entretiens oraux se sont tenus avec diverses entreprises, avocats, personnels de la conservation foncière et individus de la ville de Yaoundé, Douala, Bafoussam, Nkongsamba et Bamenda selon la disponibilité de ceux qui voulaient partager des informations généralement entourées d'un certain mystère.

Couplées aux ressources documentaires, ces informations révèlent une incidence mitigée du droit actuel des sûretés en tant qu'accompagnateur de crédit. D'un côté l'on note que la pratique n'est pas restée insensible aux améliorations qu'ont connues les sûretés traditionnelles et se les est rapidement appropriées (Par. 1). De l'autre, elle entretient une certaine résistance aux sûretés nouvelles avec la prédominance des techniques plus efficaces (Par. 2).

Par. 1 : L'appropriation des sûretés traditionnelles

Parmi les nombreuses sûretés prévues par le législateur OHADA, seules, quelques-unes se rencontrent en pratique. Il s'agit des sûretés conventionnelles ; les sûretés légales que sont les privilèges et certaines hypothèques restent occasionnelles et ne posent pas de problèmes particuliers. Quant aux autres sûretés conventionnelles particulières, elles n'intéressent pas les professionnels camerounais en raison de l'absence d'armement national[522]. Les sûretés les plus courantes sont celles dites traditionnelles à savoir le cautionnement, le gage, le nantissement et l'hypothèque. Elles le sont par opposition aux sûretés nouvelles d'apparition plus récente. Ces sûretés sont utilisées dans un contexte particulier (A) et selon certains aménagements qui visent leur renforcement (B).

---

différentes régions, n'est doté que de 5 registres pour 5 régions à savoir les régions du centre, du littoral, de l'extrême-nord, ouest et de l'est. À la date du 31 octobre 2014, ces derniers ne comportaient encore aucune information relative aux sûretés.

522 M. D. KODJO GNINTEDEM, *L'efficacité des sûretés maritimes,* thèse de doctorat/Ph.d en droit privé, Université de Yaoundé II, Cameroun, 2012.

A. Le contexte

A priori, dans le respect des prescriptions légales, tout crédit peut être accompagné de sûreté et tout créancier ou débiteur a le droit de prendre ou de consentir n'importe quelle sûreté qu'il juge utile[523]. Cela est vrai dans la mesure de la fameuse idée selon laquelle « on ne prête qu'aux riches ». « C'est triste à dire mais, on ne veut faire affaire qu'avec ceux qui semblent réussir et avoir de la chance »[524].

Au Cameroun, la pratique semble bien confirmer une telle idée au regard des parties et des biens affectés. S'agissant des parties, seuls les preneurs, ayant un patrimoine considérable peuvent offrir des sûretés. Non seulement parce que les formalités de constitution des sûretés sont très onéreuses (implications des conseils juridiques, frais d'enregistrements...), mais en plus, ne sont acceptés en garantie que des biens de grande valeur pécuniaire. Sont alors concernés les personnes morales – sociétés civiles et sociétés commerciales – et les commerçants personnes physiques. Quant aux bailleurs, il s'agit essentiellement des institutions financières (banques et sociétés financières). Quelques établissements de microfinance de notoriété établie se démarquent. Pour le reste, ainsi que pour les personnes physiques au revenu faible, ce sont les techniques informelles qui priment[525].

Relativement aux biens, ceux-ci doivent logiquement avoir une valeur pécuniaire intéressante pour le bailleur de crédit. Au RCCM du TPI de Yaoundé Centre administratif, par exemple, des 33 sûretés enregistrées à la date du 26 septembre 2014, 13 sont des gages de véhicules automobiles neufs et de modèles dont le coût est très élevé dans le marché de l'automobile. Les autres sûretés ont pour assiette le fonds de commerce et le matériel professionnel. Quant à l'hypothèque, c'est un luxe que beaucoup de Camerounais ne peuvent s'offrir. En effet, l'Acte uniforme rappelle que seuls les immeubles présents et immatriculés peuvent être hypothéqués[526]. Or, la grande partie des terres camerounaises ne sont pas immatriculées. Exceptionnellement, l'Acte uniforme admet l'hypothèque des biens à venir[527]

---

[523] J. MESTRE, E. PUTMAN, M. BILLIAU : *Traité de droit civil, Droit commun des sûretés réelles*, Paris, LGDJ, 1996, n° 143 s.

[524] M. FISHER, *Le millionnaire : un conte sur les principes spirituels de la richesse*, vol. 1, 1997, cité par Wiktionnaire, *www.wiktionary.org*.

[525] Voir *infra*, n° 26 s.

[526] Art. 192 de l'AUS.

[527] L'article 203 de l'AUS dispose : « 1°) celui qui ne possède pas d'immeubles présents et libres ou qui n'en possède pas en quantité suffisante pour la sûreté de la créance peut consentir que chacun de ceux qu'il acquerra par la suite sera affecté au paiement de celle-ci au fur et à mesure de leur acquisition ; 2°) celui dont l'immeuble présent assujetti à l'hypothèque a péri ou subi des dégradations telles qu'il est devenu insuffisant pour la sûreté de la créance le peut pareillement, sans préjudice du droit pour le créancier de poursuivre dès à présent son remboursement ; 3°) celui qui possède un droit réel lui permettant de construire à son profit sur le fonds d'autrui, sur le domaine public ou sur le domaine national peut hypothéquer les

dans trois hypothèses, afin de permettre à ceux qui ne possèdent pas ou plus d'immeubles suffisants ou qui possèdent un droit réel sur un fonds ne leur appartenant pas d'obtenir du crédit. Il s'agit d'une véritable innovation dans le régime hypothécaire, lorsqu'on sait que l'hypothèque des biens futurs a longtemps été prohibée. Cette innovation tient compte des réalités sociales où les habitants choisissent d'élever des constructions sur le domaine national sans obtenir de titres fonciers. Encore faut-il qu'ils aient effectivement un droit réel qui les y autorise. Ce qui n'est pas souvent le cas. Aussi, au regard des oppositions, des cas d'immeubles fictifs et des fraudes qui ont souvent fait perdre leurs droits aux créanciers, l'on comprend que ces derniers soient devenus très prudents.

À côté du facteur économique lié aux richesses individuelles, un facteur sociologique non négligeable et qui est la conséquence directe du premier pourrait également justifier le fait que les sûretés restent l'apanage d'une catégorie de personnes. Du fait de l'insuffisance des moyens, une frange importante de la population continue de se désintéresser de la médiatisation des sûretés[528]. Moins parce qu'elle ne peut participer aux séminaires de formation dont le coût élevé restreint les participants aux auxiliaires de justice, magistrats et grandes entreprises, que parce qu'elle n'a pas confiance au droit étatique. Constituée d'individus résignés, elle ne s'imagine pas pouvoir remplir les conditions entourant l'octroi des crédits. Et ces conditions se sont multipliées et s'érigent en obstacle maintenant que, conscientes du caractère limité de chaque sûreté, les fournisseurs de crédit ne se contentent plus d'une, mais de plusieurs. Ils les aménagent alors, par diverses méthodes, pour en accroître l'efficacité.

B. Les aménagements

Les créanciers ont peur de l'impayé, malgré la prise des sûretés. Leur souci est de rentrer en possession de leur dû. C'est pourquoi ils multiplient les techniques autour des sûretés pour en améliorer l'efficacité. Certaines de

bâtiments et ouvrages dont la construction est commencée ou simplement projetée ; en cas de destruction de ceux-ci, l'hypothèque est reportée de plein droit sur les nouvelles constructions édifiées au même emplacement ».

528 Il faut dire que ces dernières ont connu plusieurs améliorations avec l'adoption du droit communautaire. Le formalisme longtemps décrié a été relativisé, les droits des créanciers renforcés et surtout l'assiette des sûretés réelles élargies ainsi que leur publicité mieux organisée. L'astuce des vins nouveaux élaborés et versés dans les vielles outres, critiquée pour les avoir déformés, n'est pas pour déplaire à la pratique. V. M. CABRILLAC : « Les sûretés réelles entre vins nouveaux et vielles outres », *Mélanges CATALA, Le droit privé français à la fin du XXe siècle*, Litec, 2001, p. 709. Les demandeurs et fournisseurs de crédit s'en sont rapidement appropriés en raison de l'importance des sûretés dans le développement de leurs activités.

ces techniques sont relatives au cumul de sûretés (1), d'autres extérieures aux sûretés (2).

1. LE CUMUL DE SÛRETÉS

Les sûretés ont pour finalité la diminution du risque d'inexécution d'une obligation en assurant le paiement quelle que soit la situation financière du débiteur ou la réticence de celui-ci à s'exécuter[529]. En raison de l'accroissement de leur nombre et de l'absence d'une théorie générale, leur classification n'est plus aisée. L'on propose alors de prendre en compte la technique pour les organiser en trois groupes : celles procurées par le patrimoine du créancier, celles prises sur le patrimoine des tiers et celles que peut recevoir le créancier sur le patrimoine du débiteur[530]. Cette classification tardant à faire chemin, la *summa divisio* sûretés personnelles – sûretés réelles restent de mise. Les premières font naître au profit du créancier un droit personnel contre un tiers à l'engagement principal et n'emportent ni affectation des biens, ni rang préférentiel. Les secondes ont pour but l'affectation d'un bien à la garantie d'une créance. La liberté reconnue aux parties en ce qui concerne les sûretés conventionnelles[531] de chaque catégorie les conduit généralement à procéder à un cumul afin de renforcer l'efficacité de leur garantie. Il ne s'agit pas pour elles de créer de sûretés nouvelles. Profitant juste de l'absence d'interdiction légale, elles se ménagent la jouissance simultanée des sûretés de la même catégorie ou de catégories différentes.

La catégorie des sûretés personnelles se limite au cautionnement et à la garantie autonome tandis que les sûretés réelles sont plus diversifiées. Pour les premières, il est rare de voir procéder à un cumul entre elles. Non pas qu'elles soient incompatibles, mais les deux mécanismes sont si proches qu'il sera inhabituel de voir la même personne jouer le rôle de caution et de garant pour la même dette. Tout au plus, le créancier peut obtenir d'une personne un cautionnement et de l'autre une garantie autonome. En tout cas, l'hypothèse n'a pas été rencontrée dans la pratique où l'attention est prêtée distinctement sur chaque garantie pour éviter les confusions qui conduisent à la perte de la garantie ou à la requalification.

---

[529] P. DUPICHOT : « L'efficience économique du droit des sûretés réelles », Conférences dispensées dans le cadre des Chaires de droit continental créées par la Fondation pour le droit continental au sein de l'École de droit de Kéio (Tokyo) et de l'Université Diego Portales (Santiago du Chili), 24 mars 2010, www.fondation-droitcontinental.org.

[530] J. MESTRE *et al.*, *op. cit.*, n° J. MESTRE *et al.*, *ouv. préc.*, n° 4.

[531] Les parties n'ont pas la même liberté pour ce qui est des sûretés légales et judiciaires. Vr. J. ISSA – SAYEGH, « La liberté contractuelle dans le droit des sûretés OHADA », *OHADATA* D – 05 – 06, www.ohada.com.

Le cumul entre sûretés réelles par contre est monnaie courante. Bien que la technique soit jugée dangereuse pour le débiteur[532], elle est très sollicitée par les fournisseurs de crédit. Ils peuvent exiger une hypothèque et un gage de contrat d'assurance ou accepter un nantissement de fonds de commerce et un gage de matériel professionnel selon les potentialités de l'emprunteur[533]. En cas de réalisation de la sûreté, le créancier peut se faire payer par préférence sur le produit de la réalisation de l'un et l'autre biens mis en garantie. S'il obtient satisfaction après la réalisation d'un bien, la nécessité de réaliser la seconde ne se posera plus. La prudence l'oblige généralement à mettre en œuvre toutes les sûretés au même moment.

Les parties peuvent également cumuler sûretés personnelles et sûretés réelles. Même si l'on a tendance à trouver plus d'avantages à la sûreté réelle qu'à la sûreté personnelle[534], il est rare que l'une aille sans l'autre. En réalité, chacune présente des atouts que ne comporte pas l'autre. Dès lors, il est intéressant de les mettre ensemble. C'est d'ailleurs ce cumul qui a donné naissance au cautionnement réel que le législateur a finalement considéré comme une sûreté personnelle[535]. En excluant donc le cautionnement réel, l'on retrouve le nantissement ou le gage avec le cautionnement[536], le cautionnement et la sûreté réelle pour autrui[537], l'hypothèque et le cautionnement, etc. La liste est loin d'être exhaustive. L'essentiel est de respecter les exigences légales de validité et d'opposabilité de chaque forme de sûreté. Mais les créanciers s'en tiennent rarement à ces sûretés. Pour eux, on n'est jamais trop prudent. Recourent-ils donc systématiquement à d'autres instruments extérieurs au droit des sûretés ?

---

[532] En conférant plusieurs sûretés à un même créancier, le débiteur épuise son crédit. V. Y. R. KALIEU ELONGO, Droit et pratique des sûretés réelles OHADA, Yaoundé, PUA, 2010, p. 11.

[533] Sûretés enregistrées au registre du commerce et du crédit mobilier(RCCM) tenu par le greffe du Tribunal de première instance/centre administratif de Yaoundé, 6 novembre 2013 RC/ YAO/2013/S/80.

[534] Y. R. KALIEU ELONGO, *thèse préc.*, p. 9.

[535] Sur les contours du cautionnement réel, lire M-T ATANGANA MALONGUE, « Le cautionnement réel dans l'Acte uniforme OHADA », *Penant*, 120 (872), juil.-sept. 2010.

[536] Sûretés enregistrées au RCCM du TPI de Yaoundé-centre administratif, RC/YAO/2013/S/68; RC/YAO/2013/S/89.

[537] RC/YAO/2013/S/87. La sûreté pour autrui ne doit plus se confondre avec le cautionnement réel. Sans préciser ses modalités, l'Acte uniforme l'a reconnu en son article 4 al. 3. Il s'agit pour un tiers non partie à un contrat de cautionnement d'affecter son bien en garantie des engagements du débiteur. Il peut s'agir d'un service d'ami de famille ou d'une relation professionnelle. Dans les hypothèses que nous avons rencontrées, il s'agit d'un dirigeant social qui affecte son bien en garantie des engagements pris par sa société. V. Marie Duvale KODJO GNINTEDEM, « Heurs et malheurs de l'article 4 de l'Acte uniforme OHADA portant organisation des sûretés », *Revue de l'ERSUMA*, n° 2, mars 2013 ; M-T ATANGANA MALO MALONGUE, *art. préc.*, p. 282.

2. Les mécanismes extérieurs aux sûretés

Si l'on part du postulat selon lequel toute sûreté est une garantie mais toute garantie n'est pas une sûreté[538], il est normal que soient qualifiées de mécanismes extérieurs au droit des sûretés les autres garanties dont la technique principale et unique n'informe pas directement de la prévention de l'insolvabilité. Ces mécanismes sont difficilement dénombrables à cause de l'ingéniosité de la pratique qui pourrait les employer en complément des sûretés soit au moment de leur constitution, soit en cas de défaillance du débiteur.

Au moment de la constitution de la sûreté, les parties peuvent avoir recours à ce que la doctrine a qualifié de sûretés négatives ou garanties négatives[539]. Elles désignent « tous les engagements par lesquels un débiteur promet à un créancier déterminé de s'abstenir de comportements susceptibles de diminuer l'efficacité du droit de gage général ou de la sûreté de celui-ci »[540]. Elles préservent le gage là où aucune restriction n'est posée, où aucune fraude n'est commise et se distinguent des obligations imposées par la loi dans le cadre d'une sûreté[541]. Le débiteur a le droit de faire quelque chose, mais il s'en abstient du fait de ses engagements à l'égard du créancier. Ainsi, il peut lui être interdit d'aliéner certains biens, de consentir d'autres sûretés sur le même bien ou de contracter de nouveaux emprunts. L'on trouvera généralement dans les conventions de prêt des articles tels que : « X ne devra pas vendre, nantir, céder, ni compenser ses réclamations fondées en droit contre Y aussi longtemps que la présente convention est en vigueur » ; « Pendant la première période, il ne pourra, à moins d'accord préalable et écrit de la banque, aliéner, hypothéquer, donner à bail son immeuble ; contracter un emprunt à moyen ou à long terme ».

Les sanctions prévues en cas de violation de ces dispositions sont la déchéance du terme, la résiliation de la convention de prêt et l'action en responsabilité. Le créancier qui reproche à son débiteur d'avoir agi au mépris d'une promesse de vente, par exemple, met en jeu la responsabilité contractuelle du débiteur et la responsabilité délictuelle du tiers. Il demande la réparation en nature du préjudice subi.

---

[538] Pour cette conception, M. CABRILLAC et C. MOULY, *op. cit.*, n° 4, p. 4 ; A. MINKOA SHE. V. *Droit des sûretés et des garanties du crédit dans l'espace OHADA, les garanties réelles*, Paris, Dianoïa, t. 2, coll. Jus Data, 2010, n° 31 et s.

[539] L'appellation sûreté peut être contestée en raison de l'absence du droit de préférence, et certains auteurs préfèrent parler de garantie négative. En ce sens P. Simler et P. DELEBECQUE, *Les sûretés, La publicité foncière*, Paris, Précis Dalloz, 5e éd., 2009.

[540] J. MESTRE *et al.*, *ouv. préc.*, n° 122, p. 107.

[541] N'est pas une sûreté négative l'obligation légale faite au débiteur de conserver le bien en bon père de famille dans le cas des sûretés sans dépossession.

À côté de ces instruments du droit civil se situe l'apport du droit des assurances. Avec son développement, diverses formes d'assurances sont devenues d'incontournables « accompagnateurs des sûretés » et non de crédit. L'expression est minutieusement choisie. En effet, si l'on peut passer une convention de prêt assortie seulement d'une sûreté, l'on n'imagine mal la même convention contenant seulement une assurance à titre de garantie. Plusieurs assurances jouent ce rôle : assurance multirisque[542], assurance invalidité décès[543], assurance-vie, l'assurance-crédit, etc. Les unes contribuent à la sauvegarde de l'objet de la garantie par le mécanisme de la subrogation. Les autres, plus récentes, diminuent le risque d'insolvabilité.

Lorsque l'insolvabilité est organisée, diverses mesures sont offertes au créancier pour sauvegarder sa créance. L'on peut citer à titre d'exemple les actions pauliennes et conservatoires. Si le débiteur ne veut pas ou ne peut pas payer sa dette, le créancier peut alors mettre en œuvre sa garantie. Mais plusieurs facteurs influencent son action. Ils tiennent aux obstacles auxquels le créancier peut faire face, dont les plus virulents sont les moyens de défense du débiteur qui retardent, excluent ou réduisent le paiement[544], et les tracasseries procédurales qui prolongent dans le temps la réalisation de la sûreté[545]. Quelquefois, ce sont les créanciers qui, de leur propre gré, décident de ne pas se servir de la sûreté, s'ils peuvent tirer un plus grand profit de la situation du débiteur. L'astuce consiste à jouer la carte de l'humanisme en présentant au débiteur les inconvénients de la réalisation de la sûreté, tout en sachant que l'apaisement conduira ce dernier à faire l'apologie de l'établissement et de fait, à y attirer d'autres personnes. En refusant de dépouiller le débiteur de ses biens et richesses et ainsi de l'appauvrir encore plus, le créancier se ménage une certaine publicité. Le débiteur, quant à lui,

---

[542] RC/YAO/2013/S/66.

[543] RC/YAO/2013/S/68.

[544] Les actions retardant le paiement sont surtout celles qui visent à obtenir la nullité de la garantie. V. CA Littoral, arrêt n° 086/CC du 07 juillet 2008, Tsebi Nengoue et autres c/ Afriland First Bank SA, obs. Y. R. KALIEU ELONGO, *OHADATA*, J-10-260, www.ohada.com ; TGI Nfoundi, jugement n° 179 du 23 janvier 2002, Yathou Anne Marie et autres c/ Standard Chartered Bank, *OHADATA* J-04-456 ; TPI de Yaoundé centra administratif, Ordonnance n° 632/c du 02 juin 2002, veuve Ayissi Tsogo née Eboudou Zambo Martine c/ crédit Foncier du Cameroun, *OHADATA*, J-04-413, www.ohada.com.

[545] Deux arrêts illustrent à la perfection la longueur des procédures. TGI de Douala, n° 193, du 7 décembre 2006, affaire Amity Bank c/ Tasha, relative à une saisie immobilière qui a entrainé les parties jusque devant la CCJA mais dont le créancier attend toujours de recouvrer un crédit octroyé en 1995 ; TGI de Nkongsamba, n° 51 du 06 juillet 2006 affaire Cofinest c/ Hossie Francis Elvis Raoul. Sur ces affaires, V. P. BOUBOU, « la réalisation de l'hypothèque dans le projet de réforme de l'Acte uniforme sur les sûretés : priorité à la viabilité des garanties », exposé à l'occasion des Journées annuelles OHADA 2010, thème : « Accès au crédit et promotion des investissements dans les pays de l'OHADA, *OHADATA* D – 10 – 54, p. 7 ». Pour pallier cet inconvénient, le législateur communautaire a reconnu la validité d'autres modes de réalisation de la sûreté à savoir l'attribution judiciaire du bien et le pacte commissoire.

bénéficie de nouvelles échéances et se voit quelquefois proposer des assistances dans la gestion de ses biens. L'objectif en effet du créancier n'est pas de réaliser la sûreté, mais de recouvrer en fin de compte sa créance. Les sûretés traditionnelles qu'il maîtrise, ne produisant pas toujours à elles seules ce résultat, il reste dubitatif quant aux sûretés nouvelles qui lui sont étrangères.

Par. 2 : La réticence à l'égard des sûretés nouvelles

L'Acte uniforme OHADA a élargi le champ des sûretés par la réglementation de la garantie autonome, la cession de créances à titre de garantie, le droit de rétention, la réserve de propriété et le transfert fiduciaire de sommes d'argent. Ces sûretés semblent être le fruit de la pratique du commerce international. En dehors du droit de rétention, elles sont soumises à des conditions assez exclusives, comme la présence d'une personne morale, et n'échappent pas à la règle d'opposabilité par la publicité, pour les unes par l'inscription au RCCM, pour les autres par la notification à la personne morale teneur du compte. Au cours de nos enquêtes, nous n'avons rencontré qu'une seule cession de créances à titre de garantie inscrite au RCCM du TPI de Yaoundé – Centre administratif[546]. En présence de si peu d'engouement à l'égard de ces sûretés nouvelles, notre préoccupation a été de savoir s'il faut penser à une inadaptation au crédit camerounais ou à une incompréhension des mécanismes nouveaux. Tout laisse croire que les deux raisons sont associées. Mais c'est surtout le développement du crédit-bail (A) et des garanties informelles (B) qui retarde l'envol de ces sûretés.

A. Le développement du crédit-bail

Il y a quelques années, l'on avait posé le constat d'un timide recours au crédit-bail par les entrepreneurs camerounais, alors que naissaient déjà les sociétés de crédit-bail[547]. Deux faits semblaient justifier cette situation : la pauvreté du droit positif en la matière et l'attachement des entrepreneurs à la propriété des biens. Mais les nombreux avantages du crédit-bail[548] motivaient qu'il soit miroité comme une garantie à retenir au Cameroun. En fin de compte, cela a été le cas. Le crédit-bail est aujourd'hui défini par la loi n° 2010/020 du 21 décembre 2010 comme une « opération de crédit destinée au financement de l'acquisition ou de l'utilisation des biens meubles ou

[546] RC/YAO/2013/S/77 du 24 octobre 2013.
[547] Y. R. KALIEU ELONGO, *thèse préc.*, p. 195 s.
[548] Célérité, simplicité de constitution, financement des activités sans perte de la propriété du bien…

immeubles à usage professionnel. Il consiste en la location des biens d'équipement, de matériel d'outillage ou de biens immobiliers à usage professionnel, spécialement achetés ou construits, en vue de cette location, par des entreprises qui en demeurent propriétaires. Ces opérations de location, quelle que soit leur dénomination, donnent au locataire la faculté d'acquérir, tout ou partie des biens loués, moyennant un prix convenu, tenant compte, au moins pour partie, des versements effectués à titre de loyers ».

En raison de sa complexité, la doctrine hésite à le considérer comme une sûreté. Pour certains, le crédit-bail n'est pas une sûreté, tout au plus une sûreté spéciale[549]. D'autres lui dénient la qualité fondamentale de sûreté réelle qui est l'affectation directe et préférentielle[550]. Il est finalement à la fois une technique de financement, un mécanisme de crédit et un mécanisme de garantie. Son absence de la législation communautaire conforte cette position. Seuls l'Acte uniforme portant droit commercial général en a fait allusion pour ce qui est de sa publicité au RCCM et l'Acte uniforme portant organisation et harmonisation des comptabilités des entreprises pour ce qui est des immobilisations qu'il permet d'acquérir.

Son efficacité pourrait plaider en faveur de sa qualification comme sûreté[551]. *A priori*, rien ne l'empêche puisque l'on a assisté à l'introduction dans l'Acte uniforme portant droit des sûretés de bien d'autres mécanismes antérieurement considérés comme de simples garanties, notamment la réserve de propriété et la cession de créances à titre de garantie. D'ailleurs, depuis un certain temps, une mobilisation communautaire se fait ressentir. Le secrétariat permanent a même instruit une étude sur la pertinence et la faisabilité de l'extension du droit OHADA au crédit-bail ainsi qu'à d'autres matières telles que l'affacturage, la médiation commerciale, la sous-traitance et la franchise. À cet effet, le Conseil des ministres a prescrit l'organisation d'une session spéciale du Comité des experts pour en exploiter les résultats[552].

Quelle que soit l'issue de cette initiative communautaire, l'envol du crédit-bail au Cameroun et dans bien d'autres États d'Afrique est déjà pris[553].

---

549 V. *Encyclopédie du droit* OHADA, sous dir. P.-G. Pougoué, « Propriété retenue ou cédée à titre de garantie », n° 33 ; Y. R. KALIEU ELONGO, *thèse. préc.*, p. 13 et 198 s.

550 J. MESTRE *et al.*, *ouv. préc.* n° 13 s.

551 Le principal avantage du crédit-bail est de permettre à l'établissement bailleur de conserver la qualité juridique de propriétaire, ce qui lui assure, en cas de non-paiement des loyers par l'utilisateur, l'évitement du concours avec les autres créanciers du preneur. De fait, le crédit-bail est très efficace en cas d'ouverture d'une procédure collective. Sur la question, V. A. MINKOA SHE, *ouv. préc.*, n° 811 et s. ; E. SOUPGUI, *Les sûretés conventionnelles à l'épreuve des procédures collectives dans l'espace OHADA*, thèse, Université de Yaoundé II, 2008, 408 P. ; Y. R. KALIEU ELONGO, *thèse préc.*

552 www.lazareff-lebars.com ; www.ohada.com, information publiée le 31 janvier 2014.

553 Nous pouvons citer le Sénégal qui est déjà doté d'une loi en la matière et la Guinée Équatoriale qui se prépare à en avoir.

À la date du 24 septembre 2014, des 65 sûretés inscrites au RCCM du TPI de Yaoundé – Centre administratif, la moitié est relative au crédit-bail mobilier. Il en est de même en 2012 et en 2013. Le crédit-bail immobilier quant à lui reste encore inexistant, probablement en raison des inconvénients de notre droit foncier. Ce sont les entreprises spécialisées qui concluent ces contrats pour l'acquisition des biens de grande valeur tels que les véhicules de transport et utilitaires, les matériaux d'équipement et de manutention. Pour des crédits moins importants, la pratique ne se départit pas des garanties informelles.

B. La pérennité des garanties informelles

Il faut entendre par garanties informelles tant les techniques développées par le secteur informel (1) que les utilisations originales des sûretés réelles que nous avons regroupées sous l'appellation de « faux gages » (2).

1. LES TECHNIQUES DÉVELOPPÉES PAR LE SECTEUR INFORMEL

Ce n'est plus surprenant au Cameroun, les samedis et dimanches soir, de voir passer plusieurs personnes dans des tenues identiques : ce sont les tenues de réunion et c'est le jour idéal de réunion. Les bars, transformés en lieux de rencontre, grouillent de discussion et enfin d'explosion de joie lorsqu'une personne a tiré son nom afin de « bouffer la tontine ». L'ambiance est assez rocambolesque et pourtant ce n'est que la partie visible de l'iceberg que constitue la pratique des tontines. Elle n'est plus seulement l'apanage des couches les plus défavorisées, mais de tous les milieux, y compris les plus nantis. La tontine fait intrinsèquement partie de la culture camerounaise. Il s'agit pour les individus de se réunir sur la base des critères les plus divers (ethnique, professionnel, amical…) et de mettre ensemble des fonds qu'ils peuvent réemployer pour octroyer des crédits aux membres.

L'utilité des tontines n'est plus à démontrer. Dans la mesure où elles reposent sur l'esprit de solidarité, elles permettent aux membres de se soutenir en cas de sinistre et appuient des projets d'investissements. Plus intéressante est cette possibilité qu'elles offrent de prêter des sommes soit aux membres, soit aux personnes extérieures, mais à des taux d'intérêt plus élevés. Les tontines deviennent de véritables fournisseurs de crédit.

Ce rôle de fournisseurs de crédit s'est considérablement accru au Cameroun. Comme tout fournisseur de crédit, elles exigent des garanties. Pour les tontines constituées entre personnes averties, les garanties sont celles du système formel. En effet, les sommes étant très élevées, elles sont souvent déposées sur des comptes en banques. Mais dans la plupart des cas, le recours aux garanties informelles est systématique. La plus usitée est ce que l'on qualifie dans le jargon de « caution » ou « d'aval ». La caution ici n'est pas la caution au sens du droit des sûretés. Il s'agit certes d'une personne qui s'engage à répondre de l'engagement du débiteur principal. Seulement, les formalités constitutives sont très éloignées du cautionnement réglementaire. L'avaliste appose juste sa signature à côté de celle du débiteur principal et s'engage à payer les sommes à l'échéance convenue si le débiteur ne s'exécute pas. Si l'emprunteur peut être membre ou non du groupement, l'avaliste quant à lui doit absolument en être membre. Son choix est déterminé par la confiance qu'il inspire aux autres membres du groupe. En cas d'insolvabilité, la sanction de l'exclusion de la tontine est brandie. Des témoignages recueillis, la menace de cette sanction confère une efficacité très grande aux garanties tontinières. Cela n'exclut pas l'existence de quelques cas d'indélicatesse qui conduisent même les parties à recourir aux juridictions étatiques.

Devant le juge, il faut déterminer s'il s'agit d'une caution ou pas. Étant donné que l'écrit n'est qu'un moyen de preuve du cautionnement, les parties peuvent brandir le papier sur lequel sont reportées les signatures des parties comme un acte de cautionnement. Cependant, on doute fort que l'action puisse prospérer, car l'Acte uniforme exige certaines mentions précises pour la validité de l'acte de cautionnement.

En dehors de cette difficulté et des risques de cavale de l'emprunteur et de l'avaliste, le système des garanties tontinières fonctionne très bien au Cameroun. On sollicite depuis longtemps à grands cris sa régulation sous le couvert des sociétés de caution mutuelle. Malheureusement, celle-ci tarde à venir et ne se dessine même pas à l'horizon.

Pour refuser de consacrer la garantie développée par la tontine, on peut évoquer l'existence d'une réglementation du cautionnement. Il n'est pourtant pas exclu que le législateur camerounais consacre une forme particulière du cautionnement à côté de celui de droit commun. De l'avis général, cette solution résorberait les trahisons du droit par les faits que nous constatons également en ce qui concerne certaines sûretés réglementaires.

2. Les « faux gages »

Le terme « faux gages » renvoie aussi bien au gage illégal qu'au gage de biens auxquels on songe très peu. Il est attaché à la question de la nature et la valeur des biens meubles corporels susceptibles de faire l'objet d'un gage. S'agissant de la nature, le choix du bien repose sur la distinction entre les choses dans le commerce et les choses hors du commerce. Aux termes du Code civil, il n'y a que les choses dans le commerce qui puissent faire l'objet de convention[554]. Les choses hors du commerce sont relatives aux sépultures, aux souvenirs de famille quelle que soit leur valeur, à l'état des personnes et

[554] Art. 1128, C. civ.

à certains droits qui leur sont attachés et servant à leur individualisation juridique[555].

S'agissant de la valeur, le gage doit porter sur un bien dont la valeur marchande ne fait aucun doute. Ainsi, le créancier pourra se faire payer par préférence sur le prix de vente ou conserver le bien en paiement dans les conditions fixées par l'AUS[556].

Dans les zones rurales, les populations offrent rarement des garanties classiques pour obtenir des prêts. Pour elles, l'aliénabilité ou la valeur pécuniaire des biens n'a pas d'importance. Ce qui compte le plus, c'est l'attachement du débiteur au bien. C'est sur cette base que s'est développé le gage des vêtements traditionnels. Il s'agit des tenues spécialement conçues pour les notabilités et les membres des sociétés secrètes. Les coutumes dans lesquelles elles existent[557], font d'elles des représentations sacrées de leur propriétaire, dotées d'un certain pouvoir et transmissibles uniquement pour cause de mort ou d'indignité. Elles doivent être portées à toutes les grandes occasions et cérémonies définies par la société secrète. L'exclusion, la maladie ou la mort sont les sanctions planant sur un membre qui s'en serait défait. C'est alors un acte grave et secret que de mettre en gage les tenues traditionnelles, mais une garantie très efficace pour le créancier, certain que le débiteur, apeuré, paiera le plus tôt possible sa dette.

Il en est de même du gage des actes authentiques tels que les actes de naissance, de mariage et les titres fonciers. Pour les premiers, l'on y attache l'honorabilité du débiteur susceptible d'être mis à l'écart au motif du sacrifice du conjoint et des enfants concernés par les actes d'individualisation. Le gage du titre foncier quant à lui est très pratiqué par les fournisseurs de crédit, particulièrement les banques, sous la formule du « dépôt du titre foncier ». Ce dernier n'est pas un dépôt au sens civiliste du terme. Il consiste pour le créancier à conserver le titre foncier jusqu'à complet paiement de ce qui lui est dû, créant chez le débiteur une indisponibilité du bien immobilier qui ne peut plus faire l'objet d'aucune autre transaction.

Si l'on s'en tient aux exigences légales, tous ces gages sont entachés de nullité parce qu'ils portent sur des biens hors du commerce et parce qu'ils sont qualifiés injustement de gages. Le gage doit, à peine de nullité, être

---

555 Sur la distinction entre les biens, lire P. MALAURIE et L. AYNES, *Les biens*, Paris, Defrénois, 5e éd., 2013, n° 100 s.

556 La réforme de l'AUS valide à certaines conditions l'attribution judiciaire du bien en propriété et le pacte commissoire. Dans le premier cas, le créancier gagiste peut demander en justice que le bien grevé lui demeure en paiement jusqu'à due concurrence du solde de sa créance après estimation faite par expert ou suivant les cours. Dans le second cas, les parties peuvent convenir que le bien pourra être attribué en paiement au créancier gagiste s'il s'agit d'une somme d'argent ou un bien dont la valeur fait l'objet d'une cotation officielle et si le débiteur de la dette garantie est un débiteur professionnel. V. art. 104 AUS.

557 Il s'agit des coutumes de la partie Sud du Cameroun.

constaté dans un écrit contenant la désignation de la dette garantie, la quantité de biens donnés en gage ainsi que leur espèce ou leur nature. Il est porté à la connaissance des tiers soit par la dépossession, soit par l'inscription au RCCM. Les garanties passées en zone rurale sont bien souvent verbales et secrètes. Elles s'apparentent plus au droit de rétention conventionnel qui pourrait porter aussi bien sur des choses hors du commerce[558] que sur des documents représentatifs du bien[559] et n'est astreint à aucune condition de forme[560]. Quand bien même certains caractères relatifs à la créance seraient requis, ceux-ci ne concernent pas le droit de rétention conventionnel qui y échappe, notamment en ce qui concerne la condition d'exigibilité, puisqu'il est conféré dès l'origine en garantie du remboursement à venir de la créance.

Avec la qualification de droit de rétention conventionnel, les « faux gages » pourraient acquérir une certaine validité. Seulement, même si on admet que cette sûreté puisse porter sur des choses hors du commerce, on exclut, sur le fondement de l'ordre public et des bonnes mœurs, les objets faisant partie de la personne humaine, et de manière peu convaincante, les titres d'individualisation de la personne humaine[561]. Une telle restriction devrait à notre avis s'estomper avec le changement bouleversant de la notion de commerce juridique[562] et la pratique courante, dans d'autres domaines, de la rétention des pièces ou documents d'individualisation des personnes. Celle-ci conditionne en effet l'accès des usagers et visiteurs dans presque toutes les infrastructures publiques et privées. Il est devenu anodin de voir retenir sa carte d'identité à l'entrée d'un service en échange d'un badge ou en garantie du retour en état d'un document. À y regarder de près, c'est l'apparente licéité d'un tel usage qui pourrait avoir encouragé les populations rurales à l'adopter comme garantie de l'exécution de leurs obligations. Aussi, au lieu de le condamner, il serait judicieux d'élargir l'assiette des sûretés aux biens qu'il affecte.

En définitive, la problématique de l'influence de la norme sur les pratiques laisse toujours un goût d'insatisfaction aux théoriciens, soit du fait de l'insuffisante imprégnation par la pratique des normes établies, soit en

---

558 *Encyclopédie du droit OHADA*, sous dir. P.-G. POUGOUE, Paris, Éditions Lamy, 2011, « Droit de rétention », n° 16, p. 719.

559 La CCJA a jugé régulière la rétention des connaissements, dès lors que celle-ci avait pour seul et unique but le paiement de la créance réclamée. Vr. CCJA, n° 30, arrêt du 4 novembre 2004, Sté GITMA c/ SAMEX, Ohadata J-O5-171,

560 Pour la validité du droit de rétention, il faut une créance certaine, liquide et exigible, un lien de connexité entre la créance et la détention de la chose retenue et enfin l'absence d'une saisie antérieure.

561 *Encyclopédie du droit OHADA*, « Droit de rétention *», préc.*

562 La doctrine relève depuis longtemps le recul de la notion de sacré au bénéfice des réalités économiques. Cela peut être illustré par la licéité des conventions sur les produits du corps humain, des cessions de clientèles civiles, P. MALAURIE, *ouv. préc.* n° 165.

raison du constat du développement des règles en marge desdites normes. L'on peut donc conclure avec Cabrillac qu'entre la norme et le droit, il n'existe qu'un arbitrage fragile et provisoire[563] visant à éviter qu'un gouffre préjudiciable à la crédibilité du monde juridique se crée[564].

À l'observation de la pratique camerounaise des sûretés, le gouffre se dessine à l'horizon en raison de l'indifférence du législateur à l'égard des garanties dites informelles, acceptées de tous et d'une efficacité incontestable. L'attitude du législateur pourrait se justifier par une extrême focalisation sur le droit OHADA qui n'en demande pas autant. Plutôt, Les États contribueraient à l'enrichissement de ce droit par une « dé-focalisation » consistant à faire émerger les garanties nationales.

---

[563] Vr. M. CABRILLAC, « Les sûretés réelles entre vins nouveaux et vielles outres », *Mélanges CATALA, le droit privé français à la fin du XXe siècle*, Litec, 2001, p. 709.

[564] D. ALLAND et S. RIALS (sous dir.), *Dictionnaire de la culture juridique*, Paris, Quadrige Lamy – PUF, 1re éd., 2003, p. 1036.

Section 4 : Le recouvrement de la dette publique intérieure dans les États de l'OHADA

Apollinaire DE SABA, chercheur,
Université Paris 1 – Panthéon Sorbonne.
Legal & Finance Risk Manager
– Global Finance Securities, Paris – France

Dans l'espace OHADA, l'État est un commerçant important et stratégique. Il occupe une position quasi monopolistique dans les secteurs à haute valeur ajoutée comme les_télécommunications, les industries extractives des matières premières, les marchés de travaux publics, l'électricité, les douanes, les transports aérien et maritime, les chemins de fer, les banques, les assurances, l'agriculture, l'eau[565], etc.

L'intensité de cette activité dans les États de l'OHADA génère des flux financiers importants mais aussi, et surtout, de la dette publique domestique. De façon curieuse, la doctrine et la presse économique rendent rarement compte de cette dette alors qu'elle est tout aussi nuisible à l'économie des États de l'OHADA que la dette publique extérieure. Que recouvre alors la dette publique intérieure ?

À la différence de la dette extérieure détenue par les investisseurs étrangers, la dette publique intérieure recoupe les engagements financiers que le secteur privé domestique détient sur l'État et ses démembrements[566]. Elle est variée et comprend la dette de la commande publique, la dette financière, la dette des marchés de travaux publics, la dette sociale et les dettes de titre public que sont les bons du Trésor et les emprunts obligataires. Mais, il faut exclure de la dette publique intérieure les dettes de titre public qui, en raison de leur spécificité, font souvent l'objet d'un paiement régulier par un débit automatique et ne posent pas de problème de recouvrement dans la pratique. La dette publique intérieure qui nous concerne est le produit de l'accumulation du défaut de paiement des fournisseurs et des prestataires de l'État, des emprunts bancaires, des marchés de travaux publics et de la dette sociale.

---

565 DJOGBENOU J., *L'exécution forcée, droit de l'OHADA*, éd. CREDIJ, Cotonou 2011, p. 59.

566 La dette publique est traditionnellement constituée par la dette publique extérieure et la dette publique intérieure. La dette publique intérieure est contractée par l'État et ses administrations auprès des agents économiques intérieurs (ménages, entreprises, institutions financières) tandis que la dette publique extérieure est financée par des intervenants étrangers.

En 2009, le FMI[567] et la BCEAO[568] ont estimé à 1 450 milliards F CFA la dette publique intérieure des huit États de l'Afrique de l'Ouest, membres de l'OHADA : le Bénin, le Burkina Faso, la Côte d'Ivoire, la Guinée-Bissau, le Mali, le Niger, le Sénégal et le Togo[569].

Dans le cadre de ce colloque, l'étude du FMI et de la BCEAO a été actualisée et étendue aux dix-sept États de l'OHADA en vue de connaître leur état d'endettement domestique.

La compilation des données a été très laborieuse pour deux raisons.

D'abord, les États de l'OHADA ne communiquent pas sur leurs dettes publiques intérieures. Ensuite, ceux qui s'y prêtent, le font avec beaucoup de retard.

Ces paramètres pris en compte, le résultat obtenu auprès du ministère de l'Économie et de la Finance de certains États de l'OHADA est édifiant[570].

---

[567] Fonds monétaire international (FMI), http://www.imf.org/external/french/.

[568] Banque Centrale des États de l'Afrique de l'Ouest (BCEAO), http://www.bceao.int.

[569] DIOUBATE B., *Bonne gouvernance et problématique de la dette en Afrique*, éd. L'Harmattan, Paris 2013, p. 216 ss.

[570] Pour plus d'informations sur la dette publique intérieure des États de l'OHADA, se référer aux sites internet du ministère de l'Économie et de la Finance des États référencés ou http://www.bceao.int.

Tableau : Estimation de la dette publique intérieure des États de l'OHADA

Indicateurs pays / Pays de l'OHADA	Montant/milliard F CFA	Années de référence
BÉNIN	281,72	2012
BURKINA FASO	351,70	2013
CAMEROUN	136	2013
CENTRAFRIQUE	196	2012
COMORES	non communiqué	non communiqué
CONGO BRAZZAVILLE	263,828	2010
CONGO DÉMOCRATIQUE	677,018	2012
CÔTE D'IVOIRE	356	2013
GABON	100	2012
GUINÉE CONAKRY	147,080	2012
GUINÉE-BISSAU	non communiqué	non communiqué
GUINÉE ÉQUATORIALE	non communiqué	non communiqué
MALI	167	2012
NIGER	83,04	2012
SÉNÉGAL	242,70	2012
TCHAD	249,70	2011
TOGO	168,90	2012
TOTAL	**3 420,686 milliards F CFA**	

Le tableau montre que la majorité des États de l'OHADA cumule une dette intérieure supérieure ou égale à 100 milliards F CFA. La consolidation de ce chiffre à l'échelle des 17 États de l'OHADA est estimée à 3 420,686 milliards F CFA. Si l'on devait tenir compte des États qui n'ont donné aucune information sur leurs dettes et de l'actualisation nécessaire des résultats obtenus, la dette publique intérieure des États de l'OHADA pourrait dépasser 5 000 milliards de F CFA.

Quel que soit le résultat de cette estimation, l'importance de la dette publique intérieure des États de l'OHADA ne peut être appréciée qu'en la mettant en concurrence avec la typologie des créanciers. En effet, le tissu économique des États de l'OHADA est constitué en majorité de microentreprises de 1 à 10 salariés et dont le chiffre d'affaires dépasse rarement 50 millions de F CFA. Pour cette catégorie de créanciers, le défaut de paiement de la dette publique intérieure conduit à des difficultés de trésorerie, à la faillite de ceux qui n'ont pas de réserve financière[571] et même à des drames humains. Dans le courant de l'année 2014, une cheffe d'entreprise s'est suicidée devant les portes de la présidence ivoirienne parce que l'État de la Côte d'Ivoire a refusé de lui payer ses créances[572].

Ces drames économiques et humains sont symptomatiques des difficultés de recouvrement de la dette publique intérieure et invitent à rechercher les causes ainsi que les remèdes.

Les causes de l'accumulation de la dette publique intérieure sont multiples. Certaines études l'imputent aux méthodes de gestion, à la faiblesse numérique des agents administratifs, à la non-maîtrise des procédures administratives et la corruption des agents administratifs[573]. Mais le facteur le plus déterminant de la dette publique intérieure est à rechercher dans l'interdiction de saisie qu'édicte le droit de l'OHADA au profit des personnes morales de droit public[574]. Auréolés de cette immunité d'exécution, les débiteurs publics ne s'empressent pas souvent de payer leurs dettes[575]. Ce comportement pénalise les entreprises créancières qui se demandent souvent comment contourner les risques liés à la protection immunitaire des États et de leurs démembrements.

Pour répondre à cette préoccupation, il est bien évident qu'il faut au préalable cartographier les difficultés de recouvrement de la dette publique intérieure (Par. 1) pour ensuite rechercher les pistes de couverture des risques ainsi identifiés (Par. 2).

---

571 AYANGMA AMANG P., « Les attentes des investisseurs face aux risques juridiques et judiciaires dans l'espace OHADA : témoignage et expérience de terrain » *in* CADIET Loïc (dir.), *Droit et attractivité économique : le cas de l'OHADA,* éd. de l'Institut de recherche juridique de la Sorbonne (IRJS), Paris 2013, p. 21 s. ; NKEA NDZIGUE F., « Les droits du débiteur dans le système OHADA des voies d'exécution », *Penant* n° 873, oct.-déc. 2010, p. 419 s. ; lire aussi la presse économique: http://www.lesafriques.com/droit-africain/senegal-la-dette-interieure-peut-conduire-a-une-faillite-genera.html?Itemid=225?articleid=10736 (vu le 05/06/2014).

572 Information révélée par la Radio France Internationale (RFI) dans son émission thématique RFI Afrique du 28/05/2014, www.rfi.fr.

573 PODA (A.), L'importance des créances du secteur privé détenues par l'État et les pistes de solution pour leur apurement, édit. CNP, mars 2009, p. 11 s., ou http://www.patronat.bf/Telechargements/etude%20et%20rapport/etude%20sur%20les%20creances%20du%20secteur%20prive%20detenues%20par%20l'Etat.pdf (vu le 05/06/2014).

574 Art. 30 de l'Acte uniforme relatif aux procédures simplifiées de recouvrement et aux Voies d'Exécution (AUVE).

575 SOH M., « Insaisissabilités et immunités d'exécution dans la législation OHADA ou le passe-droit de ne pas payer ses dettes », www.ohada.com, Ohadata D-08-27, p. 1 ss.

Par. 1 : Obstacles au recouvrement de la dette publique intérieure

Les difficultés de recouvrement de la dette publique intérieure tiennent principalement au statut des débiteurs publics (A) et à sa consécration par la Cour commune de justice et d'arbitrage de l'OHADA (B).

A. Le statut des débiteurs publics

Le statut des débiteurs publics a son siège dans l'article 30 de l'Acte uniforme sur les procédures simplifiées de recouvrement et des Voies d'Exécution (AUVE) interdisant les mesures conservatoires et les mesures d'exécution forcée contre les personnes morales de droit public et les entreprises publiques. Cette interdiction confère à ces débiteurs publics un statut particulier ou un privilège qui les met à l'abri des poursuites de leurs créanciers[576]. Très souvent en pratique, les personnes morales de droit public s'appuient sur ce texte pour discuter à l'impétrant le droit de saisir un bien de leurs patrimoines. Le tribunal est l'exutoire de cette contestation.

Deux affaires portées devant les juridictions de fond camerounaises permettent de mettre en lumière le comportement des débiteurs publics dans l'espace OHADA. Le choix de ces affaires est tout sauf arbitraire. Elles l'ont été parce qu'elles condensent toutes les difficultés des créanciers domestiques face aux personnes morales de droit public dans tous les États de l'OHADA.

La première affaire a opposé l'Université de Dschang à l'un de ses salariés qui s'est pourvu devant les juridictions compétentes pour se voir payer la somme de 2 299 721 F CFA. À l'issue de ce contentieux, l'Université a été condamnée à payer à son salarié la somme précitée. Cette décision étant devenue exécutoire, le salarié fit pratiquer une saisie-attribution des comptes bancaires de l'Université ouverts auprès d'une banque de la place. L'Université contesta cette saisie devant le juge des référés en s'appuyant sur l'article 30 de l'AUVE qui, selon elle, range les universités publiques parmi les personnes devant bénéficier de l'immunité d'exécution et qu'étant une université publique, ses comptes sont insaisissables. Le juge des référés fit droit à cette argumentation et ordonna l'annulation de la saisie-attribution pratiquée au préjudice de l'Université de Dschang par une ordonnance n° 12/ORD du 11 septembre 2000[577].

---

[576] NKEA SDZIGUE F., « Le droit du débiteur dans le système OHADA des voies d'exécution », *Penant* n° 873, oct.-déc. 2010, p. 417 s.

[577] Tribunal de première instance de DSCHANG, Ordonnance de référé n° 12/ORD/11 du sept. 2000, l'Université de DSCHANG c/ Tonyé Dieudonné, *rev. camerounaise d'arbitrage* n° 18, juil.-août-sept. 2002, p. 13.

La seconde affaire portée devant les juridictions camerounaises fait apparaître que la Société de fournitures industrielles du Cameroun (SFIC), société de droit privé, fournissait, depuis de longues années, des biens d'équipement et divers services à l'Office national des ports du Cameroun (ONPC), un établissement public industriel et commercial. En raison du volume des transactions et de l'ancienneté de la relation d'affaires, la SFIC avait ouvert dans ses livres comptables un crédit fournisseur et un compte ONPC. De la période de 1995 à 1997, le compte ONPC faisait apparaître un solde créditeur d'un milliard et demi de F CFA qui fit l'objet d'une traite émise par la SFIC et acceptée par l'ONPC. Face aux difficultés de recouvrement de cette somme, la SFIC fit pratiquer une saisie-attribution des comptes bancaires de l'établissement pour un montant 1 616 938 536 F CFA. Comme on devait s'y attendre, l'ONPC s'opposa à cette saisie et demanda au juge des requêtes d'ordonner la mainlevée de la saisie au titre de l'immunité d'exécution prévue par l'article 30 de l'AUVE au bénéfice des personnes morales de droit public y compris des établissements publics à caractère industriel et commercial. Le juge des requêtes accéda à cette demande et ordonna la mainlevée de la saisie[578].

À l'image de ces deux décisions, les tribunaux de l'espace OHADA ont tendance à reconnaître l'immunité d'exécution de l'État, des collectivités territoriales, des établissements publics à caractère industriel et commercial (EPIC) et des établissements publics administratifs (EPA) au nombre desquels figurent les universités[579]. Mais, si l'immunité d'exécution de l'État, des collectivités territoriales et des établissements publics administratifs (EPA) n'est pas contestée en raison de leur mission de service public, celle des établissements publics à caractère industriel et commercial (EPIC) est souvent remise en cause, surtout lorsqu'elle aboutit à la rupture de l'égalité de traitement des acteurs économiques ou viole les règles protectrices du commerce comme c'est le cas dans la deuxième décision où, malgré l'acceptation par l'entreprise débitrice de l'effet de commerce émis par le créancier en garantie du paiement, le juge interdit à ce dernier de saisir les biens du débiteur accepteur lorsque celui-ci ne respecte pas son engagement de payer la traite à son échéance. Cette décision est contraire aux règles du droit cambiaire qui enseignent que l'acceptation est l'acte par lequel le tiré se reconnaît comme le débiteur principal de l'effet de commerce[580]. Elle

[578] Tribunal de première instance de Douala, ordonnance de référé n° 339 du 13 nov. 1998, Office national des ports du Cameroun (ONPC) c/ Société de fournitures industrielles du Cameroun (SFIC), *rev. camerounaise de l'arbitrage* n° 18, juil.-août-sept. 2002, p. 14.

[579] ISSA-SAYEGH J., *Répertoire quinquennal OHADA 2000-2005*, édit. UNIDA, p. 112 ou *Répertoire OHADA 2006-2010*, jurisprudence et bibliographie, édit. UNIDA, p. 236 ss.

[580] Art. 167 du Règlement n° 15/2002/CM/UEMOA relatif aux systèmes de paiement dans les États de l'UEMOA ; TATY G., « L'injonction de payer et la saisie conservatoire dans le nouveau droit harmonisé applicable au Gabon », *Penant* n° 838, janv.-mars 2002, p. 96.

traduit aussi la preuve de l'existence de la provision[581] et surtout, l'engagement irrévocable du tiré de payer la traite à l'échéance[582]. Apparemment, selon les juges du fond, l'immunité d'exécution du débiteur paralyse la diligence avec laquelle le droit recommande que certaines créances soient payées, notamment les créances cambiaires et même les créances de travail.

En raison de ces critiques, la position de la Cour commune de justice et d'arbitrage des États de l'OHADA (CCJA) était très attendue par la doctrine africaine et les milieux d'affaires. Cette occasion lui a été offerte dans l'affaire TOGO TELECOM portée à sa connaissance en novembre 2003.

B. La consécration du statut des débiteurs publics par la CCJA

L'affaire dont est saisie la CCJA oppose la société TOGO TELECOM et certains de ses salariés. Les faits sont simples[583]. La société TOGO TELECOM, constituée sous la forme d'une société anonyme et de capitaux publics, était condamnée par la chambre sociale de la Cour d'appel de Lomé à payer 118 970 213 F CFA à quatre de ses employés l'accusant de licenciement abusif. Cette décision n'ayant été ni exécutée ni contestée par la société TOGO TELECOM, les salariés licenciés entreprirent l'exécution de ladite décision en procédant à la saisie-attribution des comptes bancaires de la société TOGO TELECOM. Cette dernière contesta cette saisie-attribution devant le TPI et la Cour d'appel de Lomé qui ont successivement ordonné la mainlevée de la saisie au motif pris de l'immunité d'exécution attachée aux entreprises publiques. C'est cette décision qui a été soumise à l'expertise de la CCJA afin qu'elle puisse se prononcer sur la question de l'extension de l'immunité d'exécution aux entreprises publiques exerçant une activité industrielle et commerciale sous la forme d'une société de droit privé. Le pourvoi dénie cette extension aux entreprises publiques industrielles et commerciales ayant pris la forme d'une société anonyme alors que l'entreprise débitrice soutient qu'elle est protégée par l'immunité d'exécution en sa qualité d'entreprise publique.

---

[581] Art. 155 du Règlement n° 15/2002/CMUEMOA relatif aux systèmes de paiement dans les États de l'UEMOA ; TCHEUMALIEU FANSI M.R., *Droit et pratique bancaire dans l'espace OHADA*, éd. L'Harmattan, Paris 2013, p. 256 s. ; TATY (G.), *op. cit.*, p. 96.

[582] Art. 167 du Règlement n° 15/2002/CM/UEMOA relatif aux systèmes de paiement dans les États de l'UEMOA ; TCHEUMALIEU FANSI M.R., *Droit et pratique bancaire dans l'espace OHADA*, éd. L'Harmattan, Paris 2013, 256 s. ; TATY (G.), *op. cit.*, p. 96.

[583] Pour plus d'informations sur les faits : SAWADOGO F.M., « La question de la saisissabilité ou de l'insaisissabilité des biens des entreprises publiques en droit OHADA », *Penant* n° 860, juil.-sept. 2007, p. 305 ss.

La CCJA a pris position en faveur de cette deuxième interprétation par un arrêt de principe en date du 7 juillet 2005[584] : « (…) l'article 30 al. 1er de l'AUVE pose le principe de l'immunité d'exécution, et que les entreprises publiques, catégorie dans laquelle est classée TOGO TELECOM, figurent dans l'énumération des sociétés contre lesquelles s'applique la compensation, il n'y a aucun doute à l'égard de cette dernière sur sa qualité de bénéficiaire de l'immunité d'exécution (…) ».

Depuis cet arrêt de principe jusqu'à nos jours, la position de la CCJA n'a point varié.

La décision de la CCJA contient plusieurs enseignements.

La CCJA consacre ainsi l'immunité d'exécution des personnes morales de droit public quels que soient leur objet social et leur forme. Elle désavoue par la même occasion la doctrine africaine qui s'en remettait au droit national pour la détermination des personnes devant bénéficier de l'immunité d'exécution[585]. L'affaire TOGO TELECOM donne également des précisions sur les entreprises publiques éligibles à la protection immunitaire. Il doit s'agir des entreprises publiques dans lesquelles les personnes morales de droit public ont une participation majoritaire. Ce qui exclut les entreprises publiques mixtes dans lesquelles l'État et ses démembrements sont minoritaires[586] ou les personnes morales de droit privé chargées d'une mission de service public[587].

Ces enseignements n'empêchent pas de s'interroger sur la volonté réelle du législateur de l'OHADA d'étendre l'immunité d'exécution aux entreprises publiques constituées sous la forme d'une société de droit privé. Le doute est permis.

L'article 30 de l'AUVE qui a inspiré l'arrêt de la CCJA est en contradiction avec d'autres textes du droit OHADA[588], notamment l'Article 2-4° de l'Acte uniforme portant organisation des procédures collectives d'apurement du passif (AUPC) aux termes duquel « le redressement judiciaire et la liquidation des biens sont applicables (…) à toute entreprise

---

[584] CCJA, Arrêt n° 043/2005 du 7 juillet 2005, Aziablévi YOVO c/ société TOGO TELECOM, RJCCJA n° 6, juil.-déc. 2005, p. 25-28 ou www.ohada.com, Ohadata J-06-32.

[585] GONCALVES V., Les voies d'exécution *in* CADIET Loïc (dir.), Droit et attractivité économique : le cas de l'OHADA, éd. de l'Institut de recherche juridique de la Sorbonne (IRJS), Paris 2013, p. 120.

[586] Dans le même sens : CA Abidjan, arrêt n° 283 du 1er mars 2002, Sté GESTOCI SA c/ DIARRA, www.ohada.com, Ohadata J-03-314 ou Ohadata J-04-03.

[587] CA Abidjan, arrêt n° 762 du 10 juin 2003, Sté AFFE-CI Sécurité c/CNRA, www.ohada.com, Ohadata J-03-238.

[588] Sur cette contradiction : AQUEREBURU C.A., « L'État justiciable de droit commun dans le Traité de l'OHADA », *Penant* n° 832, janv.-avril 2000, p. 52 s. ; POUGOUE P.-G., « Les sociétés d'État à l'épreuve du droit OHADA », *Juridis périodique* n° 65, janv.-fév.-mars 2006, p. 99 s. ; SAWADOGO F.M., *op. cit.*, p. 332 ss.

publique ayant la forme d'une personne morale de droit privé qui cesse ses paiements ».

Peut-on d'un côté soumettre les entreprises publiques à la faillite qui est une forme de saisie généralisée de leurs biens, et de l'autre, interdire que ces mêmes entreprises fassent l'objet d'une mesure d'exécution qui a une portée beaucoup plus limitée que la faillite ?

L'incohérence des articles 2-4° AUPC et 30 de l'AUVE porte à croire soit, que le législateur a commis une erreur en mentionnant les entreprises publiques parmi les personnes bénéficiant de l'immunité d'exécution, soit qu'il s'est mépris sur la différence entre les établissements publics industriels et commerciaux et les entreprises publiques inscrites sous la forme d'une société commerciale. Tandis que les premiers sont des personnes morales de droit public par détermination de la loi, l'essence même des entreprises publiques enregistrées sous une forme commerciale est d'être une personne morale de droit privé. Cela est d'autant plus vrai qu'en dehors de l'article 2-4° AUPC, plusieurs textes de l'OHADA soumettent les entreprises publiques au droit privé, notamment au droit des sociétés[589], au droit commercial général[590] et au droit de la comptabilité des entreprises privées[591].

Même lorsque les textes sont muets sur le régime juridique des entreprises publiques, la jurisprudence utilise un faisceau d'indices. Si l'entreprise publique prend la forme d'une société commerciale, exerce une activité commerciale, est soumise au droit privé, à la comptabilité des entreprises privées, est inscrite au registre du commerce et du crédit mobilier, elle est considérée comme une personne morale de droit privé même si certains de ses aspects continuent d'être soumis au droit public. Ces faisceaux d'indices sont réunis dans l'affaire sous analyse dans la mesure où la société débitrice, TOGO TELECOM, est une société anonyme occupant une position quasi monopolistique dans les activités de la télécommunication. Elle est soumise, non à la comptabilité publique, mais à la comptabilité des entreprises privées et est inscrite au registre du commerce du Togo.

Ces considérations juridiques et factuelles démontrent que le législateur de l'OHADA a entendu soumettre les entreprises publiques au droit privé[592]. C'est une hérésie juridique de les extirper des voies d'exécution forcée après ce constat. Cette contradiction ne peut s'expliquer que par une erreur

[589] Art. 1er de l'Acte uniforme relatif au droit des sociétés commerciales et du groupement d'intérêt économique, www.ohada.com.
[590] Art. 1er de l'Acte uniforme relatif au droit commercial général, www.ohada.com.
[591] Art. 2 de l'Acte uniforme portant organisation et harmonisation des comptabilités des entreprises, www.ohada.com.
[592] POUGOUE P-G., « Les sociétés d'État à l'épreuve du droit OHADA », *Juridis périodique* n° 65, janv.-fév.-mars 2006, p. 99 s.

rédactionnelle et surtout, par l'imprécision de l'article 30 de l'AUVE sur la nature des entreprises publiques éligibles à la protection immunitaire.

La CCJA aurait dû faire œuvre pédagogique et refuser de reconnaître l'immunité d'exécution des entreprises publiques constituées sous une forme commerciale. Dans ce cas de figure, restera alors posé l'unique problème de l'immunité d'exécution des établissements publics industriels et commerciaux. Faute de l'avoir fait, il vient alors s'y ajouter le problème de l'immunité d'exécution des sociétés d'État de droit privé.

Les milieux économiques contestent, à bon droit, la protection immunitaire de ces deux entités. Les acteurs économiques reprochent aux entreprises publiques de leur livrer une concurrence en exerçant des activités industrielles et commerciales sans être astreintes aux mêmes règles[593].

L'immunité d'exécution présente surtout l'inconvénient d'instituer une liberté « *de payer ou de ne pas payer* » dont usent les personnes morales de droit public pour refuser de payer ou pour imposer aux créanciers la restructuration de la dette par la pratique de la décote. Elle consiste à demander aux créanciers de renoncer à une partie de la dette contre le paiement du reliquat. La décote demandée varie souvent entre 10 et 30 % de la dette. Dans certains pays, l'effort demandé aux créanciers représente plus de 50 % de la dette[594]. Cette pratique qui n'a aucune assise juridique dévalorise la créance et cause d'énormes pertes financières aux entreprises locales.

Ce régime de paiement de la dette publique intérieure renferme, à ne pas en douter, un risque systémique pour l'économie moderne fondée sur le principe du respect des engagements financiers. Il va surtout à l'encontre de la promesse de l'OHADA de garantir la sécurité juridique et judiciaire des activités économiques par l'application de règles modernes, adaptées et propres à encourager les investissements[595].

Mais, quel investisseur accepterait de traiter avec les entreprises et les personnes publiques quand il sait qu'en cas de contentieux, ces dernières s'abriteront derrière l'immunité d'exécution pour ne pas honorer leurs engagements ou pour lui imposer une restructuration dans laquelle il serait contraint d'abandonner une partie importante de ses créances ?

---

593 AYANGMA AMANG P., « Les attentes des investisseurs face aux risques juridiques et judiciaires dans l'espace OHADA : témoignage et expérience de terrain » *in* CADIET Loïc (dir.), *Droit et attractivité économique : le cas de l'OHADA*, éd. de l'Institut de recherche juridique de la Sorbonne (IRJS), Paris 2013, p. 21 s ; DJOGBENOU Joseph, *L'exécution forcée, droit OHADA*, 2e éd. CREDIJ, Cotonou 2011, p. 59 s.

594 Sur la pratique de la décote dans certains États de l'OHADA : MAWAKA LUBEMBO B., « Revue de la gestion de la dette publique de la République démocratique du Congo (RDC), Rapport de la direction générale de la dette publique », sept. 2012, p. 27 s.

595 Lire le préambule du Traité de l'OHADA.

L'immunité d'exécution telle que pratiquée par les autorités judiciaires est un obstacle à l'attractivité économique des États de l'OHADA[596].

C'est pour ces diverses raisons qu'il devient nécessaire, à la fois pour le législateur de l'OHADA et les acteurs économiques, de prendre des mesures pour diminuer le risque de non-recouvrement de la dette publique intérieure.

Par. 2 : Couverture des risques de non-recouvrement de la dette publique intérieure

Pour circonscrire le risque de non-recouvrement de la dette publique intérieure, le législateur de l'OHADA doit impérativement réformer le statut des débiteurs publics en s'inspirant des *Best Practices* observés dans certains pays africains (A). En attendant cette réforme, la pratique offre des solutions alternatives aux créanciers (B).

A. Les Best Practices en Afrique

Avant l'OHADA, certains États africains, échaudés par la mauvaise gestion et les pertes accumulées par les entreprises publiques, ont estimé que les causes de cette mauvaise performance résident dans la protection qui leur est accordée. Ils ont ainsi décidé de réformer le statut des entreprises publiques ou de les restructurer[597].

Le Togo fut l'un des tout premiers États africains à prendre, dès 1990, une loi portant réforme du cadre institutionnel et juridique des entreprises publiques[598]. Cette loi prévoit deux importantes mesures relatives à la forme et aux régimes juridiques des entreprises publiques.

L'article 1er de cette loi fixe la forme juridique des activités économiques de l'État en disposant que désormais « l'État exerce des activités économiques, industrielles et commerciales à titre principal par l'intermédiaire de la société d'État ou la société d'économie mixte ». Ce texte exclut les établissements publics industriels et commerciaux (EPIC) de la forme que

596 ONANA ETOUNDI F., « Grandes tendances jurisprudentielles de la CCJA en matière d'interprétation et d'application du droit OHADA (1997-2010) », *Collection pratique et contentieux de droit des affaires*, éd. spéciale 2011, p. 435.

597 BAD, OCDE, PNUD, Les chaînes de valeur mondiales et l'industrialisation de l'Afrique. Perspectives économiques en Afrique 2014, édition thématique, p. 192 s., http://www.africaneconomicoutlook.org/fileadmin/uploads/aeo/2014/PDF/Thematic_Edition/Edition_Thematique_FR_web.pdf.

598 Loi togolaise n° 90-26 du 4 déc. 1990 portant réforme du cadre institutionnel et juridique des entreprises publiques ; AQUEREBURU C.A., « L'État justiciable de droit commun dans le Traité de l'OHADA », *Penant* n° 832, janv.-avril 2000, p. 48 ss.

peuvent emprunter les entreprises publiques. L'article 72 de la loi précitée avait même donné aux anciens EPIC vingt-quatre mois pour se transformer en sociétés d'État. À l'issue de cette période, tous les EPIC s'étaient transformés en sociétés anonymes.

L'article 2 de la loi, pour sa part, aligne le régime des sociétés d'État sur celui des entreprises privées en précisant que « les règles du droit privé, notamment celles du droit civil, du droit du travail et du droit commercial, y compris les règles relatives aux contrats et à la faillite sont applicables aux entreprises publiques (…) ». Le texte poursuit que « les entreprises publiques sont soumises aux règles du plan comptable national ». En revanche, « la réglementation nationale sur la comptabilité publique ne leur est pas applicable ».

Le texte a ainsi entendu soustraire les entreprises publiques au droit public pour les soumettre au droit privé.

La loi togolaise traite également du sort des dirigeants sociaux souvent accusés de fraude, de s'être enrichis au détriment de l'établissement public, et parfois même, d'avoir manipulé les comptes sociaux. Dans tous ces cas, la loi togolaise précise que le directeur général et les administrateurs des entreprises publiques peuvent être soumis aux déchéances et aux interdictions de la faillite ainsi qu'à l'obligation de combler le passif en cas d'insuffisance d'actif dans la faillite de l'entreprise publique.

En résumé, la loi togolaise a mis fin au privilège des entreprises publiques. Sous le régime de cette loi, les biens des entreprises publiques répondent de leurs dettes. L'objectif poursuivi est d'instituer la culture de la rentabilité et de la bonne gouvernance au sein des entreprises publiques. L'évolution du statut des entreprises publiques togolaises a même inspiré un certain nombre d'États africains. La Côte d'Ivoire a, par exemple, adopté des mesures comparables à la loi togolaise[599].

Mais bien avant le Togo et la Côte d'Ivoire, certains États africains, qui ne sont pas membres de l'OHADA ont très tôt pris des dispositions pour aligner le régime juridique des entreprises publiques exerçant une activité industrielle et commerciale sur celui des entreprises privées. C'est le cas de la Mauritanie qui dès 1977 a organisé le cadre légal des entreprises publiques en adoptant la loi n° 77-046 du 21 février 1977. L'article 7 de cette loi dispose que « les établissements à caractère industriel et commercial sont soumis aux mêmes règles que les entreprises privées en ce qui concerne leurs relations avec les tiers ». Dès 1978, la chambre civile et commerciale de la Cour suprême appliqua cette loi dans l'affaire Mendès Junior en décidant que « le patrimoine de la société mauritanienne d'assurances et de

---

599 ONANA ETOUNDI F., « Grandes tendances jurisprudentielles de la CCJA en matière d'interprétation et d'application du droit OHADA (1997-2010) », *Collection pratique et contentieux de droit des affaires*, éd. spéciale 2011, p. 435.

réassurances doit répondre des obligations mises à sa charge, soit par des engagements contractuels (...), soit par des décisions judiciaires ayant acquis l'autorité de la chose jugée »[600].

Ces différentes lois constituent une avancée considérable dans un espace où la majorité des États africains continue de garantir l'immunité d'exécution aux personnes morales de droit public y compris à celles exerçant une activité commerciale.

Malgré son apport, la réforme introduite par ces lois paraît inachevée dans la mesure où elle maintient, la protection immunitaire aux débiteurs publics ayant une mission de service public sans toutefois adopter des mesures spécifiques d'exécution pour les obliger à respecter leurs engagements financiers.

Le Tchad offre de ce point de vue un début de solution digne d'intérêt dans sa loi organique n° 006/PR/98 du 7 août 1998 portant organisation et fonctionnement de la Cour suprême. L'article 102 de cette loi prévoit que « lorsque l'Administration est condamnée au paiement d'une somme déterminée, elle est tenue de procéder à son mandatement dans les quatre mois qui suivent la date où l'arrêt est devenu définitif. Dans le cas contraire, le comptable concerné, au vu de la grosse de l'arrêt, en assure l'exécution d'office ».

En cas de refus de l'Administration d'exécuter un arrêt de la chambre administrative dans un délai de six mois révolus, la loi précitée ordonne au président de la chambre d'en informer par écrit le président de la Cour suprême qui à, son tour, saisit le procureur général[601]. Ce dernier devrait dresser un rapport au ministre intéressé avec ampliation au Président de la République.

Malgré son utilité, le dispositif tchadien soufre de trois faiblesses.

D'abord, le texte n'édicte aucune sanction en cas d'inaction du comptable public. Ensuite, la mission des différents organes intervenant dans la procédure de recouvrement de la dette publique intérieure n'est enfermée dans aucun délai. Enfin, la loi ne contient aucune mesure comminatoire, comme l'astreinte, contre les personnes morales de droit public qui ne déférent pas spontanément à la décision de justice qui les condamne. Ces lacunes font que, nonobstant l'existence de cette loi, le Tchad n'est pas un modèle d'État qui paie la dette publique intérieure avec la célérité qu'elle exige. Sur bien des points, la loi tchadienne est donc perfectible.

En définitive, la réforme qu'appellent ces différentes initiatives étatiques est une synthèse entre les lois togolaise, mauritanienne et tchadienne.

---

[600] Arrêt cité par KUATE TAMEGHE S.S., *op. cit.*, p. 399.

[601] Art. 103 de la loi organique n° 006/PR/98 du 7 août 1998 portant organisation et fonctionnement de la Cour suprême.

En attendant ces améliorations, les acteurs économiques devraient mettre en place une stratégie de protection adaptée au profil du risque, à défaut de pouvoir renoncer aux contrats publics.

B. Les stratégies de protection des créanciers

En raison du risque lié aux marchés publics, la pratique a développé des stratégies de protection tournées vers la prévention (1) et le traitement curatif du risque (2).

1. LA PRÉVENTION DU RISQUE DE NON-PAIEMENT DE LA DETTE PUBLIQUE INTÉRIEURE

Les mesures de prévention ont pour objectif d'anticiper le risque de non-paiement. L'une des mesures qui y participent consiste à s'assurer de l'existence d'un crédit alloué au marché public en jeu. Les acteurs économiques peuvent s'appuyer sur des textes nationaux ou régionaux, notamment l'article 67 de la Directive n° 04/2005/CM/UEMOA portant procédures de passation, d'exécution et de règlement des marchés publics d'après lequel « avant signature de tout marché, les services compétents des autorités contractantes doivent fournir à leurs cocontractants la preuve que le crédit est disponible et a été réservé ». Dès que la preuve de l'existence du crédit est faite, le titulaire du marché peut subordonner le commencement d'exécution au versement d'une avance ou d'un acompte[602]. Ces paiements partiels ne doivent pas être négligés puisque, selon la Directive précitée, ils peuvent représenter jusqu'à 30 % du montant du marché public[603]. Le titulaire du marché limite par ce billet l'impact financier du risque s'il venait à se réaliser.

Les créanciers domestiques peuvent aussi emprunter aux entreprises internationales certaines de leurs pratiques. Ces dernières, conscientes des risques encourus, conditionnent souvent leurs interventions au versement intégral du prix du marché sur un compte bancaire de leur choix, situé à l'étranger. Il est vrai que cette requête ne peut prospérer que si le demandeur est en position de l'imposer. Tel sera le cas si le requérant dispose d'une expertise exclusive et comparative. Les prestataires nationaux qui réunissent ces conditions ont toutes les chances de faire prospérer le paiement intégral. Dans le cas contraire, les entreprises domestiques peuvent au moins demander que le crédit réservé soit consigné dans les mains d'une autorité

---

602 Art. 90 et 91 de la Directive n° 04/2005/CM/UEMOA portant procédures de passation, d'exécution et de règlement des marchés publics.

603 Art. 90 de la Directive n° 04/2005/CM/UEMOA portant procédures de passation, d'exécution et de règlement des marchés publics.

indépendante qui devra, sans condition, procéder au paiement à la fin des travaux.

En dehors de ces mesures, les entreprises domestiques peuvent aussi demander aux débiteurs publics de renoncer expressément à l'immunité d'exécution. Mais, la pratique montre que les États de l'OHADA renoncent rarement à la protection immunitaire[604]. Dans ce contexte, l'assurance-crédit ou l'assurance contre le risque de défaut de paiement constitue une voie conseillée.

Il est évident que ces mesures ne seront d'aucune utilité pour les commerçants et les entreprises qui sont aujourd'hui confrontés au non-paiement de leurs créances. Des remèdes curatifs paraissent plus adaptés aux préoccupations de cette catégorie de créanciers.

2. Le traitement curatif

La première mesure curative est la négociation en vue du paiement car, face à des personnes bénéficiant de la protection immunitaire, seul le dialogue peut donner des résultats satisfaisants. Mais encore faut-il pouvoir négocier ! Que peut un commerçant ou une PME face à la toute-puissance des États de l'OHADA ?

Le déséquilibre des forces explique le choix des commerçants et des entreprises de certains pays de se regrouper en association ou en syndicat pour avoir plus de pouvoir de pression. C'est ainsi qu'est créé en Côte d'Ivoire le Syndicat national des fournisseurs de l'État de Côte d'Ivoire (SYNAFECI) ou au Sénégal, la Confédération nationale des employeurs du Sénégal. Le Gabon a vu la naissance de la confédération patronale gabonaise et du club de Libreville. Désormais, les chambres de commerce se fixent aussi pour objectif d'aider au recouvrement de la dette publique intérieure. Ces différents organismes disposent des moyens de négociation et de pression hautement plus efficaces que les actions individuelles. C'est par ces moyens d'action que ces organismes sont parvenus à réduire la dette publique intérieure de leurs États respectifs. En 2012, le club de Libreville a ainsi réussi à faire passer l'encours de la dette publique intérieure gabonaise de 179,4 milliards de F CFA à près de 100 milliards de F CFA[605]. Certains États ont créé un cadre permanent de dialogue en vue de la réduction de la dette publique intérieure. Le Togo a ainsi mis en place une Commission nationale d'apurement de sa dette intérieure dans laquelle siège le conseil national du patronat. En 2009, le conseil national du patronat du Togo a

---

604 AURILLAC M., « L'exécution dans la pratique et ses difficultés contre une partie africaine », www.ohada.com, Ohadata D-08-67, *Revue camerounaise de l'arbitrage* n° 2, juil.-août-sept. 1998, p. 3.

605 http://www.agenceecofin.com/gestion-publique/2108-6297-l-etat-gabonais-reduit-sa-dette-interieure-de-44 (vu le 05/06/2014).

réussi à obtenir de l'État le paiement de 68,2 milliards de F CFA sur une dette qui était estimée à 119,2 milliards de F CFA[606]. Ce qui représente une diminution de 42,8 %.

Malgré quelques difficultés, les organisations patronales et les chambres de commerce arrivent donc à obtenir des résultats. Il est donc recommandé aux entreprises exposées à des difficultés de recouvrement de leurs créances de se rapprocher de ces organisations.

La négociation devrait ensuite être couplée avec une seconde mesure curative qu'est une action judiciaire au fond visant l'obtention d'un titre exécutoire. Il est évident que ce titre sera neutralisé par l'immunité d'exécution. Mais, il a deux avantages. Il évite, tout d'abord, au créancier la prescription de son droit. Ensuite, le mandement exécutoire sera d'une grande utilité lorsqu'il faudra engager d'autres actions curatives, notamment l'affacturation ou la cession internationale de la créance à des sociétés étrangères spécialisées.

L'affacturation ou la cession internationale de créances revient, en pratique, à la vente des créances à des sociétés de gestion de risques qui se chargeront du recouvrement. Ces sociétés acceptent plus facilement d'acheter des créances certifiées par un titre exécutoire qui atteste de l'exigibilité et du caractère incontestable de la créance. Dans ce contexte, le titre exécutoire réduit le risque d'irrécouvrabilité, la prime de risque et augmente la valeur marchande de la dette.

Certains créanciers des États membres de l'OHADA n'hésitent plus à céder leurs créances à des sociétés d'affacturation étrangères qui n'ont aucune difficulté à se faire payer sur les avoirs et les biens des États africains situés à l'étranger[607].

En résumé, en dehors de la prévention, les créanciers exposés au risque de non-paiement lié aux marchés publics, ont à leur actif trois outils : la négociation couplée avec une action en justice. Si ces deux actions ne donnent pas de résultat, ils pourront recourir à une troisième mesure très efficace qu'est l'affacturation ou la cession internationale de la créance.

Conclusion

L'étude de la pratique observée dans certains pays africains montre qu'à côté de l'option prise par le législateur de l'OHADA, il existe d'autres voies qui offrent de réelles garanties aux créanciers. Dans la perspective d'une

---

[606] http://conseil-national-patronat-togo.com/projet-affichage-6-Commission-nationale-pour-l%E2%80%99apurement-de-la-dette-int%C3%A9rieure.html (vu le 05/06/2014).
[607] DJOGBENOU J., *op. cit.*, p. 61 s.

réforme du droit OHADA, les *Best Practices* observés au Togo, en Côte d'Ivoire, en Mauritanie et au Tchad ouvrent un champ de prospection au législateur communautaire.

La synthèse de ces pratiques suggère d'aligner le régime juridique des entreprises publiques industrielles et commerciales sur celui des entreprises privées tout en réaffirmant l'immunité d'exécution de l'État, des collectivités locales et des établissements publics administratifs. Le nouveau régime doit être aussi accompagné de mesures d'exécution spécifiques pour contraindre les personnes publiques protégées à respecter leurs engagements financiers.

En un mot, les États de l'OHADA devraient abandonner l'immunité organique, fondée uniquement sur la forme publique de la personne morale, au profit d'une immunité fonctionnelle, attribuée en fonction de l'objet social de la personne publique. Ainsi, l'immunité d'exécution serait maintenue si la personne morale de droit public se limite à des missions de service public. En revanche, la protection immunitaire sera écartée si elle se livre à des activités marchandes de droit privé.

La réforme proposée a deux avantages. Elle permettra une égalité de traitement des acteurs économiques et contribuera, à coup sûr, au renforcement de l'attractivité des États de l'OHADA.

Section 5 : Les réformes fiscales et du droit des affaires en Afrique subsaharienne : quel impact sur la mobilisation des recettes fiscales ?

Luisito BERTINELLI et Arnaud BOURGAIN,
CREA, Université du Luxembourg

En Afrique subsaharienne (ASS), la mobilisation des ressources fiscales devrait jouer un rôle crucial pour le financement du développement, et notamment pour répondre aux objectifs du Millénaire pour le Développement. Mais l'indicateur de ressources fiscales par rapport au PIB se situe aux alentours de 15 % en Afrique subsaharienne pour une moyenne mondiale de 27 % et de 40 % pour les pays de l'OCDE. Et principalement depuis les années 90, les pays d'ASS doivent compenser la réduction majeure de leurs recettes douanières causées par la libéralisation multilatérale des échanges et les accords commerciaux régionaux. Face à ce défi, dans le cadre des plans d'ajustement structurels (prônés par les institutions multilatérales et l'aide technique bilatérale), d'importantes réformes fiscales ont été menées en ASS du début des années 90 jusqu'aux années 2010. Elles consistent essentiellement dans la mise en place de systèmes de TVA et de plans de modernisation des administrations fiscales. Or, l'étude économétrique de M. Keen et B. Lockwood (2010) a montré des effets positifs de l'adoption de la TVA sur les recettes fiscales de pays en développement sauf pour l'Afrique subsaharienne. Les raisons invoquées sont notamment la présence d'un large secteur informel et d'un environnement institutionnel faible.

En matière de cadre institutionnel, devenu axe prioritaire des politiques de développement, plusieurs groupes de pays d'ASS ont engagé d'importantes réformes de leur droit des affaires, longtemps marqué par une obsolescence héritée de l'époque coloniale, une grande hétérogénéité et ainsi une insécurité juridique préjudiciable à l'attractivité économique. Dans l'espace francophone, la réforme du droit OHADA vise à réinstaurer la confiance des investisseurs par la modernisation et l'harmonisation du droit des affaires autour d'Actes uniformes. En dehors de cette zone, nombre de pays anglophones dont le Nigéria, le Kenya et l'Afrique du Sud viennent de reformer substantiellement leur droit des affaires. Le Rwanda a même opéré un changement radical en passant à un système de *common law* (Astier, 2012). Les effets des réformes du droit des affaires sur les recettes fiscales, bien qu'intuitivement attendus, ne sont pas nécessairement révélés par un lien mécanique. Des effets directs consistent au passage d'acteurs commerciaux du secteur informel au secteur formel ; mais surtout le droit formel, grâce aux réformes, peut imprégner, sécuriser les transactions et activités du secteur informel (Moore-Dickerson, 2011). Des effets indirects des réformes sur les recettes peuvent aussi venir de leur éventuel effet positif sur l'investissement et l'activité économique.

À partir de travaux récents, notre contribution a pour but d'analyser en insistant sur le traitement empirique, si les facteurs institutionnels et plus particulièrement les réformes de droit des affaires peuvent contribuer à la mobilisation des ressources fiscales en ASS.

Une première partie synthétise les difficultés structurelles de la mobilisation des ressources fiscales afin de s'imprégner du contexte spécifique à l'Afrique subsaharienne et à certains autres pays en développement (Par. 1). Une deuxième partie fait le point sur les problèmes de mesure et de traitement de variables institutionnelles, donc initialement qualitatives, lorsqu'on tente de la mettre en relation avec des indicateurs de développement. Aux critiques de mesures quantitatives du cadre juridique s'ajoutent ainsi les problèmes économétriques aigus de causalité inverse et plus généralement d'endogénéité potentielle (Par. 2). Enfin, la troisième partie est consacrée aux travaux économétriques récents qui parviennent à établir un lien entre variables institutionnelles, réformes fiscales, droit des affaires et mobilisation des ressources fiscales en ASS (Par. 3).

Par. 1 : Les difficultés de mobilisation des recettes fiscales en Afrique subsaharienne

L'effort de mobilisation des ressources fiscales internes par les autorités publiques est en général mesuré par deux indicateurs de revenus par rapport au PIB[608]. Le ratio des recettes fiscales par rapport au PIB concerne les revenus fiscaux au sens strict, alors que le rapport du revenu de l'État relatif au PIB englobe plus largement les revenus de la propriété. En ASS, une différence substantielle apparaît entre ces deux indicateurs pour les États bénéficiant des ressources du secteur extractif qui sont aussi constituées de diverses licences d'exploitation et de droits sur la propriété du sous-sol qui n'ont pas le statut strict d'impôts. Le graphique ci-dessous présente un état des lieux des disparités de ces deux indicateurs parmi les pays africains autour d'un faible niveau moyen. La particularité de certains pays riches en

[608] Une mesure plus pertinente de « *l'effort de taxation* » consiste à comparer les recettes fiscales obtenues avec une référence que l'on serait en droit d'attendre d'un État considéré compte tenu de ses caractéristiques structurelles et conjoncturelles. Mais bien sûr, une telle valeur prédite doit être estimée économétriquement, ainsi « *l'effort de taxation* » n'est donc pas observable directement.

ressources extractives apparaît distinctement par la différence entre les revenus totaux et les revenus fiscaux au sens strict.

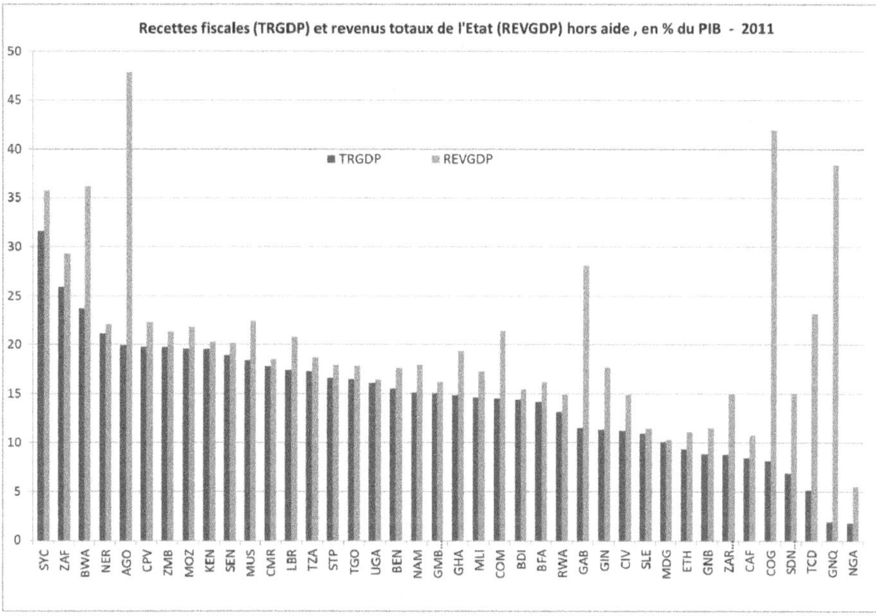

Source : FMI

A. Les principaux obstacles à la mobilisation des ressources fiscales en ASS

Sans prétendre à l'exhaustivité ni à une analyse détaillée, un rappel synthétique des difficultés auxquelles font face les pays d'ASS dans la mobilisation des ressources fiscales permet de s'imprégner du contexte des réformes fiscales et du droit des affaires. Les récentes contributions de M. Moore (2013) et de M. Keen (2013) en font une présentation plus complète.

Historiquement, les États à faible revenu dépendaient de *ressources douanières*, plus faciles à collecter. Le mouvement de libéralisation multilatérale et régionale du commerce entraînant un abaissement drastique des tarifs représente ainsi un choc sévère pour les économies d'ASS. Par exemple, pour l'UEMOA[609], de 1980 à 2010, le ratio des recettes douanières par rapport au PIB a été divisé par deux, passant de 8 % à 4 % (BdF, 2011). Cette baisse résulte d'au moins trois effets. Premièrement, la plupart des pays africains ont adhéré à l'OMC au milieu des années quatre-vingt-dix, entraînant un processus de suppression de restrictions quantitatives aux

[609] Union économique et monétaire ouest-africaine.

importations et de réduction de tarifs[610]. Deuxièmement, la création d'unions douanières avec la conclusion de tarifs extérieurs communs (en 2000 pour l'UEMOA et 2001 pour la CEMAC[611]) a contribué à une baisse des tarifs extérieurs. Par exemple, le tarif douanier moyen au Burkina-Faso est passé de 25 % en 1993 à 11,9 % en 2010 (BdF, 2011). Enfin, la conclusion d'Accords de Partenariat économique entre l'Union européenne et les pays ACP qui remplacent les anciennes conventions de Lomé depuis la convention de Cotonou (2000) pourrait entraîner une perte moyenne de revenus fiscaux sur les importations de 25 % (Fontagné *et al.*, 2010). Seule la baisse de l'évasion fiscale résultant d'une réduction des droits de douane peut représenter un facteur positif pour les recettes fiscales.

Face à ce choc engendré par la baisse des recettes douanières, la première faiblesse structurelle des États africains en matière de mobilisation fiscale réside dans l'importance considérable du secteur informel dans leurs économies. Ces activités dites informelles sont par définition difficiles à taxer. Mais comme le souligne M. Keen (2012), outre les activités strictement informelles, il serait plus juste d'inclure les professions libérales, l'agriculture dans l'ensemble des secteurs « difficiles à taxer ». De plus, en matière de non-respect de la règle fiscale dans certains secteurs de l'économie, souvent informels, il convient de ne pas confondre le problème du non-enregistrement avec celui d'une soustraction aux devoirs fiscaux malgré des contacts avec les autorités fiscales. Selon la recension récente de Joshi *et al.* (2014), des études sur la taxation des unités informelles, la comparaison coût-bénéfice de faire progresser la mobilisation fiscale dans l'informel face aux conséquences sur les contribuables dans un environnement où la corruption et les abus sont endémiques n'est pas évidente. Par ailleurs, une étude menée sur les données individuelles au Cameroun relève que la taxation essentiellement forfaitaire des unités informelles donne à cette imposition un caractère dégressif avec le revenu (Backiny-Yetna, 2009).

Le faible niveau des recettes fiscales est aussi à rechercher dans des problèmes intrinsèques ou connexes au système fiscal lui-même. Les diverses opérations administratives, et en particulier de collecte, sont largement entachées par des prélèvements de rentes sur les agents économiques et qui aboutissent à réduire *in fine* les recettes officielles. Les activités douanières ont atteint des sommets dans ce genre de pratiques. Certes, il faut se garder de toute simplification abusive sur les causes de l'enracinement de la corruption d'une classe administrative sur plusieurs échelons qui date de plusieurs décennies. Par contre, certaines caractéristiques des systèmes

---

610 Toutefois, 21 des 40 pays d'ASS sont reconnus par l'OMC comme « *moins développés* » et bénéficient à ce titre d'assouplissements de règles de l'OMC, comme celle de la réciprocité avec les pays plus développés (Keen et Mansour, 2010).

611 Communauté économique et monétaire d'Afrique centrale.

fiscaux peuvent y concourir (Moore, 2013, Keen, 2013). C'est ainsi le cas lorsque les fonctions d'enregistrement, de perception, d'enquête... ne sont pas séparées et engendrent trop de relations directes entre le collecteur et le contribuable. Les administrations fiscales ont longtemps été peu organisées par segments : personnes physiques, PME, grandes entreprises... (Fossat et Bua, 2013 ; Kloeden, 2011). De plus, la complexité des codes fiscaux et les exemptions massives et peu transparentes sont source de jeux d'influence, de pressions et de négociations diverses. Enfin, la nécessaire modernisation a un aspect technique évident par la progression de la numérisation et l'automaticité. Mais la rénovation et l'harmonisation du cadre juridique et comptable dans lequel des professionnels pourront intervenir en intermédiaires qualifiés est une voie à ne pas négliger (Moore, 2013).

Les pays d'ASS dépendant de ressources extractives (mines, pétrole) se trouvent face à une difficulté, propre aux pays à faibles revenus, pour taxer la rente issue de leurs ressources naturelles (Collier, 2010). En raison de coûts fixes très importants[612] et de l'intensité capitalistique de cette industrie, quelques firmes multinationales, aux pratiques d'optimisation ingénieuses, ont une place dominante dans ces activités. Mais surtout, une asymétrie d'information entre l'exploitant (firme multinationale) et l'autorité publique africaine est caractéristique du secteur extractif. En effet, l'exploitant connaît en général beaucoup mieux la qualité et la quantité de ressources présentes dans le sous-sol que l'autorité qui a peu de moyens de prospection et d'évaluation des coûts. Les recettes d'un classique impôt sur les bénéfices dépendent de la bonne volonté de la firme dans sa déclaration de bénéfices. Quant aux redevances (de type royalties) qui portent sur les quantités produites, plus faciles à vérifier, elles sont critiquables car désincitatives pour les investisseurs (Boadway et Keen, 2010).

B. Résultats attendus d'un système de TVA et de réformes de droit des affaires... en présence d'un large secteur informel

L'instauration d'un système de TVA, souvent assortie d'une refonte des administrations fiscales, fut une réforme phare des programmes des années 90 et 2000 prônés par les institutions internationales. Le Kenya et le Bénin furent précurseurs (en 1990 et 1991) suivis par plusieurs vagues[613] jusqu'à la

612 Plus précisément, il s'agit surtout de « *sunk costs* », de coûts irrécupérables engagés pour la prospection minière. Le pays d'accueil doit donc se montrer incitatif envers l'investisseur qui fait face à ce risque, sachant qu'une fois engagé, l'investissement ne peut plus être délocalisé.

613 Les précurseurs : Kenya (1990) ; Bénin (1991) ; Afrique du Sud (1991) ; Burkina-Faso (1993). 2e vague : entre 1994-1997 : La majorité des pays d'ASS dont : Nigéria, Gabon, Guinée, Madagascar, Mauritanie, Niger, Sénégal (réforme), Togo, Côte d'Ivoire (réforme), Congo, Maurice, Ouganda, Zambie. 3e vague : Ghana (1998), Tchad (2000), Namibie (2000),

RDC en 2012. Le but est de compenser la baisse tendancielle des recettes douanières en mettant en place un impôt considéré comme moderne et peu distorsif. Elle évite une substitution artificielle entre les différents inputs. Rappelons que la TVA, collectée aux multiples étapes de la chaîne de valeur ajoutée, est un impôt déductible et donc non cumulatif. La TVA supportée sur les intrants est en effet récupérée sur la TVA collectée lors de la vente du produit, avant reversement au Trésor public.

Cependant, comme s'est employé à le démontrer J. Stiglitz, la limite d'un système de TVA dans les économies en développement vient de la présence d'un important secteur informel (Emran-Stiglitz, 2005 ; Keen, 2008 ; Stiglitz, 2010). En pratique, nombre de commerçants n'étant pas enregistrés, la chaîne d'amont en aval est souvent interrompue. Les commerçants dans l'informel paient la TVA sur les achats formels, en particulier s'ils sont importés, ne la récupèrent pas, mais pratiquent le prix de vente du marché comme dans le secteur formel sans reverser de TVA à l'État. Dans ce cas, la TVA est un impôt sur les intrants, distorsif et qui favorise le secteur informel au détriment du secteur formel. De plus, J. Stiglitz montre que la TVA peut même être nocive pour la croissance dans l'hypothèse très plausible que les gains de productivité dans le secteur formel sont supérieurs à ceux de l'informel. La TVA étant une taxe essentiellement sur le secteur formel et les consommateurs urbains, elle défavorise les secteurs les plus productifs et envoie des activités et des travailleurs vers le secteur le moins productif. Pour corriger cette distorsion, la solution proposée par J. Stiglitz (et modélisée par M. Keen, 2008) consisterait en une taxe additionnelle sur les intrants importés, qui serait déductible pour les secteurs informels et non déductible pour les commerçants non enregistrés.

Dans les pays en développement, l'application des règles fiscales ne peut pas être appréhendée séparément des autres législations et en général de l'environnement juridique où cohabitent règles dans le secteur informel, règles précoloniales, droits européens coloniaux plus ou moins modernisés (Dourado, 2013). Ainsi, même si les réformes du droit des affaires n'ont pas pour but premier de faciliter la mobilisation des ressources fiscales, il est possible qu'elles y concourent par des effets directs ou indirects. En ASS, la réforme la plus emblématique est celle de l'OHADA car elle implique une modernisation harmonisée pour 17 pays par des « actes uniformes » dont les principaux sont rentrés en application directe de 1997 à 1999. À la même période et dans les années 2000, les réformes de lois commerciales (Companies acts) ont été nombreuses dans d'autres États africains, en particulier de système *common law*. Ces réformes visent essentiellement à

Rwanda (2001), RCA (2001), Botswana (2002), Lesotho (2003), Zimbabwe (2004), Guinée équatoriale (2005), Djibouti (2009), RDC (2012).

réduire l'obsolescence et l'hétérogénéité des législations commerciales et de parvenir à une prévisibilité et une stabilité du droit économique.

Dans des pays où le secteur informel est très important, on pourrait attendre que ces rénovations du droit commercial contribuent à faire passer des acteurs du secteur informel vers le secteur formel, ce qui augmenterait alors leur contribution fiscale. Cette approche est marquée par une vision « pathologique » du secteur informel, et sans doute trop naïve quant à son évolution vers le formel, voire son éradication par un changement de législation. Au contraire, Cl. Moore-Dickerson (2012) montre qu'une législation, simple et adaptée aux petits entrepreneurs peut avoir une influence, par capillarité, sur les « nano » acteurs du secteur informel, dont beaucoup utilisent de manière hybride des règles formelles et informelles. Elle cite, par exemple, des éléments de droit formel comme le droit des sûretés, certaines règles de résolution des conflits, et surtout les groupements d'intérêt économiques, qui peuvent faire rentrer et progresser l'usage des règles de droit formel dans les secteurs considérés comme majoritairement informels. L'amélioration et l'harmonisation du système comptable dans tous les pays de l'OHADA permet un rôle accru aux intermédiaires (comptables, conseillers fiscaux...) qui professionnalisent les relations entre contribuables et autorités fiscales. Plus indirectement, les réformes OHADA ainsi que la plupart des réformes de droit commercial visent à améliorer l'environnement juridique pour favoriser l'attractivité des investissements en particulier internationaux (Kamga, 2012). Si le cadre juridique parvient à favoriser le climat des affaires, il sera indirectement un élément favorable à la mobilisation des ressources fiscales. Finalement, de manière plus générale, les réformes de droit des affaires peuvent aussi être vues comme un marqueur d'une période propice à une gouvernance plus favorable au respect de la règle de droit dans le domaine économique.

Par. 2 : Quelques problèmes de mesure et de traitement économétrique des variables institutionnelles et juridiques

A. Problèmes de mesure des règles de droit

Passer de l'intuition à l'apport de preuves quant à la relation causale du cadre juridique sur des indicateurs de développement nécessite une quantification des règles de droit ou plus généralement des institutions. Le débat engagé à la suite de la mise en avant de l'importance de la gouvernance et des institutions pour le développement a montré que chaque voie possible comporte bien des problèmes dont M. Siems (2011) a fait une présentation synthétique.

Les désormais célèbres travaux de La Porta *et al.* (à partir de l'article de référence de 1997) sont devenus les tentatives les plus commentées de quantifier des systèmes juridiques. À partir d'indicateurs de protection des investisseurs dans les lois, chacun codé par 0 ou 1 pour chaque pays, les auteurs ont pu établir un lien entre ces indicateurs et le développement financier des pays. Parmi les critiques invoquées, la plus sérieuse est celle de se référer à un étalon pour noter par 0 ou 1 les modalités juridiques. Et comme cette référence est clairement le droit des États-Unis, l'indicateur devient une mesure de ressemblance avec celui-ci, utilisé comme plaidoyer sans nuance pour le système *common law* au détriment du droit codifié.

Dans la même lignée, mais dans un plus grand souci d'objectivité, Djankov *et al.* (2008) vont développer une approche « *fonctionnelle* ». Ils ont soumis le même cas juridique, assez complexe, conçu pour l'expérience, à de nombreux juristes à travers un grand nombre de pays. Les réponses ont été codées afin d'avoir une évaluation observée des règles de droit de chaque pays. Ce travail expérimental est d'un grand intérêt même s'il ne permet pas une observation à travers le temps. Il repose aussi sur l'hypothèse forte que le même cas juridique existe dans les différents pays quels que soient leurs structures économiques et sociales ou leur régime de droit.

Depuis que les institutions internationales considèrent la qualité de gouvernance comme primordiale parmi les déterminants du développement, des batteries d'indicateurs de gouvernance dits « de perception » ont été construits par de nombreux instituts. Il s'agit de séries de notations notamment sur la qualité des institutions, la corruption, le respect de droits de propriété… émanant d'enquêtes sur des entreprises, ou des individus jugés « *experts* ». Les indicateurs actuellement les plus employés dans les études empiriques sont certainement ceux du World Bank Institute (équipe de D. Kaufmann)[614]. Ces indicateurs composites sont construits à partir de centaines d'indicateurs de perception tirés de 37 sources de données produites par 31 organisations. Parmi les six aspects de la gouvernance[615], est mesurée la qualité de l'état de droit (*rule of law*), sujet ici de nos préoccupations. L'avantage de ces indicateurs réside dans l'impressionnant travail de collecte de l'information, annuellement et pour un très grand nombre de pays. Par contre, certaines hypothèses et limites ne doivent pas être sous-estimées pour leur utilisation dans des relations économétriques (Arndt et Oman, 2006). Tout d'abord, pour obtenir des indicateurs synthétiques, les observations émanant de sources différentes sont pondérées en fonction du

---

614 http://info.worldbank.org/governance/wgi/index.aspx#home

615 Les indicateurs du WBI sont des indicateurs composites de chacun des six aspects de la gouvernance : i) Voix et responsabilité ; ii) Stabilité politique ; iii) Efficacité gouvernementale ; iv) Qualité de régulation ; v) État de droit ; et vi) Contrôle de la corruption.

degré de corrélation mutuelle, pour abaisser l'influence de valeurs extrême sur la moyenne. Or, une bonne corrélation entre sources peut venir d'un biais propre à la perception d'experts. Ceux-ci sont souvent eux-mêmes influencés par l'image du pays véhiculé par les mêmes sources d'information, ou par leur même culture ou par des événements économiques et politiques récents. En fait, il s'agit d'une critique fondamentale faite aux indicateurs de perception qui se trouve renforcée ici par la pondération.

Par ailleurs, il est difficile d'établir une comparaison fine entre pays car la plupart des sources ne couvrent pas tous les pays. Quant à la comparaison dans le temps, les responsables de cette méthode eux-mêmes proposent de ne retenir que les changements importants, définis en termes d'intervalles de confiance statistiques, disponibles dans cette base. Le biais d'échantillonnage est également préoccupant. Comme un poids plus important est donné aux observations proches, Arndt et Oman (2006) notent que les réponses d'entreprises ou d'experts proches des mêmes milieux ont plus de poids que par exemple les évaluations des ménages. À ce propos, Razafindrakoto et Roubaud (2010) ont montré à partir d'une vaste enquête sur la corruption dans huit pays d'Afrique, portant sur 35 000 individus, que les résultats ne correspondaient pas à ceux d'une enquête sur opinion d'experts, que ce soit dans le niveau de la corruption que dans le classement des pays.

Une méthode beaucoup moins sophistiquée consiste à un repérage des réformes substantielles. D'un point de vue statistique, il serait intéressant de pouvoir comparer les pays qui ont entrepris des réformes concomitantes avec un groupe témoin. Mais ces quasi-expériences sont assez rares et il faut souvent travailler avec des réformes au fil du temps dans des pays assez hétérogènes. Cette méthode est relativement objective dans le sens qu'elle évite le problème de perception. De plus, une réforme importante du droit est assez aisée à repérer et peut de surcroît être considérée comme un marqueur de changements dans les règles de gouvernance plus générale. Mais un tel indicateur de réforme a un caractère « *de jure* » et non « *de facto* » et ne prend donc pas en compte l'effectivité du droit (Voigt, 2013). De plus, la variable construite étant « muette » (on lui attribue la valeur 1 en cas de réforme à partir d'une date, et 0 sinon), elle ne permet pas de nuance.

B. Problèmes d'endogénéité des variables institutionnelles

Les recherches en sciences sociales tentent de mettre en évidence des relations de causalité et ce sont sur ces relations que vont s'appuyer les modèles économiques. Malheureusement, lorsqu'il s'agit de confronter les modèles aux données, les variables sociales et économiques ont des relations causales entre elles qui ne sont pas nécessairement univoques. Les chercheurs en sciences sociales empiriques ont donc développé un certain nombre d'outils, destinés à répondre à la question dite d'« *endogénéité* ».

Lorsqu'on fait l'hypothèse d'une relation causale unilatérale entre deux variables, alors qu'en réalité il y a une causalité bidirectionnelle, il en résulte que le taux de variation d'une variable par rapport à l'autre variable est mal estimé (le terme « *biaisé* » est généralement employé). Cela signifie qu'une trop grande (ou faible) importance d'une variable est attribuée dans la détermination de l'autre.

Pour contourner ce problème de causalité double, un certain nombre de techniques statistiques ad hoc ont été développées, afin de permettre de mesurer une relation de manière correcte. Une de ces « astuces » repose sur l'utilisation de variables dites « *instrumentales* ». Pour illustrer notre propos, supposons que nous souhaitions mesurer l'accroissement de la capacité fiscale d'un pays en raison de l'amélioration de sa qualité institutionnelle. Dans une telle situation, nous sommes confrontés à un problème bilatéral de causalité. Une variable instrumentale serait alors une troisième variable, qui n'affecterait la capacité fiscale que par son effet sur les institutions. Autrement dit, ce serait comme si nous pouvions diviser la variable institution en deux parties ; une partie étant influencée par l'instrument, mais pas l'autre. La technique consiste à utiliser la première partie.

La question corollaire qui émerge alors est de savoir comment choisir l'instrument. Il n'existe évidemment pas d'outil statistique nous permettant de le faire. Nous devons compter sur la théorie économique ou sur toute autre explication raisonnable, reliant l'instrument choisi avec les institutions (et en étant sûr qu'un lien entre l'instrument et la capacité fiscale n'existe pas). Dans le domaine des institutions, une célèbre proposition d'instrument a émergé durant la dernière décennie, qui repose sur le travail d'Acemoglu et ses coauteurs (notamment Acemoglu *et al.*, 2012). Leur idée consiste à se baser sur la corrélation qui existe entre des mesures de qualité des institutions des États dans un passé lointain, et celle d'aujourd'hui. Afin de mesurer la qualité des institutions dans le passé, ces auteurs s'appuient sur des observations sur les colonies de peuplement européennes. Dans des régions ou pays où les colonisateurs européens ont été confrontés à des taux de mortalité élevés, ils ne s'établissaient pas et étaient plus enclins à mettre en œuvre les institutions cantonnées à l'extraction de ressources, qui auraient persisté jusqu'à nos jours.

L'utilisation de cet instrument a toutefois suscité des discussions animées entre économistes, les principales critiques étant que : (i) l'instrument proposé par Acemoglu *et al.* (2012) ne remplit pas la deuxième condition, à savoir qu'il n'y a pas de corrélation séparée avec la variable expliquée, dans notre cas, la capacité fiscale ; et (ii) : les données sur la mortalité des colons sont au mieux mal mesurées et au pire fausses, sachant que pour de nombreux pays, les données sont simplement déduites et non mesurées (Albouy, 2012).

Afin de totalement s'affranchir de la question de la validité d'un instrument, d'autres approches ont été proposées, reposant essentiellement sur les propriétés statistiques des données, plutôt que les relations économiques et sociales entre variables. Ceci permettant de s'affranchir de toute remise en cause des instruments, mais au prix d'une plus grande dépendance à des artifices techniques plutôt qu'économiques, dans la détermination de la relation causale entre institutions et développement.

Par. 3 : Travaux empiriques récents

A. Les indicateurs de gouvernance dans les régressions expliquant la mobilisation des recettes fiscales en ASS

Malgré leurs limites, les indicateurs de perception de la qualité de la gouvernance ou des institutions sont couramment employés dans les études économétriques récentes.

Pour expliquer le ratio des recettes fiscales, ou totales, relativement au PIB, un certain nombre de variables de contrôle[616] sont généralement prises en considération dans ces études. Le PIB par tête est incontournable étant donné que la corrélation positive entre le niveau de développement et le ratio de ressources fiscales est parfaitement établie. Pour tenir compte de la difficulté de la taxation dans le secteur informel et à défaut de données fiables et régulières sur l'évaluation de l'informel dans chaque pays, la part du secteur agricole sert de *proxy*, et se trouve bien corrélée négativement avec la mobilisation des ressources fiscales. L'ouverture commerciale (importance relative des échanges extérieurs) exerce en principe une influence positive sur les recettes fiscales en raison des droits de douane et des activités engendrées par le commerce extérieur. La présence de rente minière ou pétrolière est un facteur à prendre en compte, en particulier lorsque l'analyse porte sur les pays africains. En général, la rente de ressources diminue l'effort de mobilisation des ressources fiscales et cette relation fait l'objet d'analyses approfondies dans la littérature empirique. Enfin, certains économistes estiment logique que l'aide extérieure au développement puisse amoindrir l'effort de mobilisation des ressources internes. Cette relation, souvent testée, est dans la plupart des cas non significative. Cette liste n'est bien sûr pas exhaustive, chaque étude prenant en compte diverses autres variables politiques et sociales.

[616] Variables qui ne constituent pas l'intérêt principal de l'étude, mais qui contribuent significativement à l'explication économétrique de la variable dépendante.

Les travaux de Gupta (2007) constituent une étude de référence du FMI, au regard du grand nombre de pays en développement considérés (105 sur une période de 25 ans). L'auteur mène des analyses sur des sous-ensembles de pays regroupés selon leur niveau de revenu, et ici la catégorie des pays à faible revenu retiendra notre attention puisqu'elle comporte un grand nombre de pays africains. La variable expliquée est le revenu total de l'État relativement au PIB (certaines ressources non fiscales sont incluses). Le traitement économétrique des données de panel, avec effets fixes, puis avec une méthode dynamique pour traiter l'endogénéité (GMM) conduisent à des résultats significativement positifs en ce qui concerne l'influence d'un faible indice de corruption, et dans une moindre mesure, de la stabilité politique. Les autres variables institutionnelles et de gouvernance, comme *« law and order »* ne semblent pas avoir d'impact sur les revenus de l'État. Les variables de contrôle habituelles sont significatives.

Plus récemment, Thomas et Trevino (2013), ont exploité une base de données du FMI permettant de distinguer les ressources de l'État qui proviennent ou non de ressources naturelles non renouvelables sur la période 2000-2011. L'étude se concentre sur 20 pays d'ASS dont les exportations dépendent fortement des ressources naturelles. Les auteurs, malgré la petite taille du panel, parviennent à faire ressortir une relation clairement négative entre les revenus de l'État issus de ressources naturelles et ceux qui ne le sont pas. En matière de gouvernance, l'indicateur de faible corruption a un effet significativement positif dans toutes leurs régressions sur les revenus non issus de ressources naturelles.

Bothole *et al.* (2012) se sont également livrés à une étude de la mobilisation des ressources fiscales des pays d'Afrique subsaharienne sur la période 1990-2007. De manière assez classique, ils mettent en évidence l'effet négatif des ressources naturelles sur le ratio de mobilisation des ressources fiscales. Leur apport consiste à prendre en compte de manière rigoureuse une variable de qualité des institutions[617]. Afin de traiter l'endogénéité potentielle de la qualité de cette variable, Bothole *et al.* utilisent les variables instrumentales historiques « *à la Acemoglu* » (taux de mortalité des colons due à la malaria) et des indices de fractionnement ethnique, linguistique, religieux. Surtout, les effets des ressources naturelles et de la qualité institutionnelle sont testés en interaction. Cette technique permet d'appréhender un effet non linéaire et de faire dépendre une partie de cet effet d'une autre variable explicative. Ici, les auteurs parviennent à démontrer que l'abondance de ressources naturelles n'est néfaste à la mobilisation des ressources fiscales que si les institutions sont de mauvaise qualité. Cet effet apparaît même plus fort pour les pays concernés par les

---

[617] Indicateurs de perception du « *Political Risk Services* » : moyenne non pondérée d'indices d'état de droit (*rule of law*), de qualité de l'administration et de corruption.

ressources extractives, venant ainsi corroborer l'explication d'une malédiction des ressources naturelles liée à la gouvernance.

B. Introduction des réformes fiscales et de droit des affaires dans les estimations

Toujours dans le but d'expliquer les déterminants institutionnels de la mobilisation des ressources fiscales au sens strict ou au sens plus large, et pour éviter les critiques portant sur l'utilisation de variables de perception et se concentrer davantage sur le cadre juridique, Bertinelli et Bourgain (2016) construisent un indicateur de réforme du droit des affaires pour les pays d'ASS sous la forme d'une variable muette[618], en passant en revue la base de textes « *Doing Business Library* » complétée par les rapports annuels de KPMG Africa. Si les réformes les plus commentées sont celles de l'OHADA, de nombreux autres droits commerciaux dans des pays non francophones ont été réformés. À côté de ces réformes du cadre juridique, nous considérons l'instauration d'un système de TVA comme un marqueur essentiel d'une réforme fiscale. Et comme Keen et Lockwood (2010), nous utilisons une variable muette « *TVA* ». Un effort particulier a été réalisé pour élargir au maximum le panel de pays africains en recherchant des données complémentaires dans des rapports entre pays du FMI afin que certains pays « à problème » ne soient pas exclus du panel, ce qui constituerait un biais de sélection important. Ainsi, 41 pays d'ASS sont utilisés dans toutes les régressions économétriques sur la période 1990-2013.

Dans un premier temps, les estimations sur données de panel sont menées avec effets fixes (pays et temporels). Puis, l'endogénéité potentielle des variables de réformes fiscales et du droit doit être traitée. Considérant que les méthodes dynamiques (GMM) sont peu adaptées à nos variables muettes, nous avons utilisé la méthode novatrice de Lewbel (2012) qui exploite une propriété statistique souvent rencontrée en économétrie de panel (l'hétéroscédasticité) pour former des variables instrumentales internes permettant de traiter l'éventuel problème d'endogénéité.

Les résultats obtenus sur les variables de contrôle sont conformes aux autres travaux empiriques, aussi bien pour les recettes fiscales au sens strict que pour les ressources totales. L'effet du PIB par tête et de la part de l'agriculture étant par exemple très significatif pour expliquer les deux indicateurs. Notons que l'indicateur « *conflit* » a un impact négatif sur les ressources totales et non sur les ressources fiscales, indiquant que les revenus de la propriété de l'État seraient très sensibles aux conflits armés.

---

[618] L'indicateur prend la valeur 1 à partir de l'année de réforme et 0 avant ou en cas d'absence de réforme.

Notre principale variable d'intérêt « réformes de droit des affaires » apparaît influencer significativement aussi bien la mobilisation des ressources fiscales que les revenus totaux. Plus précisément, le fait d'avoir mis en œuvre des réformes de droit des affaires augmenterait le ratio de ressources fiscales de 0,9 point de pourcentage (pour une valeur médiane de 13 %) ; celui de revenus totaux de 1,4 point (pour un taux médian de 17 %). Cette variable est aussi testée en interaction avec une variable représentant la rente de ressources naturelles[619]. Dans ce cas, l'effet sur les recettes fiscales est toujours positif, mais la présence de ressources naturelles l'amoindrit.

L'introduction d'un système de TVA apparaît significativement positive pour la mobilisation des recettes fiscales mais non significative pour les revenus totaux, rejoignant ainsi les résultats de Keen et Lockwood (2010). Par contre, l'interaction entre réformes fiscales et réforme du droit a un impact positif sur les deux indicateurs de ressources. Autrement dit, les deux types de réformes se renforcent. Ce résultat intéressant permet de valider l'idée d'une complémentarité entre réformes fiscales et de droit des affaires, intuition présente dans les analyses de réformes fiscales dans les pays en développement (Dourado, 2013). Les résultats obtenus par la méthode de Lewbel sont très proches et certains coefficients gagnent en significativité.

Conclusion

Face aux obstacles structurels dans la mobilisation des ressources fiscales en Afrique subsaharienne, facteur de développement reconnu, est évoquée l'intuition que les réformes de droit des affaires pourraient jouer un rôle positif, même si c'est par un canal indirect. Établir des preuves empiriques de cette intuition n'est pas aisé en raison de difficultés liées à l'utilisation de données quantitatives, sujettes à des biais de perception, pour mesurer une variable qualitative. De surcroît, le traitement statistique impose d'être extrêmement vigilant face à l'endogénéité potentielle de variables de gouvernance ou de réformes institutionnelles. En essayant de surmonter ces difficultés, quelques travaux économétriques récents parviennent à valider une relation positive entre indicateurs de gouvernance, et en ce qui nous concerne, de réformes juridiques, et la mobilisation des ressources fiscales en ASS. Dans les pays d'ASS, ce lien est souvent perturbé par la présence de rente minière ou pétrolière. Compte tenu des limites évoquées et qui tiennent essentiellement à l'usage d'indicateurs macroéconomiques, un champ d'investigation portant sur des observations individuelles serait prometteur.

[619] La variable « rente de ressources naturelles » est une mesure des revenus issus des ressources non renouvelables (énergétiques, minières et forestières), calculée par la Banque mondiale.

Une vaste enquête sur des unités économiques aussi bien formelles qu'informelles, de tailles diverses, permettrait d'établir des liens entre l'utilisation des règles commerciales formelles, les prélèvements fiscaux, aussi bien officiels que corruptifs et d'autres indicateurs de développement économique et social.

Section 6 : Les imbrications entre les groupements tontiniers du secteur informel et les banques et les établissements de microfinance du secteur formel

Manuel Roland TCHEUMALIEU FANSI,
Chercheur postdoct FNR/Université du Luxembourg

En Afrique comme ailleurs, le système bancaire est très exclusif et laisse par conséquent hors du circuit bancaire la plus importante frange de la population pauvre. D'après une étude de la Banque mondiale[620], « les trois quarts de pauvres n'ont pas accès aux services bancaires ». Indiscutablement, les coûts engendrés par la gestion d'un compte bancaire, les intérêts liés aux prêts ou microcrédits seraient insupportables pour leurs maigres revenus[621]. Cette situation amène inévitablement les populations démunies à se tourner résolument vers le secteur informel qui leur offre un cadre approprié d'auto-organisation, d'entraide et de fonctionnement pour leurs besoins de prêts et d'épargne. En France où l'on peut remonter ses origines avec le banquier napolitain Tonti[622], « l'expression "tontine", aussi appelée

---

[620] Une enquête réalisée en 2011 auprès d'environ 150 000 personnes dans 148 pays révèle que 75 % des adultes gagnant moins de deux dollars par jour n'ont pas recours aux services d'institutions financières officielles. En termes de chiffres, c'est environ plus de 2,5 milliards de personnes qui en sont dépourvues de l'offre de services financiers. Dans les détails, les chiffres montrent que les femmes sont particulièrement désavantagées. Dans les pays en développement, seulement 37 % d'entre elles contre 46 % d'hommes disposent d'un compte bancaire. Le niveau d'inclusion financière ou de bancarisation varie sensiblement car dans la frange de la population pauvre de ces pays, les femmes vivant avec moins de deux dollars par jour ont 28 % moins de chances que les hommes de posséder un compte bancaire. Voir, « Les trois quarts des pauvres n'ont pas accès aux services bancaires, selon une nouvelle base de données », Communiqué de presse, Washington, http://econ.worldbank.org, 19 avril 2012.

[621] Une enquête du Global Findex réalisée à l'échelle mondiale précise que les causes fréquentes qui justifient l'exclusion financière ou bien font obstacle à la détention d'un compte bancaire formel se trouvent dans « *le niveau élevé des tarifs bancaires ou de tenue de compte* ». Dans les chiffres, l'enquête relève que l'obstacle lié à l'insuffisance des revenus est de 30 % à côté de l'obstacle lié au caractère onéreux de la tenue d'un compte bancaire qui est de 25 %. Voir, Asli DEMIRGUE-KUNT et Leora KLAPPER, « Obstacles indiqués par les personnes interrogées au recours à des comptes formels », Base de données Global Findex, www.worldbank.org/globalfindex, avril 2012, p. 2.

[622] L'expression tontine est née en France : un banquier napolitain nommé TONTI a suggéré à Louis XV l'idée d'emprunter de l'argent sans le rembourser, en versant seulement chaque année la totalité de l'intérêt correspondant aux seuls souscripteurs survivants… jusqu'à ce que ce dernier décède. Voir en ce sens, Michel LELART, *De la finance informelle à la microfinance*, AUF et Éditions des Archives contemporaines, 2006, p. 9. Il faut remarquer qu'en France, la tontine a connu plus de trois siècles d'histoire et d'évolution. En effet, en 1653, à la demande de Mazarin, le banquier napolitain Lorenzo TONTI imagine une nouvelle

“Clause d’accroissement” ou “Pacte tontinier”, est une convention intervenant entre plusieurs personnes mettant des biens ou des capitaux en commun avec cette particularité que les sommes versées, leurs produits ou les biens meubles ou immeubles qui auront été achetés à l’aide du capital ainsi constitué appartiendront au dernier survivant »[623]. Toutefois, en Afrique, en Asie ou en Amérique latine, la tontine traduit une autre réalité. Contrairement à la France où la tontine est un phénomène du secteur formel, en Afrique, elle reste une institution du secteur financier informel. Par ailleurs, les tontiniers en Afrique se regroupent pour mobiliser collectivement de l’épargne et accorder du crédit aux membres, alors qu’en France, seul le dernier survivant peut bénéficier des biens acquis à l’aide du capital constitué par les membres concernés par la clause tontinière. En Afrique, la tontine est donc la forme la plus achevée et remarquable d’auto-organisation informelle des personnes à des fins de mobilisation collective de l’épargne et de crédit. Marquées très fortement par les caractéristiques d’*intuitu personae* comme tout groupement de personnes, les tontines qui symbolisent le secteur financier informel occupent une place de choix en Afrique, tant la souplesse ainsi que l’absence des contraintes[624] qui les caractérisent cadrent avec les mœurs africaines. Deux raisons principales justifient l’engouement des populations vers le secteur financier informel. La première est liée au fait que les placements y sont très rémunérateurs, la seconde s’explique par l’accès moins contraignant au crédit[625]. Contrairement aux institutions financières du secteur formel, les groupements tontiniers n’ont pas à faire face aux frais de gestion

---

formule d’épargne sous la forme d’associations collectives d’épargne viagère. Dès lors, les associations recueillaient et faisaient fructifier les cotisations des adhérents à leur unique profit. En 1844, les associations mutuelles sont créées sous l’autorité du général RIFFAULT, directeur de l’École polytechnique. En 1938, le fonctionnement des tontines est réglementé par décrets. Ceux-ci, insérés depuis dans le Code des assurances, garantissent une protection maximale des intérêts des sociétaires. En 1955, la tontine devient un système d’épargne totalement sûr et fiable. En 1987, la tontine est exonérée de la taxe sur les conventions d’assurance. Voir en ce sens, « La tontine pour épargner : le placement type assurance vie-épargne retraite, la tontine », www.la-tontine.com, novembre 2014.

[623] Serges BRAUDO, « Définition de tontine », *Dictionnaire du droit privé*, www.dictionnaire-juridique.com, novembre 2014.

[624] La souplesse qui caractérise les tontines est liée au fait que les conditions de participation ne sont pas préétablies contrairement aux groupements financiers du secteur formel. Ainsi, pour y accéder, il n’y a pas d’exigence d’une autorisation, pas de démarche à accomplir, pas de délai à respecter, pas de garantie à fournir. Toutefois, la tontine n’est pas un milieu sans règles. Les membres anciens exigent parfois du nouveau membre un cautionnement, la caution devant être trouvée parmi les tontiniers fondateurs. Dans les tontines mutuelles et même associatives, les membres formulent eux-mêmes leurs règles, désignent leurs dirigeants, prévoient les sanctions, formulent les règles devant régir l’ordre des levées, d’une avance ou d’un crédit. Voir en ce sens, Michel LELART, *op. cit.*, p. 15.

[625] Voir en ce sens, Steven ADDAMAH, « Les tontines font des heureux », www.legriot.info, 30 août 2013. Voir aussi, « Les Camerounais préfèrent les tontines aux établissements de microfinance », *www.investiraucameroun.com*, 22 mars 2013.

administrative, au coût opérationnel lié à leur activité, au traitement salarial du personnel. Dans ces conditions, les tontines peuvent se permettre d'accorder les crédits avec des taux d'intérêt raisonnables et bien concurrentiels par rapport à ceux pratiqués par les banques et les institutions de microfinance. Dans les pays en développement et particulièrement en Afrique subsaharienne, le système de prêt informel constitue de nos jours une véritable alternative au crédit accordé par les institutions financières formelles[626]. Toutes les politiques de développement initiées en Afrique qui se veulent complètes doivent absolument prendre en compte le secteur informel. En Afrique subsaharienne, même les personnes titulaires de compte bancaire d'épargne sont toujours portées vers le système informel d'épargne ou tontinière que certains qualifient d'« épargne communautaire » ou « clubs d'épargne »[627]. Toutefois, il importe de relever que les secteurs financiers informel et formel n'évoluent pas en vase clos. Même si le secteur financier informel est parfois perçu à bien des égards comme une nébuleuse dont la démystification est complexe, il existe pourtant des passerelles qui lui permettent de communiquer avec le secteur financier formel. C'est tout l'enjeu de cette étude qui porte sur les imbrications qui existent entre les groupes financiers informels dominés par les tontines et les Banques et IMF/EMF du secteur formel. Il ne s'agit pas ici de faire interagir le droit dans un domaine qui n'est pas encore appréhendé par le législateur lui-même, mais d'explorer simplement les passerelles de dialogue entre les deux secteurs. Cette imbrication peut varier en fonction de la taille ou de l'implantation géographique du groupement tontinier en question. Les entités tontinières des zones rurales ou enclavées sont de toute évidence moins marquées par les instruments d'imbrication au contraire des groupements tontiniers des zones périurbaines ou urbaines qui multiplient les dispositifs de dialogue avec les entités financières du secteur formel. La mise en œuvre de ces outils de communication est faite par les responsables de ces groupements informels. L'identification des dispositifs de dialogue entre le secteur informel et formel montre qu'il y a d'une part, les passerelles de communication classiques à l'instar des comptes bancaires tontiniers et des

---

626 À l'exception des pays à hauts revenus, les amis et la famille s'imposent comme les véritables pourvoyeurs de nouveaux prêts dans toutes les régions du monde. « *En Afrique subsaharienne, 29 % des adultes déclarent avoir fait appel à des amis ou des proches pour obtenir de nouveaux prêts au cours des 12 derniers mois, tandis que 2 % ne se sont adressés qu'à une institution financière* ». Voir, Asli DEMIRGUE-KUNT et Leora KLAPPER, *op. cit.*, p. 3.

627 En Afrique subsaharienne, « *19 % des personnes déclarent avoir placé leur épargne au cours des 12 derniers mois auprès d'un club d'épargne* ». Les adultes qui effectuent l'épargne sous forme d'accumulation d'actifs (l'or ou le bétail) ou l'épargne placée « sous le matelas » représentent 29 % des épargnants dans le monde et plus de la moitié des épargnants de 55 pays. Voir, Asli DEMIRGUE-KUNT et Leora KLAPPER, « De nouvelles données disponibles sur l'épargne, l'emprunt et la gestion des risques », Base de données Global Findex, www.worldbank.org/globalfindex, avril 2012, p. 2.

chèques sous leurs différents contours ainsi que des garanties multiples, et d'autre part, les instruments de dialogue modernes et innovants comme le flash cash, les virements et transferts électroniques. En dépit de cette distinction des instruments classiques et modernes qui s'impose a priori, il paraît judicieux d'orienter notre analyse d'une part, sur les dispositifs de dialogue entre l'informel et le formel qui concourent à la sécurisation des fonds tontiniers (Par. 1) et d'autre part, sur les outils de communication mis en œuvre pour parfaire les engagements tontiniers (Par. 2).

Par. 1 : Instruments de dialogue liés à la sécurisation des fonds tontiniers

Le secteur financier informel en Afrique est substantiellement dominé par les tontines. Ces dernières ne répondent à aucun regroupement juridique spécifique. Ces entités tontinières sont ainsi considérées soit comme les associations, soit comme des mutuelles, soit comme de simples groupes de personnes aux dénominations diverses[628] sans vêtement juridique déterminé. Toutefois, dans le sillage africain, la tontine constituée sous la forme associative reste dominante car la plupart des associations ou presque toutes prévoient d'une part un volet dit « *tontine* » ou « *cotisation* »[629] et d'autre part un volet dit « *banque* »[630] dans leur fonctionnement. C'est pourquoi la tontine est également définie comme une « *association rotative d'épargne et de crédit* » ou « *AREC* ». De cette définition, il est probable de déceler que le fonctionnement de la tontine intègre deux compétences qui sont traditionnellement réservées aux établissements de crédit ou aux établissements de microfinance. Prévu par les réglementations CEMAC[631] et UEMOA[632], le monopole des banques et des IMF sur l'accomplissement de certaines opérations de banque telle la collecte de l'épargne, l'octroi de crédit est

[628] On recense ici les dénominations comme le « *Cercle* » des ressortissants de X village, des anciens élèves de…, des étudiants de…, de « *Groupe* » des jeunes de X quartier…, « *Amicale* » des femmes avocats…

[629] Le volet tontine ou cotisation désigne le processus de mobilisation collective de l'épargne.

[630] Le volet banque est le mécanisme qui permet à chaque tontinier de mettre à la disposition du groupement une partie de son épargne non consommée aux fins de crédit. Concrètement, cette épargne laissée dans la caisse tontinière appelée « *banque* » permet au groupement tontinier d'accorder du crédit contre un taux d'intérêt raisonnable aux tontiniers qui en sont dans le besoin. À la fin du cycle, les tontiniers apporteurs de fonds ou les bailleurs de fonds sont remboursés du principal de leur prêt ou épargne laissés en caisse majoré d'un taux d'intérêt prédéfini au prorata du montant de l'apport. Une partie de l'intérêt tiré de l'opération de crédit est utilisée pour les besoins du groupement tontinier.

[631] Il s'agit de l'article 4 de l'annexe à la convention portant harmonisation de la réglementation bancaire dans les États de l'Afrique centrale.

[632] Il s'agit de l'article 11 alinéa 2 de la loi-cadre portant réglementation bancaire en UEMOA.

complètement mis à mal. Sans viser expressément les groupements tontiniers, la législation CEMAC en des termes à peine voilés fixe les conditions d'exercice par des associations de l'activité de microfinance[633]. Toutefois, l'exercice des opérations d'épargne et de crédit par les groupements tontiniers nécessite inévitablement l'utilisation des dispositifs pouvant permettre de sécuriser les fonds qui y sont collectés. C'est tout l'enjeu de l'ouverture des comptes bancaires tontiniers par les dirigeants de ces groupements atypiques auprès des établissements de crédit ou d'institutions de microfinance (A). Les autres instruments modernes et innovants notamment le flash cash, les transferts, les virements électroniques et via le téléphone portable constituent également d'autres moyens de dialogue entre le secteur financier informel et le secteur financier officiel et contribuent avec perfection à la sécurisation des fonds collectés par les groupements tontiniers (B).

A. L'ouverture des comptes bancaires tontiniers pour sécuriser les fonds tontiniers

Les fonds qui y sont collectés doivent être sécurisés non pas par les groupements tontiniers eux-mêmes puisqu'ils n'en ont pas les moyens, mais par les établissements agréés du secteur formel. C'est pourquoi l'ouverture des comptes bancaires tontiniers auprès des banques ou institutions de microfinance s'impose comme un impératif incontournable. Les conditions d'ouverture d'un tel compte sont variées et dépendent de la taille de chaque groupement (1). Le fonctionnement du compte bancaire tontinier rend compte de l'intensité des liens et des enjeux croisés entre le secteur financier informel et le secteur formel. Par l'ouverture des comptes suivie des dépôts et retraits successifs, le groupement tontinier sécurise ses fonds tandis que l'institution domiciliataire du compte effectue à son tour, une opération traditionnelle de collecte et de mise à disposition des fonds (2).

1. Les conditions de mise en œuvre du compte bancaire tontinier

Le compte bancaire tontinier est un compte collectif qui est ouvert au nom du groupement auprès d'un établissement de crédit ou institution de microfinance. Les diligences liées à l'ouverture de ce compte sont faites par

[633] Une association peut exercer l'activité de microfinance à la double condition que ses membres soient d'une part solidairement responsables à l'égard des tiers pour les engagements contractés par l'association et d'autre part, tenus de contribuer à l'équilibre financier de leur structure. Article 17 du règlement n° 01/02/CEMAC/UMAC/COBAC du 13 avril 2002 relatif aux conditions d'exercice et de contrôle de l'activité de microfinance dans la CEMAC.

les dirigeants de fait ou de droit. Le degré d'imbrication par le compte bancaire varie en fonction de la taille ou de l'implantation du groupement tontinier. Les groupements des zones rurales très enclavées ou les groupements qui gèrent les modestes sommes d'argent se remettent à la diligence et au sérieux de leur trésorier statutaire ou élus pour sécuriser leurs fonds à charge pour lui de restituer à première demande. Il s'agit en tout cas d'une personne en qui ils ont toute confiance. La personne de confiance dépositaire des fonds tontiniers assure pour le compte du groupement tontinier selon l'expression pertinente de Michel Lelart, la fonction de « *garde-monnaie* »[634] avec une obligation de restitution à première demande. Dans la pratique, les gardes-monnaie, qui ne sont pas eux aussi totalement épargnés des risques de perte et de vol, trouvent de nos jours la nécessité d'ouvrir un compte bancaire en vue de sécuriser les fonds reçus des membres du groupement. Le compte bancaire peut être ainsi ouvert au nom du groupement ou plus généralement au nom des gardes-monnaie pour sécuriser les fonds reçus. Dans ce dernier cas, ils peuvent déposer ces fonds « *à la banque dont ils peuvent ainsi devenir un client important et régulier, voire un auxiliaire dûment rémunéré* »[635]. Par contre, les groupements tontiniers périurbains et urbains ou ceux qui gèrent les fonds importants trouvent toujours la nécessité d'assurer la sécurisation des fonds collectés par l'ouverture d'un compte bancaire. Les diligences liées à cette ouverture sont faites par les dirigeants. Les conditions requises pour l'ouverture du compte bancaire tontinier sont celles requises pour les personnes morales. La banque ou l'institution de microfinance exige en effet pour l'ouverture du compte bancaire tontinier les documents tels : le procès-verbal de désignation de l'assemblée ayant désigné les dirigeants ainsi que leur mandat d'agir au nom du groupement, un exemplaire des statuts du groupement en vue de vérifier les pouvoirs des membres du groupement tontinier appelés à effectuer les opérations, notamment de retrait sur le compte, l'adresse exacte ou le siège social, voire la localisation schématique du groupement ainsi que la somme requise pour l'ouverture d'un tel compte qui peut osciller entre 1 000 F CFA à 5 000 F CFA. Dès que le compte bancaire tontinier est ouvert, le dialogue entre le groupement tontinier et la banque ou l'institution de microfinance se matérialise dans les faits par les opérations régulières de dépôts et de retraits.

[634] Le garde-monnaie est cette personne dont l'autorité ne saurait être mise en doute et en laquelle les autres membres ont totale confiance. Il peut s'agir d'un chef religieux, d'un retraité, du chef de quartier, d'un commerçant qui prospère dans ses affaires ou de l'ancienne institutrice de l'école… Voir en ce sens, Michel LELART, *op. cit.*, p. 5.

[635] Michel LELART, *op. cit.*, p. 5.

2. Le dialogue à travers les opérations sur le compte bancaire tontinier

Dès l'ouverture du compte bancaire tontinier, les opérations de versements et de retraits peuvent y être effectuées. Les opérations qui y sont effectuées symbolisent en quelque sorte les enjeux croisés entre les deux secteurs. Par exemple, si les opérations de dépôt de somme d'argent sur le compte bancaire tontinier représentent pour le groupement tontinier déposant une opération d'épargne, elles représentent par contre une opération de collecte de l'épargne par l'institution domiciliataire de compte. C'est le flux d'opérations de dépôts réalisées par les groupements tontiniers auprès des institutions financières du secteur formel qui permet d'avoir une certaine lecture statistique ou traçabilité des fonds qui circulent dans les tontines en Afrique. Par exemple, selon le document de stratégie de la microfinance au Cameroun réalisé par le ministère des Finances en avril 2013, les tontines font « circuler environ 190 milliards de F CFA »[636]. Au demeurant, l'ouverture des comptes bancaires tontiniers auprès des banques ou institutions de microfinance pour sécuriser les fonds collectés par les tontines est la parfaite illustration de la libéralisation financière longtemps chère à la Banque mondiale dont la formule à ce sujet a toujours été sans équivoque : « Libérons les banques, elles accueilleront l'argent des tontines et des tontiniers… »[637].

B. Les moyens modernes et innovants de sécurisation des fonds tontiniers

La sécurisation des fonds tontiniers a toujours été un réel handicap au sein des groupements tontiniers de l'espace OHADA. Chaque groupement tontinier étant une association rotative d'épargne et de crédit de fait[638] ou de droit, chaque séance ou session est empreinte par les cotisations des membres. Les fonds ainsi collectés à chaque séance représentent une bonne manne et celle-ci sera remise au bénéficiaire du jour ou de la séance. Toutefois, la manipulation des espèces en pleine séance a toujours été source d'ennuis notamment en termes de sécurité. À cause de nombreux cas de braquages orchestrés dans ces milieux, la problématique de sécurisation des

---

[636] « Vers un développement des tontines au Cameroun ? », http:// www.microworld.org, 30 août 2013.

[637] La Banque mondiale, citée par Michel LELART, *op. cit.*, p. 21.

[638] Les groupements tontiniers constitués sous forme d'« association rotative d'épargne et de crédit » de fait, sont ceux dont l'existence même en tant qu'associations n'est pas déclarée aux autorités administratives territorialement compétentes. Les groupements tontiniers de fait sont très présents dans les milieux ruraux et dans les endroits enclavés. Au contraire, les groupements tontiniers de droit sont ceux dont l'existence en tant qu'association est au moins déclarée aux autorités administratives territorialement compétentes. Ces groupements de droit sont prépondérants dans les milieux périurbains et urbains.

fonds tontiniers s'est donc posée avec acuité. D'où la mise en œuvre des dispositifs modernes et innovants de sécurisation à l'instar du flash cash (1) ainsi que des virements ou transferts tontiniers (2).

1. L'UTILISATION DE LA MONNAIE DÉMATÉRIALISÉE : EXEMPLE DU FLASH CASH

Le flash cash est un dispositif basé sur l'utilisation de la monnaie immatérielle en lieu et place des espèces en séance tontinière. Avec la manipulation des espèces, les groupements tontiniers n'étaient pas à l'abri des risques de perte et de vol des fonds collectés. Pour éviter ces pertes et faire face aux braquages en pleine séance qui se multipliaient dans les milieux tontiniers, l'adoption des mesures de sécurisation devenait une nécessité. C'est dans ce contexte que le système d'utilisation de la monnaie immatérielle a été mis en œuvre. Véritable partenariat entre le secteur informel financier dominé par les tontines et le système bancaire classique, le flash cash a été mis en œuvre pour la première fois au Cameroun par la banque Afriland First Bank. Système basé sur l'immatérialité de la monnaie, le flash cash est une solution pour « *la sécurité de l'épargne* »[639]. Conçu sur du papier infalsifiable, le flash cash est disponible en coupures de 5 000, 25 000, 50 000, 100 000, 300 000, 500 000 et 1 000 000 F CFA. Le client d'un compte flash cash fait des dépôts bancaires et au moment du retrait, il achète des flashs cash à un taux moindre (0,025 %) de la valeur de ses flashs cash dans tous les guichets de la banque émettrice, chez ses partenaires et même dans les zones rurales avec le réseau MC2/MUFFA[640]. Considéré comme un moyen de paiement, le flash cash est notamment conçu pour faciliter les « *cotisations* »[641] au sein des tontines. Ainsi, tout groupement tontinier peut ouvrir un compte flash cash auprès d'Afriland First Bank pour permettre à ses membres d'accomplir en toute sécurité, leur obligation de cotisation. Concrètement, les membres peuvent cotiser auprès de la banque par le versement dans le compte tontinier, du montant correspondant à leur engagement par séance contre les flashs cash correspondants. Ainsi, ceux ayant accompli cette formalité n'apporteront les flashs cash que comme la preuve de leur versement ou dépôt bancaire lors des séances.

---

[639] Concrètement, le titulaire d'un compte flash cash ou d'un dépôt contre la délivrance d'un flash cash est protégé contre les risques de vol, de perte et de démonétisation car l'épargne conserve toute sa valeur à tout moment : www.afrilandfirstbank.com/compte-flash-cash/services, novembre 2014.

[640] www.afrilandfirstbank.com/compte-flash-cash/services, novembre 2014.

[641] www.afrilandfirstbank.com/compte-flash-cash/services, novembre 2014.

2. Les virements et transferts : mobile banking ou mobile transfert

Dans certaines circonstances, les cotisations tontinières sont effectuées à travers les virements ou transferts. À l'heure de l'innovation technologique, les moyens de transferts et de virements se modernisent aussi. L'utilisation des nouvelles technologies de l'information et de la communication dans le domaine des transferts et des virements est spectaculaire et même indispensable. Les immigrants africains une fois installés dans les pays d'accueil s'évertuent toujours à créer et à développer des structures de solidarité. Ces structures sont déclarées auprès des autorités du pays d'accueil sous forme d'association. Toutefois, il apparaît au regard de la pratique, que chaque association des immigrants africains a un réel volet tontine que l'on qualifie prosaïquement « de volet cotisation » qui ne figure pas dans les statuts mais dans le règlement intérieur. Les cotisations peuvent servir à la réalisation des projets aussi bien dans le pays d'accueil que dans les pays d'origine. La création des structures de solidarité sert ainsi de cadre idoine de mobilisation de l'épargne aux fins de son rapatriement dans le pays d'origine pour le financement de plusieurs projets ou d'aide aux proches. En effet, la plupart des membres de la diaspora africaine sont également membres d'un ou de plusieurs groupements tontiniers dans leur pays d'origine. Les engagements tontiniers sont dans ces circonstances, effectués par l'intermédiaire des virements et des transferts. Les virements sont accomplis par les tontiniers disposant d'un compte bancaire. Dans ce cas, le virement se réalise par l'ordre de débit de leur compte personnel contre le crédit corrélatif du compte bancaire tontinier bénéficiaire dans le pays d'origine. Par contre, le transfert est une opération qui peut être exercée hors de l'existence de tout compte bancaire. Dans ce cas, le tontinier donne l'ordre de transfert du montant de sa cotisation soit auprès des établissements de paiement, soit auprès des banques. Le montant transféré peut être au nom d'un bénéficiaire membre du même groupement tontinier, soit au nom du représentant du groupement tontinier s'il est désigné par les statuts ou le règlement intérieur pour recevoir les transferts. Cette dernière hypothèse est mise généralement sur pied lorsque les membres du groupement tontinier vivent dans plusieurs villes ou dans plusieurs pays. Les séances de cotisation dans cette hypothèse sont en principe mensuelles. Cette épargne des migrants africains vers leurs pays d'origine constitue l'épargne brute[642]. En effet, « L'épargne du pays d'accueil est destinée à plusieurs usages : remboursements de dettes, investissement dans un réseau social de solidarité (cotisations dans une tontine ou une association de migrants)

[642] « *L'épargne brute a donc souvent une double destination. Dans les pays d'immigration, notamment en Espagne, elle est soit versée sur un compte d'épargne, placée dans une institution bancaire ou gardée dans une caisse de solidarité propre à un collectif de migrants (cas des tontines) ; soit elle est transférée vers le pays d'origine des migrants* ». Voir, Papa SOW et Kokouvi TETE, « Épargne populaire des Africains en Catalogne : types et formes souterraines de pratiques financières des immigrants », *Rapport final*, septembre 2007, p. 30.

et investissement sur place (placements financiers ou création de petites activités) »[643]. En créant et en développant les entités tontinières de solidarité et de mobilisation de l'épargne et de levée de fonds qui sont ensuite transférés ou virés en Afrique, les migrants africains gardent toujours un lien fort avec leur pays d'origine en contribuant substantiellement à leur développement. Les immigrés africains ont l'habitude de se regrouper dans les tontines pour mobiliser l'épargne qui sera transférée par la suite en Afrique pour satisfaire plusieurs besoins[644]. C'est ce que certains analystes ont appelé la « culture d'épargne et transfert d'argent »[645].

Parfois aussi, les envois de fonds par les migrants africains se font dans le cadre d'un partenariat interbancaire avec la mise en œuvre « de transferts groupés ». Les transferts groupés dans ce cas se font très souvent par les personnes qui sont déjà membres d'une tontine de la diaspora africaine vers leur pays d'origine. C'est le cas du programme PASECA pour les migrants maliens dont le but est de chercher « à collecter et de drainer dans leurs banques, ou caisses villageoises, les ressources provenant des transferts financiers des migrants (...). Grâce à un partenariat interbancaire, un système de transfert reposant sur les transferts groupés permettant de diminuer les coûts, et en conséquence de drainer les envois réguliers. Ainsi, ce produit d'appel qu'est le service de transfert permet de s'appuyer sur ces ressources transférées pour proposer divers produits et services financiers au migrant (ou son mandataire) dans le pays d'origine »[646]. À travers les transferts permanents et successifs, les immigrés sont devenus les grands consommateurs des nouvelles technologies et de la communication appliquées aux moyens de paiement. L'utilisation des structures comme les

---

643 Papa SOW et Kokouvi TETE, *op. cit.*, p. 30.

644 Dans les pays d'immigration ancienne comme la France, certaines études ont réussi à identifier les différents types de transferts effectués par la communauté immigrée africaine. Il s'agit notamment : 1 – *les transferts contraints* ou encore dits d'épargne-consommation différée dans l'espace parce qu'ils sont destinés à l'entretien de la famille au sens strict (femmes et/ou enfants). Il ne s'agit donc pas à proprement parler d'épargne ; 2 – les transferts-soutiens à la famille au sens large (père, mère, frère(s)s, sœur(s), cousin(s), tous les parents). L'aide financière aux parents se fonde certes sur la solidarité et sur l'éducation reçue mais aussi sur la reconnaissance de cette dette familiale. Nombreux sont les migrants qui ont été soutenus par leur famille pour pouvoir migrer (billet d'avion) ; 3 – les transferts aux amis et parents d'amis, se situant dans une perspective proche de celle de la famille au sens large ; 4 – et les transferts pour constituer une épargne financière ou épargne-investissement dans le pays d'origine. Si l'on peut facilement admettre que les transferts contraints sont plus réguliers et plus importants, rien ne peut être avancé quant aux autres types de transferts. Voir en ce sens, « Comité français pour la solidarité internationale, Flux financiers, mobilisation de l'épargne et investissement local », In *Rapport-Migration et phénomènes migratoires*, novembre 2003, citée par Papa SOW et Kokouvi TETE, *op. cit.*, p. 30 et 31.

645 Papa SOW et Kokouvi TETE, *op. cit.*, p. 30.

646 Comité français pour la solidarité internationale, Flux financiers, mobilisation de l'épargne et investissement local, In *Rapport-Migration et phénomènes migratoires*, nov. 2003, p. 13.

banques, les établissements de paiement[647] et l'emprunt des dispositifs de transferts comme la téléphonie mobile et Internet ont complètement dopé les besoins d'envoi d'argent de ces migrants vers leur pays d'origine. Le lien qu'entretiennent les immigrés africains avec leur pays d'origine est si fort et démontre à juste titre leur attachement au développement de leur continent. L'utilisation des canaux d'envois d'argent comme les transferts de fonds permet d'établir les statistiques qui contribuent à l'éclairage des pouvoirs publics sur les données chiffrées des flux financiers des migrants sur l'économie et le développement des pays d'origine. En effet, « les évolutions dans la gestion des transferts d'argent sont très rapides en Afrique. Le continent reçoit annuellement près de 40 milliards de dollars de ses migrants éparpillés à travers le monde malgré la crise financière internationale »[648].

En 2008, les estimations de la Banque mondiale pour le volume global des transferts ont été de 500 milliards de dollars US environ, dont 328 milliards de dollars US pour le formel et 200 milliards de dollars US pour l'informel. Annuellement, la majorité des pays en développement reçoit plus d'un milliard de dollars US de fonds transférés. En Afrique, 18 des 53 pays reçoivent chacun plus de 500 millions de dollars US. Toutefois, ces flux sont sous-estimés à cause des voies non formelles ou non officielles utilisées par les expéditeurs vers ces pays[649]. La justification de la sous-estimation des transferts informels qui échappent aux statistiques officielles est pourtant évidente : Aux termes de l'article 5 du règlement (CE) n° 1889/2005 du Parlement européen et du Conseil du 26 octobre 2005[650], « l'argent liquide transporté par une personne physique entrant ou sortant de la Communauté doit être soumis au principe de la déclaration obligatoire ». Or, aux termes de l'article 6 de ce règlement, « seuls les mouvements d'un montant égal ou supérieur à 10 000 euros devraient être soumis à une telle obligation ». Il appert de constater que les migrants africains s'organisent

647 Il s'agit de structures qui n'ont pas le statut d'établissement de crédit ou de banque, mais dont l'agrément leur permet simplement d'effectuer les opérations de transfert de fonds et de valeurs. L'opération n'est pas interbancaire ici puisque le transfert n'est pas une opération interbancaire comme le virement. Le donneur d'ordre comme le bénéficiaire peuvent ne pas disposer de compte bancaire. Il s'agit par exemple des établissements de paiement ou structures de transfert comme Money Gram, Western Union, Ria, Coinstar, Money Exchange…

648 Cf, M. NDIAYE, « Transferts d'argent : où vont les 40 milliards de dollars de la diaspora africaine ? », *Journal Les Afriques*, n° 190 du 16/02 au 22/02-2012, www.lesafriques.com, Voir également, Manuel Roland TCHEUMALIEU FANSI, *Droit et pratique bancaire dans l'espace OHADA*, L'Harmattan, Paris, octobre 2013, p. 303.

649 Cf. Sources de la Banque mondiale de décembre 2007 citées par le cabinet Performances management consulting, « Les transferts d'argent en Afrique », *Publication PMC*, juin 2010. Voir aussi, www.burkinapmepmi.com, « Transfert d'argent en Afrique », juin 2010 ; Voir également, Manuel Roland TCHEUMALIEU FANSI, *op. cit.*, p. 303.

650 Le règlement (CE) n° 1889/2005 du Parlement européen et du Conseil du 26 octobre 2005 est relatif aux contrôles de l'argent liquide entrant ou sortant de la Communauté.

pour faire transférer de l'argent liquide par les tontiniers qui traversent les frontières sans se soumettre à l'obligation de déclaration prévue. Il suffit de fractionner un important montant en plusieurs lots de moins de 10 000 euros que l'on confiera à plusieurs tontiniers voyageurs, ce qui permet aisément de traverser les frontières sans se soumettre à l'obligation de déclaration douanière. De nos jours, « ces importants transferts de fonds représentent entre 9 % et 24 % des PIB des pays africains et entre 80 % et 750 % de l'aide publique au développement »[651]. Grâce à ces transferts, les migrants africains sont devenus de facto, les premiers bailleurs de fonds du continent. Il apparaît dès lors que les transferts de fonds représentent l'une des passerelles de communication entre l'informel et le formel et s'imposent également comme de véritables outils statistiques nécessaires pour la détermination du flux financier qui circule entre ces deux secteurs.

Par ailleurs, le développement des services bancaires avec la manipulation et surtout la circulation de l'argent immatériel à travers les transferts d'argent via le téléphone portable a accentué le dialogue entre le secteur informel et le secteur formel. L'argent immatériel transféré à travers le téléphone portable ou « *mobil transferts* » a permis une intégration plus rapide des populations rurales dans les systèmes financiers, élargissant par conséquent le marché de la microfinance. Quelques chiffres sont pertinents à cet égard. Dans le monde, 1,7 milliard de personnes n'ont pas de comptes bancaires, mais possèdent un téléphone portable[652]. Le *mobil transfert* fait de chaque utilisateur de téléphone portable un potentiel consommateur de ce mode atypique et moderne de transfert. Concrètement, le mobil transfert ou le transfert d'argent via le téléphone portable est un mécanisme qui permet de changer de l'argent liquide en monnaie immatérielle et le transférer directement à un ou d'autres utilisateurs du même réseau qui, à leur tour, le changeront en argent liquide. En Afrique, le Kenya est pionnier de ce moyen moderne et atypique de transfert et de mise à disposition des fonds. Sur les 30 millions d'abonnés de téléphonie mobile que compte le Kenya, plus de 10 millions sont déjà clients du système de transfert par téléphone « *M-PESA* » mis sur pied par l'opérateur de télécommunication kényan Safaricom depuis 2007[653]. Le recours à l'argent immatériel est devenu une

---

651 S. BEBOOS du projet BIT/Migrant basé à Dakar, cité par M. NDIAYE, « Transferts d'argent : où vont les 40 milliards de dollars de la diaspora africaine ? », *Journal Les Afriques*, n° 190 du 16/02 au 22/02-2012, www.lesafriques.com, voir également, Manuel Roland TCHEUMALIEU FANSI, *op. cit.*, p. 303.

652 Estimation du CGAP et du GSM, dans Mark PICKENS : *Window on the Unbanked* : Populations non bancarisées et argent mobile aux Philippines, CGAP Brief (2009), cité par Christian ETZENSPERGER in « *Révolution du secteur de la microfinance en Afrique orientale* », www.responsability.com, 2013, p. 8.

653 Pour les rentrées et les sorties de cash, le système dispose de 50 000 agents sous contrat, à comparer avec les quelque 500 agences bancaires, 500 succursales de postbank et 500 guichets automatiques de banques au Kenya. Voir en ce sens, Gabriel DELMMBYNES et

nécessité et même un phénomène de mode en Afrique et permet aux utilisateurs de téléphonie mobile d'effectuer non seulement les transferts d'argent pour satisfaire parfois leurs engagements tontiniers mais surtout pour sécuriser les fonds tontiniers qui sont dans ces conditions insusceptibles de perte et de vol. Véritable phénomène d'actualité, le transfert d'argent via la téléphonie mobile est « devenu omniprésent : 73 % des adultes kényans se servent d'argent mobile, et 23 % y recourent au moins une fois par jour »[654]. Le phénomène se vulgarise progressivement partout en Afrique comme on a pu constater sa mise en œuvre au Cameroun depuis novembre 2011 par l'opérateur de téléphonie Orange[655]. Avec le porte-monnaie électronique[656], le transfert d'argent dématérialisé par téléphonie mobile contribue à lutter contre la sous-bancarisation et l'offre de service de service financier à des couches de population qui même étant dans l'informel, peuvent sécuriser leurs fonds à travers les envois et les transferts successifs dans leurs groupements tontiniers respectifs.

Par. 2 : Dispositifs de dialogue nécessaires pour le respect des engagements tontiniers

Le dialogue entre les secteurs informels et formels dans l'espace OHADA est très souvent le fruit des dispositifs innovants ou particuliers. Dans la plupart des groupements tontiniers des centres périurbains ou urbains, l'utilisation du chèque s'impose désormais comme une règle d'exigence maximale. L'utilisation de cet instrument de paiement permet de sécuriser les fonds tontiniers et aux membres émetteurs d'honorer en toute quiétude, sécurité et rapidité leurs engagements de cotisation ou de remboursement du crédit (A). Le fonctionnement des groupements tontiniers

---

Aaron THEGEYA : "Kenya's Mobile Revolution and the Promise of Mobile Saving", *World Bank Policy Research Working Paper 5988,* 2012, Données fournies par FSD Kenya (2010) et ITU ; Voir aussi, par Christian ETZENSPERGER in « *Révolution du secteur de la microfinance en Afrique orientale* », www.responsability.com, 2013, p. 8.

654 Christian ETZENSPERGER in « *Révolution du secteur de la microfinance en Afrique orientale* », www.responsability.com, 2013, p. 8.

655 Dénommé « *le mobile payment* », le nouveau service est la traduction de l'accord d'exploitation attribué par la Banque centrale (BEAC) à la firme française Orange, avec pour partenaire bancaire, la Banque internationale du Cameroun pour l'épargne et le crédit (BICEC), une filiale de Banque populaire de France. L'inscription est gratuite et peut se faire dans l'un des 8 000 points de vente Orange Money. Une fois l'inscription réalisée, un porte-monnaie électronique gratuit et totalement sécurisé est associé à la ligne du client. Voir en ce sens, « Orange Money : Un service de paiement et de transfert d'argent mobile pour l'Afrique », www.orange.com, Dossier de presse, 24 novembre 2011.

656 Le porte-monnaie électronique a été introduit au Cameroun par le groupe bancaire Afriland First Bank depuis 2004 (http://www.balancingact-africa.com/node/16774).

fait souvent appel à la mise en œuvre d'autres instruments comme le cautionnement ou le cautionnement réel ainsi que l'hypothèque (B).

A. L'utilisation des chèques pour parfaire les engagements tontiniers

Dans les groupements tontiniers, les engagements des membres sont en principe fondés sur la foi de la parole donnée. Au sein des groupements tontiniers de la société traditionnelle africaine, le respect de la parole donnée est le credo nécessaire qui guide toute vie en communauté. Par conséquent, tout membre qui ne mettrait pas un point d'honneur sur le respect de la parole donnée court le risque de l'exclusion et par conséquent de l'isolement au sein de la communauté. Cette situation correspond à la mort civile. Pour éviter les défaillances qui pourraient conduire aux exclusions, le chèque est le moyen le plus utilisé dans les entités tontinières. Le chèque est ainsi émis soit à titre de paiement (1) soit à titre de garantie (2).

1. CHÈQUE ÉMIS À TITRE DE PAIEMENT

Les engagements tontiniers doivent être absolument respectés au risque de voir le socle social lui-même s'écrouler. Étant une entité de personnes marquée par la prépondérance de l'*intuitu personae*, la tontine est appelée à s'armer de tous les instruments pour amener ses membres à honorer leurs engagements. Contrairement aux tontines des milieux ruraux et des zones très enclavées où le lien social reste très fort entre les membres, les tontines des centres urbains et périurbains, conscients du risque lié à l'amenuisement du lien social dans ces milieux commencent de plus en plus à innover par la mise en œuvre du chèque pour honorer leurs engagements tontiniers. Dans la pratique, l'utilisation des chèques dans les groupements tontiniers poursuit deux principaux objectifs. Primo, le chèque avec sa fonction libératoire oblige le tontinier émetteur à tout mettre en œuvre pour honorer ses engagements pris à l'encontre du groupement tontinier. Dans la mise en œuvre, le chèque émis par le membre est tiré sur sa propre banque. Le montant porté sur le chèque est soit le montant cumulé des cotisations dont le membre émetteur reste débiteur à l'égard du groupement tontinier, soit le montant d'un emprunt qu'il a souscrit. Segundo, l'utilisation du chèque permet de limiter la manipulation des espèces au cours des séances. C'est ainsi que les chèques émis dans les tontines obéissent à des fonctionnalités multiples notamment de paiement et de garantie.

2. Chèque émis imparfaitement et abusivement à titre de garantie

Dans ces groupements, le chèque est très généralement utilisé imparfaitement ou illégalement à titre de garantie. Ainsi, pour éviter toute défaillance, malhonnêteté et toute insolvabilité, tout membre qui bénéficie de la manne tontinière, sans au préalable cotiser au prorata du nombre de tontiniers, doit déposer un chèque dit « *chèque de caution* » que le groupement conserve sous forme de garantie. Or, cette utilisation du chèque à titre de garantie est prohibée par le législateur car « *le chèque est payable à vue. Toute mention contraire est réputée non écrite* »[657]. Le chèque remis à titre de garantie est ainsi tiré sur le compte bancaire du remettant ouvert auprès d'un établissement de crédit. Le groupement tontinier conserve le chèque comme un moyen de pression contre l'émetteur, voire comme une garantie. Le chèque ne lui sera retourné qu'après accomplissement intégral de ses engagements envers la tontine. Pour éviter la manipulation de la monnaie en espèces lors des séances, certaines tontines préfèrent ouvrir un compte bancaire dit de « *cotisation* » auprès des banques ou IMF. Ainsi, l'insécurité découlant de la manipulation des espèces dans les tontines et par les tontiniers a fait émerger l'adoption des mesures sécuritaires idoines pour faire reculer les risques de perte, de vol notamment les braquages parfois spectaculaires en pleine séance ou ciblés des porteurs de fonds tontiniers[658].

B. La mise en œuvre des garanties particulières : rempart contre les éventuelles défaillances

Le fonctionnement de la tontine est fondé originellement sur le respect de la parole donnée. Toutefois, pour parer à toute éventualité de défaillance émanant des tontiniers malhonnêtes ou de mauvaise foi, certains groupements tontiniers ont mis sur pied des barrières de sécurité notamment par l'exigence des garanties. Les garanties qui sont régulièrement mises en œuvre dans les groupements tontiniers sont les garanties personnelles et réelles. Ces garanties peuvent être mises en œuvre par le biais du cautionnement (1) ou par l'entremise de l'hypothèque (2).

---

[657] Article 42 alinéa 1 du règlement CEMAC n° 02/03/CEMAC/UMAC/CM relatif aux systèmes, moyens et incidents de paiement.

[658] Un tontinier ambulant demeurant à Djrègbé au Bénin qui portait sur lui une somme de un million cinq cent mille francs CFA (1 500 000), à en croire les sources policières chargées de l'enquête, a été fusillé et dépouillé de l'argent qu'il portait. Voir en ce sens, Géoffroy WUSA, « Insécurité au Bénin : un tontinier fusillé et dépouillé à 8 km de Kraké », *in* www.informateurinfo.over-blog.com, 3 septembre 2014.

1. LE CAUTIONNEMENT ET SES VARIANTES

Dans la pratique tontinière africaine, un adage bien connu stipule que la « tontine ne connaît ni la maladie, ni le deuil ». Expression anodine, mais qui a certainement une très grande influence sur la portée des engagements des tontiniers. En principe, cet adage signifie tout simplement que les évènements malheureux de la vie d'un membre ne doivent pas exonérer ce dernier du respect de ses engagements financiers à l'égard de la tontine. Cela peut paraître déraisonnable si l'on considère le groupement tontinier seulement du point de vue de cercle d'entraide et de solidarité. La rigueur ici se rapproche de celle en vigueur dans les institutions du secteur formel. Par conséquent, le tontinier qui échoue à la cotisation, c'est-à-dire qui n'honore pas ses échéances de remboursement n'est pas digne de confiance et court le risque de l'isolement s'il ne s'isole pas lui-même. Pour éviter l'isolement, de leurs pairs, le fonctionnement des tontines intègre de plus en plus les mécanismes de garanties notamment avec la mise en œuvre du cautionnement. Le fonctionnement des groupements tontiniers conduit très souvent à la mise en œuvre du cautionnement. Par cautionnement, on entend « un contrat par lequel la caution s'engage, envers le créancier qui accepte, à exécuter une obligation présente ou future contractée par le débiteur, si celui-ci n'y satisfait pas lui-même »[659]. Toutefois, dans les groupements tontiniers africains, l'expression ordinairement utilisée pour désigner la garantie personnelle est l'aval. Cette situation est tout simplement incompatible avec la nature de l'aval qui est mis en œuvre seulement lorsque l'engagement de l'avaliste porte sur un effet de commerce. Dans la mesure où les groupements tontiniers ne manipulent pas les effets de commerce, la seule garantie personnelle qui est mise en œuvre est bien le cautionnement. À travers ce contrat, la caution promet de pallier l'éventuelle insolvabilité du tontinier à échéance. Dans la pratique, seuls les membres anciens peuvent s'engager par cautionnement à l'égard du groupement tontinier pour pallier l'éventuelle défaillance des nouveaux membres. La caution s'oblige à bénéficier de la manne tontinière après le tontinier débiteur à tel point qu'en cas de défaillance, sa manne peut être mobilisée pour l'apurement du passif. Le cautionnement est surtout perçu comme un des dispositifs de communication entre l'informel et le formel, notamment lorsque le groupement tontinier impose à la caution un cautionnement réel. Dans le cadre du cautionnement réel, la caution accompagne son engagement par la mobilisation d'un bien qui peut être saisi par le groupement tontinier en cas de défaillance du tontinier débiteur principal. Dans tous les cas, les poursuites judiciaires sont initiées par le groupement tontinier lorsque la défaillance du débiteur principal n'est pas palliée par l'engagement de la caution ordinaire ou de la caution réelle. Ces poursuites donnent souvent

[659] Article 13 de l'Acte uniforme OHADA révisé sur les sûretés.

l'occasion aux autorités d'opérer une certaine traçabilité sur les engagements financiers nés dans les groupements financiers informels. Les bases de données sur les risques pesant sur la collecte de l'épargne dans les milieux tontiniers peuvent être rassemblées à partir des plaintes et des poursuites initiées par les membres de ces groupements tontiniers ou par ces entités morales informelles elles-mêmes. Par ailleurs, la pratique du cautionnement solidaire s'implante de plus en plus dans les rapports des groupements tontiniers et du secteur formel financier. Le cautionnement solidaire est de plus en plus une exigence des institutions de microfinance. L'idée est venue du fait que beaucoup de personnes prises isolément ne pouvaient pas, faute de garanties suffisantes, accéder au programme de microcrédits proposés par les institutions de microfinance prêteuses de deniers. À travers le mécanisme de cautionnement solidaire, l'institution de microfinance exige des éventuels demandeurs de microcrédit, une adhésion préalable à une entité tontinière, laquelle, en tant que personne morale sera responsable des insolvabilités de ses membres à l'égard de l'entité prêteuse. Il s'agit de trouver, pour les ménages les plus vulnérables financièrement qui n'avaient pas de garanties suffisantes à fournir aux prêteurs, des formes alternatives de garanties leur permettant d'accéder aux microcrédits. En effet, « le principe de la caution solidaire veut qu'au sein d'un groupe d'emprunteurs qui se sont choisis librement, tous soient responsables du bon remboursement de l'ensemble du groupe. La caution solidaire s'appuie sur les liens sociaux entre les individus (parenté, voisinage, classe d'âge, relations d'alliance, d'association, d'amitié) et repose sur les pratiques ancestrales des valeurs de solidarité (groupe d'entraide, caisses villageoises informelles, tontines, etc.), d'honneur et de respect des engagements. Si un emprunteur ne peut pas rembourser, le groupe va rembourser à sa place. Si le groupe ne rembourse pas, aucun membre du groupe ne pourra avoir accès à un nouveau prêt, qu'il ait ou non remboursé à titre individuel »[660]. En dépit de sa pertinence, le cautionnement solidaire s'est parfois heurté à de réelles difficultés. Celles-ci sont liées au fait que « le cautionnement solidaire pourtant réputé comme le dispositif de garantie le plus répandu en Afrique subsaharienne a été souvent imposé sans discernement à des groupes importants (associations villageoises, par exemple) et sans tenir compte de la nature des liens sociaux préexistants »[661]. Pour le rendre plus efficace et effectif, « les groupes de

[660] Betty WAMPFLER, « Organisations paysannes et microfinance : une nouvelle alliance au service de l'agriculture familiale ? », in *Pourquoi investir dans la microfinance rurale ?*, 16e Midi de la microfinance organisé par ADA en collaboration avec SOS Faim, décembre 2010, Luxembourg, p. 52.

[661] Voir en ce sens, Denis PERSCHE, Dominique LESAFFRE, « Microfinance et sécurisation du crédit aux exploitations familiales », in *Synthèses thématiques sur le financement de l'agriculture familiale dans le contexte de la libéralisation : Quelle contribution de la microfinance ?*, Séminaire international, 21-24 janvier 2002, Dakar, Sénégal, p. 7. Voir aussi,

caution, en général de 5 à 10 personnes, doivent être organisés par des emprunteurs qui se choisissent librement en fonction des liens de confiance et des intérêts existants entre eux »[662]. Au demeurant, le dispositif de cautionnement solidaire a été mis en œuvre depuis de nombreuses années sous deux principales formes notamment celle de la Grameen Bank et celle pratiquée dans les organisations paysannes au sein des filières intégrées.

2. L'HYPOTHÈQUE ET LE CRÉDIT-BAIL OU LEASING

Le fonctionnement des groupements tontiniers obéit en principe au respect de la parole donnée. Toutefois, cet engagement oral ne suffit plus à parfaire seul les engagements tontiniers. L'impératif de lutte contre les défaillances en milieu tontinier a nécessité l'exigence des garanties dont l'une des plus importantes demeure l'hypothèque. Par hypothèque, on entend « l'affectation d'un immeuble déterminé ou déterminable appartenant au constituant en garantie d'une ou plusieurs créances, présentes ou futures à condition qu'elles soient déterminées ou déterminables »[663]. L'hypothèque d'après l'article 190 alinéa 2 de l'Acte uniforme OHADA révisé sur les sûretés peut être légale ou conventionnelle. Dans la pratique, l'hypothèque pratiquée au sein des entités tontinières est conventionnelle puisque résultant de la volonté du constituant et du groupement tontinier. Avec l'hypothèque, le groupement tontinier ayant accordé un crédit à l'un de ses membres exige de ce dernier débiteur un bien immobilier pour pallier toute éventuelle défaillance à échéance. Qu'il soit bâti ou non bâti, le constituant donne le titre foncier qui représente l'immeuble au groupement tontinier à titre de garantie. Ainsi, l'entité tontinière créancière peut faire inscription de sa garantie au RCCM. Dès l'inscription de l'hypothèque du groupement tontinier au RCCM, l'engagement sort du cadre informel de la tontine pour être retracé dans le cadre formel. Le groupement tontinier bénéficiaire s'il arrive à réaliser l'hypothèque peut à son tour accéder au crédit notamment bancaire par la fourniture de cette garantie hypothécaire. Quant au crédit-bail ou le leasing, il s'agit d'une forme de crédit par laquelle, l'institution financière du secteur formel finance l'acquisition par un membre d'un groupement tontinier ou par le groupement tontinier lui-même, d'une machine agricole ou industrielle. À travers le dispositif du leasing, le matériel professionnel acquis par l'emprunteur isolé ou la collectivité tontinière emprunteuse reste propriété de l'institution financière prêteuse de deniers jusqu'à son paiement intégral. Cette forme de garantie a été

François DOLIGEZ, *Risques et sécurisation du crédit* (Inter-Réseaux, 2000), http://www.inter-reseaux.org/themes/financement/RTF/Doligez.rtf

[662] Denis PERSCHE, Dominique LESAFFRE, *op. cit.*, p. 7.

[663] Article 190 de l'Acte uniforme ohada révisé sur les sûretés.

développée à Madagascar par les CECAM[664] et à Bangladesh par la Grameen Bank[665] du professeur Yunus.

Conclusion

Les normes bancaires sous régionales CEMAC, UEMOA et même l'Acte uniforme OHADA révisé sur les sûretés ne sont pas socialisées à suffisance pour attirer la population dans son ensemble. Il a été démontré que près de 80 % de la population se trouvent en dehors du circuit des affaires. Pour preuve, les banques ainsi que les institutions de microfinance de l'espace OHADA sont depuis de nombreuses années en situation de surliquidité. Toutefois, elles ne peuvent pas paradoxalement accorder les prêts, voire des micro prêts à cette large proportion de population pauvre car cette dernière manque de garanties fiables lorsqu'elle ne trouve pas les normes du secteur bancaire et de la finance formelle trop complexes et lourdes pour leurs besoins. D'où, l'intérêt de cette dernière de s'auto-organiser dans les milieux informels à des fins de mobilisation collective de l'épargne afin de faire face à leurs besoins de crédit. Il ressort en dernière analyse que cette activité informelle d'épargne et de crédit pose en substance, la délicate problématique d'atteinte au monopole que le législateur a reconnu aux Banques et aux IMF dans l'accomplissement de ces opérations qui font pourtant partie du noyau dur des opérations de banque. Loin de s'offusquer contre ce qui pouvait être considéré comme une concurrence déloyale, les banques ainsi que les IMF multiplient plutôt des passerelles de communication avec les groupements financiers tontiniers du secteur informel avec pour dessein inavoué, la réception du flux financier collecté par les tontines. Le dialogue entre le secteur financier informel et formel bien que teinté de confiance et de méfiance profite aux deux blocs. De nos jours, le législateur

---

664 Crédit location-vente développé par les CECAM à Madagascar, www.inter-reseaux.org/themes/financement/RTF/CECAM.rtf.

665 Le système du cautionnement solidaire mis en œuvre par la Grameen Bank consistait à accorder pour un an, des microcrédits à quelques groupes de femmes pauvres pour les aider à développer une activité qui leur procure un modeste revenu. Accordés au taux de 20 %, ces microcrédits vont être remboursés dès la deuxième semaine par celle qui a emprunté ou par ses comparses, car le groupe est solidaire. Lorsque le premier microcrédit sera remboursé, une autre femme pourra emprunter à son tour, et ainsi de suite. Quand toutes auront emprunté et remboursé, le même cycle d'emprunt pourra être répété mais pour un montant plus élevé. Voir en ce sens, Michel LELART, *op. cit.*, p. 24 ; voir aussi, « La finance solidaire : histoire et pertinence », Encyclopédie du développement durable, www.enclyclopedie-dd.org, novembre 2014. « Le financement de l'agriculture familiale dans le contexte de libéralisation : quelle contribution de la microfinance ? » Séminaire de Dakar / 21-24 janvier 2002 / Bulletin d'information post-séminaire / Fiche n° 8 : Potentialités et limites de la caution solidaire.

assiste simplement médusé à ce mariage d'intérêts entre ces deux secteurs et semble abandonner ses velléités de réglementation du secteur informel. Les populations de cet espace pour les raisons de souplesse, de mœurs et us bancaires s'accommodent mieux au phénomène tontinier. Dans ces conditions, toute réglementation rigoureuse du cadre tontinier par le législateur risquerait certainement de déboucher sur un effet pervers notamment avec le retour à l'épargne sous le matelas, ce qui priverait le secteur bancaire formel et même l'économie tout entière d'une manne financière importante.

Chapitre 4
L'effectivité du droit en question dans sa dimension contentieuse

L'application du droit par un tiers neutre et impartial, c'est-à-dire la sanction de la règle par un juge est souvent présentée comme la démonstration de l'effectivité du droit. Sous cet angle, il apparaît opportun d'apprécier l'effectivité de l'OHADA à travers l'analyse du contentieux résultant de sa mise en œuvre. Mahutodji Jimmy Vital Kodo s'intéresse à l'effectivité du *droit OHADA* par le prisme de sa mise en œuvre par le juge-communautaire telle que présentée dans le Code IDEF annoté. Une première cartographie du contentieux est ainsi proposée, et Dieu sait que les géographes nous feraient remarquer qu'il reste beaucoup de pointillés (section 1).

Dresser le profil du contentieux économique devant les juridictions nationales est un projet bien ambitieux qui mériterait d'être mené dans les différents États notamment au niveau des travaux de recherche de deuxième et de troisième cycle. En attendant et en espérant la mise en place de telles études, Abdoulaye Sakho propose une étude du droit des activités économiques, tout particulièrement devant les juridictions sénégalaises à partir de données jurisprudentielles relatives au droit des entreprises en difficultés (section 2).

Hubert Patrice Zouatcham s'interroge également sur le profil du contentieux du droit des affaires, mais au Cameroun qui présente cette particularité juridique d'être le seul État membre de l'OHADA à fonctionner avec deux systèmes juridiques, à savoir le droit dit continental et la *common law* (section 3).

L'étude de la mise en œuvre du droit OHADA par les juridictions étatiques est assurément instructive, mais sa portée doit toujours être mise en perspective avec le pluralisme juridictionnel qui domine la résolution des litiges dans l'espace OHADA. Ainsi Mamadou Bakaye Dembele s'interroge sur la place de la justice coutumière et de la justice étatique dans la résolution des différends au Mali (section 4).

Finalement, l'arbitrage constitue lui aussi un mode possible de règlement des différends dans l'espace OHADA, mais le décalage entre sa promotion et sa mise en œuvre effective est manifeste dans l'étude des données relatives aux différents centres d'arbitrage qui ont vu le jour depuis la création de l'OHADA et l'adoption de l'Acte uniforme sur l'arbitrage (section 5).

Section 1 : Analyse du contentieux OHADA à travers le code IDEF annoté

Mahutodji Jimmy Vital KODO,
Conseiller technique du Président de la Cour commune de Justice et d'Arbitrage de l'OHADA à Abidjan

D'un point de vue sémantique, l'effectivité vient du latin médiéval « effectivus » ou du latin classique « effectus », qui désigne quelque chose dont la réalité est incontestable ; qui produit un effet réel, tangible. L'effectivité peut désigner une méthode qui, appliquée à la résolution d'un problème, en donne la solution au bout d'un nombre d'étapes. D'un point de vue juridique, l'effectivité peut désigner une règle ou une norme qui produit l'effet voulu, qui est appliquée réellement ou encore le caractère d'une situation qui existe réellement[666].

En retenant ces brèves définitions, on peut rechercher l'effectivité du droit économique issu de l'OHADA à travers la conception et l'élaboration des normes issues de cette législation et à travers leur mise en œuvre concrète. Nous présenterons ci-après des éléments d'une observation minutieuse de la jurisprudence résultant de l'application de l'OHADA et qui a rendu possible la réalisation d'un Code annoté de l'OHADA par l'Institut international de Droit d'Expression et d'Inspirations françaises et publiée par les Éditions Francis Lefebvre[667].

La jurisprudence présentée dans le Code annoté illustre l'effectivité de la mise en œuvre du droit de l'OHADA. Cette effectivité s'observe dans l'application de l'OHADA tant par les juridictions nationales que par la Cour commune de justice et d'arbitrage (CCJA) elle-même. D'une part, on observe l'acceptation de l'autorité de l'OHADA par les juridictions nationales (Par. 1) ; d'autre part, la CCJA contribue à l'effectivité par une interprétation et une unification de la jurisprudence permettant d'asseoir une cohérence d'ensemble permettant un balisage indispensable à la sécurisation de l'environnement des affaires (Par. 2).

---

[666] Voir G. CORNU, *Vocabulaire juridique*, PUF, Coll. Quadrige, Paris 2013, p. 386.

[667] MERCADAL Barthélemy, KODO Mahutodji Jimmy Vital *et al.*, *Code pratique Francis Lefebvre OHADA : Traité, Actes uniformes et Règlements annotés*, 2e édition, Francis Lefebvre, Levallois-Perret (France), 2014, 1 625 pages.

Par. 1 : L'effectivité de l'OHADA dans sa mise en œuvre par les juridictions nationales

L'effectivité de la mise en œuvre de l'OHADA par les juridictions nationales se manifeste entre autres, par l'acceptation de l'autorité de l'OHADA et de la CCJA par ces juridictions. L'acceptation de l'OHADA par les juridictions nationales et la pénétration du tissu économique des États membres par cette législation s'illustrent tant par les décisions rendues par les juridictions nationales de fond (A) que par la jurisprudence des juridictions suprêmes nationales (B).

A. L'acceptation de l'autorité de l'OHADA par les juridictions nationales de fond

Une réticence à appliquer les normes issues de l'OHADA par plusieurs juridictions nationales de fond avait déjà été observée dans la jurisprudence et largement commentée par la doctrine[668]. La tendance de certaines juridictions anglophones du Cameroun au rejet de l'OHADA par le refus de sa mise en œuvre a également été évoquée[669]. En dehors de ces cas isolés rendus publics et dont le nombre semble insignifiant par rapport la masse de décisions étudiées, aucune recherche documentée illustrant un refus systématique par les juridictions anglophones du Cameroun d'appliquer le droit issu de l'OHADA n'a encore été réalisée[670] et une étude de fond sur la question est vivement souhaitée.

En revanche, plusieurs décisions rendues en langue anglaise par des juridictions du Cameroun anglophone en application de l'OHADA illustrent

---

668 Au sujet du refus d'appliquer les Actes uniformes de l'OHADA par les juridictions nationales inférieures, voir Mahutodji Jimmy Vital KODO, *L'application des Actes uniformes de l'OHADA*, (Louvain-la-Neuve, Belgique, Academia – Bruylant, 2010), p. 132-133 ; plusieurs exemples jurisprudentiels illustrant cette tendance y sont présentés, à partir de l'analyse de 1 281 décisions rendues en application de l'OHADA au 31 décembre 2006.

669 Il s'agit d'une question récurrente dans la plupart des colloques et manifestations publiques relatives à la mise en œuvre de l'OHADA. Sur les 1 281 décisions ayant servi de fondement à l'étude précitée, nous en avons recensé 10 marquant une opposition à la jurisprudence de la CCJA entre 1999 et 2004 et 6 marquant un rejet de la compétence de la CCJA par les juridictions suprêmes nationales. Voir *L'application des Actes uniformes de l'OHADA*, précitée, annexes n° 19 et 19 bis. Lors d'une mission de terrain au Cameroun anglophone en 2013, un avocat nous a indiqué s'être vu opposer le refus de rendre une ordonnance d'injonction de payer par un magistrat d'une juridiction anglophone du Cameroun.

670 Sous réserve de l'existence de décisions non publiées sur le site www.ohada.com, notre source essentielle.

que cette législation est de plus en plus appliquée et pénètre ainsi le tissu économique de l'OHADA dans cette zone[671].

Il a été ainsi jugé, par une juridiction du Cameroun anglophone, que l'intention du législateur du Traité OHADA étant la création d'une stabilité économique, les tribunaux doivent en assurer l'application au risque d'entraîner une instabilité économique[672]. Bien que n'ayant pas expressément visé l'article 1 du Traité OHADA, cette décision rendue en application de l'AUSC (sociétés coopératives) traduit bien l'état d'esprit avec lequel les juridictions de tout l'espace OHADA devraient mettre en œuvre cette nouvelle législation, et a le mérite de provenir d'une juridiction de *common law*.

B. L'acceptation de l'autorité de l'OHADA par les juridictions suprêmes nationales

Une tendance à la résistante à l'autorité de la CCJA, s'illustrant par un refus de s'aligner sur la jurisprudence de la haute juridiction et une captation de sa compétente[673], avait déjà été identifiée et largement illustrée[674]. Plusieurs décisions récentes rendues par des juridictions suprêmes nationales de l'espace OHADA illustrent que cette captation de la compétence de la CCJA par ces juridictions s'estompe considérablement.

Selon l'article 15 du Traité OHADA, « Les pourvois en cassation prévus à l'article 4 sont portés devant la Cour commune de justice et d'arbitrage, soit directement par l'une des parties à l'instance, soit sur renvoi d'une juridiction nationale statuant en cassation saisie d'une affaire soulevant des questions relatives à l'application des actes uniformes ».

---

[671] Par exemple, voir aux pages du Code, MERCADAL Barthélemy, KODO Mahutodji Jimmy Vital *et al.*, *Code pratique Francis Lefebvre OHADA : Traité, Actes uniformes et Règlements annotés*, précité : pour le traité OHADA, p. 19 ; AUPCAP, art. 4, p. 455 et 9 (p. 460-461) ; art. 25 (p. 468) ; art. 29 (p. 474) ; AUSC, art ; 68 (p. 1397-1398) ; art. 117 (p. 1407) ; art. 124 (p. 1410) ; art. 144 (p. 1414) ; art. 223 (p. 1427) ; art. 242 (p. 1430-1431) ; art. 397 (p. 1456). AUS, art. 14 (p. 1466) ; art. 201 (p. 1554) ; art. 203 (p. 1556) ; art. 205 (p. 1558) ; art. 227 (p. 1570) ; AUPSRVE, art. 11 (p. 639, 642) ; art. 16 (p. 656) ; art. 270 (p. 862) ; art. 283 (p. 868) ; art. 312 (p. 885) ; AUSCGIE, art. 98 (p. 951-952).

[672] Tangi Simon TACHO & Ors (Suing as Board of Directors (BOD) Members of Azire Cooperative Credit Union Ltd AZICCUL); v. Bih Judith TABIFOR (Sued as President of Board of Directors (BOD) of Azire Coperative Credit Union (Azire Cooperative Credit Union Ltd (AZICCUL), Hight Court of Mezam Holden in Bamenda, Suit n° HCB/ 287M/ 2012 of 15 October 2012). Voir MERCADAL Barthélemy, KODO Mahutodji Jimmy Vital *et al.* précité, p. 19.

[673] L'expression « *captation de compétence* » de la CCJA a été utilisée par le Professeur Joseph ISSA-SAYEGH, dans une note sous : C. Sup. Côte d'Ivoire, ch. jud, n° 116, 6-3-2003 : époux D. Niteh Mohamed c/ CFAO-CI, www.ohada.com, Ohadata J-03-232.

[674] Voir notamment Mahutodji Jimmy Vital KODO, *L'application des Actes uniformes de l'OHADA*, précité, p. 134-143.

En application de ce texte, plusieurs juridictions suprêmes nationales ou de cassations ont pris l'habitude de se dessaisir au profit de la CCJA, à laquelle elles renvoient des affaires dont elles sont saisies et qui relèvent de la législation de l'OHADA. Plusieurs arrêts rendus par les juridictions nationales de cassations de différents États membres peuvent être présentés.

1. Niger

Il résulte des articles 14 et 15 du Traité OHADA qu'il appartient aux parties demanderesses au pourvoi de saisir la CCJA. À défaut, la Cour suprême nationale saisie peut elle-même saisir la CCJA lorsqu'elle estime que la cause à elle soumise relève de la compétence de cette cour[675].

La Cour suprême nationale saisie d'un pourvoi relatif à l'application d'un Acte uniforme doit se déclarer incompétente et renvoyer la cause à la CCJA[676], même lorsque le pourvoi soulève trois moyens de cassation dont deux sont relatifs à la violation des dispositions d'un Acte uniforme[677].

2. Cameroun

La Cour suprême du Cameroun, saisie d'un pourvoi relatif à l'application de l'AUPSRVE, doit se déclarer incompétente *ratione materiae* et renvoyer l'affaire à la CCJA[678]. Il s'agit, à notre connaissance, de la première décision en langue anglaise rendue publique. Une demande de paiement a été introduite selon une disposition nationale[679]. Une ordonnance d'injonction de payer fut rendue. Le débiteur ne fit pas opposition. Le créancier demanda et obtint l'apposition de la formule exécutoire sur l'ordonnance, et environ deux mois après que l'ordonnance eut été rendue, le débiteur fit appel. Au lieu de rejeter le recours, la Cour d'appel infirma la décision et condamna le créancier aux dépens. C'est alors que la Cour suprême saisie du pourvoi se dessaisit au profit de la CCJA. Cette décision est riche d'enseignements :

– rendue en langue anglaise et en 2008, soit après l'entrée en vigueur du Traité OHADA amendé, elle illustre que l'OHADA est en marche aussi dans ses nouvelles langues officielles (anglais, espagnol et portugais) ;

---

675 C. Sup. Niger, civ. Arrêt n° 01-158/C, 16-8-2001 : SNAR LEYMA c/ Groupe Hima Souley, F. AHO *et al.* ; OHADA : Jurisprudences nationales. Éd. Bénin Consulting Group, Cotonou (Bénin) : 2004, p. 3, 1NE2.

676 C. Sup. Niger, n° 04-30/C, 29-1-2004 : BINCI c/ A. B. B., Ohadata J-10-276.

677 C. Sup. Niger, n° 05-181/C, 28-7-2005 : Société d'Aménagement et de Promotion Immobilière c/ Me M. A. D., Huissier de Justice, Ohadata J-10-274.

678 C. sup. Cameroun, n° 332/CC, 24-4-2008 : « Compagnie d'assurances, les provinces réunies » dans NZOFOU Samuel, Ohadata J-10-254.

679 Law n° 89/021 of 29 December, 1989.

– elle procède d'une parfaite interprétation de l'AUPSRVE et du Traité OHADA par les juges anglophones du Cameroun. Elle démontre par la même occasion que les juridictions de pays de *common law* assimilent parfaitement les dispositions de droit civil, même d'inspiration française, et justifie l'entreprise du « *Code annoté IDEF de l'OHADA* » qui tend à établir la proximité des solutions des pays de *common law* et de celles de *civil law*, le droit écrit prédominant désormais partout. Elles peuvent faire une exacte interprétation des textes OHADA si elles disposent d'une version traduite, ce qui souligne plus que jamais la nécessité de réaliser des traductions des textes officiels de l'OHADA dans les trois autres langues officielles de l'OHADA à savoir l'anglais, l'espagnol et le portugais ;

– les juges du Cameroun anglophone reconnaissent implicitement l'autorité de la CCJA ;

– enfin, il est souhaitable de pouvoir disposer d'un résumé des principales décisions de la CCJA dans les trois autres langues officielles, ce qui ne ferait que faciliter la tâche des juridictions travaillant dans ces langues.

Plusieurs décisions similaires ont été rendues en langue française par la Cour suprême du Cameroun[680].

3. CONGO (BRAZZAVILLE)

Lorsque toutes les procédures à l'origine de l'arrêt attaqué étant fondées sur l'application d'Actes uniformes de l'OHADA, la Cour suprême du Congo est incompétente pour se prononcer sur le pourvoi formé, lequel peut cependant relever de la compétence de la CCJA à laquelle il convient de renvoyer la cause et les parties, et ce, aux frais du demandeur au pourvoi[681].

Le moyen qui invoque tantôt la violation d'une disposition d'un Acte uniforme et tantôt la violation de dispositions nationales (Code de procédure civile, commerciale, administrative et financière en l'espèce) échappe à la connaissance de la Cour suprême dès lors que, l'arrêt d'appel attaqué a fait lui-même application de dispositions d'Actes uniformes dont le contrôle de la bonne application est de la compétence de la CCJA. Ainsi, la Cour

---

680 C. sup. Cameroun, n° 30/cc, 24-4-2008 : T. L. c/ C.C.A.R., Ohadata J-10-253 ; C. sup. Cameroun, n° 134/civ, 21-8-2008 : T. J. D. c/ T. P., Ohadata J-10-252 ; C. Sup. Cameroun, ch. jud., sect. com., n° 01/Com, 22-7-2010 : MAGMAT c/ S.C.T., Ohadata J-12-61, litiges relatifs à l'AUSCGIE et l'AUPSRVE ; C. Sup. Cameroun, ch. jud. sect. civ., n° 117/civ., 28-4-2011 : Standard Chartered Bank c/ K. N. L., Ohadata J-12-62 ; C. Sup. Cameroun, ch. jud., n° 21/CIV, 15-7-2010 : M. Z. F. c/ O. K. et Sté OMAÏS SELECTA SARL, Ohadata J-12-242 ; C. Sup. Cameroun, ch. jud., sect. com., n° 02/Com, 22-7-2010 : SODECAO SA c/ Sté SHELL Cameroun S.A., Ohadata J-12-60.

681 C. sup. Congo, ch. com., n° 03/GCS.08, 21-3-2008 : G.C.A. SARL c/ E.-P. née P. H., Ohadata J-13-85, rendu sur le visa de l'art. 14 du Traité ; C. Sup. Congo, ch. com., n° 07/GCS.07, 22-11-2007 : S.A.C. SARL c/ S.D.V Congo SA, Ohadata J-13-122.

suprême du Congo est incompétente à connaître du pourvoi qui sera dès lors renvoyé devant la CCJA aux frais du demandeur au pourvoi[682]. À l'occasion d'une autre affaire, la Cour suprême du Congo a constaté son incompétence pour un litige opposant deux sociétés commerciales et renvoyé les parties à mieux se pourvoir[683]. Il est même arrivé à la Cour suprême du Congo de « se déclarer radicalement incompétente et renvoyer la cause et les parties devant la CCJA »[684].

4. Côte d'Ivoire

La Cour suprême de Côte d'Ivoire a jugé que saisie d'une contestation relative à l'application d'un Acte uniforme, elle doit se dessaisir immédiatement et transmettre l'ensemble du dossier ainsi qu'une copie de son arrêt de renvoi à la CCJA, en application de l'article 51 du Règlement de procédure de la CCJA[685].

D'autres affaires ont été aussi renvoyées à la CCJA par les juridictions suprêmes nationales de Guinée-Bissau[686] et du Sénégal[687]. Enfin, il a également été jugé, par une Cour d'appel, qu'il ressort de l'article 15 du Traité OHADA que les Cours de cassation des États-parties à l'OHADA ne peuvent à la limite que servir de courroie de transmission des dossiers de pourvoi à la CCJA. Elles ne sont compétentes ni pour statuer sur les mérites de ces pourvois ni pour accorder des sursis à l'exécution des décisions frappées de pourvoi. C'est donc en violation des dispositions de l'article 15 précité qu'un sursis a été sollicité et obtenu du président de la Cour suprême

---

682 C. Sup. Congo, ch. com., n° 01/GCS.06, 23-2-2006 : Sté ERNEST et YOUNG c/ Syndic de liquidation de la C.S.A.R., Ohadata J-13-121.

683 C. Sup. Congo, ch. com., n° 07/GCS 2004, 25-5-2004 : Ets. DORINA c/ S.T.C.P.A-Bois, Ohadata J-13-120.

684 C. Sup. Congo, ch. com., n° 06/GCS.02, 17-5-2002 : Boulangerie Joseph, Ohadata J-13-119.

685 C. Sup. Côte d'Ivoire, ch. jud. civ., n° 052, 4-2-2010 : S.T.I.F. c/ M.-N, Le Juris-OHADA, n° 1/2011, janv.-mar. 2011, p. 29, Ohadata J-12-77. Dans le même sens et renvoyant la cause et les parties devant la CCJA : C. Sup. Côte d'Ivoire, ch. jud., n° 396/09, 4-6-2009 : BICICI c/ SICUS, Actualités juridiques, n°s 68-69, 2010, p. 59, Ohadata J-12-79 ; C. Sup. Côte d'Ivoire, ch. jud. civ., n° 284, 8-4-2010 : C. c/ V., Le Juris-OHADA n° 1/2011, janv.-mar. 2011, p. 27, Ohadata J-12-90 ; C. Sup. Côte d'Ivoire, ch. jud., civ. & com., n° 262, 1-4-2010 : K. c/ SGBCI SA, Le Juris-OHADA n° 2/2011, avr.-juin 2011, p. 21, Ohadata J-12-141 ; C. sup. Côte d'Ivoire, ch. jud., formation civ. & com., n° 585, 7-10-2010 : M, S, L c/ B. A. C. I., Juris OHADA, 2012, n° 3, juill.-sept., p. 29, Ohadata J-13-48.

686 CCJA, n° 035/2010, 3-6-2010 : C. D. G. c/ BAO SA, Actualités juridiques, Éd. économique n° 1/2011, p. 22, Ohadata J-13-195.

687 Cass. Sénégal, 2e ch civ. & com., n° 37, 18-4-2007 : L. D. D. c/ Sté de Promotion et de Financement « Le Crédit Sénégalais », Revue sénégalaise de Droit des Affaires, Éd. 2011, p. 90, Ohadata J-12-107.

contre l'ordonnance rendue par le président d'une Cour d'appel dans une matière relevant du droit OHADA[688].

Les différentes décisions présentées ci-dessus démontrent que l'autorité de la CCJA et par là même, celle de l'OHADA, est de plus en plus acceptée par les juridictions nationales, ce qui suggère une mise en œuvre effective de cette législation. Mais en dehors des juridictions nationales, c'est la CCJA elle-même qui, par son œuvre unificatrice de la jurisprudence, contribue substantiellement à l'effectivité de la mise en œuvre de l'OHADA.

Par. 2 : L'effectivité de l'OHADA dans sa mise en œuvre par la Cour commune de justice et d'arbitrage

Il a déjà été démontré que la Cour commune de justice et d'arbitrage de l'OHADA contribue de façon substantielle à la consolidation de l'OHADA[689]. La première journée du présent colloque consacré à l'effectivité de l'OHADA a permis d'identifier un certain nombre de questions auxquelles l'état actuel du droit positif de l'OHADA permet déjà de répondre, en attendant une éventuelle réforme du législateur. L'une de ces questions concerne l'immunité d'exécution prévue à l'article 30 de l'Acte uniforme portant organisation des procédures simplifiées de recouvrement et des voies d'exécution (AUPSRVE). Une observation minutieuse et systématique de la jurisprudence de la CCJA, dans son état actuel, permet de démontrer qu'elle peut remédier considérablement au problème de l'immunité d'exécution ou en limiter considérablement les effets néfastes à la sécurisation des activités économiques tant souhaitée par le législateur de l'OHADA.

Cette affirmation peut être justifiée par trois arguments qui démontrent l'effectivité de la mise en œuvre de l'OHADA par la CCJA. D'une part, la Cour dispose de pouvoirs de création normative supplétive (A) et de redirection de la jurisprudence (B) auxquels elle n'hésite pas à recourir lorsque les circonstances le requièrent. D'autre part, il existe un contexte normatif favorable à une évolution de la question spécifique de l'immunité, en attendant une éventuelle évolution législative de l'article 30 de l'AUPSRVE. La combinaison de ces trois facteurs illustre de façon concrète l'impact de la CCJA dans la mise en œuvre effective de l'OHADA.

---

[688] CA Lomé (Togo), n° 39/09, 10-3-2009 : Sté TOGO et SHELL c/ A. K., A. F. K. K., A. Y. et autres, Ohadata J-10-227.

[689] Sur l'apport de la CCJA à la consolidation de l'OHADA, voir Mahutodji Jimmy Vital KODO, *loc. cit.*, p. 209-252.

A. La création de normes supplétives par la CCJA

Le pouvoir normatif supplétif du juge de droit civil n'est plus à démontrer et l'idée reçue selon laquelle le juge de droit civil dit et ne peut « créer » le droit alors que le juge de *common law* créé le droit qui n'est pas écrit, est battue en brèche[690]. Nous avons identifié et présenté dans le Code annoté de l'IDEF de l'OHADA, plusieurs exemples qui illustrent que la CCJA a un pouvoir normatif dont elle n'hésite pas à faire usage de façon supplétive.

L'article 28 bis du nouveau Règlement de procédure de la CCJA[691] a prévu neuf cas d'ouverture à cassation devant la CCJA, à savoir :

1. *la violation de la loi* ;
2. l'incompétence et l'excès de pouvoir ;
3. la violation des formes prescrites par la loi à peine de nullité ;
4. *le défaut, l'insuffisance ou la contrariété des motifs* ;
5. l'omission ou le refus de répondre à des chefs de demandes ;
6. la dénaturation des faits de la cause ou des pièces de la procédure ;
7. le manque de base légale ;
8. la perte de fondement juridique ;
9. le fait de statuer sur une chose non demandée ou d'attribuer une chose au-delà de ce qui a été demandé.

La CCJA avait déjà établi, par une construction jurisprudentielle souvent fondée sur les « principes généraux du droit », au moins six des neuf cas d'ouverture de cassation figurant à l'article 28 bis du nouveau Règlement de procédure. Nous présentons ci-après ces décisions sous les cas de cassation auxquels ils correspondent. En entérinant presque toutes les décisions de cette réforme implicitement initiée par la CCJA dans sa jurisprudence, le législateur de l'OHADA a démontré que la CCJA joue pleinement son rôle et que les juges de droit civil ne sont pas enfermés dans les règles écrites car ils jouissent d'une certaine autonomie qui leur permet de « créer le droit », à l'instar de leurs homologues de *common law*.

---

[690] Voir par exemple Mahutodji Jimmy Vital KODO, « Les systèmes de droit civil des pays du Sud – Afrique subsaharienne : L'autonomie du juge dans l'application de l'OHADA à travers la jurisprudence », communication présentée durant le 33e congrès de l'Institut international de Droit d'Expression et d'Inspiration françaises – IDEF, 16-17 mai 2013 à l'Université de Montréal (Canada),
http://revue.ersuma.org/IMG/pdf/revue_de_l_ersuma_-_no4_special-idef.pdf.

[691] Il s'agit notamment (Règlement N° 001/2014/CM du 30 janvier 2014 modifiant et complétant le Règlement de procédure de la Cour commune de justice et d'Arbitrage du 18 avril 1996, et entré en vigueur le 4 février 2014 – J.O. OHADA n° spécial du 04-02-2014, p. 228-240. Voir MERCADAL Barthélemy, KODO Mahutodji Jimmy Vital *et al.*, *loc. cit.*, p. 76 et s.

1. VIOLATION DE LA LOI

Au sujet du recours contre une décision implicite de rejet du président de la CCJA dans un litige impliquant la CCJA et l'un de ses agents, la Cour a retenu qu'en fixant le montant de l'indemnité d'intérim allouée à son ancien greffier sans observer les prescriptions de l'article 26 b), le président de la CCJA a violé, par mauvaise interprétation et application, lesdites prescriptions. Il suit que la requête en paiement du complément d'indemnité d'intérim adressée au président de la CCJA est fondée. En conséquence, ladite décision implicite de rejet du président de la CCJA encourt l'annulation et la CCJA doit être condamnée à payer au requérant la somme due dont le calcul correct au regard du Règlement précité est annexé à la fin de l'arrêt[692]. La CCJA a également eu l'occasion d'indiquer les cas et conditions dans lesquels il n'y a pas violation de la loi susceptible de justifier la cassation. Il en est ainsi pour des moyens non fondés sur les textes OHADA[693], tels que d'un enrichissement sans cause[694], une demande non prévue par le Règlement de procédure de la CCJA[695].

2. DÉFAUT, INSUFFISANCE OU CONTRARIÉTÉ DE MOTIFS

a) Contradiction des branches au moyen d'un pourvoi

Le moyen au pourvoi dont les deux branches sont contradictoires, la première reprochant à l'arrêt une insuffisance de motifs et la seconde une absence de motifs, est irrecevable[696].

b) Contradiction de motifs

S'il est de principe que la contradiction de motifs – qui équivaut à un défaut de motif, en ce que les motifs contradictoires s'annulent – est susceptible d'entraîner la cassation d'une décision rendue sur leur fondement, il n'en demeure pas moins vrai que s'agissant d'une contradiction entre les qualités de l'arrêt attaqué et son dispositif, celles-là retenant

---

692 CCJA, n° 48/2009, 26-11-2009 : A. A. c/ Cour commune de Justice et d'Arbitrage de l'OHADA, Recueil de jurisprudence de la CCJA, n° 14, p. 32, Ohadata J-10-184 s.

693 CCJA, 1re ch., n° 014, 25-3-2010 : M. B. c/ M. N., SGBCI, BIAO CI, Le Juris OHADA, n° 2/2010, avr.-juin, p. 38, Ohadata J-11-58, J-12-25.

694 CCJA, 1re ch., n° 37, 10-6-2010 : A. A. Mining Compagny of Guinea SARL c/ 1°) M. C. ; 2°) X-TRON Incorporated Limited, Le Juris OHADA n° 4/2010, oct.-déc., p. 14, Ohadata J-11-81, J-12-35.

695 CCJA, 2e ch., n° 051, 26-11-2009 : Sté SODICAM S.A. (anciennement SCORE S.A) c/ M., Le Juris-OHADA n° 1/2010 (Janvier-mars), page 32, Ohadata J-10-305, retenant que la demande relative au caractère vexatoire et abusif n'ayant pas été prévue par le Règlement de procédure de la CCJA, la demande de dommages-intérêts de ce chef doit être rejetée.

696 CCJA, n° 029/2006, 28-12-2006 : CCTE LE RALLYE c/ S.C. MARCUS, Recueil de Jurisprudence N° 8/2006, p. 40, Le Juris-OHADA n° 1/2007, p. 29, Ohadata J-08-99.

que l'audience publique ordinaire est tenue en matière civile, tandis que celui-ci énonçant que la Cour a statué en matière commerciale ; ladite contradiction procède d'une erreur matérielle pouvant être rectifiée à tout moment. Il ne s'agit donc pas de contradiction de motifs et le moyen tiré du défaut de motifs n'est pas fondé et doit être rejeté[697].

Des exemples d'absence de contradiction de motifs ont également été retenus par la Cour, permettant ainsi de baliser la voie aux praticiens[698].

c) Contradiction entre les motifs et le dispositif

Il est de principe qu'en cas de contrariété entre le dispositif et les motifs, ce sont ces derniers qui priment[699].

3. Omission ou refus de répondre à des chefs de demande

Défaut de réponse à conclusions : Il est de principe que les décisions de justice doivent être motivées à peine de nullité ; le défaut de réponses à conclusions constitue un défaut de motifs, et les arrêts qui ne contiennent pas de motifs encourent l'annulation. Lorsqu'il a été demandé à une Cour d'appel de déclarer irrecevable une requête d'injonction de payer pour violation de l'article 4 de l'AUPSRVE, pour défaut d'indication de la forme morale de la société créancière ; qu'après avoir relevé cette exception d'irrecevabilité, la Cour d'appel n'a à aucun moment répondu à ce moyen et a immédiatement axé la motivation de sa décision sur le bien-fondé de la confirmation du jugement querellé, sa décision encourt la cassation pour défaut de réponses à conclusion. Sur évocation, l'absence de la mention de la forme sociale de la société créancière (dans une requête d'injonction de payer) ne permet pas, d'une part, d'apprécier si ladite société jouit d'une personnalité juridique lui permettant d'ester en justice et, d'autre part, d'apprécier si Madame M. peut la représenter ès qualités de gérante au regard de sa forme juridique. Par conséquent, la requête doit être déclarée irrecevable en violation de l'article 4 de l'AUPSRVE et l'ordonnance d'injonction de payer rendue sur cette base doit être annulée[700].

---

697 CCJA, n° 040/2009, 30-6-2009 : BETRA c/ SEMOS SA, Recueil de Jurisprudence n° 13, janvier-juin 2009, p. 104, Ohadata J-10-78.

698 CCJA, 2e ch., n° 40, 8-12-2011 : BINCI S.A c/ État du Niger, Juris-OHADA, 2012, n° 3, juill.-sept., p. 24, Ohadata J-13-47, J-13-158 ; CCJA, 1re ch., n° 15, 29-11-2011 : SOCCA SA c/ Succession H., Juris OHADA, 2011, n° 4, oct.-déc., p. 15, Ohadata J-13-08, J-13-149.

699 CCJA, 2e ch., n° 6, 9-3-2006: Sté INDUS-CHIMIE c/ Mme M.R.P. et autres, Le Juris-OHADA, n° 3/2006, p. 20, Ohadata J-07-13.

700 CCJA, 1re ch., n° 19, 31-3-2005 : B.I.G. c/ C.C.M, Le Juris OHADA, n° 3/2005, p. 8, Recueil de jurisprudence de la CCJA, n° 5, janv.-juin 2005, vol. 2, p. 38 ; Ohadata J-05-371.

De même, le jugement dont il ressort que les juges n'ont pas statué sur des chefs de demande reconventionnelle doit être réformé[701]. Quelques cas d'absence de défaut de réponses à conclusions ont également été retenus par la Cour[702].

4. Dénaturation

Absence de dénaturation : il avait été antérieurement jugé que seule l'interprétation d'un écrit peut faire l'objet d'un pourvoi fondé sur un grief de dénaturation, mais non l'interprétation d'un fait. Il s'ensuit que la Cour d'appel qui a retenu « qu'[un codébiteur] ne conteste pas le principe de la créance dans la mesure où son gérant statutaire (…) a expressément reconnu devoir à [la créancière] dans l'acte portant transaction du 20 septembre 2000 qu'il a signé la somme de 785 625 310 F CFA en principal, intérêts, frais et tous autres accessoires, mais prétend avoir réglé partiellement sa dette par un paiement de 313 096 321 F CFA opéré au profit de ladite banque, sans produire la preuve », ne peut être accusée d'avoir dénaturé les faits pour avoir indiqué que le codébiteur ne conteste pas le principe de la créance ; rejet du moyen[703].

5. Manque de base légale

a) Distraction d'un bien saisi

La Cour d'appel qui, sans tenir compte de toutes les pièces dont a fait état la requérante, propriétaire de l'objet d'une saisie critiquée, a affirmé de façon péremptoire que l'arrêt attaqué en opposition procède d'une bonne appréciation des faits, n'a ni motivé sa décision ni laissé transparaître l'application d'un texte de loi. Son arrêt manque de base légale, est insuffisamment motivé et encourt la cassation[704].

b) Saisie-attribution

Doit être cassé pour manque de base légale et insuffisance de motifs, l'arrêt de la Cour d'appel qui condamne le tiers saisi aux causes de la saisie-attribution pour manquement à son obligation de déclaration sans rechercher

---

[701] CCJA, 2e ch., n° 5, 2-2-2012 : SCI Lumière c/ IPM, Juris OHADA, 2012, n° 4, oct.-déc. 2012, p. 19, Ohadata J-13-59.

[702] CCJA, n° 020/2009, 16-4-2009 : T. B. A. et 57 autres c/ Sté MRL Liquidation et Monsieur Y. K. N., Recueil de Jurisprudence n° 13, janvier-juin 2009, p. 70, Ohadata J-10-68 ; CCJA, 1re ch., n° 15, 29-11-2011 : SOCCA SA c/ Succession H., Juris OHADA, 2011, n° 4, oct.-déc., p. 15, Ohadata J-13-08, J-13-149.

[703] CCJA, 1re ch., n° 41, 17-7-2008: 1) COLAF SARL, 2) Monsieur L, 3) Madame M. épse L. c/ ECOBANK - BENIN S.A., Le Juris OHADA, n° 4/2008, p. 41, Ohadata J-09-79.

[704] CCJA, n° 052/2005, 15-12-2005: B. K. E. c/ K. K. J., Recueil de jurisprudence de la CCJA, n° 6, juin-décembre 2005, p. 72. Le Juris-OHADA, n° 2/2006, p. 2, Ohadata J-06-42.

si les prescriptions légales spécifiées par l'article 156 de l'AUPSRVE pour recueillir cette déclaration avaient été régulièrement accomplies par le créancier[705].

c) Arbitrage régi par l'Acte uniforme relatif à l'arbitrage

La Cour d'appel qui, pour retenir que la demande tendant à voir déclarer nul un protocole transactionnel, relève bien de la compétence de la juridiction étatique en raison de ce que le tribunal arbitral n'est pas encore saisi, s'est bornée à affirmer qu'« il ressort également de l'article 13, alinéa 2 de [l'AUA] que si, comme dans le cas d'espèce où le tribunal n'est pas encore saisi, la juridiction étatique doit également se déclarer incompétente, c'est à la condition que la convention d'arbitrage ne soit manifestement nulle » sans démontrer en quoi la convention d'arbitrage contenue dans le protocole transactionnel est manifestement nulle, n'a pas donné une base légale à sa décision qui encourt cassation[706].

Le grief qui, tendant à dénoncer une erreur de droit commise par les juges d'appel, n'indique ni ne caractérise en l'espèce aucune norme juridique dont la légalité aurait été affectée, est irrecevable, car imprécis. Il en est ainsi lorsque dans l'espèce, il est reproché à l'arrêt attaqué un manque de motif ou de base légale, pour avoir retenu que les requérants ont été condamnés à payer la somme de 2 500 000 francs au gérant de la société, ès qualités, alors que le paiement de cette somme aurait dû être prononcé en faveur de la société elle-même (CCJA, n° 024/2006, 16-11-2006 : S. D. M. – A. M. c/ H. A. dit « *CRISE* », Recueil de Jurisprudence N° 8 / 2006, p. 32. – Le Juris Ohada n° 1/2007, p. 23, Ohadata J-08-97).

6. Statuer sur une chose non demandée ou attribuer une chose au-delà de ce qui a été demandé

Ultra petita signifie « au-delà de ce qui a été demandé », par exemple, lorsqu'une juridiction accorde plus qu'il n'a été demandé. *Extra petita* a le même sens mais concerne spécifiquement les cas où le juge statue sur une question qui ne lui a pas été soumise[707].

a) Décision rendue *extra petita*

Le tribunal qui a constaté le droit de propriété du créancier poursuivant sur un titre foncier et ordonné la radiation du commandement aux fins de

---

705 CCJA, n° 8/2002, 21-3-2002 : Sté PALMAFRIQUE c/ E. K. B. K., Le Juris OHADA, n° 4/2002, oct.-déc. 2002, p. 19, note anonyme, Ohadata J-02-163.

706 CCJA, 1re ch., n° 43, 17-7-2008: D. c/ MATCA. Le Juris OHADA, n° 4/2008, p. 46, Ohadata J-09-81.

707 Voir Gérard CORNU, *Vocabulaire juridique*, Association Henri Capitant/Presses universitaires de France, 3e éd. 2002.

saisie immobilière, a statué *extra petita*, puisque l'objet de sa saisine n'était pas de faire ordonner la radiation du commandement inscrit au Livre foncier par le créancier saisissant, mais d'inviter le débiteur saisi à prendre connaissance du cahier des charges déposé, afin d'y insérer ses dires et observations. La Cour d'appel qui a confirmé le jugement entrepris, a également statué *extra petita* et exposé sont arrêt à la cassation[708].

b) Décisions rendues *ultra petita*

Par une série de décisions retenant que l'arrêt d'appel n'a pas statué *ultra petita*, la Cour a eu l'occasion de préciser, par défaut les cas dans lesquels on peut constater qu'il a été statué *ultra petita*. Par exemple :

– bail commercial : la décision qui a déclaré qu'une contestation de congé est tardive, n'a plus à se prononcer sur la demande d'indemnité d'éviction ; en décidant ainsi, le juge d'appel n'a ni violé les articles 94 et 95 [respectivement devenus 126 et 127] de l'AUDCG, ni statué *ultra petita* et a donné une base légale à sa décision[709] ;

– compétence d'un juge d'appel : l'ordonnance ayant ordonné la restitution d'un objet saisi sous astreinte comminatoire est susceptible d'appel et le juge est tenu, par l'effet dévolutif de l'appel, de rejuger en fait et en droit, la décision qui lui est déférée. Par le recours exercé aux fins de « rétracter » l'ordonnance de référé fixant une astreinte de 20 000 000 F CFA par heure de retard, l'appelante sollicitait la réformation, voire l'annulation de ladite ordonnance. La suppression de l'astreinte ordonnée étant bel et bien une réformation de l'ordonnance critiquée, la Cour d'appel n'a ni statué *ultra petita*, ni violé les articles visés aux moyens ; il s'ensuit que les moyens ne sont pas fondés et doivent être rejetés[710] ;

– liquidation d'une société prononcée par un juge saisi d'office : il ne peut être reproché à une Cour d'appel d'avoir statué *ultra petita* en prononçant la liquidation d'une société alors que les demandeurs n'ont saisi le tribunal que pour le paiement, sous huitaine, de leurs droits, arriérés de salaires et autres droits conventionnels, dès lors qu'aussi bien le tribunal que la Cour d'appel ne se sont pas prononcés sur les demandes initiales du Collectif des travailleurs, mais se sont plutôt saisis d'office en raison des

---

708 CCJA, 2e ch., n° 008, 27-3-2008: D. c/ B., Le Juris-OHADA n° 3, juillet-septembre 2008, p. 14, *Le recueil de jurisprudence de la CCJA*, n° 11, janvier-juin 2008, p. 86, Ohadata J-09-40.

709 CCJA, n° 041/2009, 30-6-2009: M. KOBLAN AKOMCI c/ Mme AKA BERTIN née Thérèse Éliane AKISSI, Recueil de Jurisprudence n° 13, janvier-juin 2009, p. 109, Ohadata J-10-79.

710 CCJA, n° 016/2009, 16-4-2009: M. S. M. D. c/ SOGACA, Recueil de Jurisprudence n° 13, janvier-juin 2009, p. 60, Ohadata J-10-65.

informations fournies par le Collectif des travailleurs pour statuer comme ils l'ont fait[711].

B. L'ajustement de l'interprétation et la mise en œuvre des normes de l'OHADA par des revirements de jurisprudence

Nous présenterons un exemple en matière de saisie-vente et un autre en matière de procédure devant le CCJA.

1. Révision des effets du commandement de payer au préalable à une saisie-vente

Selon l'article 92 de l'AUPSRVE,

« La saisie est précédée d'un commandement de payer signifié au moins huit jours avant la saisie au débiteur, qui contient à peine de nullité :

1) mention du titre exécutoire en vertu duquel les poursuites sont exercées avec le décompte distinct des sommes réclamées en principal, frais et intérêts échus ainsi que l'indication du taux des intérêts ;

2) commandement d'avoir à payer la dette dans un délai de huit jours, faute de quoi il pourra y être contraint par la vente forcée de ses biens meubles ».

Par un arrêt rendu le 27 janvier 2005, la CCJA a jugé que le rôle du commandement aux fins de saisie-vente étant de permettre une saisie sans pour autant avoir pour effet de rendre indisponible en tout ou en partie les biens du débiteur, il n'est pas une mesure d'exécution forcée[712]. Cette décision avait pour conséquence l'absence d'incidence sur l'indisponibilité des biens du débiteur.

Le 7 juillet 2012, la CCJA a jugé qu'en prescrivant que « la saisie est précédée d'un commandement de payer signifié au moins huit jours avant la saisie », l'article 92 de l'AUPSRVE en fait un préalable nécessaire qui engage la procédure de saisie-vente ; ainsi seul demeurait compétent pour connaître du litige le Président de la juridiction statuant en matière d'urgence ou le magistrat délégué par lui dès lors que la procédure d'exécution était engagée[713].

---

[711] CCJA, 3e ch., n° 32, 8-12-2011 : SOCALIB c/ Collectif des travailleurs de la SOCALIB, Juris OHADA, 2012, n° 2, 2012, avril-juin, p. 29, Ohadata J-13-34, J-13-153.

[712] CCJA, 27-01-2005, n° 007/2005 : Sté Optique Instrumentale c/ ITRAG-Transit, Ohadata J-05-189, Le Juris-OHADA n° 1/2005, janv.-mars 2005, p. 18.

[713] CCJA, 3e ch., n° 063/2012, 7-7-2012, P. n° 105/2009/PC du 28-10-2009 : OUATTARA ISSOUF Joseph c/ TRIDENT SHIPPING SA.

Par cet arrêt, la CCJA opère implicitement un revirement de sa précédente jurisprudence selon laquelle le commandement aux fins de saisie-vente n'est pas une mesure d'exécution forcée. En considérant que « la procédure d'exécution était déjà engagée », du fait de la délivrance du commandement de payer, la CCJA admet cette formalité comme étant une mesure d'exécution.

Il est intéressant de noter qu'avant ce revirement de jurisprudence par la CCJA, certaines juridictions du fond avaient déjà adopté une position similaire. Ainsi, il a été jugé que :

– le commandement préalable précédant une saisie constitue le premier acte d'exécution dans la mesure où il mentionne expressément la voie d'exécution à laquelle s'expose le débiteur. C'est donc à bon droit que la contestation élevée contre ledit commandement est soumise à l'examen du juge du contentieux de l'exécution, et l'exception d'incompétence soulevée par la défenderesse est inopérante[714] ;

– « non seulement le commandement préalable à la saisie-vente a nécessairement trait à l'exécution forcée concernée, mais davantage, il en est une formalité obligatoire ; en conséquence, la compétence du juge du contentieux de l'exécution pour en connaître ne pouvant être remise en cause, il échet de rejeter l'exception d'incompétence soulevée (...) »[715] ;

– la signification du commandement est l'acte qui matérialise le début d'une exécution forcée[716].

2. Révision du point de départ du délai de saisine de la CCJA

Par une ordonnance du 16 avril 2009, la CCJA a retenu que le pourvoi qui a été formé par le requérant le lendemain de la date à laquelle l'arrêt objet du pourvoi a été rendu est manifestement irrecevable[717]. Il semble que dans le cas d'espèce, la CCJA avait sanctionné le fait pour le requérant, d'avoir formé son pourvoi avant que le conseil de la partie adverse dont la demande a prospéré en appel, ne lui signifie l'arrêt d'appel, dès lors que la

[714] TPI Yaoundé (Cameroun), Centre Administratif, Ord. n° 702/C, 18-12-2008 : M. O. I. c/ SRC, Ohadata J-09-223.
[715] TPI Mbouda (Cameroun), Ord. n° 03/REF/TPI, 4-10-2011 : M. W. épse N. C. C. c/ D. T. L. épse T., S.G.D.C. Afrique, Ohadata J-12-235.
[716] T. com. Pointe-Noire (Congo), n° 001, 9-1-2008 : ENI-CONGO S.A. c/ Ets. MIC VIDEO, Ohadata J-13-71.
[717] CCJA, Ord. N° 007/2009/CCJA, 16-4-2009: Mme A. D., Alizés Voyages c/ GAV-AOC, Recueil de Jurisprudence n° 13, janvier-juin 2009, p. 181, Ohadata J-10-98, obs. J. ISSA-SAYEGH.

saisine de la CCJA ne peut valablement intervenir qu'après signification de l'arrêt d'appel[718].

Mais alors un problème se poserait car il suffirait pour la partie gagnante en appel de s'abstenir de signifier l'arrêt à sa contradictrice pour empêcher cette dernière de saisir la CCJA. La CCJA semble avoir clarifié sa position par un revirement implicite de jurisprudence. En effet, elle a indiqué dans une série d'arrêts rendus pour la plupart en 2012 que « la signification de l'arrêt attaqué n'étant pas une condition de recevabilité du recours mais marquant plutôt le point de départ de la computation du délai dans lequel doit être exercé ledit recours, l'absence de ladite signification n'a, dès lors, aucune incidence sur la recevabilité du pourvoi. Il y a lieu, en conséquence, de déclarer non fondée l'exception d'irrecevabilité soulevée par la défenderesse au pourvoi »[719].

Désormais donc, il en résulte que l'article 28 (du Règlement de procédure de la CCJA) ne faisant pas de la notification un préalable obligatoire à la formation du pourvoi, il est loisible à la partie demanderesse de diligenter son recours même avant la notification. L'ordonnance N° 007/2009/CCJA, du 16-4-2009 ci-dessus semble donc être devenue caduque à cause du revirement de la jurisprudence de la CCJA.

Cette capacité de la CCJA à opérer des revirements de jurisprudence constitue un gage de l'effectivité de la mise en œuvre de l'OHADA puisqu'elle montre que la jurisprudence n'a pas à être figée et que lorsque les circonstances le requièrent, la Cour peut faire rectifier la trajectoire qu'elle a initialement tracée. C'est d'ailleurs la solution à adopter dans le cas spécifique de l'immunité d'exécution des personnes publiques, en attendant une éventuelle réforme par le législateur, car le contexte normatif actuel est favorable à un revirement de jurisprudence.

---

718 Voir CCJA, 2e ch., n° 2, 9-3-2006 : L. E. SOCATRAF c/ CCEI-Bank S.A. devenue Afriland First Bank S.A., Le Juris-OHADA n° 3/2006, p. 5 ; Ohadata J-07-09, jugeant que faute de signification du jugement attaqué, le délai n'avait pas couru à l'encontre des requérants, et CCJA, n° 029/2009, 30-4-2009: I.K. F. c/ Banque islamique du Sénégal, Recueil de Jurisprudence n° 13, janvier-juin 2009, p. 17, Ohadata J-10-53.

719 CCJA, 2e ch., n° 037/2012, 3-5-2012 ; P. n° 046/2005/PC du 30-9-2005 : Sté ESSO Exploration and Production Chad Inc c/ Ressourcium International SARL ; CCJA, 2e ch., n° 047, 16-7-2010 : SNG S.A c/ SAFRICOM S.A., Le Juris-OHADA n° 1/2011, janv.-mars 2011, p. 20, Ohadata J-12-95 ; CCJA, 3e ch., n° 026, 15-3-2012, P. n° 018/2009/PC du 19-2-2009 : Abraham Guidimti c/ Financial Bank.

C. Le contexte normatif favorable à l'évolution de la jurisprudence de la CCJA sur l'immunité d'exécution

L'article 30 de l'AUPSRVE dispose :

« L'exécution forcée et les mesures conservatoires ne sont pas applicables aux personnes qui bénéficient d'une immunité d'exécution.

Toutefois, les dettes certaines, liquides et exigibles des personnes morales de droit public ou des entreprises publiques, quelles qu'en soient la forme et la mission, donnent lieu à compensation avec les dettes également certaines, liquides et exigibles dont quiconque sera tenu envers elles, sous réserve de réciprocité.

Les dettes des personnes et entreprises visées à l'alinéa précédent ne peuvent être considérées comme certaines au sens des dispositions du présent article que si elles résultent d'une reconnaissance par elles de ces dettes ou d'un titre ayant un caractère exécutoire sur le territoire de l'État où se situent lesdites personnes et entreprises ».

Selon l'article 51 de l'AUPSRVE, « les biens et droits insaisissables sont définis par chacun des États membres ».

Il a été jugé, en application de ces dispositions, qu'un établissement public investi d'une mission de service public jouit de l'immunité d'exécution prévue par l'article 30 de l'AUPSRVE[720]. Tel est le cas :

– de l'université de Dschang, au Cameroun[721] ;

– des Établissements publics à caractère administratifs (EPA), même dotés de la personnalité morale et de l'autonomie financière ; aucune exécution forcée ne pouvant être pratiquée à leur encontre, les saisies conservatoires pratiquées sur eux étant irrégulières[722] ;

– d'un établissement public dont l'État détient 94 % du capital social[723] ;

– ou encore d'une banque d'État en cours de restructuration ordonnée par une ordonnance réglementaire[724].

---

[720] TPI Douala, ord. réf. n° 339, 13-11-1998 : ONPC c/ SFIC, *Revue camerounaise de l'arbitrage*, n° 18, juil.-sept. 2002, p. 14, Ohadata J-02-179.

[721] TPI Dschang, ord. réf. n° 12/ORD, 11-9-2000 : Université de Dschang c/ T. D., *Revue camerounaise de l'arbitrage*, n° 18, juillet-août-septembre 2002, p. 13, Ohadata J-02-178.

[722] TR Niamey, ord. réf. n° 164, 7-8-2001 : CMB c/ I. B. A., Ohadata. J-02-37.

[723] TPI Bafoussam, ord. réf. n° 37, 28-1-2004 : SNEC SA c/ D. J., SGBC SA Bafoussam, BICEC SA Bafoussam, Ohadata J-05-01.

[724] CA Pointe Noire (Congo), n° 042, 24-10-2003 : O. M. L., R. N. c/ Banque C.A.I.C, Ohadata J-13-136, retenant que c'est à bon droit qu'un juge a ordonné le sursis au paiement de la créance de l'appelant jusqu'à la date de publication de la décision constatant la fin des opérations de restructuration d'une banque d'État en cours de privatisation.

À propos des biens saisissables, la CCJA a jugé qu'en vertu des articles 51 de l'AUPSRVE et 271 du Code ivoirien de procédure civile, commerciale et administrative, que les sommes allouées par l'État, à titre de secours individuel, périodique ou éventuel, quels qu'en soient le chiffre et le bénéficiaire, sont insaisissables[725].

Par un arrêt du 7 juillet 2005, la CCJA a retenu le caractère général de l'immunité d'exécution des personnes morales de droit public, et approuvé la Cour d'appel qui a jugé que « l'article 30 al. 1 de l'AUPSRVE pose le principe d'immunité d'exécution, et que les entreprises publiques, catégorie dans laquelle est classée la société défenderesse au pourvoi, figurent dans l'énumération des sociétés contre lesquelles s'applique la compensation… », et le moyen basé sur la violation de dispositions nationales contraires doit être rejeté[726].

Cette jurisprudence de la CCJA a été fortement critiquée car elle est perçue comme accordant une protection disproportionnée aux États et aux personnes publiques en général contre les opérateurs économiques privés, induisant de ce fait un déséquilibre significatif entre les intérêts des personnes publiques et ceux des personnes privées.

Dans l'attente d'une éventuelle réforme de l'article 30 de l'AUPSRVE, un revirement de jurisprudence nous semble déjà possible, à condition d'être suggéré à la Cour par les plaideurs ou par une demande d'avis consultatif. Un raisonnement transversal prenant en compte certaines dispositions des Actes uniformes relatifs au droit commercial général (AUDCG)[727], aux sociétés commerciales (AUSCGIE)[728], aux procédures collectives (AUPCAP)[729] et à l'arbitrage (AUA)[730] permet d'y aboutir.

L'article 2 de l'AUDCG définit le commerçant comme celui qui fait de l'accomplissement d'actes de commerce par nature sa profession. Ainsi, un État est une personne morale titulaire de la souveraineté et en tant que telle, est une puissance publique ; il ne saurait être considéré comme ayant accompli un acte de commerce au sens de l'article 3 de l'AUDCG, ni [un acte] répondant à la définition de commerçant, malgré son interventionnisme économique par la création des entreprises, qui seules, sont des commerçantes et non lui-même, bien que propriétaire desdites entreprises[731].

---

[725] CCJA, 1re ch., n° 1, 29-06-2006 : CNRA c/ AFFE-CI SARL, Ohadata J-07-25.

[726] CCJA, n° 043/2005, 7-7-2005 : A. Y. et autres c/ Sté TOGO TELECOM, recueil de Jurisprudence de la CCJA, n° 6, juin-décembre 2005, p. 25. – Le Juris-OHADA n° 1/2006, p. 8. Voir obs. Filiga Michel SAWADOGO *in* Ohadata D-07-16 ; Ohadata J-06-32.

[727] Acte uniforme portant sur le droit commercial général.

[728] Acte uniforme relatif au droit des sociétés commerciales et du groupement d'intérêt économique.

[729] Acte uniforme portant organisation des procédures collectives d'apurement du passif.

[730] Acte uniforme relatif au droit de l'Arbitrage.

[731] CCJA, 1re ch., n° 042/2012, 7-6-2012 ; P. n° 001/2009/PC du 20-1-2009 : État congolais c/ Succession Charles Ebina composée des héritiers, représentés par JOSE Cyr Ebina.

On notera au passage que la CCJA retient que des entreprises créées par un État peuvent être considérées comme des commerçantes au sens de l'AUDCG.

De même, les actes de commerce effectués par une personne morale de droit public (en l'espèce, opérations de banque réalisées par un Établissement public à caractère financier, industriel et commercial) sont du ressort du tribunal de commerce et non des juridictions administratives[732]. On remarque également ici une tendance à isoler les actes assimilables aux actes de commerce de ceux entrant dans les fonctions régaliennes des personnes publiques.

Toujours dans le régime des actes de commerce, l'AUSCGIE prévoit à son article 1 alinéa 1 que « toute société commerciale, y compris celle dans laquelle un État ou une personne morale de droit public est associé, dont le siège social est situé sur le territoire de l'un des États-parties au Traité relatif à l'harmonisation du droit des affaires en Afrique (ci-après désignés "les parties au contrat") est soumise au présent Acte uniforme (…) ».

Il résulte de la formulation de ce texte que le critère déterminant de la soumission d'une société à l'AUSCGIE est la forme commerciale et l'établissement du siège de la société sur le territoire de l'un des 17 États membres de l'OHADA. La détention de parts sociales de la société par l'État ou une personne morale de droit public est inopérante dans la détermination du caractère commercial qui soumet la société à l'AUSCGIE. C'est dans cette logique qu'il a été jugé qu'une société d'État (en l'occurrence le Port Autonome d'Abidjan), personne morale de droit privé et commerciale par la forme, est régie par l'AUSCGIE et il s'ensuit que les juridictions de l'ordre judiciaire sont compétentes pour un litige la concernant[733].

L'AUPCAP abonde également dans le même sens avec son article 2 alinéa 4 qui dispose que « Le redressement judiciaire et la liquidation des biens sont applicables à toute personne physique ou morale commerçante, à toute personne morale de droit privé non commerçante, à toute entreprise publique ayant la forme d'une personne morale de droit privé qui cesse ses paiements ».

La jurisprudence en matière de procédures collectives va également dans le sens d'une application du régime du droit privé de l'OHADA aux sociétés de toutes sortes, dès lors qu'elles sont commerciales. Ainsi, il a été jugé que la procédure de règlement préventif, destinée à éviter la cessation de paiement ou la cessation d'activité de l'entreprise, est applicable à toute personne morale ou de droit privé qui, quelle que soit la nature de sa dette,

---

[732] T. com. Brazzaville (Congo), n° 036, 26-4-2011 : La succession E. c/ La CCA et la LCB, Ohadata J-13-78.

[733] CA Abidjan, n° 615, 20-5-2003 : P.A.A. c/E.G.S., Ohadata J-03-276.

connaît une situation économique et financière difficile non irrémédiablement compromise[734].

Une autre juridiction a appliqué des dispositions de l'AUPCAP à un établissement industriel à caractère industriel et commercial (EPIC) et prononcé sa liquidation judiciaire[735].

S'agissant des sociétés d'économie mixte (sociétés dans lesquelles l'État détient une partie du capital social) et des sociétés d'État, il a été jugé qu'elles sont régies par les législations applicables aux sociétés commerciales, et peuvent donc faire l'objet d'une procédure de redressement judiciaire et de la liquidation des biens[736]. Il en est de même d'une entreprise publique constituée sous forme de société commerciale et inscrite au registre du commerce qui est en cessation de paiements ; elle peut faire l'objet des procédures de redressement judiciaire et de liquidation des biens[737]. Enfin, une société constituée sous la forme d'une société anonyme de droit privé et qui a cessé ses paiements et déposé son bilan doit se voir appliquer les dispositions de l'article 2 alinéa 4 de l'AUPCAP[738].

En matière d'arbitrage, la CCJA a jugé qu'un État-partie au Traité OHADA, est malvenu d'invoquer sa propre réglementation pour contester la validité d'une convention d'arbitrage signée par son ministre des Finances, dès lors qu'au regard des circonstances de la signature de la convention, les représentants de la défenderesse au pourvoi ont pu croire légitimement aux pouvoirs de ce ministre qui était aussi l'Autorité monétaire dudit État. C'est à bon droit que le tribunal arbitral s'est estimé compétent pour statuer sur le litige en rendant la sentence dont la validité est contestée[739].

---

[734] TGI Ouagadougou, n° 741, 24-7-2002 : Société Internationale Faso Export (IFEX), Ohadata J-04-44.

[735] TR Niamey, n° 16, 5-1-2003 : OFEDES, Revue nigérienne de droit, p. 75, note anonyme, Ohadata J-03-158.

[736] TGI Bobo-Dioulasso (Burkina Faso), n° 308, 22-11-2006 : BOA & FIB c/ SOPROFA & SODEGRAIN, Ohadata J-09-85. Cette décision se fonde sur des dispositions de la loi n° 25-99 AN du 16 novembre 1999 (Burkina Faso) portant réglementation générale de sociétés par actions dans lesquelles l'État et/ou ses démembrements détiennent directement ou indirectement des actions, lesquelles sont soumises (suivant les dispositions de ladite loi relatives aux sociétés à capitaux publics – i.e., les entreprises industrielles et/ou commerciales) à la législation applicable aux sociétés commerciales, qui est en l'occurrence l'AUSCGIE, complété par l'AUPCAP en cas de procédures collectives comme en l'espèce.

[737] TGI Ouagadougou, n° 423, 25-4-2001 : Liquidation des biens de la société FASO FANI, Ohadata J-02-60 ; voir aussi : Ohadata J-03-94, obs. J. Issa-Sayegh, J-04-183 et J-04-186.

[738] CCJA, n° 04/2004, 8-1-2004 : ATTIBA Denis et autres c/ Compagnie Multinationale Air Afrique et autres, Le Juris-OHADA, n° 1/2004, janvier-mars 2004, p. 23, note Brou Kouakou Mathurin ; Recueil de jurisprudence de la CCJA, n° 3, janvier-juin 2004, p. 44, Ohadata J-04-88, J-05-49.

[739] CCJA, 3e ch., n° 12, 29-11-2011 : République de Guinée équatoriale et la CEMAC c/ la CBGE, Juris OHADA, n° 1, 2012, janv.-mars, p. 34, Ohadata J-13-19, J-13-142.

Il résulte de la combinaison des textes ci-dessus que le législateur de l'OHADA a entendu appliquer le régime de droit privé des activités économiques à toutes les entreprises et sociétés constituées sous l'une des formes régies par l'OHADA et domiciliées sur le territoire de l'un des États-parties, peu importe qu'il s'agisse d'une société dans laquelle un État ou une collectivité publique détiendrait des actions ou parts.

En d'autres termes, toute société de droit privé dans l'espace OHADA demeure soumise à l'ensemble des normes de l'OHADA et ses biens doivent pouvoir être saisis selon les règles prévues par l'AUPSRVE, peu importe qu'un État détienne des parts dans ladite société ou y soit même actionnaire majoritaire. Il en est ainsi dès lors que le patrimoine de l'État est différent de celui dans une société dans laquelle l'État serait actionnaire, et que les seules sociétés auxquelles l'insaisissabilité demeure attachée sont celles de droit public.

Cette lecture d'ensemble des textes applicables peut permettre un revirement de jurisprudence de la CCJA qui, tout en préservant les privilèges des États et sociétés de droit public, apporterait une garantie nécessaire aux partenaires des sociétés concernées lorsque ces partenaires auront besoin de faire exécuter des décisions contre ces sociétés. Ce revirement de jurisprudence est effectivement possible puisqu'il existe déjà une ébauche. En effet, la Cour d'appel de Cotonou a jugé que « si, en raison de l'immunité de la puissance publique dont il bénéficie, il ne peut être procédé saisie contre l'État béninois, ce privilège ne peut rejaillir sur une société privée dans laquelle ledit État aurait des intérêts. Le privilège régalien de l'État n'est attaché qu'à l'État seul et non à la [société dans laquelle l'État a une participation et qui est] gérée selon les règles de droit privé. Si les fonds de l'État béninois loués au Trésor ne peuvent faire l'objet d'une saisie, il en est autrement des fonds d'une société privée dans laquelle l'État a une participation »[740].

Il est donc tout à fait possible, pour la CCJA d'opérer un revirement de jurisprudence sur l'immunité d'exécution, en attendant une éventuelle réforme de son régime.

Conclusion

Une analyse attentive des décisions rendues en application de l'OHADA démontre l'effectivité de la mise en œuvre de cette législation et suggère que

[740] CA Cotonou (Bénin), n° 109/2e CCMS/01, 28-11-2001 : RG n° 331/2001 : Sté First System Industry c/ L'État béninois et la BIBE, Droits & Lois : Jurisprudence béninoise. Recueil d'arrêts de la Cour suprême et des Cours d'appel de Cotonou et Parakou, n° 2008, éd. n° 2, pages 209-229.

les causes majeures de l'ineffectivité ou de l'impact limité doivent être recherchées ailleurs, par exemple dans l'organisation judiciaire des États membres, mais aussi dans le processus de conception et d'élaboration des normes issues de l'OHADA. Sur ce point spécifique, l'effectivité de l'élaboration des normes de l'OHADA peut être assurée par la traduction des textes applicables dans les trois autres langues officielles de l'OHADA (anglais, espagnol et portugais) et la préparation systématique des futurs projets de textes dans ces quatre langues avant même leur adoption. Une meilleure diffusion de la jurisprudence de l'OHADA, dont la connaissance contribue à une meilleure application de textes, peut aussi être suggérée.

Section 2 : Le droit des investissements à partir de quelques données jurisprudentielles

Abdoulaye SAKHO,
Directeur de l'École doctorale des Sciences juridiques politiques économiques et de Gestion de l'Université Cheikh ANTA DIOP,
Chercheur au Consortium pour la Recherche Économique et Sociale (CRES)/Dakar/Sénégal

Pour m'interroger sur la question de l'effectivité du droit économique dans l'espace OHADA, j'aimerais prendre deux exemples tirés de la manière dont le droit de l'investissement est pris en charge par, non seulement le droit OHADA *stricto sensu*, mais tout le droit de l'espace OHADA[741]. Ainsi, le droit des sociétés ou, plus précisément, le droit des groupements d'affaires (expression empruntée au vocabulaire de Claude Champaud) et, le droit des procédures collectives seront mon appui pour une approche juridique globale de l'investissement qui ira au-delà du droit dérivé du Traité OHADA.

D'après le Traité constitutif, l'OHADA vise la mise en place dans les États membres d'un droit des affaires harmonisé, simple, moderne et adapté afin de faciliter l'activité des entreprises. À l'examen du champ couvert par les actes uniformes, on se rend compte que ce droit prétend à la finalité économique : il s'agit de légiférer en vue de la construction d'une zone économique, nouveau pôle de développement en Afrique qui entraînerait tout le continent vers le développement. Tout est fait en direction de la « sécurisation » de l'investissement[742].

---

741 « *L'OHADA n'est donc pas pris ici pour la production normative qu'il instaure mais pour l'espace géographique qu'il délimite. Cet espace est pour partie artificiel, en ce sens qu'il résulte de choix politiques...* ». Voir les propos introductifs au présent colloque. *Pour une nouvelle orientation des recherches sur le droit OHADA* par David Hiez et Séverine Menétrey, Université du Luxembourg.

742 Pape TALLA FALL, *Sécurité des investissements et cohérence de l'ordre juridique. La problématique de l'application des normes OHADA dans l'ordre interne*, Thèse de doctorat, 2007, Dakar. Voir aussi, les Actes du colloque organisé par la Fondation pour l'innovation politique sous la direction de Frédéric ROUVILLOIS sur le thème : « Le modèle juridique français : un obstacle au développement économique ? Le rapport Doing business 2004 de la Banque mondiale et les conflits de modèles » et, particulièrement l'intervention de Joseph ISSA SAYEGH intitulé « Peut-on perfectionner le système sans aller vers la Common law ? L'exemple de l'OHADA », Dalloz, 2005. Voir aussi, *Droit et attractivité économique : le cas de l'OHADA*, sous la direction scientifique de Loïc CADIET, Travaux de l'association pour l'efficacité du droit et de la justice (AEDJ) dans l'espace OHADA, Bibliothèque de l'Institut de Recherche Juridique de la Sorbonne – André TUNC, Tome 48, IJRS Éditions 2013. Adde. *Investissement, financement et normalisation comptable dans l'espace OHADA : quelles*

Envisagées du point de vue du rôle du droit, on peut retenir que, dans l'OHADA, le droit apparaît en première ligne dans la recherche d'un environnement économique meilleur. « Il est essentiel que ce droit soit appliqué avec diligence, dans les conditions propres à garantir la sécurité juridique des activités économiques, afin de favoriser l'essor de celles-ci et d'encourager l'investissement », dit le Préambule du Traité. Dans une perspective purement doctrinale, on peut y voir une illustration de la vitalité du droit économique[743].

C'est sur le droit en effet que reposent la structuration et l'impulsion de nouveaux rapports sociaux susceptibles d'assurer l'intégration économique. Dans ce sens, en vue de sécuriser l'investissement, l'OHADA met l'accent sur l'entreprise. Elle lui octroie ses structures d'affectation patrimoniale (droit des groupements d'affaires), ses règles d'organisation interne (droit des biens à l'image du fonds de commerce, droit comptable) et les formes d'organisation juridique de ses relations externes (droit des relations avec les fournisseurs comme la vente ou l'intermédiation commerciale, formes juridiques de la croissance de l'entreprise, modalités juridiques de financement des investissements en fonds propres, droit des groupes de sociétés…)[744].

Mon propos sera donc une interrogation sur l'effectivité[745] aussi bien des formes juridiques de l'investissement (Par. 1) que sur le traitement judiciaire de l'investissement pathologique à travers le droit des entreprises en difficultés (Par. 2).

Par. 1 : L'effectivité du droit des structures juridiques d'accueil de l'investissement dans l'espace OHADA

La conscience qu'un cadre juridique propice à l'investissement est une nécessité pour les économies des pays africains n'est pas née avec l'OHADA. Dans les années soixante-dix, le continent était caractérisé au

---

leçons pour la gouvernance économique et financière, Ouvrage collectif sous la direction de Félix Z0GNING et Saidatou DICKO, 2014, Édition Parmitech, Ottawa, Canada.

743 Sur cette vitalité du droit économique, voir entre autres, *Les déséquilibres économiques et le droit économique*, sous la direction scientifique de Laurence BOY, Larcier, 2015.

744 Claude CHAMPAUD, *Le droit des affaires, Que sais-je ?*, Puf.

745 Sur le concept d'effectivité, v. la note introductive précitée de David HIEZ et Séverine MENETREY : « *L'effectivité revêt différentes acceptions. Définie de manière très générale comme "le caractère d'une règle de droit qui produit l'effet voulu, qui est appliquée réellement*", ou encore comme "*le degré de réalisation, dans les pratiques sociales, des règles énoncées par le droit*", l'effectivité est une notion utilisée par les juristes et par les sociologues du droit. Cependant, l'effectivité n'est pas une notion juridique *stricto sensu* au sens où elle n'est pas un attribut de la règle de droit ».

plan juridique par la promulgation dans presque tous les pays en développement de codes des investissements aussi libéraux les uns que les autres[746]. L'évaluation de l'impact de ces codes est encore à faire.

Aujourd'hui, c'est le droit OHADA qui tente de mettre en place des structures juridiques supposées adaptées à travers deux actes uniformes consacrés l'un, au droit commercial général et l'autre, au droit commercial spécial des sociétés. Ce dernier prévoit plusieurs formes de groupement d'affaires : les structures classiques (pour les Investissements directs étrangers et les entreprises du secteur structuré) sont en bonne place, de même, certaines innovations prétendent être utiles dans la perspective de la structuration de l'investissement local, surtout du secteur informel[747] dans la zone OHADA.

Parallèlement à ce droit OHADA, on voit poindre une réglementation destinée à la fourniture aux États d'infrastructures que les fonds publics, du fait de leur amenuisement progressif, ne peuvent plus financer. Il s'agit de la réglementation des partenariats publics privés dont la filiation avec le droit des investissements s'affirme de plus en plus au détriment du droit des marchés publics[748].

Mais des questions se posent : l'investissement est-il vraiment à l'aise avec le droit positif de l'espace OHADA ? Si l'investisseur étranger semble en terrain connu, l'investisseur local ou domestique a du mal à « réceptionner » ce droit. Comment faire accepter par le secteur dit « non-structuré » appelé aussi « informel », ce droit de l'investissement ? Ce dernier ne doit-il pas aussi avoir son propre droit à l'image de ce qui a été

---

[746] Abdoulaye SAKHO, *Les groupes de sociétés en Afrique, Droit, Pouvoir et Dépendance économique*, Karthala-Cres, 2010 ; BOY Laurence, « *Bibliographie* », Revue internationale de droit économique, 2012/2 t. XXVI, p. 227-228. DOI : 10.3917/ride.256.0227 ; V. aussi, Abdoulaye SAKHO et Irina PARACHKEVOVA, « Propriété formelle et propriété substantielle en droit des sociétés et des groupes », *Les déséquilibres économiques et le droit économique*, *op. cit.*, p. 125.

[747] Sur les relations entre le droit et le secteur informel, v. déjà en 2001, Abdoulaye SAKHO, Civisme fiscal et secteur informel, « La part du Droit dans l'incivisme fiscal » dans le cadre du cours sur : Politiques de ressources publiques pour réduire la pauvreté, Centre de Recherches Économiques Appliquées (CREA) – Université Cheikh Anta DIOP (UCAD) – Centre d'enseignement à distance (27 novembre 2001 – 19 février 2002), Dakar.

[748] D'où les débats sur les offres spontanées en matière de commandes et d'achats publics. Sur le PPP, voir à titre d'exemple, en Côte d'Ivoire, c'est sous forme de PPP qu'a été structuré le projet de pont Henri KONAN BEDIE, une construction de 270 millions d'euros dont la livraison est prévue pour fin 2014. Les financements sont apportés sous forme de dette et de fonds propres par quatre institutions de développement, une banque commerciale et deux capital-investisseurs. La Banque africaine de développement (BAD) est le principal acteur financier (58 millions d'euros) et joue aussi le rôle d'organisateur de la transaction. D'une longueur totale de 6,6 km, le futur pont à péage reliera les communes de Cocody et Marcory afin de fluidifier le trafic dans Abidjan. Ce projet sera mis en œuvre par la société Socoprim, qui détient un accord de concession de trente ans.

imaginé et réalisé, fait dans le secteur financier avec la mise en place du droit des mutuelles d'épargne et de crédit[749] ?

À défaut de données relevant d'enquêtes scientifiques spécifiques, les réponses à ces questions reposeront sur une observation empirique de la pratique de près de vingt ans de cette partie du droit économique consacrée à l'investissement en Afrique de l'Ouest[750].

A. Le droit OHADA des sociétés commerciales

Le droit des sociétés commerciales poursuit un objectif principal : celui de donner à celles et ceux qui choisissent de conduire ensemble une entreprise économique les moyens juridiques d'y parvenir.

Avec toutes les exigences contemporaines des parties prenantes à l'économie moderne en plus des exigences propres aux économies africaines qui doivent attirer le plus d'investisseurs possible, l'Acte uniforme sur les sociétés commerciales du 17 avril 1997 ne donnait plus satisfaction, il fallait procéder à sa révision[751]. Aujourd'hui, la révision est effectuée[752]. Finalement, le nouveau droit des sociétés dans l'espace OHADA comporte une série de dispositions qui sont introduites dans l'objectif de satisfaire les exigences des investisseurs. Cette révision n'est-elle pas en elle-même un aveu d'ineffectivité de la réglementation ? La question mérite d'être posée

---

749 Sur le secteur informel, v. *Les entreprises informelles de l'Afrique de l'Ouest francophone*, sous la direction de Nancy BENJAMIN et Ahmadou Aly MBAYE, AFD et Banque mondiale, 2012 ; sur les institutions de microfinance, des dispositions spécifiques différentes de la loi bancaire sont applicables permettant de relever que, pour une même activité, celle du crédit, on est en présence de deux droits voir notamment pour le Sénégal, Loi n° 2008-47 du 3 septembre 2008 portant réglementation des systèmes financiers décentralisés. Sur l'ensemble de la question, v. Manuel Roland TCHEUMALIEU FANSI, *Droit et pratique bancaire dans l'espace OHADA*, L'Harmattan, 2013.

750 Il est symptomatique de noter que c'est seulement à la fin de 2015 que l'OHADA a lancé une consultation ayant pour une étude d'impact entre autres objectifs, « l'impact des différents Actes uniformes sur l'amélioration du climat de l'investissement, y compris en tenant compte, entre autres, des analyses existantes comme les rapports Doing Business, les rapports sur la compétitivité mondiale, et les rapports sur la compétitivité en Afrique ». V. Avis de sollicitation de manifestation d'intérêt n° 20/SP-OHADA/PACI/2015 pour le recrutement d'un consultant pour l'étude sur l'impact économique de l'OHADA.

751 L'acte révisé a été publié au *Journal officiel* de l'OHADA le 4 février 2014, est en vigueur dans les États membres de l'OHADA le 5 mai 2014.

752 L'Acte révisé introduit plus de flexibilité dans le droit des sociétés OHADA en l'adaptant aux impératifs actuels de la vie des affaires. Parmi les dispositions novatrices, citons : la possibilité d'ouvrir des bureaux de représentation ou de liaison chargés de faire le lien entre le siège de la société et le marché de l'État membre de l'OHADA dans lequel il est situé ; la nomination par la juridiction compétente d'un administrateur provisoire chargé d'assurer momentanément la gestion des affaires sociales lorsque le fonctionnement normal de la société est impossible, soit du fait des organes de gestion ou de direction, soit du fait des associés ; la possibilité de constituer des sociétés à capital variable et d'effectuer selon certaines conditions des apports en industrie.

d'autant plus qu'il semble, à l'observation, que ce péché originel est encore bien en place malgré les révisions. Il faudrait en effet que l'on songe à une problématique beaucoup plus difficile à aborder, celle liée à l'existence d'acteurs économiques appartenant à un secteur évoluant en marge de l'économie structurée. Cela fait penser que si le droit des sociétés OHADA semble présenter un cadre idéal pour les formes juridiques de l'investissement, l'investissement domestique, lui, est toujours à la recherche du cadre idéal.

1. UN CADRE IDÉAL POUR LES INVESTISSEMENTS DANS LE SECTEUR STRUCTURÉ ?

La ressemblance du droit OHADA des sociétés avec le droit français est saisissante. Cela imprime théoriquement un préjugé d'efficacité à cette réglementation. Mais à l'examen, il s'avère que l'effectivité du droit OHADA n'est pas aussi évidente qu'elle apparaît à la lecture. L'explication peut être trouvée dans le fait que les contextes d'application du droit des sociétés sont radicalement différents. C'est une des raisons de la toute récente révision. En tout état de cause, je le répète, cette révision sonne comme un aveu d'ineffectivité de ce droit des sociétés dans sa version originelle. Des progrès sont faits pour adapter le droit actuel des sociétés aux exigences de l'investissement. Cela est passé par la modernisation (a) et la simplification (b) du droit des sociétés en vue de prendre en compte ces préoccupations que la première version de l'Acte uniforme ignorait royalement. Il faudra bien entendu donner du temps à ces nouvelles dispositions avant leur évaluation en termes d'effectivité. Pour l'instant, je vais me borner à un rappel de certaines des dispositions nouvelles destinées à remédier à l'ineffectivité du droit OHADA des sociétés.

a) La modernisation du droit des sociétés pour pallier son ineffectivité ?

– La révision est portée par une certaine conception du droit des sociétés, il semble que le législateur OHADA se soit inspiré de l'École de Rennes (Jean Paillusseau) qui considère que la société est une technique d'organisation juridique des entreprises. Ainsi, pour répondre aux exigences d'efficacité et de compétitivité des entreprises africaines dans ce contexte concurrentiel croissant, il fallait cette modernisation du droit des sociétés. C'est donc le droit des sociétés qui doit fournir à l'entreprise, non pas des entraves, mais les outils nécessaires à son développement. Ainsi pour l'École de Rennes, un « bon droit des sociétés » ne peut ignorer l'un des aspects essentiels de la société : l'exercice de son activité économique. On ne doit pas en effet oublier que si une société commerciale existe, c'est pour exercer une activité économique, donc pour conduire une entreprise. Aussi même si on part de l'idée de base émanant de la définition de l'article 4 de l'Acte uniforme postulant que la société est la chose des associés et qu'elle doit être soumise à leur volonté souveraine, on ne peut ignorer l'entreprise et ses besoins.

– C'est la raison pour laquelle, la révision de l'Acte uniforme a inséré de diverses dispositions dont l'objet est de fournir à la société les instruments juridiques de son financement notamment pour le renforcement de ses fonds propres. Une diversification des modalités du financement des sociétés commerciales devra suppléer l'ineffectivité du droit en ce domaine.

Le constat est en effet là depuis très longtemps : la difficulté d'accès au financement est une constante dans nos pays. C'est un lieu commun que de fustiger le comportement bancaire le plus répandu chez nous, le refus de financer l'économie. Mais c'est trop vite aller en besogne. On oublie très souvent que les banques sont elles-mêmes insérées dans le circuit économique et qu'elles ont comme impératif la rentabilité de leurs affaires à l'image de tout opérateur économique digne de ce nom. Aussi dire que les banques ne prennent pas de risques ne règle nullement la question. Alors pour rendre effectives les dispositions qui permettront de résoudre cette lancinante question du financement des sociétés commerciales, le droit des sociétés s'est « *financiarisé* ». Aujourd'hui ceux qui cherchent à résoudre les difficultés d'accès au financement de l'investissement placent leur réflexion sur le terrain financier : il s'agit moins de sécuriser le banquier que de contourner son action[753]. On compte sur l'introduction des dispositions facilitant l'investissement en fonds propres pour remédier à l'ineffectivité du droit des sociétés quant au financement de l'activité. Il existe de multiples définitions de la notion de fonds propres[754]. L'investissement en fonds propres est plus connu sous le nom de « capital-risque ». La voie la plus rapide pour l'investissement en capital-risque est consacrée par l'Acte uniforme révisé qui autorise l'émission de valeurs mobilières composées. Les sociétés par actions peuvent émettre des valeurs mobilières donnant accès au capital ou donnant droit à l'attribution de créance (art. 822 et

[753] La première voie en ce sens est celle du marché financier (BRVM). Mais les PME qui ont le plus de difficulté pour accéder au crédit bancaire ne sont pas dans le marché de la BRVM. La seconde voie, est celle de l'investissement en fonds propres, plus précisément la prise de participations minoritaires dans les entreprises non cotées à la Bourse (PME-PMI).

[754] Dans leur acception la plus pure, ils caractérisent des ressources financières stables dont la rémunération sera aléatoire car soumise à la réalisation de profits et dont le remboursement, qui, en théorie, n'interviendra qu'au moment de la liquidation, sera subordonné au désintéressement des autres créanciers (actions sous toutes leurs formes comme les actions de priorité ou les actions à dividende prioritaire sans droit de vote). Parallèlement à ces fonds propres *stricto sensu*, il y a les quasi-fonds propres. Sous ce vocable, on regroupe les instruments financiers ayant vocation à devenir des fonds propres (obligations convertibles en actions, les valeurs mobilières composées, les bons de souscription et les obligations à bons de souscription d'action). La caractéristique principale de ces instruments financiers est qu'ils seront normalement transformés à terme, par conversion, en valeurs représentatives du capital.

suivants). En réalité, ces articles visent, des titres de diverse nature, composite ou autonome et qui, à terme, donnent accès au capital.

– Un autre aspect de la modernisation du droit des sociétés OHADA est lié aux enjeux de pouvoir dans la société commerciale. Quel est le meilleur équilibre possible des pouvoirs et des responsabilités au sein des entreprises ? Comment faire, dans ce contexte général actuel de plus grande transparence, pour que le rôle de l'associé (qui est le propriétaire de la société par son apport au capital social) soit mieux valorisé face au pouvoir du management ? Comment faire pour que le contrôle (notamment la mission du commissaire aux comptes et son indépendance) soit mieux perçu ? Toute une série d'interrogations qui évoquent le « gouvernement d'entreprise » ou *« corporate governance »* dont les grands principes sont introduits dans la nouvelle version de l'Acte uniforme. Ici aussi, l'amélioration de la gouvernance des sociétés devra pallier l'ineffectivité des règles du droit des sociétés, notamment en ce qui concerne la transparence dans la gestion et l'équité dans la répartition des richesses.

La gouvernance d'entreprise a fait l'objet, depuis deux décennies, d'une intense réflexion et codification[755]. Quelle que soit sa taille, la gouvernance d'une entreprise s'appuie sur quelques principes de base : l'intégrité de ses dirigeants, une définition claire et respectée des rôles entre l'assemblée des actionnaires, le conseil d'administration et la Direction générale, le respect des droits des actionnaires et l'égalité dans leur traitement. Le temps ne permettant pas d'aller au fond, deux exemples suffiront pour illustrer la prise en compte des préoccupations du gouvernement d'entreprise dans la révision de l'Acte uniforme.

Exemple 1 : l'article 435 de l'Acte uniforme a subi une réécriture totale et nouvelle sur l'étendue des pouvoirs du conseil d'administration et sur le rôle spécifique de son Président : « Le conseil d'administration détermine les orientations de l'activité de la société et veille à leur mise en œuvre. Sous réserve des pouvoirs expressément attribués aux assemblées d'actionnaires et dans la limite de l'objet social, il se saisit de toute question intéressant la bonne marche de la société, et règle par ses délibérations, les affaires qui la concernent.

Le conseil d'administration procède aux contrôles et vérifications qu'il juge opportuns.

Le président du conseil d'administration de la société est tenu de communiquer à chaque administrateur tous les documents et informations nécessaires à l'accomplissement de sa mission.

---

[755] La définition retenue pour le Code de l'Institut sénégalais des administrateurs (ISA) est celle-ci : « *La gouvernance est le système par lequel l'entreprise est dirigée et contrôlée ; sa mise en œuvre fait référence aux relations entre la direction, son conseil d'administration, ses actionnaires et les autres parties prenantes* ».

Les clauses des statuts ou délibérations de l'assemblée générale limitant les pouvoirs du conseil d'administration sont inopposables aux tiers de bonne foi ».

Exemple 2 : l'article 437 du même Acte uniforme consacre de manière encore plus nette la possibilité de créer des structures nouvelles, ce qui est une des caractéristiques fondamentales du gouvernement d'entreprise ou « *corporate governance* » : « Le conseil d'administration peut confier à un ou à plusieurs de ses membres tous mandats spéciaux pour un ou plusieurs objets déterminés.

Il peut décider la création de comités composés d'administrateurs chargés d'étudier les questions que lui-même ou son président soumet, pour avis, à leur examen. Il fixe la composition et les attributions des comités qui exercent leur activité sous sa responsabilité.

Lors de la création d'un comité, le conseil d'administration peut décider que le comité peut recueillir l'avis d'experts non administrateurs ».

b) La simplification du droit des sociétés pour pallier son ineffectivité ?

L'idée de la mesure de l'efficacité économique du droit a fait son chemin depuis que la Banque mondiale a commencé à s'interroger sur les conditions juridiques de la pratique des affaires et à opérer un classement sur la base des institutions et des règles juridiques en vigueur dans un pays. C'est la fameuse problématique des rapports « doing business » que vous connaissez tous maintenant[756]. Il faut dire que dès le départ, il y a eu une sorte de préjugé défavorable qui reposait sur l'hypothèse que « le système juridique français serait un obstacle au développement »[757]. Or, comme notre système OHADA repose sur le droit français, nous étions logés à la même enseigne. Aujourd'hui, beaucoup de ces préjugés sont tombés mais il reste que notre droit des sociétés a été considéré comme un peu trop rigide. Il y avait beaucoup de détails concernant l'organisation des sociétés et surtout un excès injustifié de règles impératives qui trouvaient un fondement textuel dans l'ancien article 2 de l'Acte uniforme sur les sociétés commerciales qui disait clairement : « les dispositions du présent Acte uniforme sont d'ordre public… »[758].

---

[756] *Mesurer l'efficacité économique du droit*, sous la direction de Guy CANIVET, Marie-Anne FRISSON-ROCHE et Michael KLEIN, LGDJ, 2005.

[757] « Le modèle juridique français : un obstacle au développement économique ? » *Actes du Colloque de la fondation pour l'innovation économique*, Dalloz, 2005.

[758] Or aujourd'hui, il a été introduit un nouvel article 2-1 qui énonce expressément : « *Sous réserve du respect des dispositions du présent Acte uniforme auxquelles il ne peut être dérogé et des clauses statutaires, les associés peuvent conclure des conventions extrastatutaires en vue notamment d'organiser, selon les modalités qu'ils ont librement arrêtées : les relations*

Tout cela a donc conduit à la révision inspirée dans une certaine mesure de la pratique anglo-saxonne et de l'idée, empruntée à l'École de Rennes que vous me permettrez de répéter, que si une société commerciale existe, c'est pour exercer une activité économique, pour conduire une entreprise. Dans ce sens, il me semble qu'il n'appartient pas au législateur de décider en lieu et place des entreprises quelle doit être la meilleure forme pour leur organisation.

C'est pourquoi la nouvelle version de l'Acte uniforme multiplie les possibilités et surtout simplifie la constitution des sociétés et leur organisation : la convocation selon certaines conditions des actionnaires par courrier électronique, le vote par correspondance dans les assemblées générales ainsi que l'utilisation de la visioconférence dans les réunions de conseil d'administration et les assemblées générales d'actionnaires sont autorisés, en outre, les conseils d'administration pourront être constitués entièrement par des membres non actionnaires.

Je peux aussi évoquer, mais sans entrer dans les détails pour des raisons évidentes de temps, la contractualisation avérée aujourd'hui du fonctionnement des sociétés grâce aux pactes d'associés organisant entre autres les relations entre associés, la composition des organes sociaux et l'accès au capital social et aux Sociétés par actions simplifiées[759].

Ces nouveautés introduites dans le droit des sociétés seront-elles suffisantes pour pallier le déficit criant en effectivité de notre droit positif des structures juridiques de l'investissement ? Si un optimisme mesuré peut être envisagé, on se gardera bien d'une généralisation à toutes les formes d'investissement car il me semble évident que ces nouvelles mesures introduites pas la révision ne sont pas destinées à l'investissement domestique.

2. L'INVESTISSEMENT DOMESTIQUE À LA RECHERCHE DU CADRE IDÉAL (EXEMPLE DU MONDE RURAL)

L'efficacité et la compétitivité des entreprises de l'espace OHADA dans le contexte actuel de concurrence mondialisée exigent aussi un véritable épanouissement de l'investissement. Autrement dit, il faut établir l'efficacité économique du droit des sociétés pour les investisseurs locaux. Un bon environnement des affaires est donc fondamental pour nos opérateurs économiques qui ne se reconnaissent pas forcément dans le droit positif.

---

entre associés ; la composition des organes sociaux ; la conduite des affaires de la société ; l'accès au capital social ; la transmission des titres sociaux ».

[759] Articles 853-1 et suivants créent la catégorie de Société par actions simplifiés (SAS) sur le modèle du droit des sociétés français (pas de capital minimum, administration par un Président, obligation de commissaire aux comptes à partir d'un certain seuil d'actifs et de chiffre d'affaires).

Quel droit des affaires pour nos « hommes d'affaires »[760] et pour notre économie ? La version révisée de l'Acte uniforme a donné sa réponse. Mais cela passe aussi et surtout par une meilleure prise en compte de l'investissement local ou domestique. Ce qui n'est pas encore le cas dans le système OHADA malgré de timides percées. Je veux parler du secteur informel et du monde rural qui représentent pourtant la quasi-totalité de la population active dans les pays de l'Ouest-africain surtout.

Mais pour les besoins de cette présentation, je vais me limiter au monde rural qui, à mon avis, est la grande oubliée de l'OHADA (b). Cela passe par une autre approche du droit. Celle-là même à laquelle nous appelons de tous nos vœux dans ce colloque (a).

a) Une autre approche du droit

Oui, la recherche est fondamentale en ce sens. Il est vrai que la recherche actuelle dans les universités ouest-africaines vacille entre les impératifs de la recherche commanditée et celle faite en vue de préoccupations de carrières. Voyez comment pendant qu'on est en train, en Afrique de l'Ouest, de ferrailler et de nous battre contre cette épidémie aux allures médiévales qu'est Ebola, à des milliers de kilomètres dans le même monde, d'autres personnes imaginent vaincre la maladie, la vieillesse et la mort. Il s'agit de la Californie où l'industrie génétique, sur la base d'une découverte importante : le décryptage de notre ADN, cherche à décoder entièrement le patrimoine génétique humain en vue de prévenir et guérir les maladies comme le cancer[761].

Il est donc impératif de travailler à l'émergence d'une recherche universitaire efficace et ne dépendant pas des seules préoccupations de recherches de certains intérêts privés. Le rôle de l'université, en dehors de la traditionnelle transmission de connaissances, consiste à ouvrir les pistes pour faciliter la prise de décision politique dans le sens du développement de nos pays. Sur ce plan précis, la recherche africaine a un « gap » énorme car elle a pendant longtemps vécu dans l'ombre tutélaire de la recherche d'autres pays. Du coup, notre propre recherche s'en ressent. Nos meilleurs « think tank » sont un peu trop portés vers la recherche commanditée. Il manque certainement de l'audace intellectuelle dans l'approche de nos besoins. Tenez ! Juste un exemple ! Quand la France a eu besoin de développer son commerce et de protéger ses commerçants, elle a créé de toutes pièces un concept qui est par la suite devenu central pour le développement des PME françaises : la notion de « fonds de commerce » qui est une véritable fiction juridique et qui a malgré tout permis aux commerçants et petits entrepre-

[760] J'emprunte avec votre permission, la terminologie que nous utilisons entre nous pour désigner nos investisseurs locaux ?

[761] Philippe ESCANDE, « D'Ebola à Illumina », *Le Monde*, Éco & Entreprise, 2 septembre 2014.

neurs français d'accéder au crédit par le biais du nantissement de ce magma diffus qu'est le fonds de commerce, et de bénéficier d'une sorte de propriété sur leur lieu d'exercice grâce au droit au renouvellement du bail[762].

Cela veut dire que nous devons travailler sur nos propres concepts au lieu de reproduire de manière stérile des choses venues d'ailleurs et qui ne sont pas très adaptées ? Ce n'est pas du tout hérétique car, c'est de plus en plus dans les préoccupations de nos partenaires au développement. La Banque mondiale invite régulièrement les intellectuels africains à produire des idées pour booster la croissance sur le continent. De même, le rapport du Bureau indépendant d'évaluation du Fonds monétaire international (FMI), publié en mai 2011, une semaine après l'éclatement de l'affaire DSK, montre que nous devons développer notre propre recherche car, il y est dit que la recherche dans cette institution pose problème quand il s'agit de l'Afrique. Ce rapport nous dit qu'il s'agit d'une « recherche institutionnellement orientée », qu'il y a des « biais idéologiques », que des « conclusions sont préconçues », que certaines études reposent sur un « cadre analytique inapproprié aux réalités des pays étudiés » et mieux qu'il y a dans les recherches du FMI, une « incapacité répétée à citer les travaux des chercheurs locaux »[763].

b) Un concept juridique nouveau pour le monde rural : le *fonds agro sylvo pastoral*.

Le monde rural est la grande oubliée de l'OHADA. Pourquoi ? Ce n'est pas le lieu pour donner la réponse. Par contre, il est possible de montrer que le monde rural, en particulier l'entreprise agricole, n'est toujours pas dotée de la structure juridique adéquate malgré de nombreuses tentatives. En effet, en Afrique de l'Ouest, et particulièrement dans un des pays phares comme le Sénégal, malgré les nombreuses tentatives depuis les coopératives paysannes du temps du Président Senghor, jusqu'au groupement d'intérêt économique des années 80 sous le Président Abdou Diouf, en passant par les sociétés unipersonnelles ou plus récemment le statut de l'entreprenant du système OHADA, le monde rural n'arrive pas à trouver la structure idoine qui va le conduire aux formes d'exploitation économique qu'exige le monde contemporain.

---

762 Paul LE FLOCH, *Le fonds de commerce, Essai sur le caractère artificiel de la notion et ses limites actuelles*, Préface de Jean PAILLUSSEAU, Bibliothèque de Droit Privé, LGDJ, Paris 1986.

763 Independent Evaluation Office of the International Monetary Fund, « Research at the IMF : Relevance and utilization », Washington, DC, 20 mai 2011 (en ligne sur www.ieo-imf.org. Pierre RIMBERT, « Un rapport accablant, Bonnet d'âne pour le FMI », Le Monde Diplomatique, août 2011 ; « *À tout prendre, il valait mieux pour les têtes pensantes du Fonds monétaire international (FMI) que les feux de l'actualité fussent braqués sur leur directeur général, arrêté à New York le 14 mai 2011, plutôt que sur le dernier rapport de son Bureau indépendant d'évaluation, publié la semaine suivante dans l'indifférence générale* » selon RIMBERT.

Il est vrai qu'il y aura toujours des esprits plus enclins à consolider les notions anciennes qu'à construire des édifices nouveaux mais, une proposition pour l'avènement de la notion juridique de « fonds agro sylvo pastoral » pourrait être en mesure d'améliorer considérablement la situation des acteurs du monde rural aussi bien au plan juridique que du point de vue pratique.

– **Les utilités juridiques du concept.**

Au plan institutionnel, la notion de *fonds agro sylvo pastoral* peut être le socle du statut de l'entreprise en milieu rural ; elle peut permettre un regroupement judicieux et intelligent des principales activités économiques d'un terroir ; ce regroupement peut être soumis à une structure de gestion « ad hoc » ou calquée sur les Maisons Familiales Rurales qui ont malheureusement disparu ou sur un modèle à créer.

Du point de vue composition, avec ce concept, il sera permis une forme d'appropriation du sol (le foncier) grâce à son introduction et sa comptabilisation comme élément essentiel du fonds de la même manière que la marque et la clientèle sont essentielles au fonds de commerce.

Au plan opérationnel, on aura la possibilité de réaliser des opérations de cession et de garantie (nantissement) sur le fonds, des opérations de coopération entre *fonds agro sylvo pastoral* de terroirs différents, d'ouvrir les voies du financement bancaire aux opérateurs économiques du monde rural (ce qui a toujours été un casse-tête pour les autorités politiques) ; on peut aussi envisager l'exercice de droits de successions sur le *fonds agro sylvo pastoral* car l'histoire démontre que si la perspective de transmettre un bien à ses héritiers n'est pas fermée, il y a des chances que l'exploitant travaille bien jusqu'à la veille de son départ, or le caractère inaliénable de certains biens notamment de la terre rend vaine toute forme d'exploitation économique durable…

En définitive, l'introduction de ce concept dans le droit des affaires est en mesure non seulement d'élever le monde rural africain au rang de composante majeure du commerce mondial par la qualité des produits qui peuvent sortir de la nouvelle organisation que postule la réception juridique du concept de *fonds agro sylvo pastoral*, mais certains des problèmes récurrents que vivait ce monde rural pourraient à terme être éradiqués ou alors diminuer considérablement. Ce qu'il faut, à présent, passer en revue rapidement.

– **Les utilités pratiques du concept.**

Ce concept et son mode opératoire (regroupement d'activités et de villages d'un même terroir) sont en mesure d'installer de manière durable un pouvoir économique conséquent dans le monde rural. Ce pouvoir économique pourrait tenir la dragée haute au pouvoir politique généralement installé à la suite des politiques de décentralisation, sans aucun moyen matériel, ni aucune ressource financière conséquente, mises à part les modestes subventions provenant du budget central de l'État et dont la mobilisation n'est pas chose aisée.

Ce concept que je propose d'introduire sera à même d'accompagner la modernisation de la production et de la distribution des produits agricoles ; de clarifier l'occupation et le droit d'usage du sol et donc d'aider au règlement des litiges entre agriculteurs et éleveurs ; de contribuer à freiner l'exode des jeunes ruraux vers les villes du fait du manque d'activités lucratives en campagne ; de consolider la possibilité pour les terroirs de produire de la valeur et des richesses en tant que structures décentralisées et de ne plus dépendre du budget de l'État ; enfin de combler le déficit criant d'industries de transformation implantées dans le terroir lui-même.

B. Le droit spécial des investissements

Toutes les formes d'investissements ne sont pas prises en compte dans le code des investissements[764]. Notre code connaît très bien l'investisseur économique traditionnel mais il ne s'est pas adapté aux mutations qui ont fait apparaître aussi bien l'investisseur professionnel[765] qui est en passe de devenir incontournable que l'investisseur dans les projets d'infrastructures[766] qui frappe à nos portes et que nous cherchons à garder malgré un dispositif contraignant émanant des marchés publics.

1. LE CODE DES INVESTISSEMENTS EST DÉPASSÉ

L'investissement que le code prend en compte est celui qui est réalisé par l'investisseur producteur économique. En réalité et en droite ligne de l'appel aux capitaux étrangers, il s'agit de celui qui s'installe hors de son pays d'origine. Son entreprise n'est plus dans les étapes de la production en vue de l'exportation, mais plutôt dans celles de la production sur place dans le pays d'accueil. Pour lui, l'opération n'est intéressante que si le contrôle de l'investissement ne lui échappe pas. Il faut qu'il puisse faire prévaloir sa politique propre dans le but de s'assurer de la rentabilité et de la sécurité de l'opération. Son objectif est demeuré le même – faire prospérer son investissement – malgré les évolutions qui ont marqué l'histoire des pays

---

[764] Loi n° 2004-06 du 6 février 2004 portant Code des investissements modifiée par la loi n° 2012-32 du 31 décembre 2012.

[765] Irina PARACHKEVOVA, *Le pouvoir de l'investisseur professionnel dans la société cotée*, LGDJ, 2005.

[766] Céline KAUFFMANN, *La participation du secteur privé aux infrastructures en Afrique*, Background paper prepared for distribution as part of the official documentation at the Expert Roundtable on 11 December 2008. Initiative NEPAD/OCDE 2008.

d'accueil dont les attentes, de plus en plus fortes, ont imprimé à la question des investissements étrangers un statut de politique économique. Ce sont ces évolutions qui ont d'ailleurs influé sur le statut juridique de cet investisseur. Il est passé au fil des ans du statut d'investisseur en pleine propriété à celui de « partenaire » tenu de satisfaire les objectifs économiques des pays d'accueil. Ce genre d'investisseurs existe toujours mais il s'installe dans des endroits très « *compétitifs* » comme les pays à régime autoritaire ou les pays à « faible intensité juridique » (très peu de protection pour les travailleurs et très peu de taxes et d'impôts).

2. L'INVESTISSEMENT PROFESSIONNEL ET LES PPP

Il faut d'abord des précisions sur la notion d'investisseur professionnel avant de voir sa portée quant au droit de l'investissement.

a) La notion d'investisseur professionnel[767]

Qui est cet investisseur ? C'est un investisseur au sens du droit des sociétés, c'est-à-dire concrètement, un actionnaire qui investit dans une grande société. Toutefois, ce n'est pas n'importe quel actionnaire, ni n'importe quel investisseur. On parle ici du gestionnaire de l'épargne collective ou fonds souverain appartenant à un État.

Pour le gestionnaire de fonds de pension, c'est un professionnel de l'investissement qui gère l'argent de ses propres adhérents. C'est un acteur désormais très présent en droit des sociétés et dont l'apparition s'explique par l'évolution du comportement des petits porteurs qui désertent totalement la société. Les produits d'épargne sont devenus trop compliqués pour eux ; le fonctionnement du marché leur est incompréhensible. Ils préfèrent confier leur argent à des professionnels : des organismes de placement collectif, des fonds de pension aux États-Unis.

Pour le gestionnaire de fonds souverain étatique. On peut illustrer facilement par l'actualité : un fonds d'investissement est en train de prendre le contrôle de la banque africaine Ecobank : Qatar National Bank SAG (QNB) a acquis 11 % supplémentaires d'Ecobank Transnational Incorpored (ETI). La participation de QNB dans le capital-actions d'ETI s'élève désormais à 23,5 %. Le groupe qatari devient ainsi le premier actionnaire d'Ecobank. Le fonds d'investissement du Qatar possède un peu plus de 5 % du capital de la banque qatari qui prétend ouvertement à des ambitions à long terme avec Ecobank.

L'investisseur professionnel investit donc à la place de ses mandants (adhérents ou État) et pour leur compte, en prenant une participation

[767] Irina PARACHKEVOVA, *op. cit.*

minoritaire dans le capital. L'arrivée de cet investisseur change absolument tout. Comment l'attirer sans exclure nos entreprises locales ? C'est le droit des sociétés OHADA qui fournit des réponses en ce sens par l'introduction de nouvelles catégories de valeurs mobilières[768] : actions de préférences qui remplacent la catégorie des actions de priorité ; valeurs mobilières composées donnant accès au capital social ou droit à l'attribution de titres de créances telles que par exemple des obligations convertibles en actions.

b) Les enjeux d'un débat : l'investisseur dans les projets d'infrastructures, droit des marchés publics ou droit des investissements ?

Avec ces projets d'infrastructures, si on considère être en face d'un simple fournisseur de biens et services à l'administration, le droit des marchés publics aura vocation à s'appliquer. Mais s'il s'agit d'un investisseur qui vient « risquer ses billes », il ne me semble pas approprié de le mettre dans la procédure de passation. En conséquence, sauf à considérer qu'en tout état de cause, ce sera à la collectivité de supporter le coût du bien ou du service livré, il y a quand même lieu de noter la différence entre une commande de l'administration et une proposition émanant d'un investisseur privé. Une inversion des données autorise une autre structuration des relations État/secteur privé.

– Inversion des données dans la fourniture de biens et services à l'administration ?

En matière de marchés publics, l'unilatéralisme de la détermination des besoins publics peut être envisagé comme la manifestation de prérogatives de puissance publique. En effet, il est ce postulat consacré par le *Code des marchés publics*, que seule l'Administration a la capacité et d'un point de vue juridique, la compétence, d'identifier ses besoins. Et, aucun acteur privé ne peut s'immiscer dans la détermination de la nature ni de l'étendue de ces besoins, sous peine de vicier la procédure. En conséquence, à la différence des personnes privées qui peuvent librement choisir leur cocontractant, le choix porté par l'Administration sur tel ou tel candidat privé ne peut se faire que dans le cadre d'une procédure relevant du code des marchés publics. Cette procédure a été instituée afin de prévenir des dérives potentielles tant du point de vue de la gestion de l'argent public que de la distorsion de la concurrence ou, plus grave encore, de la corruption. C'est la raison qui a conduit le code des marchés publics du Sénégal à exiger au début de chaque année, un plan de passation pour chaque autorité contractante. C'est comme si en la matière, rien ne doit être laissé au hasard. En conséquence, toute ingérence d'un opérateur ou d'une entreprise privée dans la détermination de la nature ou de l'étendue des besoins de l'administration serait contraire à l'intérêt général. Ces principes juridiques relevant de la période faste de

[768] Voir ci-dessus, les développements consacrés aux dispositions tendant à faciliter le financement des sociétés.

« *l'administration seule juge de ce qui est bon pour les populations et les citoyens* » sont à l'origine d'une pratique finalement codifiée qui voudrait que dans ce contrat de nature administrative qu'est le marché public, chaque acteur, public comme privé, joue un rôle déterminé : l'administration identifie le besoin et son cocontractant doit attendre patiemment la publication de l'offre de contracter émanant de l'État. L'avantage n'est que théorique car il laisse croire que la souveraineté de l'État est encore intacte. Mais dans ce contexte de raréfaction des moyens financiers publics et d'exigence de plus en plus forte des populations pour des ouvrages publics de qualité, la souveraineté des pays en développement ne semble pas être un obstacle dirimant face aux investisseurs asiatiques que sont la Chine et les pays arabes[769].

Aujourd'hui, les dispositions relatives aux contrats de partenariat public privé, ouvrent une brèche en donnant à un tiers la possibilité d'adresser à une autorité publique une offre spontanée portant sur la réalisation d'un projet. Ainsi, sans procédure de publicité ni mise en concurrence préalable, un opérateur privé peut, de façon spontanée, procéder à l'identification de besoins de la personne publique et lui soumettre une offre. Cette procédure n'est pas envisagée comme une distorsion à la concurrence[770]. Question : le recours à l'offre spontanée ne peut-il pas être constitutif d'une nouvelle manière de concevoir la fourniture des biens à la collectivité ? La réponse mérite un examen raisonné en vue de permettre aux pays pauvres de s'équiper en infrastructures comme le rappelait au mois de mai dernier l'assemblée générale de la BAD : « Le continent africain a enregistré une croissance prometteuse au cours de la décennie écoulée mais doit investir massivement dans ses infrastructures pour espérer poursuivre sur cette voie ».

– Conséquences de l'inversion des données.

Celui qui fait l'offre spontanée est-il un cocontractant traditionnel de l'administration soumis au droit classique de la commande publique ou doit-il être considéré comme un investisseur soumis à la logique du droit des investissements ? La question est posée mais le débat ne saurait être tranché ici du fait que je ne suis peut-être pas le mieux placé pour en parler mais aussi et surtout du fait de ses multiples enjeux dont la remise en cause de certitudes datant du paléolithique du droit administratif.

---

769 « Bâtir des ponts, le rôle croissant de la Chine dans le financement des infrastructures en Afrique subsaharienne », Vivien FOSTER, William BUTTERFIED, Chan CHEN et Natalya PUSHAK, Banque mondiale-PPIAF, 2009.

770 Bien au contraire, et comme le précise la jurisprudence constitutionnelle française, elle vise à « *encourager les entreprises à proposer des projets originaux aux personnes publiques* » (Décision n° 2008-567 DC du 24 juillet 2008, Loi relative aux contrats de partenariats).

En tout état de cause et quelle que soit la réponse, des mesures doivent être prévues dans le sens de la sauvegarde de notre souveraineté économique via nos entreprises locales. Exemple, prévoir que toute offre spontanée donne une part d'exécution aux entreprises locales. En outre, une révision du code des investissements pourrait être envisagée pour déboucher sur une loi d'orientation de l'investissement au Sénégal avec comme objectif principal l'insertion du privé national dans notre tissu économique.

Je ne préjuge pas des résultats mais ne sommes-nous pas ainsi en train de poser les premiers pas d'une réglementation globale et non plus parcellaire sur l'investissement ? N'est-ce pas une condition pour l'effectivité de la norme dans l'espace OHADA ?

Les structures juridiques d'affectation patrimoniale de l'entreprise ne sont pas seules en cause dans l'ineffectivité du droit des investissements dans l'espace OHADA. Il convient de compléter l'analyse par un examen rapide du traitement judiciaire de l'investissement pathologique que réalise le droit des procédures collectives à travers l'Acte uniforme organisant le droit des procédures collectives d'apurement du passif[771].

Par. 2 : Le droit OHADA des entreprises en difficultés : le traitement juridique de l'investissement pathologique

L'investissement n'est pas sans risques. C'est d'ailleurs le propre de l'investisseur que de réclamer des garanties juridiques et des garanties financières[772]. L'OHADA n'étant pas spécialement tournée vers les décisions à portée macroéconomique, se borne à régler la question des impayés et de mettre en place un système approprié de règlement des litiges liés aux affaires.

Dans la production normative de l'OHADA, l'investissement pathologique fait l'objet de sollicitudes à travers le droit de l'entreprise en difficultés qui poursuit plusieurs objectifs, notamment :

– payer les créanciers par la liquidation des biens qui est la procédure destinée à la réalisation des biens du débiteur et à l'apurement de son passif[773] ;

---

[771] Le 24 décembre 2015, est entré en vigueur un nouvel Acte uniforme en date du 10 septembre 2015 portant organisation des procédures collectives d'apurement du passif qui remplace celui du 10 avril 1998, lequel ne mentionnait pas très clairement ses missions difficilement conciliables.

[772] Abdoulaye SAKHO et Ibrahima NDIAYE, « Pratique des garanties du crédit », Éditions de la Revue Africaine de Banques, 1998.

[773] Article 2 AUPCAP.

– sanctionner le mauvais investisseur par des restrictions portant aussi bien sur son patrimoine personnel que sur sa capacité à reprendre une activité[774] ;

– ou alors, sauver l'entreprise par deux types de procédures, celle destinée à éviter la cessation des paiements qu'est le règlement préventif et celle où, malgré la cessation des paiements, le redressement sera quand même tenté en vue de la sauvegarde de l'entreprise[775].

À la lecture de l'Acte uniforme portant sur les procédures collectives d'apurement du passif, il apparaît que ces finalités sont hiérarchisées et que le texte semble privilégier l'aspect de sauvetage de l'entreprise au détriment de la liquidation. En effet, en prévoyant la possibilité d'un règlement préventif et d'une procédure de redressement judiciaire, le droit OHADA opte pour la sauvegarde de l'investissement. L'objectif est-il atteint ? Comme pour le droit des sociétés, la révision intervenue bien après ne sonne-t-elle pas comme un aveu d'ineffectivité de cette réglementation ?[776]

Selon l'Acte uniforme sur les procédures collectives, « le règlement préventif est une procédure destinée à éviter la cessation des paiements ou la cessation d'activité de l'entreprise et à permettre l'apurement de son passif au moyen d'un concordat préventif » (Article 2-1).

Avoir un aperçu critique sur l'application du règlement préventif passera par le dépouillement de quelques décisions de justices rendues par le Tribunal régional de Dakar en matière d'entreprises en difficultés.

Avec 22 décisions collectées sur le règlement préventif, nous constatons que seules deux entreprises ont été sauvées ou plus exactement « sont encore en vie ».

Pour le reste, je procéderais à une interprétation libre qui m'autorisera à voir que la procédure de règlement préventif semble avoir été détournée de son objectif de sauvegarde de l'entreprise pour devenir, sans état d'âme, un moyen de « protection judiciaire » entre les mains de débiteurs peu scrupuleux. C'est d'ailleurs le principal reproche que les banques font à la procédure de règlement préventif : on prétend « sauver » les entreprises en demandant des « sacrifices » aux créanciers ; mais le résultat est décevant et personne ne semble satisfait ! N'est-ce pas tout simplement parce que le

---

774 Articles 194 et suivants AUPCAP.

775 Article 2 AUPCAP.

776 Pour dire vrai, il semble que non car le premier Acte uniforme consacré aux entreprises en difficultés a été remplacé. En le remplaçant, le législateur OHADA entend remédier aux lacunes de l'ancien droit des procédures collectives, contre lequel les griefs ne manquaient pas : • fréquentes plaintes des créanciers qui n'arrivaient presque jamais à recouvrer leurs créances de manière satisfaisante ; • désillusions des débiteurs, dont le sauvetage des entreprises est incertain, la rémunération des mandataires judiciaires et des auxiliaires de justice venant alourdir considérablement le passif de leurs entreprises.

droit des faillites n'a jamais cessé d'être cet instrument de restructuration du capital défaillant que le groupe « critique du droit » a brillamment diagnostiqué depuis le début des années 80 ?[777]

A. La sauvegarde de l'investissement par le règlement préventif

Ici le résultat « *positif* » pourrait relever beaucoup plus de la volonté politique des pouvoirs publics que d'une quelconque pertinence du droit de l'entreprise en difficultés. L'importance économique et sociale de cette entreprise minière, considérée comme un fleuron de la très faible industrie sénégalaise (affaire ICS) et de ce symbole de la liberté de la presse dans notre pays (affaire Sud SARL) ont pu justifier le maintien des activités économiques de ces deux entreprises.

1. AFFAIRE SOCIÉTÉ DES INDUSTRIES CHIMIQUES DU SÉNÉGAL (ICS). TR (TRIBUNAL RÉGIONAL) 27 MARS 2008. RÈGLEMENT PRÉVENTIF (OUI), POSSIBILITÉ SÉRIEUSE DE REDRESSEMENT DE L'ENTREPRISE (OUI), HOMOLOGATION DU CONCORDAT PRÉVENTIF, PRÉCISIONS SUR LES MODALITÉS DE PAIEMENT DES CRÉANCES FAITES PAR LE TRIBUNAL

Par requête en date du 2 février, la société des Industries chimiques du Sénégal (ICS) sollicite l'ouverture d'un règlement préventif, conformément à l'article 8 de l'Acte uniforme portant organisation des procédures collectives d'apurement du passif. Le Président du TR, par ordonnance du même jour, fait droit à sa requête et ordonne la suspension des poursuites individuelles tout en désignant un expert pour faire le rapport sur la situation économique et financière et sur les perspectives de redressement compte tenu des délais et remises de dettes et de toutes autres propositions concordataires. L'expert dépose son rapport à bonne date. Mais son document, du fait des délais trop courts ne reflétait pas la situation de l'entreprise et le rapport lui-même considérait que « *toute restructuration financière en vue d'un concordat sérieux et viable, devait passer par l'identification et l'implication d'un partenaire stratégique digne d'intérêt, capable de porter la recapitalisation de la société* ». Après moult réunions, sera prise la décision de différer la date de l'audience d'homologation « *dans le seul souci d'instaurer un cadre de dialogue propice à l'élaboration d'un business plan négocié avec l'ensemble des créanciers* ». Ainsi le Président du TR par ordonnance en date du 20 juin 2006 proroge la date de dépôt du rapport au 30 septembre 2006. Mais sur opposition de certains créanciers, le

---

[777] L. BOY, R. GUILLEMOND, A. JEAMMAUD, M. JEANTIN, J. PAGÈS, A. PIROVANO, *Droit des faillites et restructuration du capital, Collection de l'association* « Critique du droit » 7. Presses universitaires de Grenoble, 1982.

TR a retenu sa propre compétence pour statuer en vertu de l'article 14 et a rétracté l'ordonnance querellée. Puis statuant à nouveau, il reconduit les mesures préconisées par l'ordonnance et notamment le report de la date de dépôt du rapport tout en qualifiant le travail de l'expert comme un rapport préliminaire. Ce report aura permis des négociations sur plusieurs mois qui déboucheront sur un accord entre l'État du Sénégal et un groupe d'investisseurs indiens organisé en consortium (IFFCO) en vue de prendre le contrôle des ICS. Après cet accord, le consortium IFFCO engage des négociations avec toutes les parties prenantes (bailleurs de fonds internationaux, créanciers commerciaux locaux dont le pool bancaire en vue de résorber l'endettement très lourd des ICS et de proposer un concordat).

Sur la recevabilité de l'action. Le Tribunal, considérant que les délais de l'article 15 de l'Acte uniforme sur les procédures collectives sont des délais indicatifs auxquels les parties peuvent déroger, déclare la demande en règlement préventif recevable. En l'espèce, il résulte de la procédure et, plus précisément de la décision du 4 août 2006 que les parties dont les créanciers ont entendu proroger la saisine du TR au-delà du délai légal.

Sur l'homologation de l'offre concordataire. Le Tribunal constatant que l'offre présente de sérieuses possibilités de redressement de l'entreprise prononce le règlement préventif et homologue le concordat préventif en précisant pour chaque créancier les modalités de remboursement[778].

2. Affaire du Sud SARL. TR 12 février 2006. Concordat préventif (oui), article 15 Acte uniforme, cessation des paiements (non), homologation du concordat (oui), remise de dettes consenties par les créanciers (oui)

Par requête en date du 12 septembre 2005, la société SUD SARL demande à son profit l'ouverture d'une procédure de règlement préventif. Le rapport de l'expert désigné par ordonnance du Président du TR confirme que la société traverse des difficultés consécutives à la situation du secteur de la presse mais que, disposant de la confiance de ses lecteurs et annonceurs, elle offre de réelles possibilités de se maintenir et d'accroître ses parts de marché

[778] Épilogue de cette affaire par le biais de la presse financière africaine. ACTUALITÉ DES ICS. Relance des Industries chimiques du Sénégal (November 17th, 2014, Redaction Financial Afrik). Un accord de partenariat a récemment été signé entre l'État du Sénégal et la firme indonésienne Indorama, actionnaire stratégique, pour la relance des activités des Industries chimiques du Sénégal (ICS). À ce titre, Indorama a déjà effectué un premier investissement de 100 millions de dollars à titre de capital. Le Directeur général des ICS Alassane Diallo, a pour sa part annoncé un appel d'offres pour la construction d'une seconde usine avec une capacité de production annuelle de 250 000 tonnes d'engrais phosphatés. Avec un changement de statut, fruit du partenariat État du Sénégal-Indorama, Alassane Diallo prévoit un triplement du volume d'activités des ICS d'ici 3 à 5 ans.

si une certaine accalmie lui est accordée. Le TR constatant que la société SUD SARL n'est pas en cessation des paiements lui accorde le bénéfice du règlement préventif en application de l'article 15 de l'Acte uniforme portant organisation des procédures collectives d'apurement du passif. Les créanciers ayant accordé des remises et délais de paiement, le concordat est homologué et un délai de 3 ans est accordé à SUD SARL pour son redressement[779].

B. L'échec de la procédure préventive

Soit l'échec est direct, le tribunal prononce directement la liquidation malgré la demande de règlement préventif et ne s'embarrasse donc même pas de faire passer par le redressement soit alors, la procédure passe par ce dernier tant redouté des créanciers.

1. L'ÉCHEC DIRECT : LE PRONONCÉ DE LA LIQUIDATION JUDICIAIRE (5 CAS)

Ici, le choix est fait par le juge d'éliminer l'entreprise qui n'est plus apte à la survie parce que la situation serait irrémédiablement compromise. Il s'agit d'entreprises qui sont dans des secteurs où les « insiders » installés depuis longtemps, sont sans pitié pour ceux qui veulent se faire une place. Je n'ai pas eu la possibilité de vérifier ce que sont devenues ces entreprises « liquidées » tout au moins leurs actifs viables. Une question qui mérite d'être posée et peut être un projet pour voir quel est le sort économique de l'entreprise défaillante.

– AFFAIRE NOUVELLES BRASSERIES AFRICAINES (NBA). TR 8 AOÛT 2000. RÈGLEMENT PRÉVENTIF (NON), REDRESSEMENT JUDICIAIRE (NON), LIQUIDATION DES BIENS (OUI).

Par une requête en date du 29 février 2000, les Nouvelles Brasseries Africaines ont saisi le Tribunal régional aux fins d'être admis en règlement préventif. Une ordonnance du Président du Tribunal régional en date du 17 mai 2000 prononce la suspension des poursuites individuelles et désigne un expert pour faire un rapport sur la situation économique et financière et les perspectives de redressement. Le rapport de l'expert indique que les NBA sont dans l'impossibilité de faire face à leur passif exigible avec leur actif disponible. En application de l'article 15 de l'Acte uniforme portant

---

[779] Épilogue, le Groupe Sud continue de vivre avec sa principale activité qu'est la publication d'un titre (Sud quotidien) la gestion d'une Radio et d'une École de formation au journalisme et cela, même si le secteur de la presse ne semble pas avoir décollé depuis lors et que la concurrence s'y est même exacerbée avec la multiplication des titres qui se vendent à 100 francs CFA et dont la rentabilité pose problème en rendant perplexe la grande majorité des observateurs de la vie économique sénégalaise.

organisation des procédures collectives d'apurement du passif, le Tribunal en déduit que les NBA sont en cessation des paiements et ne peuvent en conséquence être admises au bénéfice du règlement préventif. Pour le Tribunal, cette décision est d'autant plus justifiée que les NBA sont dans « une insolvabilité notoire et chronique ».

Par ailleurs, n'ayant proposé aucun concordat sérieux en vue d'une relance ou d'un redressement de l'entreprise, le Tribunal en déduit que les NBA, ne présentant aucune chance de survie, il y a lieu de prononcer la liquidation des biens en application des articles 15 et 33 de l'Acte uniforme portant organisation des procédures collectives d'apurement du passif.

– AFFAIRE SOLOTECH. TR 14 JANVIER 2005. RÈGLEMENT PRÉVENTIF (NON), LIQUIDATION DES BIENS (OUI), ARTICLE 15 AU (Acte uniforme), CESSATION DES PAIEMENTS (OUI), IMPOSSIBILITÉ DE FAIRE FACE À SON PASSIF EXIGIBLE AVEC SON ACTIF DISPONIBLE (OUI), PERSPECTIVES DE REDRESSEMENT (NON), AUCUNE PROPOSITION CONCORDATIARE SÉRIEUSE DE LA PART DU DÉBITEUR, REFUS PAR LES CRÉANCIERS DE TOUTE REMISE DE DETTES OU DE DÉLAIS.

Par requête en date du 14 septembre 2004, la société SOLOTECH a introduit une demande aux fins de règlement préventif. L'expert désigné par le Président du TR (Tribunal régional) a conclu à la cessation des paiements et à la liquidation pure et simple au regard de la situation financière désastreuse de la société qui n'arrive pas à honorer ses versements mensuels. Emboîtant le pas à l'expert, le TR après avoir constaté la cessation des paiements, prononce la liquidation des biens de cette société qui n'a pas présenté un concordat sérieux alors que les créanciers lui refusent toute remise de dettes et de délais.

– AFFAIRE SOSEPLAST. TR 10 DÉCEMBRE 2002, LIQUIDATION DES BIENS (OUI), ARTICLE 25 AU PROCÉDURES COLLECTIVES, IMPOSSIBILITÉ POUR LE DÉBITEUR DE FAIRE FACE À SON PASSIF EXIGIBLE AVEC SON ACTIF DISPONIBLE (OUI), REDRESSEMENT JUDICIAIRE (NON), ABSENCE DE CONCORDAT, INEXISTENCE DE CAPACITÉS POUR LE DÉBITEUR À SURMONTER SES DIFFICULTÉS.

S'il apparaît une impossibilité pour le débiteur de faire face à son passif exigible avec son actif disponible (article 25 AU PC), il y a lieu de constater la cessation des paiements et de prononcer la liquidation des biens dès lors que le débiteur n'a pas proposé de concordat et que ses capacités à surmonter les difficultés sont minces, voire inexistantes. (La plupart des dettes proviennent des fournisseurs étrangers outre les cotisations sociales et les salaires).

– TR 24 OCTOBRE 2006. RÈGLEMENT PRÉVENTIF, CONVERSION EN LIQUIDATION DES BIENS (OUI), CESSATION DES PAIEMENTS RÉSULTANT DE L'INEXÉCUTION DES ENGAGEMENTS CONCORDATAIRES (OUI)

Quelques années plus tard, sur requête du syndic qui après avoir relevé le non-respect des propositions concordataires et l'arrêt total d'activité de l'entreprise, a demandé au juge-commissaire de requérir devant le TR la conversion de la procédure en liquidation des biens. Ce qui est accordé le 24 octobre 2006 par le TR qui a constaté que la cessation des paiements résulte de l'inexécution par Eurafricaine de ses engagements concordataires.

– AFFAIRE BETA TRADING/SOCIETÉ CGA AFRIQUE SA. TR 26 DÉCEMBRE 2003. LIQUIDATION DES BIENS (OUI), CESSATION DES PAIEMENTS (OUI), IMPOSSIBILITÉ DE FAIRE FACE AU PASSIF EXIGIBLE AVEC L'ACTIF DISPONIBLE (OUI), PASSIF EXIGIBLE REPRÉSENTANT 15 FOIS L'ACTIF DISPONIBLE, REDRESSEMENT JUDICIAIRE (NON), ABSENCE DE CONCORDAT.

Lorsque le passif exigible est 15 fois supérieur à son actif disponible, il y a lieu de constater que le débiteur se trouve dans l'impossibilité de faire face à son passif exigible avec son actif disponible, ce qui est caractéristique de son état de cessation des paiements. Aucune offre concordataire n'ayant été faite, toute perspective de redressement de la situation devient illusoire. En conséquence, il y a lieu d'ordonner la liquidation des biens.

– AFFAIRE MILESTONE SARL. TR 9 JANVIER 2004. LIQUIDATION DES BIENS (OUI), REQUÊTE INTRODUITE PAR LE DÉBITEUR, CESSATION DES PAIEMENTS, ARTICLE 25 AU PC, ARRÊT TECHNIQUE DU SEUL CHALUTIER CONGÉLATEUR DE L'ENTREPRISE, ENTREPRISE PRIVÉE DE RESSOURCES POUR PAYER SES DETTES (OUI), ABSENCE DE CONCORDAT SÉRIEUX.

Du fait de l'arrêt technique de son seul chalutier congélateur, l'entreprise se trouve privée de ressources pour payer ses dettes et doit donc être déclarée en cessation des paiements conformément à l'article 25 AU sur les procédures collectives. Lorsque pour toute offre concordataire, le débiteur ne parle que de pourparlers avec des partenaires pour remettre le chalutier en marche et désintéresser les créanciers, il y a lieu de considérer qu'il y a absence de propositions concrètes de redressement et de prononcer en conséquence la liquidation des biens.

2. L'ÉCHEC DIFFÉRÉ : LE PASSAGE PAR LE REDRESSEMENT JUDICIAIRE (14 CAS)

C'est le dispositif qui semble avoir les faveurs du juge tellement les cas sont plus nombreux par rapport aux autres solutions offertes par le droit des entreprises en difficultés. On essaie de poursuivre l'exploitation par la voie de la continuation ou de la cession des éléments viables. Ici la remarque qui vient à l'esprit est que le secteur de la pêche est au premier plan avec 7 décisions. Le reste relève du secteur des services. Il est aussi à relever que ce sont des entreprises appartenant en grande partie au secteur privé local et qui sont très fragiles devant la concurrence des entreprises appartenant à des non-nationaux.

LE SECTEUR DE LA PÊCHE

– AFFAIRE SNCDS. TR 30 JUILLET 2001 (SNCDS), RÈGLEMENT PRÉVENTIF (OUI).

La société Nouvelles Conserveries du Sénégal (SNCDS) est une entreprise de la filière thonière du Sénégal créée en mai 1968. Au moment de la requête en règlement préventif, elle avait un chiffre d'affaires de 18 milliards de francs CFA, 1 200 emplois directs et une participation de l'État à hauteur de 77 %. Face à des difficultés économiques apparues en 1998 qu'elle estime surmontable car ne compromettant pas de manière irréversible sa situation, elle demande à être admise au bénéfice du règlement préventif en excipant qu'à l'origine, elle était entreprise familiale, ce qui a conduit à quelques errements dans la gestion, mais que compte tenu de son impact économique au moment de la procédure, l'État est entré dans le capital social à hauteur de 77 % suite à un plan de sauvegarde élaboré en 1999, elle peut revenir à meilleure fortune. Avec ce plan qui avait le soutien de l'État, les principaux créanciers (banques et armateurs) acceptent d'étaler leurs créances sur 6 ans et le Fonds de Promotion Économique (FPE) un organisme étatique de promotion de l'investissement accorde un différé de 5 ans. Aussi, la SNCDS sollicite l'homologation du concordat préventif tel que présenté par l'Expert désigné par l'ordonnance de suspension du Président du Tribunal régional en date du 27 février 2001. Le rapport de l'Expert situait l'origine des difficultés de la SNCDS dans la baisse du cours mondial du thon, la défaillance d'un des principaux clients de la société et un niveau d'endettement élevé. L'homme de l'art relevait aussi que la société virtuellement en cessation des paiements tournait au ralenti eu égard à ses difficultés de trésorerie « mais que cela ne veut pas dire que l'activité ne soit pas viable, qu'il existe des chances réelles de réalisation du concordat proposé ».

Le Tribunal régional de Dakar, par application de l'article 15 de l'Acte uniforme portant organisation des procédures collectives d'apurement du passif et, se fondant sur les conclusions de l'expert, estime que « la SNCDS connaît une situation économique et financière difficile certes, mais non irrémédiablement compromise, qu'elle n'est donc pas en cessation des paiements, que le concordat proposé en l'espèce présente de sérieuses possibilités de redressement de l'entreprise, de règlement du passif et des garanties suffisantes d'exécution ; que rien ne s'oppose à ce que les créanciers dont l'encours représente 64 % de la dette concèdent à la SNCDS un apurement de leurs créances sur plus de trois ans (un délai qui va au-delà de celui de l'article 15 susvisé qui n'est pas ainsi selon le Tribunal, une règle d'ordre public) ; que la disparition de la SNCDS qui représente la plus grande entreprise de la filière thonière serait de nature à causer un trouble grave à l'économie nationale ». Au vu de tout ce qui précède, le juge de Dakar homologue le concordat, constate les délais et remises consentis par les créanciers et donne acte à la SNCDS des mesures proposées pour le redressement.

– AFFAIRE GPL DAKAR FRAIS SARL, DEUX DÉCISIONS. RÈGLEMENT PRÉVENTIF (NON), REDRESSEMENT JUDICIAIRE (OUI).

TR 11 JUILLET 2000. Ce jugement se prononce sur deux points : la compétence pour ordonner la suspension des poursuites individuelles de l'article 5 alinéa 2 de l'Acte uniforme portant organisation des procédures d'apurement du passif, d'une part ; la demande d'ouverture d'une procédure de redressement judiciaire en application de l'article 25 du même Acte uniforme, d'autre part.

Sur la demande de règlement préventif. Le Tribunal régional de Dakar se déclare incompétent en visant l'article 8 de l'Acte uniforme qui exige la transmission sans délai à son Président de la proposition de concordat préventif dès son dépôt. D'après ce texte, « c'est au Président de la juridiction compétente de rendre une décision de suspension des poursuites individuelles, de désigner un expert pour faire un rapport sur la situation économique et financière de l'entreprise, les perspectives de redressement compte tenu des délais et remises consentis ou susceptibles de l'être par les créanciers et toutes autres mesures susceptibles de l'être par les propositions du concordat préventif… ». En conséquence pour le Tribunal régional de Dakar, seul son Président a compétence pour ordonner la suspension des poursuites individuelles dans le cadre d'une procédure de règlement préventif. Ce sont des règles de compétence *rationae materiae* et donc d'ordre public.

Sur la demande de redressement judiciaire. Le Tribunal retient sa propre compétence mais rend une décision avant de dire le droit par lequel elle désigne un expert en vue de faire un rapport sur la situation économique et financière et les perspectives de redressement dans le mois qui suit sa désignation.

TR 14 AOÛT 2001. Par la suite, le redressement judiciaire sera prononcé par le Tribunal régional dans un autre jugement en date du 14 août 2001, aux motifs que la société GPL DAKAR FRAIS SARL « a présenté un concordat sérieux susceptible de préserver l'entreprise et d'assurer le paiement des créanciers dans des conditions acceptables ».

– AFFAIRE SOCIÉTÉ DES PRODUITS DE LA MER DU SÉNÉGAL S.A. (PROMERS SA). TRIBUNAL RÉGIONAL 26 DÉCEMBRE 2003. RÈGLEMENT PRÉVENTIF (NON), REQUÊTE IRRECEVABLE (OUI), ABSENCE DE CONCORDAT PRÉVENTIF.

Une requête aux fins de règlement préventif doit être accompagnée d'une offre de concordat préventif. Une requête déposée sans concordat préventif, au plus tard, dans le mois qui suit le dépôt doit être déclarée irrecevable par application de l'article 7 alinéa 1 de l'Acte uniforme portant organisation des procédures collectives d'apurement du passif. En l'espèce, le dépôt par PROMERS SA de sa requête aux fins de règlement préventif avait eu lieu le 29 juillet 2003. Le Tribunal a fait le constat que jusqu'au 31 août 2003, le concordat préventif qui devait accompagner la requête n'était toujours pas déposé. Il en déduit que la requête de PROMERS SA est irrecevable.

– AFFAIRE PECHÊRIES FRIGORIFIQUES DU SÉNÉGAL (PFS). TRIBUNAL RÉGIONAL 6 AOÛT 2004. RÈGLEMENT PRÉVENTIF (OUI), CESSATION DES PAIEMENTS (NON), DÉLAIS DE PAIEMENT CONSENTIS PAR LES PRINCIPAUX CRÉANCIERS (OUI), PROPOSITIONS CONCORDATAIRES CONFORMES À LA LOI, CHANCES RÉELLES DE REDRESSEMENT (OUI).

Par une requête en date du 13 février 2004, les Pêcheries Frigorifiques du Sénégal (PFS) demandent l'admission au bénéfice du règlement préventif. Sur la base du rapport de l'expert, le Tribunal écarte la cessation des paiements car PFS, « malgré le soutien qui peut paraître abusif des banques, a pu jusqu'ici faire face à son passif exigible en payant notamment les salaires et autres dettes aux fournisseurs et institutions de prévoyance ». Par ailleurs, les créanciers et les fournisseurs les plus importants ayant accepté de consentir des différés de paiement, les propositions concordataires étant conformes aux exigences de la loi en ce qu'elles ne sont pas contraires à l'ordre public et l'entreprise présentant de réelles chances de redressement, il y a lieu, selon le Tribunal de donner acte aux PFS de leurs propositions, de les admettre au règlement préventif et d'homologuer le concordat.

Deux ans après cette décision, un des créanciers, en l'occurrence une banque (BST) saisira à nouveau le TR par une requête aux fins de résolution du concordat préventif consenti aux PFS. Deux autres banques (Crédit Lyonnais Sénégal et SGBS) interviendront volontairement à l'instance. Le Tribunal prononce la résolution du concordat, déclare la société les PFS en cessation des paiements et l'admet au bénéfice du redressement judiciaire (TR DAKAR 9 JUIN 2006). La société PFS a manqué gravement à ses obligations concordataires. Sur un passif exigible de plus d'un milliard cinq cents millions de francs CFA, elle n'a pu verser que 77 714 863 F CFA. Par ailleurs, quelle que soit la fermeté des engagements de l'État quant à la restructuration de la filière thon du Sénégal, il y a lieu de retenir que l'exécution du concordat n'était nullement subordonnée à cette intervention de l'État qui va jusqu'à préconiser la fusion entre SNCDS et PFS.

– AFFAIRE SOCIÉTÉ « PRODUITS DE LA MER ÉLABORÉS » (PROMEL). DEUX DÉCISIONS ; TR 5 MARS 2003. RÈGLEMENT PRÉVENTIF (NON), REDRESSEMENT JUDICIAIRE (OUI), CESSATION DES PAIEMENTS (OUI), IMPOSSIBILITÉ DE FAIRE FACE AU PASSIF EXIGIBLE AVEC L'ACTIF IMMÉDIATEMENT DISPONIBLE, OFFRE DE CONCORDAT (OUI), REFUS POUR LES PRINCIPAUX CRÉANCIERS D'ACCORDER DES REMISES ET DES DÉLAIS ; TR 11 MARS 2005. REDRESSEMENT JUDICIAIRE, CONVERSION EN LIQUIDATION DES BIENS (OUI), REJET DU CONCORDAT PAR LES CRÉANCIERS (OUI), REFUS PAR LES BANQUES PRINCIPALES CRÉANCIÈRES D'ADHÉRER AU CONCORDAT.

Saisie le 7 mai 2002 par la société PROMEL d'une requête aux fins de règlement préventif, le Président du TR par ordonnance en date du 24 juin 2002 prononce la suspension des poursuites et commet un expert pour faire un rapport sur la situation économique et financière de la société et sur ses possibilités de redressement. Au vu du rapport de l'homme de l'art, le TR constate que la société traverse une situation économique et financière difficile et qu'elle est en cessation des paiements dès lors qu'elle ne peut faire face à son passif exigible avec son actif immédiatement disponible. En conséquence et par application de l'article 15 AU sur les procédures collectives, le TR prononce l'ouverture d'une procédure de redressement judiciaire.

Quelques années plus tard, sur convocation de l'assemblée concordataire par le TR suite à une requête du juge-commissaire en date du 10 décembre 2004, le procès-verbal de cette assemblée tenue le 17 décembre 2004 fait apparaître que les créanciers n'ont pas adhéré à l'offre de concordat dès lors qu'ils n'ont accordé ni délais supplémentaires, ni remises de dettes. En conséquence, le TR, par application de l'article 126 AU sur les procédures collectives convertit le redressement judiciaire en liquidation des biens.

– AFFAIRE SONACHAL. TR 5 NOVEMBRE 2002. RÈGLEMENT JUDICIAIRE, CONVERSION EN LIQUIDATION DES BIENS (OUI), ABSENCE DE CONCORDAT, IMPORTANCE DU PASSIF MALGRÉ MISE EN LOCATION-GÉRANCE ET VENTE DE CERTAINS ÉLÉMENTS D'ACTIFS, APPLICATION COCC ARTICLE 1006.

En application de l'article 1006 du COCC, le tribunal convertit le règlement judiciaire en liquidation des biens si le débiteur ne propose ou n'obtient pas de concordat. C'est le cas en l'espèce du débiteur qui, non seulement ne propose pas de concordat, mais voit son passif augmenter malgré la location-gérance du fonds de commerce et la vente de certains actifs. La décision est intéressante dans la perspective de la reprise des éléments viables de l'entreprise en faillite.

– AFFAIRE ACAMAR. TR 10 JUIN 2005. RÈGLEMENT JUDICIAIRE, CONVERSION EN LIQUIDATION DES BIENS (OUI), ARTICLE 1006 COCC, ABSENCE DE CONCORDAT, NON-RESPECT DES ENGAGEMENTS PRIS DEVANT L'INSPECTEUR DU TRAVAIL CONCERNANT LES SALAIRES, DÉBITEUR N'AYANT ENTREPRIS AUCUNE DÉMARCHE EN VUE DE REDRESSER LA SOCIÉTÉ.

Il convient de convertir en liquidation des biens, le règlement judiciaire du débiteur qui n'a ni offert ni proposé d'offrir un concordat en vue de la continuation de l'activité ; qui n'a respecté aucun de ses engagements y compris ceux pris devant l'inspecteur du travail pour le règlement des créances salariales et qui n'a entrepris aucune démarche en vue de redresser la société.

AUTRES SECTEURS

– AFFAIRE COMPLEXE MBAYANG SARL. TRIBUNAL RÉGIONAL 11 JUIN 2004. RÈGLEMENT PRÉVENTIF (NON), REDRESSEMENT JUDICIAIRE (OUI).

Le complexe MBAYANG SARL a sollicité son admission au règlement préventif par requête en date du 6 février 2004. Par ordonnance du Président du TR, la suspension des poursuites individuelles est ordonnée et un expert désigné aux fins de dresser le rapport sur la situation financière et économique et sur les perspectives de redressement. Le requérant fait état, à l'appui de sa requête, de la situation difficile du secteur du gardiennage et du nettoiement qui a conduit à un rétrécissement de son chiffre d'affaires alors que ses charges fiscales et sociales n'ont pas varié.

Mais le Tribunal, s'appuyant sur le rapport de l'expert, constate la cessation des paiements par application de l'article 25 de l'Acte uniforme portant organisation des procédures collectives d'apurement du passif. En l'espèce, il est apparu que le passif du débiteur est de loin supérieur à son actif dès lors que le cumul du passif constitue le double du chiffre d'affaires.

En conséquence, il sera prononcé, au profit du COMPLEXE MBAYANG SARL, le redressement judiciaire par le Tribunal qui retient que « *l'exécution du plan concordataire et la réalisation des contrats signés sont une chance d'apurer son passif* ».

– AFFAIRE SOCIÉTÉ « LES FLORALIES ». TRIBUNAL RÉGIONAL 10 MARS 2006. RÈGLEMENT PRÉVENTIF (NON), REDRESSEMENT JUDICIAIRE (OUI), CESSATION DES PAIEMENTS (OUI), ACTIF DISPONIBLE, PRISE EN COMPTE DES CRÉANCES ÉVENTUELLES

OU SIMPLEMENT ESPÉRÉES (NON), SITUATION NON IRRÉMÉDIABLEMENT COMPROMISE (OUI).

Par requête en date du 18 août 2005, la société « LES FLORALIES » demande l'admission au règlement préventif. Le Tribunal régional rejette la demande aux motifs que la société est manifestement en cessation des paiements au regard de l'écart considérable entre ses dettes et ses créances éventuelles. Pour le Tribunal, ces dernières ne doivent même pas entrer en ligne de compte dans l'appréciation de l'état de cessation des paiements pour lequel il n'est tenu compte que de l'actif disponible du débiteur. Le rapport de l'expert ayant relevé des perspectives intéressantes de redressement pour la société dont l'exploitation n'est guère irrémédiablement compromise, le Tribunal prononce le redressement judiciaire.

– AFFAIRE SOCIÉTÉ DE TRANSIT INTERNATIONAL ET D'ASSISTANCE (STIA) CONTRE « SOLEIL VERT ». TR 26 DÉCEMBRE 2003. LIQUIDATION DES BIENS, BIEN FONDÉE (NON), REDRESSEMENT JUDICIAIRE (OUI), CESSATION DES PAIEMENTS (OUI), PREUVE NON RAPPORTÉE PAR LE DÉBITEUR DE SA POSSIBILITÉ DE PAYER LE PASSIF EXIGIBLE AVEC SON ACTIF DISPONIBLE, GÊNE FINANCIÈRE DU DÉBITEUR DEPUIS DEUX ANS, POSSIBILITÉS DE REDRESSEMENT (OUI), ACTIVITÉS SAISONNIÈRES D'EXPORTATION DE PRODUITS HORTICOLES, TÉMOIGNAGES ET ATTESTATION BANCAIRE POUR CONFORTER LES POSSIBILITÉS DE REDRESSEMENT.

À défaut de prouver qu'une prétendue gêne financière qui dure depuis deux ans ne l'empêche pas de faire face à son passif exigible avec son actif disponible, il y a lieu de constater la cessation des paiements du débiteur. Mais, par son activité saisonnière d'exportation de produits horticoles, le débiteur semble présenter des chances de redresser l'entreprise. En conséquence, est non fondée, la demande de liquidation des biens d'un tel débiteur qu'il faut admettre au bénéfice du redressement judiciaire d'autant plus que l'attestation de sa banque ainsi que divers témoignages confortent l'idée que le débiteur présente des chances de redressement.

– AFFAIRE SOCIÉTÉ AMCO INDUSTRIES SA. TRIBUNAL RÉGIONAL 7 AVRIL 2006. RÈGLEMENT PRÉVENTIF (OUI), CESSATION DES PAIEMENTS (NON), PAIEMENT DES DETTES EXIGIBLES NOTAMMENT DE SALAIRES, CONCORDAT VIABLE CAR RECAPITALISATION ATTENDUE, PROPOSITIONS CONCORDATAIRES CONFORMES À L'ORDRE PUBLIC (OUI), REFUS PAR LES CRÉANCIERS DE REMISES DE DETTES (OUI), HOMOLOGATION DU CONCORDAT (OUI).

Par requête en date du 28 décembre 2005, AMCO a saisi le Tribunal régional d'une demande d'ouverture d'une procédure de règlement préventif.

Sous le bénéfice du rapport de l'expert, le Tribunal écarte la cessation des paiements aux motifs que malgré les difficultés, AMCO arrive à honorer ses dettes exigibles notamment les créances de salaires. Il accorde le règlement préventif et homologue le concordat qui lui paraît viable et en tout cas conforme à l'ordre public.

– AFFAIRE SOCIÉTÉ DON PINO SURL. TRIBUNAL RÉGIONAL 19 MAI 2006. RÈGLEMENT PRÉVENTIF (NON), CESSATION DES PAIEMENTS (OUI), IMPOSSIBILITÉ DE FAIRE FACE À SON PASSIF EXIGIBLE AVEC SON ACTIF DISPONIBLE (OUI), ÉTAT INCOMPATIBLE AVEC LE RÈGLEMENT PRÉVENTIF (OUI), REDRESSEMENT JUDICIAIRE (OUI), SITUATION NON IRRÉMÉDIABLEMENT COMPROMISE.

Par requête en date du 30 novembre 2005, la société DON PINO SURL demande à être admise au bénéfice du règlement préventif. Le Tribunal se fondant sur le rapport de l'expert retient que la société est manifestement en cessation des paiements car n'arrivant pas à respecter ses engagements envers les créanciers. Par application de l'article 15 de l'Acte uniforme portant organisation des procédures collectives d'apurement du passif, cet état étant incompatible avec le règlement préventif, la demande de la société DON PINO n'est pas retenue par le Tribunal. Mais au regard des perspectives de sa situation économique et financière et du concordat préventif proposé, le Tribunal estime utile de l'admettre au bénéfice du redressement judiciaire.

– AFFAIRE EURAFRICAINE D'INDUSTRIE. TR 9 JANVIER 2004. RÈGLEMENT PRÉVENTIF (OUI), CESSATION DES PAIEMENTS (NON), ACTIF SUPÉRIEUR AU PASSIF EXIGIBLE, ARTICLE 25 AU PROCÉDURES COLLECTIVES, SITUATION ÉCONOMIQUE DIFFICILE MAIS EXISTENCE DE POSSIBILITÉS DE REDRESSEMENT, HOMOLOGATION DU CONCORDAT (OUI), ADHÉSION DES CRÉANCIERS, CONFORMITÉ À L'ORDRE PUBLIC, MAINTIEN DES DROITS DES CRÉANCIERS.

Le 8 juillet 2002, l'IPRES (Institution de Prévoyance Sociale du Sénégal qui s'occupe des retraites dans le secteur privé) a assigné la Société Eurafricaine d'Industries en déclaration de cessation des paiements et en liquidation des biens. Par requête en date du 28 juillet 2003, la société Eurafricaine sollicite son admission en règlement préventif. Le Président du TR ordonne la suspension des poursuites et désigne un expert le 30 juillet 2003 aux fins de dresser un rapport sur la situation économique et financière du débiteur et sur ses perspectives de redressement. Le TR, au vu du rapport d'expertise constate que la société débitrice n'est pas en cessation des paiements car son actif est de loin supérieur à son passif immédiatement exigible et que, même si elle connaît des difficultés, elle peut s'en tirer à court ou moyen terme. En conséquence, elle est admise au bénéfice du règlement préventif. Par ailleurs, les créanciers ayant adhéré aux propositions concordataires qui sont conformes à l'ordre public et ne compromettent pas la survie des créanciers, le TR homologue le concordat.

– AFFAIRE SOCIÉTÉ SÉNÉGALAISE POUR LE DÉVELOPPEMENT DE LA PHOTO (SSPD). TR 11 NOVEMBRE 2005. LIQUIDATION DES BIENS (OUI), CESSATION DES PAIEMENTS, ARTICLE 25 AU PC, DETTES IMPORTANTES ET RECETTES MENSUELLES NE COUVRANT QUE LES DÉPENSES DE CHAQUE MOIS, DISSENSIONS ENTRE ASSOCIÉS, SOCIÉTÉ SOUS ADMINISTRATION PROVISOIRE, INTRODUCTION DE LA REQUÊTE EN LIQUIDATION DES BIENS PAR L'ADMINISTRATEUR PROVISOIRE.

Une société sous administration provisoire du fait des dissensions entre associés et dont les ressources « équivalent » presque tous les mois les dépenses alors que les dettes sont très importantes, est en cessation des paiements. Les associés n'ayant fait aucune offre concordataire, il y a lieu de prononcer la liquidation des biens.

Conclusions. Tout ce qui précède ne montre-t-il pas que cette procédure de règlement préventif est vouée à l'échec ? Qu'il ne s'agit ni plus ni moins que de retarder l'échéance et d'offrir au débiteur peu scrupuleux les moyens de faire sortir certains de ses biens de la procédure inéluctable qui suivra ? (comme me l'a confié un banquier qui considère qu'ils sont les grands perdants dans ce genre de procédures).

En tout état de cause, ce rapide dépouillement de ces quelques décisions de justice permet de retenir que le contentieux du sauvetage de l'entreprise existe devant le Tribunal régional de Dakar mais son mode opératoire semble obéir à des logiques ne dépendant pas seulement du droit. N'est-ce pas ce que voyait déjà le groupe « Critique du droit »[780] et que le regretté Michel Jeantin a su cristalliser dans une imposante production intellectuelle qui irradie encore l'esprit de ce droit des entreprises en difficulté qu'il a contribué à forger[781].

Pour conclure, je voudrais mettre en garde et signaler qu'en tout état de cause, qu'elles portent sur un investissement pathologique ou pas, les normes OHADA gagneraient à être élaborées sur la base de l'observation des faits et de la connaissance de ce qu'elles prétendent régir. Sinon, elles donnent l'impression de ne pas répondre aux besoins des opérateurs économiques dans l'espace Ohada et de leurs entreprises. Ce qui, en conséquence, rend toujours très pertinente et très actuelle la question de l'effectivité des normes OHADA.

[780] « Droit des faillites et restructuration du capital », PUG, 1982.

[781] Notamment son Précis Dalloz, Droit commercial, Instrument de paiement et de crédit, entreprises en difficultés.

Section 3 : Le profil du contentieux du droit des affaires au Cameroun

Hubert Patrice ZOUATCHAM,
Chercheur à l'Université de Toulouse I /
Université de Yaoundé II (Soa)

L'amélioration du climat des affaires a été un des principaux objectifs des États africains au sortir des indépendances. Ces tentatives mis à part quelques exceptions[782] s'organisaient toujours dans le cadre d'union économique[783]. Après plusieurs expérimentations infructueuses, le traité portant Organisation pour l'Harmonisation en Afrique du Droit des Affaires (OHADA) négocié en 1993 à Port-Louis apparaît comme une expérience fructueuse[784]. Il s'agit d'un modèle original d'intégration dont l'objectif est clairement défini par le traité : « l'harmonisation du droit des affaires dans les États-parties par l'élaboration et l'adoption de règles communes simples, modernes et adaptées à la situation de leurs économies »[785], la promotion de l'arbitrage comme un mode de règlement des différends contractuels, l'amélioration du climat des investissements, le soutien à l'intégration économique africaine, l'institution d'une communauté économique africaine, en vue d'accomplir de nouveaux progrès sur la voie de l'unité africaine.

Cette intégration est matérialisée à par ce qu'il convient aujourd'hui d'appeler le droit commun des affaires africain. L'intégration est donc opérée ici par le droit qui sert d'impulsion à l'intégration économique[786].

Aujourd'hui, l'OHADA a 20 ans et a modifié profondément l'environnement juridique des affaires au sein des pays membres. Son objectif, en plus d'assurer l'unification du droit des affaires dans les États membres, et

---

[782] C'est le cas de la Conférence Interafricaine des Marchés d'Assurance (CIMA), de la Conférence Interafricaine de la Prévoyance Sociale (CIPRES) et de l'Organisation Africaine de la Propriété Intellectuelle (OAPI).

[783] Les efforts de développement impulsés par les États africains ont toujours été réalisés dans le cadre d'organisation sous régionales de types union économique et monétaires. Voir. PAILLUSSEAU Jean, « Le droit de l'OHADA – Un droit très important et original », La Semaine Juridique Entreprise et Affaires : l'OHADA, dix années d'uniformisation du droit des affaires en Afrique, 2004, n° 5, p. 2.

[784] Le traité créant l'OHADA a été signé le 17 octobre 1993 à Port-Louis. Il est entré en vigueur le 18 septembre 1995. Il vient de connaître sa première révision le 17 octobre 2008 à Québec ; celle-ci est entrée en vigueur le 21 mars 2010.

[785] Article 1er du traité OHADA.

[786] POUGOUE Paul Gérard, « Présentation de l'encyclopédie », in *Encyclopédie du droit OHADA*, page XVI.

d'assurer la sécurité juridique et judiciaire des affaires[787], marque son originalité[788].

Si d'un point de vue strictement juridique, le succès enregistré par le droit matériel après un peu plus de 20 ans d'existence de l'OHADA ne souffre d'aucune discussion[789], du point de vue judiciaire et plus précisément du contentieux dérivant de la mise en œuvre des dispositions des Actes uniformes, le bilan d'un point de vue processuel est loin d'être glorieux. L'impact de ce droit essentiellement substantiel[790] sur la gestion du contentieux des affaires semble n'avoir pas été suffisamment pris en compte par les États membres dans l'élaboration des Actes uniformes[791]. Pourtant, chaque fois qu'une norme de droit uniforme est adoptée et qu'elle institue une nouvelle procédure, celle-ci doit s'insérer au sein du dispositif judiciaire existant au sein des États membres au risque d'obérer l'efficacité de la norme harmonisée.

Il est donc intéressant de s'arrêter pour dresser le profil du contentieux du droit des affaires depuis l'entrée en vigueur des Actes uniformes.

Ce thème est très technique, parce qu'il requiert une analyse croisée du droit matériel et du droit processuel des affaires dans un espace relativement jeune. Sa complexité est également due au fait que l'OHADA, en dépit de son extrême précision technique, se déploie dans des États dont les réalités judiciaires sont différentes.

Dans le cadre de notre étude, nous avons choisi d'appuyer notre réflexion sur le cas du Cameroun qui présente cette particularité juridique d'être le seul État membre de l'OHADA à fonctionner avec deux systèmes juridiques, à savoir le droit dit continental et la *common law*.

---

[787] Cette sécurisation est recherchée, dans le cadre de l'OHADA, par :
– la formation des magistrats et de toutes les personnes appelées à utiliser ou à appliquer ce droit dans une École régionale supérieure de la magistrature (ERSUMA) ;
– le contrôle de l'application et de l'interprétation des normes uniformisées par une juridiction suprême unique de cassation (la CCJA) investie du pouvoir d'évocation ;
– l'adoption de règles de procédure adaptées aux impératifs précités (actes uniformes sur le recouvrement des créances, les procédures collectives d'apurement du passif des entreprises ; l'arbitrage).

[788] Le Traité de Port-Louis qui institut l'OHADA prévoit également ses quatre institutions à savoir : le Conseil des ministres, le Secrétariat permanent, la Cour commune de Justice et d'Arbitrage (CCJA) et l'École régionale supérieure de la magistrature (ERSUMA). Ils font désormais partie du paysage juridique, mais également judiciaire des États membres de l'OHADA.

[789] Les premières reformes ne remettent pas en cause la qualité du dispositif légal, élaborer d'abord mais vise à améliorer cette proximité du cadre législatif OHADA.

[790] Entendu ici comme « droit de fond » consistant en des règles de droit sur lesquelles reposent les droits subjectifs.

[791] Contrairement à ce que l'on pourrait penser, l'OHADA à travers les Actes uniformes, induit en plus de la redéfinition du droit des affaires dans les États membres, une reconfiguration des procédures contentieuses.

Au plan législatif, l'activité d'harmonisation a été intense et les efforts de vulgarisation ont été conséquents[792]. Par contre, la mise en œuvre du droit de l'OHADA a substantiellement bouleversé le contentieux des affaires au Cameroun et le bilan n'est donc pas forcément le même que celui de l'activité législative[793].

Afin d'évaluer cet impact des dispositions de droit uniforme sur le contentieux des affaires, nous allons réaliser un relevé des constantes, véritable état des lieux du contentieux des affaires au Cameroun (Par. 1) avant d'élaborer des éléments de prophylaxie en vue d'améliorer l'effectivité du droit OHADA du point de vue du contentieux (Par. 2).

Par. 1 : Une image de la réception judiciaire du droit OHADA au Cameroun

L'entrée en vigueur des AU (Actes uniformes) a entraîné une mutation du contentieux du droit des affaires à l'échelle sous-régionale. Ce renouvellement est particulièrement marqué dans le paysage juridique camerounais[794]. Cette mutation se manifeste par une reconfiguration du contentieux des affaires (A) qui a eu pour effet de créer chez les sujets de droit une certaine réticence à la primauté des règles de droit OHADA (B).

---

792 La preuve en est le nombre d'Actes uniformes (neuf Actes uniformes ont déjà été adoptés et pour certains révisés), et des projets d'Actes uniformes sont en cours d'élaboration. En l'état actuel des choses, le Conseil des ministres envisage l'extension du droit des affaires de l'OHADA à de nouvelles matières (tels l'affacturage, le crédit-bail, la médiation commerciale, la sous-traitance, la franchise, le règlement des conflits de lois et la circulation des actes publics, les contrats de *built operate transfert* ou PPP).

793 Dans le sens de l'évaluation de l'effectivité du droit OHADA, voir TEPPI KOLLOKO Fidèle, « Droit et pratique de la Common law à l'épreuve du droit OHADA », *Penant,* n° 856, p. 345 et s.

794 On peut évaluer à 14 % le pourcentage des pourvois effectués devant la CCJA issus du Cameroun. Au 30 juin 2008, la CCJA a recu :
- 17 ordonnances de radiation ;
- 38 arrêts d'incompétence ;
- 89 arrêts de rejet des pourvois ;
- 85 arrêts de cassation ;
- 346 affaires en instance.

Le nombre des pourvois s'élève à 682 provenant de : Bénin (9) ; Burkina Faso (15) ; Cameroun (90) ; Centrafrique (8) ; Comores (1) ; Congo (18) ; Côte d'Ivoire (375) ; Gabon (22) ; Guinée (21) ; Guinée-Bissau (2) ; Guinée équatoriale (0) ; Mali (32) ; Niger (27) ; Sénégal (32) ; Tchad (12) ; Togo (13)

A. L'appréhension du droit OHADA par les juridictions internes

En matière d'intégration juridique, les juridictions internes ont deux missions essentielles : l'application et la clarification des droits uniformes[795]. Au Cameroun, ce schéma présente des spécificités qui se manifestent non seulement par une redistribution du domaine du contentieux des affaires de manière générale (1) mais aussi par une redistribution des compétences au sein des juridictions (2).

1. L'ÉVOLUTION DU VOLUME DU CONTENTIEUX DES AFFAIRES

Le volume du contentieux des affaires après l'entrée en vigueur des Actes uniformes a connu une évolution à deux niveaux. Évolution du contentieux lui-même mais aussi évolution au sein des juridictions.

Pour avoir un ordre d'idées de cette évolution au niveau du contentieux, nous avons réalisé une enquête de terrain dans deux régions du Cameroun, à savoir le centre et le littoral. L'objectif est d'évaluer le taux de pénétration du droit OHADA dans la pratique contentieuse. Cette évaluation est faite à la lumière du nombre de dossiers enrôlés auprès des greffes en matière civile et commerciale[796].

Il ressort du dépouillement que la répartition du contentieux des affaires OHADA est inégalitairement faite en fonction de l'urbanité du ressort territorial de la juridiction. On peut donc classifier les juridictions en deux groupes : un premier groupe de juridictions implantées dans les zones rurales ou semi-urbaines et un deuxième groupe de juridictions qui sont implantées dans les zones urbaines.

Pour ce qui est du premier groupe, le contentieux OHADA est très faible, voire inexistant. Le greffier du TGI d'Edéa nous a, par exemple, déclaré, qu'avant « *l'avènement du droit OHADA, il enrôlait en moyenne une cinquantaine de dossiers commerciaux par an et il note une augmentation du contentieux des affaires impliquant les normes OHADA de l'ordre de 10 % par an* »[797]. Ce faible volume du contentieux pourrait s'expliquer économiquement non seulement par la faiblesse du tissu économique dans ces

[795] Congrès 2008 de Lomé :
ISSA-SAYEGH J, « Bilan jurisprudentiel du droit uniforme OHADA. (Incertitudes législatives et turbulences jurisprudentielles), Congrès 2008 de Lomé : Le rôle du droit dans le développement économique ». Disponible à l'adresse http://www.institut-idef.org/Le-bilan-jurisprudentiel-du-droit.html#nh30

[796] Ces données n'ont pas toujours été mises à notre disposition. Nous avons parfois eu des informations incomplètes si l'on ne se heurtait pas à un refus de donner ces informations. L'on estime néanmoins que nous pouvons en tirer des conclusions scientifiques au regard des résultats obtenus et des entretiens réalisés.

[797] Ces informations nous ont été fournies lors d'un entretien téléphonique avec le greffier du TGI d'Edéa.

localités mais aussi par le coût de la procédure et le nombre peu élevé d'avocats installés dans ces localités. À titre d'exemple, à Yabassi qui est pourtant un chef-lieu de département, aucun avocat n'est installé[798].

Pour ce qui est du deuxième groupe de juridictions qu'on peut qualifier d'urbaines, on constate que le contentieux des affaires OHADA y est par contre très dense. À titre d'exemple, les Tribunaux de première instance de Bonanjo et de Ndokoti à Douala, enregistrent en moyenne 800 dossiers par an. Au rôle du Tribunal de grande instance du Wouri, le service du greffe enrôle 530 dossiers environ par an. La Cour d'appel du littoral, enregistre environ 900 appels de sa section civile et commerciale sans que ce nombre ne subisse d'évolution depuis l'entrée en vigueur des premiers actes uniformes.

Dans le même temps, le Tribunal de première instance de Yaoundé centre administratif, nous fournit les données suivantes tirées à partir du rôle de la section civile et commerciale[799] :

Année	Nombre d'affaires enrôlées
2010	103
2011	179
2012	122
2013	188
2014 (à ce jour 17/11/2014)	142

En dépouillant un échantillon représentatif des dossiers enrôlés, on peut tirer trois enseignements :

– Le premier est un constat général d'accroissement du volume du contentieux des affaires inscrit au rôle des juridictions de fond en matière civile et commerciale.

– Le second est relatif à la nature du contentieux : 70 % des différends inscrits au rôle portent sur l'application ou l'interprétation du droit OHADA. Ce contentieux concerne prioritairement trois Actes uniformes, à savoir : l'Acte uniforme portant organisation des procédures simplifiées de recouvrement et des voies d'exécution, l'Acte uniforme relatif au droit des sociétés commerciales et du groupement d'intérêt économique (AUSCGIE) et l'Acte uniforme portant organisation des procédures collectives d'apurement du passif (AUPC)[800] avec une forte représentation du contentieux liée à

798 Unité administrative de second ordre dans l'organisation administrative du Cameroun.

799 Les données sont issues du registre des enrôlements du greffe du Tribunal de première instance de Yaoundé.

800 Si le volume du contentieux relatif à ces Actes uniformes est si important, c'est à cause de leur usage au quotidien. Cette imprécision pourrait aussi venir de l'indécision qui a caractérisé la CCJA lorsqu'elle a été saisie sur certains points controversés de ces Actes uniformes. Ce

l'Acte uniforme portant organisation des procédures simplifiées de recouvrement et des voies d'exécution (AUPRVE)[801].

– Le troisième enseignement concerne les protagonistes au procès. On note que d'une part, dans leur grande majorité, l'une au moins des parties au procès est une personne morale ou un démembrement de l'État et d'autre part que le procès porte sur des enjeux financiers importants[802]. Les particuliers, personnes physiques, recourent assez peu au contentieux et cette observation semble ne pas varier lorsque l'on analyse le flux du contentieux à l'intérieur de chacun des États[803].

Concernant l'impact relativement à l'existence de deux systèmes juridiques au Cameroun, on constate une application à double vitesse. En effet, selon la région et le système juridique la donne change. Si dans les régions francophones, les autorités judiciaires ont très rapidement adopté les règles de droit OHADA du fait de sa proximité avec le droit antérieurement applicable, tel n'a pas été le cas dans les régions où la *common law* s'appliquait.

En effet, dans les régions où s'appliquaient les règles de *common law*, les protagonistes ne rougissent pas de continuer à appliquer la *common law* même dans des matières déjà réglementées par le droit OHADA. Tout se passe alors comme si le droit OHADA reste une affaire propre aux Africains francophones. Il est pourtant clair que l'avènement de l'OHADA consacre l'effacement des règles de la *common law* dans toutes les affaires relevant du domaine du droit des affaires. Notamment lorsqu'on sait que les règles relatives à la saisine et à l'implication de certains acteurs judiciaires sont une sorte de marque de fabrique de l'OHADA qui réalise plus que jamais du marketing des professions juridiques. On peut néanmoins estimer que ces difficultés peuvent être corrigées à la diligence des parties à travers le pourvoi en cassation qui implique un transport du contentieux loin de la région.

---

qui a eu le mérite d'entraîner de nombreuses controverses doctrinales et jurisprudentielles. Ces controverses portaient entre autres sur : la nullité des actes de procédure ; l'application de l'article 32 AUPSRVE sur l'exécution provisoire ; les voies de recours de l'article 300 AUPSRVE ; les contestations prévues par l'article 164 AUPSRVE sur les saisies attributions.

801 Une étude des différents recueils d'arrêts de la Cour d'appel de Cotonou et de Parakou révèle une disparité dans l'application des différents actes uniformes de l'OHADA20. Ainsi, sur environ une centaine d'arrêts rendus en matière de référé, d'arrêts civils et commerciaux, l'Acte uniforme sur les voies d'exécution vient en tête avec plus de quatre-vingt pourcents (80 %), arrive au second rang, et ceci de très loin, l'Acte uniforme portant droit commercial général avec environ douze pourcents (12 %), et en dernière position, celui des sociétés commerciales et des groupements d'intérêts économiques pour environ quatre pourcents (4 %). Cf. ACLOMBESSI Iréné, *La solution du litige en droit OHADA*, Konrad Adenauer Stiftung Librairie Africaine d'études juridiques, Volume 10, p. 4 et s.

802 Notamment les banques.

803 ACLOMBESSI Iréné, *op. cit.*, p. 4.

Le législateur camerounais en vue de s'adapter à cette nouvelle donne s'est essayé à redistribuer les compétences d'attribution entre les juridictions pour faciliter l'assimilation de nouvelles règles.

2. La redistribution des attributions au sein de l'organisation judiciaire

L'application des Actes uniformes a entraîné de nombreuses mutations sur le plan procédural tant pour les justiciables que pour le personnel judiciaire. En vue d'améliorer la qualité de la justice dans le contentieux des affaires, le législateur camerounais a apporté quelques améliorations au dispositif judiciaire en l'adaptant aux dispositions spécifiques de droit OHADA. Cette réorganisation porte essentiellement sur la détermination du juge de l'exécution et du juge de l'exequatur en droit camerounais.

Concernant la désignation du juge du contentieux de l'exécution :

Avec l'arrivée de l'OHADA, « le juge du contentieux de l'exécution des décisions judiciaires nationales est le Président de la juridiction dont émane la décision contestée statuant en matière d'urgence, ou le magistrat de sa juridiction qu'il délègue à cet effet ». Les législateurs nationaux devaient adapter les législations nationales à cette disposition importante.

Cette désignation semble n'avoir pas été aisée eu égard à la fébrilité remarquée chez le législateur camerounais qui s'y est pris par deux lois avant d'y arriver[804].

C'est finalement au détour de loi du 19 avril 2007 que le législateur camerounais crée non pas un, mais plusieurs juges du contentieux de l'exécution[805]. Il s'agit des présidents du Tribunal de première ou de grande instance, du président de la Cour d'appel et du premier Président de la Cour suprême suivant que la décision contestée émane respectivement du Tribunal de première ou de grande instance, de la Cour d'appel ou de la Cour

[804] La loi n° 2006/015 du 29 décembre 2006 portant organisation judiciaire et la loi n° 2007/01 du 19 avril 2007 portant institution d'un juge du contentieux de l'exécution et la fixation des conditions de l'exécution au Cameroun, des décisions judiciaires et actes publics étrangers ainsi que des sentences arbitrales étrangères.

[805] ANOUKAHA F., « Le juge du contentieux de l'exécution des titres exécutoires : le législateur camerounais persiste et signe… l'erreur », *Juridis périodique* n° 70, 2007.

suprême[806]. La loi du 19 avril 2007 complète et corrige la loi du 29 décembre 2006 dans certaines de ses dispositions[807].

Le législateur camerounais ne s'est pas arrêté à déterminer le juge de l'exécution des décisions de justice ; il a également précisé le juge compétent en matière d'exequatur au regard du rôle que joue cette procédure avec la mise en place de l'espace juridique OHADA[808].

Au Cameroun, la loi n° 2007/001 du 19 avril 2007 règle désormais cette question. L'article 5 de cette loi précise que c'est « le président du Tribunal de première instance ou le juge qu'il délègue qui est le juge du contentieux de l'exécution des décisions judiciaires et actes publics étrangers ainsi que des sentences arbitrales étrangères ».

Pour ce qui est de l'arbitrage, il faudrait distinguer les décisions et sentences arbitrales prononcées en dehors de la CCJA des décisions et sentences rendues sous l'égide de la CCJA. Concernant les décisions et sentences rendues hors CCJA, la formule exécutoire nécessaire à l'exécution de la décision ou de la sentence arbitrale demeure le domaine réservé des juridictions étatiques[809]. Concernant les décisions et sentences rendues dans le cadre de la CCJA, la procédure d'apposition de la formule exécutoire sur ces décisions ou sentences arbitrales soulève quelques interrogations dont on ne perçoit pour l'instant pas les effets dans la pratique. En effet, comme le souligne le professeur Jean Marie Tchakoua[810], la justice est rendue au nom

---

806 Quatre juridictions de l'exécution sont nées au Cameroun, à la suite de cette parution de l'article 49 de l'Acte uniforme OHADA portant procédures simplifiées de recouvrement et voies d'exécution (AUPSRVE) ; il s'agit du Président du Tribunal de première instance, du Président du Tribunal de grande instance, du Président de la Cour d'appel et du Président de la Cour suprême.

807 Dans la loi du 29 décembre 2006, le législateur avait omis deux questions fondamentales, à savoir quelles voies de recours sont prévues en cas de recours contre l'arrêt d'appel statuant en matière de difficultés d'exécution et surtout le sort des difficultés soulevées lors de l'exécution des arrêts de la Cour suprême.

808 L'article 20 du traité constitutif de l'OHADA dispose en effet que : « *les arrêts de la Cour commune de Justice et d'Arbitrage ont l'autorité de la chose jugée et la force exécutoire. Ils reçoivent sur le territoire de chacun des États parties une exécution forcée dans les mêmes conditions que les décisions des juridictions nationales. Dans une même affaire, aucune décision contraire à un arrêt de la Cour commune de Justice et d'Arbitrage ne peut faire l'objet d'une exécution sur le territoire d'un État-partie* ». La CCJA est de ce fait considéré par la doctrine dominante comme une sorte de troisième degré de juridiction. Voir pour une opinion contraire, Ibrahim NDAM, « La nature juridique de la Cour commune de Justice et d'Arbitrage », *Revue Africaine des Sciences Juridiques*, Vol. 7, n° 1, 2010, p. 177 et s.

809 Il s'agit donc des sentences n'ayant pas sollicité l'exequatur auprès de la CCJA. Au regard des textes, il est clair que ce domaine a tendance à décliner. En effet, au regard de la simplicité des modalités d'octroi de l'exequatur auprès de la CCJA et des avantages qu'ils en tirent, les parties à l'arbitrage recourent de moins en moins aux services des juridictions nationales.

810 TCHAKOUA Jean Marie, « L'exécution des sentences arbitrales dans l'espace OHADA : regard sur une construction inachevée à partir du cadre camerounais », *Revue Africaine des Sciences Juridiques*, vol. 6, n° 1, 2009, p. 9 et s.

du souverain du peuple[811], de ce fait, les sentences rendues dans le cadre de la CCJA ou ayant reçu l'exequatur auprès de la CCJA bien qu'ayant l'autorité de la chose jugée et la force exécutoire sur le territoire des États membres, doivent encore être revêtues de la formule exécutoire[812].

Concernant les arrêts rendus par la CCJA, le Règlement de procédure de la CCJA supprime tout contrôle du juge national et institue une dispense d'exequatur[813], il est cependant prévu à l'article 46 du Règlement de procédure de la CCJA une formalité, à savoir l'apposition de la formule exécutoire. Cette apposition est effectuée en principe « sans autre contrôle que celui de la vérification de l'authenticité du titre par l'autorité nationale que le gouvernement de chacun des États parties désignera à cet effet et dont il donnera connaissance à la Cour »[814]. La question qui se pose est alors de savoir quel juge est compétent pour apposer cette formule exécutoire. Est-ce le juge compétent pour connaître de l'exequatur de droit commun le juge du lieu où la décision doit s'exécuter ou alors un autre juge dont la compétence doit être précisée ? Il est clair que si c'est le juge compétent pour connaître de l'exequatur, il pourrait être porté à développer une attitude similaire à celle qu'il adopte lorsqu'il est requis pour une demande d'exequatur[815]. On se pose alors la question de savoir s'il était nécessaire de mettre en place cette formalité alors que le texte instituant la CCJA est déjà suffisamment

[811] Au Cameroun par exemple, la formule précise que « *Au nom de peuple camerounais... Le Président de la République demande et ordonne à tous huissiers et agents d'exécution sur ce requis de mettre le présent arrêt (ou jugement) à exécution. Aux procureurs généraux, aux procureurs de la République, d'y tenir la main. Tous commandants et officiers de la force publique de prêter main-forte lorsqu'ils seront légalement requis* ».

[812] V. Article 46 du règlement d'arbitrage de la CCJA.

[813] Ainsi, il n'est plus nécessaire de faire jouer une convention d'entraide judiciaire pour faire exécuter les arrêts de la Cour commune de justice et d'arbitrage dans l'espace OHADA quel que soit le pays où la décision doit s'appliquer. Aux termes de l'article 41 du Règlement de procédure de la CCJA, « *les arrêts de la CCJA ont force obligatoire à compter du jour de leur prononcé* ».

[814] Les États membres ont sans aucun doute essayé de retenir un brin de leur souveraineté juridique qu'il avait déjà cédé. Cette formalité risque donc d'être le lieu d'expression des particularités nationales avec comme conséquence cette insécurité judiciaire qu'est pourtant censé annihiler l'OHADA. Tel sera notamment le cas si la sentence doit s'exécuter dans plusieurs États membres.

[815] En effet, comme ce fut déjà le cas dans le cadre de l'arbitrage CIRDI, cette étape peut se muer en véritable procédure d'exequatur[815] (V. ordonnance du président du TGI de Paris, ordonnance rendue le 23 décembre 1980 dans l'affaire *benvenutti et bonfant c/ État du Congo* ; Voir également, GAILLARD E., « The Enforcement of ICSID Awards in France: The decision of the Paris Court of Appeal in the SOABI Case », 5 ICSID Review – FILJ 69 (1990), cité par le Pr TCHAKOUA (in *op. cit.*), p. 10). Le risque de confier la tâche à une entité judiciaire nationale, le droit exclusif d'apposer la formule exécutoire malgré l'exequatur obtenu auprès de la CCJA est donc bien réel et l'on peut se dire avec le Pr Tchakoua qu'une formule exécutoire OHADA pourrait bien être mise en place[815]. Cette formule exécutoire éviterait sans aucun doute un réexamen profond des sentences.

clair quant à l'autorité de la chose jugée attachée à ses décisions dans les États membres.

Ces incertitudes ont alimenté un sentiment de rejet qui s'est matérialisé par ce qu'on peut légitimement qualifier de résistance à la primauté du droit et des instances de l'OHADA dans le cadre du contentieux des affaires au Cameroun.

B. Les résistances à la primauté du droit et des instances OHADA

L'entrée en application des diverses dispositions du droit OHADA a été largement saluée par l'ensemble des analystes[816] et sa place parmi les autres organisations d'intégration juridique a été définitivement et légitimement consacrée. Seulement, cette reconnaissance doctrinale masque mal le malaise qui couve chez certains acteurs judiciaires. L'OHADA semble, pour ces sujets du droit d'un point de vue procédural, jouer un jeu trouble qui complique la réalisation de la justice. Les conséquences de ce jeu se manifestent par un rejet de compétence de la CCJA et des normes de l'OHADA. Ce rejet de compétence peut se matérialiser soit par le rejet de la compétence de la CCJA (1) pour connaître de l'affaire ou alors tout simplement l'exclusion des dispositions de droit harmonisées à l'encadrement du lien de droit par le recours à une clause attributive de compétence (2).

1. Le rejet de la compétence de la CCJA

L'applicabilité du droit OHADA à une question juridique ne suffit pas seul à rendre applicable les règles issues des Actes uniformes. Tel est le cas de la compétence de la CCJA en sa qualité de juridiction de cassation. Normalement, lorsqu'une procédure est portée devant une juridiction suprême nationale d'un des États membres de l'OHADA et que cette question rentre dans le champ de compétence de la CCJA, la situation peut évoluer suivant plusieurs hypothèses :

Soit, la juridiction suprême nationale peut se reconnaître elle-même incompétente, et de ce fait, rendra un arrêt de renvoi devant la CCJA. La conséquence étant que les parties soient tenues de saisir la CCJA pour voir leur litige solutionné. Telle est l'hypothèse classique. Elle peut s'achever par un désistement de la partie qui exerce le pourvoi du fait de la distance et de ce que les parties rechignent à faire juger leur affaire loin de leur pays. Ceci

---

[816] Voir notamment le rapport *Doing Business dans les États membres de l'OHADA 2012* de la Banque mondiale et de l'IFC. Ce rapport est disponible à l'adresse : http://francais.doingbusiness.org/~/media/FPDKM/Doing%20Business/Documents/Subnational-Reports/DB12-OHADA-French.pdf (Consulté le 01/06/2014 à 23:32).

est d'autant plus complexe que la CCJA n'a pas encore systématisé la tenue d'audiences foraines en dehors d'Abidjan[817].

Soit, l'incompétence de la juridiction nationale est relevée par l'une des parties au procès lorsqu'elle estime que l'affaire relève de la compétence de la CCJA et la saisir directement par voie de pourvoi en cassation[818], ce qui va suspendre la procédure engagée devant la juridiction nationale[819]. Il peut en effet, arriver que la Cour suprême nationale passe outre le déclinatoire d'incompétence de l'une des parties pour se reconnaître compétente. L'article 18 du traité reconnaît la possibilité pour la partie défenderesse, dans un délai de deux mois à compter de la notification de la décision rendue au fond par cette juridiction, de la déférer devant la CCJA[820]. Cette dernière se prononce sur sa compétence par arrêt qu'elle notifie aux parties et à la Cour suprême nationale. Si la CCJA décide que cette juridiction s'est reconnue à tort compétente, la décision rendue par cette juridiction est réputée nulle et non avenue. La CCJA statue donc à nouveau sur l'affaire[821].

À ces hypothèses, il faut ajouter celle où les parties et le juge lui-même, par ignorance ou par connivence, décident de ne pas soulever l'incompétence de la juridiction saisie. La Cour suprême nationale sera ainsi appelée à connaître, à titre définitif, d'une affaire qui ne relève pourtant pas de sa compétence. L'OHADA, ayant perçu le danger d'une multiplication des chapelles jurisprudentielles a, avec la modification du traité opéré à Québec, prévu à l'article 18 qu'après examen de la décision rendue par la juridiction suprême nationale, si la CCJA estime que cette juridiction s'est déclarée compétente à tort, la décision rendue par cette juridiction est réputée nulle et non avenue[822].

---

[817] L'article 19 de son Règlement de procédure dispose que « *le siège de la Cour est fixé à Abidjan. La Cour peut toutefois, si elle le juge utile, se réunir en d'autres lieux, sur le territoire d'un État-partie, avec l'accord préalable de cet État qui ne peut, en aucun cas, être impliqué financièrement* ». Tel sera par exemple le cas des audiences foraines publiques qui se sont tenues à Yaoundé (Cameroun) et Libreville (Gabon) les 4 et 11 novembre 2014.

[818] En effet, des hypothèses de conflit positif de compétence existent dans l'espace OHADA. Cf. CCJA, ord. N° 1 du 4 juin 2003, Cabinet ECTEET c/ Groupe FOTSO, ohada.com, ohadata j-04-70.

[819] V. Arrêt n° 017 du 26 octobre 2006, Société nationale des télécommunications du Sénégal dite SONATEL c/ Société d'exploitation de la clinique Sokhna Fatma, Rec. n° 8, juillet-décembre 2006, p. 52-58.

[820] Arrêt n° 026/2009, audience publique du 30 avril 2009, pourvoi n° 009/2005/pc du 07/03/2005, affaire : MEUYOU Michel contre société restaurant Chinatown SARL, Recueil de jurisprudence n° 13, janvier-juin 2009, p. 33.

[821] Cette procédure ne produira des effets que si la partie a préalablement soulevé l'incompétence de la Cour suprême nationale saisie. Si elle ne l'a pas fait et quand bien même l'incompétence de cette juridiction serait avérée, sa décision ne pourra souffrir d'aucun recours.

[822] Article18 « *Toute partie qui, après avoir soulevé l'incompétence d'une juridiction nationale statuant en cassation estime que cette juridiction a, dans un litige la concernant,*

Ces trois hypothèses permettent de voir que la compétence de la CCJA ne fait pas l'unanimité tant auprès des sujets de droit que des juridictions.

Des solutions ont été récemment apportées en vue d'aider les sujets de droit contestant la compétence de la CCJA de la soulever[823]. Cependant rien n'empêche ces derniers lors de la création de leur rapport de droit d'user de normes non issues du droit OHADA.

2. La multiplication du recours à des dispositions de droit non harmonisées

La résistance s'étend également aux règles de droit uniforme. Les sujets de droit peuvent décider de ne pas soumettre leur litige aux dispositions de droit uniforme. C'est le principe de la liberté contractuelle qui se matérialise par le mécanisme de la loi d'autonomie[824]. En effet, les parties en vertu du caractère volontaire de la relation juridique privée peuvent décider d'être liées entre elles par un certain nombre d'obligations et déterminer la loi qui régira leur rapport.

Loin de matérialiser une tendance générale de rejet de la compétence des législations africaines, de nombreux opérateurs économiques ont recours à des clauses attributives de compétences qui ne désignent pas toujours la législation nationale africaine ou le droit uniforme, même si leur litige rentre dans les matières ayant fait l'objet d'harmonisation.

Le problème avec cette tendance est la difficulté que nous avons à la quantifier eu égard au caractère confidentiel qui entoure les relations contractuelles des opérateurs économiques.

Les sujets de droit en tirent plusieurs avantages dont la prévisibilité et la convenance à leur projet international notamment[825]. La seule limite résidera alors dans le fait que toutes ces règles non étatiques sont toujours subsidiaires et le juge saisi peut tout à fait rechercher d'abord quelle est la loi

---

méconnu la compétence de la Cour commune de justice et d'arbitrage, peut saisir cette dernière dans un délai de deux mois à compter de la notification de la décision contestée.
La Cour se prononce sur sa compétence par un arrêt qu'elle notifie tant aux parties qu'à la juridiction en cause.
Si la Cour décide que cette juridiction s'est déclarée compétente à tort, la décision rendue par cette juridiction est réputée nulle et non avenue. »

[823] L'article 16 du traité révisé prévoit que « *L'incompétence manifeste de la Cour commune de justice et d'arbitrage peut être soulevée d'office ou par toute partie au litige "in limine litis"* ».

[824] On appelle « *loi d'autonomie* », la loi dont la compétence repose sur un choix exprès ou tacite effectué par les parties.

[825] Son internationalité doit même être nettement caractérisée et ce choix doit théoriquement porter sur la loi d'un État. Ce qui justifierait par exemple que la Convention de Rome, en l'absence de choix des parties, prévoit la désignation d'une loi d'un État, en l'occurrence celle présentant les liens les plus étroits avec le contrat.

étatique applicable au contrat avant de voir comment cette loi permet l'incorporation au contrat des règles UNIDROIT ou de la *lex mercatoria* et comment la concurrence entre les deux règles peut être arbitrée. Ce qui reviendrait à une analyse du problème juridique qui lui est soumis à l'aune de la législation nationale ou OHADA selon qu'il estime cette dernière applicable.

La question qu'on pourrait se poser serait de savoir si ce recours est pertinent une fois que l'État dont la loi est choisie est un membre de l'OHADA. En effet, les dispositions de l'article 10 du traité instituant l'OHADA précisent clairement que « les Actes uniformes sont directement applicables et obligatoires dans les États parties nonobstant toute disposition contraire de droit interne, antérieure ou postérieure ». Les limites concernant cette solution semblent également justifier le recours à d'autres modes de règlement des conflits n'impliquant pas les juridictions qui sont tenues par le caractère souverain de la norme juridique.

Il faudrait néanmoins préciser que des remèdes en vue d'une meilleure intégration du droit OHADA sont explorables.

Par. 2 : L'avenir du contentieux du droit des affaires OHADA au Cameroun : les remèdes explorables pour une meilleure intégration judiciaire du droit OHADA

L'avenir de l'OHADA passe par une meilleure adaptation de ses normes dans un contexte où le recours au contentieux tarde à se généraliser. Il est donc important de renforcer chez les sujets de droit et les divers protagonistes du contentieux des affaires, le bien-fondé du recours aux normes de droit OHADA. De nombreuses solutions à ce relatif désamour des sujets de droit et des acteurs judiciaires avec l'OHADA peuvent être proposées. Dans le cadre de notre réflexion, nous présenterons des solutions spécifiques au contexte camerounais de par sa spécificité[826] (A) mais nous reviendrons également sur des solutions dont l'application peut être généralisée à l'ensemble des États membres de l'OHADA (B).

A. Les solutions propres au système légal camerounais

Le système légal camerounais se particularise par la coexistence de deux systèmes juridiques. Un droit dit d'inspiration romano germanique qui est

[826] Le système légal camerounais est hérité de la colonisation. En cela, le Cameroun a hérité de deux systèmes légaux distincts mais coexistant : la common law anglaise et le droit civil français.

utilisé dans la partie francophone du pays et la *common law* d'inspiration britannique qui est utilisée dans la partie anglophone. L'adhésion du Cameroun à l'OHADA a imposé l'application du droit OHADA, droit d'inspiration romano germanique, sur l'ensemble du pays. Cette application ne s'est pas réalisée sans heurts sur l'ensemble du territoire camerounais. En effet, comme nous l'avons précisé, l'on constate une sorte de résistance muette des juridictions des deux régions anglophones[827] dont le dynamisme économique aurait certainement contribué à une meilleure pénétration du droit OHADA au Cameroun.

Concernant ce point particulier, nous ferons des recommandations qui même si elles ont déjà été présentées par ailleurs, gardent toute leur actualité au regard de la particularité du contexte camerounais.

Il s'agit de :

La traduction des Actes uniformes en anglais : Même si le traité révisé de Québec en son article 42 précise que les langues de travail de l'OHADA sont : le français, l'anglais, l'espagnol et le portugais, dans les faits, l'usage de la langue de référence qu'est le français dans les pays lusophones ou anglophones va se révéler périlleux. Un minimum de précaution devrait être pris par les pays membres en vue de réaliser une traduction fiable des textes. À titre d'exemple, comme le précisait déjà monsieur Ndongo Jean-Jacques, de nombreuses incompréhensions dues à la diversité d'appréhension des notions par les systèmes juridiques peuvent mener à des débats sans fin. Considérons l'article 1 de l'AUPSRVE « le recouvrement d'une créance certaine, liquide et exigible peut être demandé suivant la procédure d'injonction de payer ». "The collection of an unquestionable claim due for immediate payment may be secured through the injunction to pay procedure"[828]. La notion d'injonction utilisée dans cette disposition déconcerterait un juriste de *common law* qui conçoit l'injonction comme "a court order commanding and preventing an action"[829] et non une procédure simplifiée et rapide qui permet au créancier d'obtenir du juge le paiement d'une créance d'un montant indiscutable quand le débiteur ne paie à

---

[827] Le droit OHADA ayant été à l'origine conçu en langue française. Cette langue unique a posé de sérieuses préoccupations au Cameroun, compte tenu de son dualisme juridique, vestige de la colonisation. Il est appliqué devant les juridictions de l'ex-Cameroun occidental en matière civile les dispositions de la Common law d'inspiration britannique tandis que sont appliquées devant les juridictions de l'ex-Cameroun oriental dans les mêmes matières, les dispositions issues du droit civil inspirées du droit français. Cette situation a de ce fait engendré une certaine résistance de la part des juristes d'inspiration Common law à accepter d'appliquer le droit OHADA de sorte qu'aujourd'hui, le retard pris par ces derniers face à l'irréversible avancée de ce droit est considérable.

[828] Article 1 de l'Acte uniforme portant sur l'organisation des procédures simplifiées de recouvrement et des voies d'exécution.

[829] BRYAN A. GARNER, *Black's Law Dictionary*, Standard Ninth Edition Hardcover – June 25, 2009.

l'échéance, telle qu'employée dans cette disposition. *Order for payment* pourrait constituer un équivalent valable pour *injunction to pay*.

Ces quelques exemples mettent en exergue les insuffisances, entre autres l'absence d'équivalence des notions et concepts juridiques, dans la traduction des Actes uniformes en anglais. Celles-ci émaneraient d'un manque de concertation entre les anglophones et francophones dans le processus de traduction dont la réussite dépend de l'implication égale des différents protagonistes830. Considérant les interférences linguistiques dans la version anglaise, il serait judicieux de réserver cet exercice à des spécialistes ayant une bonne connaissance de la tradition juridique de la *common law* ou une bonne culture comparatiste de réaliser ces traductions afin que son appropriation en soit aisée. À défaut, on arrivera à un texte qui traduit la tendance hégémonique qui éloigne les pays anglophones de cette structure dont l'action pourrait fluidifier les transactions économiques et financières en Afrique[831]. Il faudrait noter qu'en s'inspirant de la solution canadienne qui présente de nombreuses similitudes d'avec le système juridique camerounais, serait opportun[832]. Ce qui aurait l'avantage de donner aux sujets de droit un outil unique quelle que soit la langue qu'ils utilisent.

L'autre difficulté propre au Cameroun concerne le renforcement de capacités des sujets de droit et des magistrats aux règles uniformes. La magistrature camerounaise n'a vu entrer en son sein que récemment des juristes ayant étudié le droit des affaires sous l'empire du droit OHADA. En effet, la majorité des juges au Cameroun ne connaissent de l'OHADA que ce que les séminaires et autres colloques leur permet de découvrir. Ce qui est encore peu si l'on considère que le taux de formation continue des magistrats camerounais n'est pas exceptionnel. Les magistrats récemment sortis de l'école de formation n'étant affectés qu'à des postes au sein de la magistrature debout et donc loin du contentieux des affaires. C'est pourtant ces derniers qui auraient pu apporter leur expertise afin d'améliorer la qualité de la justice. En étant confinés au sein des parquets, ils ne donnent pas la pleine mesure de leur connaissance de la matière[833]. La solution serait alors

---

830 MOORE DICKERSON Claire, « Le droit de l'OHADA dans les États anglophones et ses problématiques linguistiques ». *Revue Internationale de Droit Comparé*, 1, p. 11.

831 NDONGO Jean-Jacques, « Les actes uniformes de l'OHADA en traduction », *Parallèles*, n° 25, octobre 2013, p. 37.

832 RAVI J. GUNNOO, « La Constitution canadienne en traduction : quelques pistes de réflexion », article téléchargé sur le site internet d'érudit, http://www.erudit.org/livre/meta/2005/000258co.pdf ; sur la même question, voir : Marc CUERRIER, Sandra HASSAN et Marie-Claude GAUDREAULT, Symposium : « Bijuridisme canadien et harmonisation de la législation fiscale fédérale », *canadian tax journal/revue fiscale canadienne*, vol. 51, n° 1, 2003. https://www.ctf.ca/ctfweb/Documents/PDF/2003ctj/2003ctj1_cuerrier-f.pdf

833 Les magistrats fraîchement sortis de l'école de magistrature sont généralement affectés auprès des juridictions en qualité de substitut du procureur, et c'est plusieurs années plus tard qu'ils sont désignés juges au sein de juridiction. Ce qui a le malheur de les éloigner de matière dont ils ont pourtant la maîtrise.

soit d'affecter les jeunes magistrats au poste de juge, soit, l'on devra outiller les anciens magistrats. Le juge a besoin de bien maîtriser la règle de droit afin de fonder sa décision.

Ces solutions propres au Cameroun doivent être complétées par des solutions communes à tous les États membres.

B. Les solutions communes à tous les États membres de l'OHADA

À la lumière des divers bilans esquissés çà et là, le colloque organisé par l'AA-HJF à Lomé, a abouti à la conclusion suivant laquelle, le volet judiciaire du chantier OHADA n'a pu atteindre son plein potentiel conformément à la vision innovante qui en était à l'origine. De nombreuses solutions que nous reprendrons ici ont été élaborées. Certaines avaient trait à la restauration des attributions des juridictions suprêmes nationales (1) ou l'élaboration d'un véritable droit processuel OHADA (2).

1. LE RÉTABLISSEMENT DES ATTRIBUTIONS DES JURIDICTIONS SUPRÊMES NATIONALES

Avec l'avènement de la CCJA, la marge de manœuvre des juridictions suprêmes nationales s'est réduite à peau de chagrin pour ce qui est du contentieux des affaires OHADA. Si l'avènement de la CCJA s'inscrit dans une logique d'uniformisation de l'interprétation des normes issues de l'OHADA, il faudrait noter que le sevrage opéré par le législateur OHADA a eu un impact dévastateur sur l'orgueil de ces juridictions qui réclament aujourd'hui une restauration de leurs compétences.

Il convient de souligner que la rétrocession de la compétence aux juridictions nationales, est logiquement appelée par la nécessité d'assurer la célérité qui doit garantir la sécurité juridique et judiciaire, principe fondateur de l'OHADA. Notamment lorsqu'on observe les délais de traitement moyen d'une affaire devant la CCJA. En dépendent aussi bien le développement harmonieux des affaires et le développement socio-économique du continent que la protection des droits des justiciables. Mais de là, peut-on affirmer de façon tranchée qu'en l'état actuel, toutes les juridictions de cassation des pays de la zone OHADA disposent de ressources matérielles, financières et humaines leur permettant de répondre à la nécessité de célérité portée par le droit OHADA ? Nul doute que çà et là, quelques efforts méritent encore d'être faits pour éradiquer les dysfonctionnements caractéristiques de certaines hautes juridictions.

En ce qui concerne la question centrale de la rétrocession de la compétence en matière du droit des affaires aux juridictions nationales, deux

formules pourraient être examinées.
Première formule :

La première formule consisterait en la rétrocession pure et simple de la compétence en matière du droit des affaires aux juridictions nationales de cassation. Cette formule placerait la CCJA dans un rôle de régulation du droit OHADA et permettrait ainsi que le juge de cassation soit le plus proche possible du justiciable. La CCJA ne serait saisie, à l'instar des juridictions supranationales européennes, qu'après épuisement des voies de recours internes.

Deuxième formule : passerait par la rétrocession de la compétence avec précision d'un délai « raisonnable » dans lequel, les juridictions nationales de cassation auront à rendre leurs décisions. En référence aux statistiques de la CCJA, il est proposé un délai de douze (12) mois à l'issue duquel, la juridiction nationale pourrait être dessaisie sur pourvoi du justiciable. Cette formule qui paraît manifestement la plus idoine, permettrait en même temps la célérité dans le traitement des contentieux, la réduction des coûts liés aux procédures et offrirait au justiciable, la possibilité de se faire rendre justice dans un délai acceptable.

2. La mise en place d'un droit judiciaire OHADA

La mise en place d'un droit judiciaire OHADA soulève la difficulté de la forme que doit prendre cette activité. Deux solutions sont proposées, à savoir soit : à travers un processus d'harmonisation comme cela est prévu dans le cadre de l'OHADA, soit par l'élaboration de règles de conflits propres aux conflits entre les dispositions de droit OHADA et les textes concurrents.

Le législateur OHADA par son intense activité d'harmonisation a, comme nous l'avons vu plus haut, fortement influé sur la procédure suivie dans les États membres. Au regard des profondes réformes que ces règles procédurales ont générées au sein des États membres, nous estimons qu'il faudrait peut-être que le législateur OHADA intervienne. Cette intervention peut intervenir par l'harmonisation de l'ensemble des normes OHADA ayant une influence sur les règles de droit judiciaire ou pouvant les influencer en un Acte uniforme.

Conclusion

La mise en place de l'OHADA a soulevé chez les juristes africains et de par le monde une certaine euphorie. Au fil de sa mise en place, des ajustements ont été réalisés afin d'améliorer la qualité de cet outil qui doit mener l'Afrique sur le chemin de l'émergence. Les premières constatations montrent un réel succès de l'aventure et elles montrent néanmoins quelques difficultés quant à l'agencement des normes procédurales issues des Actes uniformes avec celles applicables au sein des États membres. Il devient alors urgent au regard des constantes enregistrées concernant le contentieux des affaires dans l'espace OHADA que le législateur OHADA doit faire du droit processuel une priorité. L'usage des normes OHADA ne sera une réalité au sein des juridictions que si les règles sont compatibles avec les règles nationales. L'entrée en vigueur des Actes uniformes a entraîné une mutation du contentieux du droit des affaires dans tous les États membres. Cette mutation est particulièrement marquée dans le paysage judiciaire camerounais. L'analyse des constantes présente une reconfiguration du contentieux des affaires qui a eu pour effet une certaine réticence à la primauté du droit et des instances de l'OHADA. Néanmoins, de nombreuses solutions à ce relatif désamour des sujets de droit et des acteurs judiciaires ont été proposées.

L'espoir que l'on peut formuler au terme de notre analyse est qu'un Acte uniforme relatif au droit des procédures OHADA soit élaboré pour faire coller le droit OHADA aux réalités procédurales des juridictions nationales des États membres.

Section 4 : La justice coutumière et la justice étatique dans la résolution des différends au Mali

Mamadou Bakaye DEMBELE,
Enseignant-chercheur à la Faculté de droit privé
de l'Université des Sciences juridiques et politiques de Bamako

Si la fonction de juger est consubstantielle à l'existence de toute société, la notion de justice est fonction des temps et des lieux. Elle s'inscrit dans une pluralité de sens[834]. Chaque société développe en son sein son propre système de régulation de conflits, empreint de particularités locales. La configuration des sociétés actuelles entraîne des phénomènes de brassage et d'interconnexion de leur système juridique. Cette mouvance de globalisation qui s'empare du droit ne laisse pas indifférente la justice, institution chargée de trancher les litiges. Le Mali, à l'instar des autres États africains, a subi plusieurs mutations à telle enseigne que les structures d'organisation sociale, y compris la justice, ont été profondément modifiées sous l'influence des cultures arabo-musulmanes et occidentales. Trois étapes essentielles marquent l'histoire de la justice malienne : d'abord, la période précédant la pénétration de l'islam[835] ; ensuite, celle de la colonisation[836] et enfin, la période de l'indépendance[837]. Cependant, avant cette dernière période ont été rendus sur le territoire du Mali trois modèles de justice différents : les modèles coutumier, islamique et colonial.

---

[834] Il est difficile de donner une définition unique au mot « justice » car le concept est lié à des principes moraux, philosophiques, sociologiques, etc. Elle est entendue ici comme l'ensemble des institutions chargées de régler les différends. Elle admet d'autres significations dont deux sont essentielles. La justice peut être distributive, celle qui vise à répartir entre les personnes, les biens, les droits et les devoirs, les honneurs, en fonction de la valeur et des aptitudes ; ou commutative, celle qui prétend veiller à une égalité arithmétique, et veille à l'égalité dans les échanges. En dépit de cette différence sur le plan conceptuel, il existe un lien entre la justice entendue comme institution et la justice entendue comme valeur. La première étant en réalité au service de la seconde puisqu'en disant le droit, elle permet, dans une certaine mesure, de corriger les injustices commises et de réparer les dommages subis. SY (P.), *Le droit d'accès à la justice au Sénégal*, Thèse de doctorat, UGB, 2010, p. 6 et suivantes.

[835] Faute d'écrits, cette période est peu connue. Pendant cette époque, il est permis d'affirmer qu'elle n'existait que les juridictions coutumières. C'est la période où le droit africain était à l'état originaire. L'intégration des cultures arabo-musulmanes constitue la première mutation de la justice malienne.

[836] Cette époque est marquée par la coexistence de trois modèles de justice : la justice coutumière, la justice islamique et celle du colonisateur.

[837] À partir de l'indépendance, à côté de la justice étatique, fonctionne la justice coutumière.

La politique dite « *indigène* »[838] du colonisateur, une organisation administrative et judiciaire contraire à la réalité locale, consista en l'institution d'une dyarchie judiciaire suivant laquelle les litiges entre indigènes étaient réglés selon les procédures précoloniales, alors que les affaires pénales et celles intéressant les non-indigènes étaient directement du ressort de la juridiction coloniale[839]. Si en matière civile, les tribunaux coutumiers furent sauvegardés, en matière pénale, en revanche, aucune concession n'a été faite aux us locaux, et dans ce domaine, le glas avait sonné pour les modes de régulation traditionnelles[840]. À partir de l'indépendance, bien qu'ils soient affaiblis depuis la période coloniale, les tribunaux coutumiers n'ont cessé de jouer un rôle important dans le règlement des conflits. Dès les premières ères de l'indépendance, la nécessité de se doter des instruments juridiques fondamentaux permettant la distribution de la justice se posait avec acuité à la jeune République du Mali. Pour le législateur, l'équation à résoudre était la suivante : fallait-il officialiser les méthodes endogènes de résolution des conflits à travers les juridictions coutumières, ou reconduire le système juridictionnel hérité de la colonisation ? Très rapidement, l'option est faite en faveur de ce dernier[841], sans pour autant interdire les premières. Les juridictions coloniales étant discriminatoires, il fallait alors éplucher de ce système tout ce qui était contraire à la nouvelle orientation politico-juridique de la République[842]. En effet, la législation malienne bien que s'inspirant du droit français, consacre certaines règles coutumières et islamiques. Cette consécration juridique a eu pour corollaire l'exportation du modèle coutumier de justice vers la justice étatique, se manifestant par la présence des assesseurs coutumiers au côté du juge, lorsque celui-ci statue en matière coutumière. Il s'agit finalement d'une justice quasi hybride, chargée officiellement de trancher les litiges.

L'État malien s'attribue désormais la prérogative de rendre la justice sur l'ensemble de son territoire. Il laisse subsister, néanmoins, les juridictions coutumières dont le législateur n'a voulu ni leur suppression, ni leur intégrale institutionnalisation[843]. Cette concession faite au profit de ces juridictions prouve un intérêt lié à leur maintien. D'une part, il n'existe pas

[838] BOAHEN A. A. (dir.), *Histoire générale de l'Afrique – L'Afrique sous domination coloniale*, vol. VII, Paris, Présence africaine, 1989, p. 235.

[839] *Idem*, p. 242.

[840] TESSOUGUE D. A., *Sur la justice traditionnelle*, manuscrits, p. 1.

[841] Si le législateur malien de 1960 a, purement et simplement, opté pour les méthodes de résolution des litiges de l'ex-colonisateur, cependant dans certains domaines comme le droit de la famille, on assiste à un pluralisme juridique.

[842] Il s'agit des exigences de l'État de droit qui a pour dénominateur commun l'égalité et la non-discrimination. Cette situation permettra à l'État de mieux protéger les droits et libertés de tous ceux qui vivent ou se trouvent sur son territoire.

[843] Les juridictions villageoises peuvent être classées au Mali parmi les modes alternatifs de règlements de conflits, car il s'agit de tout mécanisme permettant de trouver des solutions acceptables par des parties en différend en dehors des procédures juridictionnelles officielles.

de conflits de compétence entre ces deux catégories de juridictions ; d'autre part, les juridictions coutumières peuvent être un outil de complémentarité des juridictions étatiques. Une autre raison peut être évoquée notamment le refus d'abandonner totalement ses pratiques judiciaires coutumières ancrées dans les mœurs. Si malgré l'évolution et les différentes mutations, la justice coutumière garde encore aujourd'hui son identité, c'est parce que la justice étatique aussi s'accommode peu de certaines spécificités sociales africaines[844]. La différence de la conception africaine de la justice de celle de l'ex-colonisateur et même de l'islam fait qu'elle accepte aujourd'hui, malgré l'institution des juridictions étatiques, les méthodes endogènes de règlement de conflits[845]. Les différentes mutations ci-dessus ont entraîné un bouleversement de la pratique judiciaire au Mali. Ce bouleversement a pour racine l'islam et la colonisation. C'est dans cette perspective de mutations que se situe la présente étude dont l'objectif n'est nullement de démontrer les mérites ou les insuffisances de l'une ou de l'autre méthode de régulation, mais plutôt de mettre en exergue l'évolution des mécanismes de résolution des conflits au Mali de l'ère précoloniale à nos jours. Une évolution qui part d'une justice conciliatrice, renforçant les liens sociaux (Par. 1), à une justice de type vindicatif (Par. 2).

Par. 1 : La gestion coutumière des conflits : un modèle fondé sur le compromis

Les aspirations à la paix ont conduit les sociétés africaines à développer des techniques particulières de stabilisation dont l'objectif est d'éviter les conflits. Ce sont des procédés ou mécanismes endogènes qui en amont consistaient à prévenir ou empêcher les conflits entre les personnes et les communautés, leur permettant de nouer constamment des ententes. Ces modes de prévention peuvent souvent s'avérer inefficaces, le cas échéant, il

---

[844] « Ce sont les images, les perceptions et la culture qui ont du mal à s'accommoder des fondements du contenu ou des formes de justice importées ou empruntées. » BADIANE A. et VANDERSCHUEREM F., « Pauvreté et justice sociale », *in* BADIANE A., VANDERSCHUEREN F., DIAGNE P., BCACON M. et autres, *Pauvreté et accès à la justice en Afrique. Impasses et alternatives*, Paris, L'Harmattan, 1995, p. 17.

[845] Le recours aux tribunaux coutumiers quasi absent dans les centres urbains, subsiste encore dans les localités rurales. Le recours à la justice étatique n'est que subsidiaire dans ces dites localités, notamment à défaut de solution devant le patriarche, le chef traditionnel ou le chef du village. Traduire, dans ces localités, son confrère devant le juge est au prix du lien social. Aujourd'hui, un autre phénomène est à signaler dans les communes rurales, les gens préfèrent le règlement de leur contentieux par les élus locaux (maires et leurs adjoints) que d'intenter l'action devant le juge. Cette situation est due à la méfiance de la population à l'égard de la justice étatique, la proximité des élus, mais aussi le sentiment du lien de fraternité qui unit ces élus à la population locale.

y aurait conflit, la médiation et/ou la palabre pour sa résolution peuvent être utilisées. S'inscrivent dans la préservation de la cohésion sociale, les mécanismes de prévention (A) et de traitement des différends (B).

A. Les mécanismes extrajudiciaires de prévention des différends

L'utilisation des mécanismes endogènes de prévention de conflits demeure encore très significative au Mali. Cette prévention se fonde sur l'exploitation des valeurs qui unissent, rassemblent et appellent à la retenue. Ainsi, les différents moyens conceptuels et pratiques, pour consolider la paix et éviter le conflit ou que celui-ci ne débouche sur un rapport de force, sont inscrits dans les coutumes, les panégyriques familiaux, etc. D'une manière générale, la culture de la paix s'exprime au Mali à travers la sagesse populaire, en témoignent les expressions et les adages tels que :

- « *Bademaya be mènè n'ga a tè sissi* » signifie littéralement « La fraternité peut brûler mais ne grille jamais ». Tout différend entre frères trouve ou doit trouver sa solution dans l'amiable. Cet adage est évoqué pour limiter les effets du conflit entre des frères ou éviter que ce conflit ne dégénère ou ne débouche sur un rapport de force ;
- « *Ni koko pèrèna bassa bi do* » « Le margouillat se sert du mur fissuré pour son abri », est un conseil pour les frères et sœurs, les amis et toutes personnes qui entretiennent des relations avec les autres de ne point se désolidariser, de cultiver une entente constante ;
- « *Mogo ni fing bèyé kéléyé* », « Tous les êtres humains sont tous les mêmes ou tous égaux ». C'est une invitation à la non-discrimination, à la non-stigmatisation. Cet adage aurait pour équivalent *« keleyan ni badeyan »*. « La fraternité est une valeur qui doit être cultivée par tous les êtres humains »[846]. Elle engendre la solidarité, la non-violence, la retenue et bien d'autres valeurs ;
- « *Boyan bè mandé boya ma ségui bè mandé* », « La reconnaissance mutuelle du bienfait existe au mandé » est une invitation à la reconnaissance mutuelle du bienfait.
- « *Niongon gassi sigui* » qui signifie « *le respect mutuel* » ou « *le respect de l'autre* ». Il incombe à chaque individu dans la société, l'obligation de considération de l'autre, laquelle obligation doit être une pratique

[846] Les rédacteurs de la Déclaration universelle des droits de l'homme du 10 décembre 1948 ont pris conscience de la valeur de cette fraternité et exigent à ce que les êtres humains agissent les uns envers les autres dans un esprit de fraternité (Article 1er de la Déclaration susdite).

quotidienne. Un équivalent de cet adage, semble-t-il, figure à l'article 4 de la Déclaration française des droits de l'homme et du citoyen[847] ;

• « *Mouyoun* », une « invitation à la patience », expression utilisée pour consoler une victime et lui évitant la revanche ou la prise de décision hâtive. La patience est un outil permettant d'atteindre son objectif, mais aussi réaliser une chose quasi irréalisable. Cette affirmation est exprimée par l'adage « *Mouyoun de bi chi falé chèkilikan* », signifie littéralement « C'est la patience qui permettra de faire pousser les poils sur un œuf. » Il est souvent employé avec le mot « *sabali* » d'où l'expression « *mouyoun ni sabali* » ;

• « *Sabali* », une « invitation à la modération et à la retenue », « *Mogoni fing kan ka sabali* », « Un être humain doit avoir de retenue ». Ce mot est aussi utilisé pour consoler une victime, mais peut aller au-delà de la simple consolation d'une victime. Il est une véritable invitation à la limitation des pouvoirs de ceux qui en détiennent. Le concept « *sabali* » a une valeur très importante au Mali ;

• « *Na fora ko ki ka to, ni ma to, na tona ikoro, ikélén ba tiè* », « Tu es le seul responsable de ton arrogance », c'est aussi un appel à la retenue ;

• « *Hamadi djo tè kodola n'ka o tè a ka wèrè ki koun bô* », « Bien que Hamadi[848] ait tort pour telle chose, mais cela ne vaut pas le coup de saccager sa bergerie ». Cette expression est aussi une invitation à la retenue même si l'on a raison sur une personne. Elle présente des équivalents tels que : « *Missi bè djoli to a yèrèla ka nonon bô* », « La vache malgré que coule du sang dans son corps, produit du lait et non pas du sang » ; « *Mah bisé kodola n'ka ibi tôto* », « Même si l'on a du pouvoir pour telle chose, on peut ou on doit avoir de retenue » ;

• « *Koto yongon tala debi kalabougou mèh chila* », « La concession mutuelle est la condition permettant à la case en paille de durer longtemps. » Cet adage est une invitation à la concession mutuelle. Elle est une condition de réussite de la résolution des différends et indispensable à leur prévention dans les différentes communautés qui composent le Mali ;

• « *bèn* » ou la concorde, une invitation à une entente constante entre les frères maternels « *badeouw* » ou « *siguiouw ka bèn* », paternels « *fadeouw*[849]

---

[847] L'article 4 de la Déclaration française des droits de l'homme et du citoyen du 26 août 1789 dispose que : « La liberté consiste à pouvoir faire tout ce qui ne nuit pas à autrui : ainsi, l'exercice des droits naturels de chaque homme n'a de bornes que celles qui assurent aux autres membres de la société la jouissance de ces mêmes droits. Ces bornes ne peuvent être déterminées que par la Loi. »

[848] Hamadi est généralement le nom donné au fils aîné chez les Peuls.

[849] Ce mot « *fadé* » évoque l'idée de rivalité, il est emprunté des enfants des coépouses ayant le même père mais de mères différentes. Mais ce mot « *fadé* » va au-delà du strict cadre familial pour s'étendre à toute personne dont est contemporain ou que l'on peut rivaliser. D'ailleurs, l'une des causes des conflits au Mali est justement liée au « *fadenya* », comme le

ka bèn ». La concorde entre les familles « *douw ka bèn* », les quartiers « *siguidaw ka bèn* », les villages « *dougouw ka bèn* », finalement une entente constante entre tous les membres de la société « *bè ka bèn* », car « *Bèn baliya so mana boya o boya dokélé tomo* », « Toute société de discorde est vouée à la dislocation un jour. » C'est pour éviter justement cette dislocation de la société et cultiver l'entente que des alliances sont instituées permettant de consolider la cohésion sociale et instaurer une paix durable dans la cité.

L'alliance intervient sous plusieurs modalités, parmi lesquelles les mariages inter-claniques et le « *sanankouya* ». Les alliances matrimoniales, une pratique qui continue de nos jours, permettent de créer des liens de sang et du coup, réduisent considérablement les risques de conflits. L'histoire des grands empires et royaumes illustre la réalité des alliances matrimoniales. Le « *sanankouya* » ou « alliance à plaisanterie » s'inscrit aussi dans une dynamique de cohésion sociale. Constituant en des échanges de plaisanteries entre alliés[850], l'alliance à plaisanterie est fondée sur la solidarité inter-clanique et inter-ethnique. « *Elle permet de canaliser les tensions éprouvées dans les rapports* »[851], et désamorcer les différends. Le « *sanakouya* » dans sa forme la plus exacerbée peut aller jusqu'à une interdiction absolue des relations intimes entre les « *sanankoun*[852] » ou alliés ; lesquelles relations sont au prix de la vie. Une réalité qui ne s'est jamais démentie. En conséquence, le mariage est interdit de façon absolue et le conflit est quasi nul entre eux. L'illustration de ce type d'alliance ou « *sanakouya* » est celui des Dogons et des Bozos. Le cas similaire existe entre les ressortissants du village de Baye et ceux de Dah, dans le cercle de Bankass à 800 kilomètres environ de Bamako. Le « *sanankouya* » quelle que soit sa forme est un outil indispensable permettant de désamorcer le conflit et joue le rôle de pacificateur entre lesdits alliés ou « *sanankoun* » en particulier, et la société tout entière en général.

Les adages et les alliances demeurent comme une sorte d'instruments juridiques de normalisation de la société. Néanmoins, tout instrument juridique exige des institutions chargées de sa mise en œuvre. Au rang des institutions figurent les sociétés secrètes mais aussi certains personnages tels que les hommes de castes : le griot, le forgeron, etc. Il est difficile de

relève l'historien KONATE (D.), « Les fondements endogènes d'une culture de paix au Mali, les mécanismes traditionnels de prévention et de résolution des conflits », in *Les fondements endogènes d'une culture de la paix en Afrique : Mécanismes traditionnels de prévention et de résolution des conflits*, publié par l'UNESCO, consultable en ligne : http://www.unesco.org/cpp/publications/mecanismes/edkonate.htm 17/08/2014, date de la dernière consultation.

850 *Idem.*

851 CAMARA (S.), *Gens de la parole. Essai sur la condition et le rôle des griots dans la société malinké*, A.C.C.T., édition Khartala, Paris, 1992.

852 « *Sanakoun* » signifie allié.

caractériser les sociétés secrètes et le rôle qui leur est dévolu. Lesquelles sociétés ont tendance à disparaître ou du moins perdent leur importance. Ces sociétés secrètes jouent souvent le rôle de police. Dans ce contexte, elles préviennent les conflits et assurent l'ordre et la quiétude des habitants du village. Si les missions des sociétés secrètes sont difficiles à percer compte tenu de leurs caractères secrets et mystérieux, celle des hommes de castes (griot et forgeron) demeure connue des membres de la société à laquelle ils appartiennent[853]. Les griots sont les dépositaires et les gardiens de la tradition orale et le patrimoine socioculturel du Mandé. Il joue un rôle fondamental de la survie de la mémoire collective. Le rôle du forgeron est différent de celui du griot. Le forgeron joue souvent le rôle d'agent d'exécution des décisions. L'histoire de l'Afrique regorge d'un arsenal de prévention du conflit, de consolidation de la paix, mais aussi de traitement de différends (B).

B. Le traitement des conflits dans la justice coutumière

Les dispositifs juridique et institutionnel permettant d'éviter ou de désamorcer le conflit peuvent se révéler inefficaces, le cas échéant, des techniques particulières sont utilisées pour sa résolution. Prévention et traitement du conflit partagent certaines règles procédurales aussi bien que les institutions en charge. La régulation des conflits dans plusieurs villages du Mali réserve une place de choix à la médiation qui est devenue un aspect de la culture. Elle consiste en l'entremise d'un tiers (médiateur) en vue de concilier ou de réconcilier deux ou plusieurs personnes en conflits. La structuration de la société malienne fait de certaines catégories de personne de médiateur plénipotentiaire, principalement les hommes de castes, le griot par excellence. Pratique ancienne, la médiation est essentielle dans les relations sociales au Mali. Elle est la mode privilégiée de régulation traditionnelle du conflit au Mali. Cette situation découle de la conception africaine de la justice. Une justice conciliatrice, renforçant les liens sociaux. La sauvegarde du lien social constitue donc le principe directeur de la régulation traditionnelle des conflits. Ces orientations conceptuelles dominent la résolution du litige dans les tribunaux coutumiers. La formation du tribunal coutumier et sa procédure de saisine reflètent cette orientation de la résolution des litiges. Le tribunal coutumier de Doyimana fournit une illustration.

Le village de Doyimana, essentiellement composé des « *bambaras* » est situé environ à 30 km de Bamako. L'organisation sociale s'articule autour des familles[854], réparties en quatre quartiers. La régulation des conflits dans

---

[853] L'empire du mandingue s'organisait en castes, chaque caste correspondait à une profession ou une activité artisanale, participant à la cohésion et à l'unité de la société.

[854] La notion de famille varie en fonction des lieux et des ethnies au Mali. Dans le milieu bambara, la famille « *Dou* » est l'ensemble des ménages « *Gwa* » et l'ensemble des familles

cette localité fait intervenir trois organes : le chef des ménages « *Gwatigui* »[855], le chef de quartier « *Kitigui* » et le chef du village « *Dougoutigui* ». Le traitement du conflit est avant tout l'apanage des instances parentales, c'est à défaut de solution satisfaisante que le chef de quartier « *Kitigui* » est appelé à se prononcer sur le conflit. Le chef du village intervient comme instance suprême. En faisant un rapprochement avec les juridictions étatiques, il ressort que les instances parentales (chef de famille et chef des ménages) statuent en premier ressort sur les affaires opposant les habitants relevant de leurs ménages. Faute d'accord-parties, le litige est ensuite porté devant le chef de quartier (*Kitigui*) qui statue comme juridiction d'appel ; et enfin, l'instance du chef du village joue le rôle d'un troisième degré de juridiction. Cependant, lorsque le conflit oppose deux habitants de quartiers différents de Doyimana, le requérant saisit le chef du quartier dont il relève, celui-ci à son tour, porte le litige devant le chef du village. Le droit de saisine de l'instance du chef du village relève de la compétence exclusive du chef du quartier[856]. La juridiction du chef du village est composée de 11 membres : le chef du village, les quatre (4) chefs des quartiers, deux (2) notables moins âgés que le chef du village et les quatre (4) représentants des jeunes issus de chaque quartier.

Les juridictions villageoises partagent un certain nombre de réalités. En plus de l'oralité, de la proximité et de la gratuité, le tribunal traditionnel se particularise par le traitement accéléré des conflits. La notion de délai raisonnable présente un intérêt particulier, car les affaires sont en principe instruites et jugées séance tenante[857]. Si besoin, le procès se tient pendant la nuit, surtout les périodes d'hivernage[858]. Si l'application du principe de célérité du procès ne pose pas de difficultés dans les tribunaux coutumiers, la recherche des preuves constitue la tâche la plus rude du processus de traitement des litiges au village. Cette recherche de preuves n'a quasi rien de commun avec celle du droit moderne. Les procédés de preuves sont : l'aveu,

forment le lignage « *Kabila* ». Dans certains milieux notamment vers Sikasso, le « *Gwa* » est synonyme de famille, et le « *Dou* » signifie ménage.

[855] À Doyimana, le « *Gwa* » est l'ensemble des familles « *Dou* ».

[856] D'autres villages offrent l'exemple inverse relatif à la modalité de saisine du tribunal coutumier. C'est le cas du village de Baye et de Siby, dont le droit de saisine appartient à chaque ressortissant sans intermédiaire. Aussi, la composition du tribunal villageois diffère. Le chef du village est entouré des notables de son lignage « *kabila* ». Il existe une sorte de monarchie au niveau de la formation de cette juridiction.

[857] Il est impossible d'établir une statistique pour illustrer la réalité du traitement accéléré des affaires. Cette situation est due au fait de l'absence d'écrits et d'archives des affaires traitées. Certains facteurs jouent en faveur du traitement accéléré des affaires par la justice traditionnelle, notamment sa proximité.

[858] La raison à cela est que le Mali est un pays agropastoral, l'hivernage est la période pendant laquelle les villageois s'occupent des travaux champêtres les journées. La formation de la juridiction pendant le jour perturbe lesdits travaux. C'est ce qui justifie les procès nocturnes.

le rite d'épreuve, l'appel au voyant, le serment, le témoin, l'écrit[859]. Le procès se solde le plus souvent par une décision. Si le prononcé de la décision est une chose, l'exécution en est une autre. Celle-ci constitue la phase extrême du processus du traitement des conflits. L'exécution obéit à une règle particulière, en raison de la nature singulière des peines. La prison n'existait pas en Afrique précoloniale, une tradition qui continue à présent dans les villages. Certaines peines ne peuvent trouver justification en droit moderne notamment les flagellations, par exemple.

La justice coutumière en général se fixe l'objectif essentiel de préserver les liens sociaux[860]. En effet, le droit traditionnel africain en l'occurrence celui du Mali, à défaut d'être écrit, régissait convenablement la vie des citoyens. Son caractère oral n'a jamais remis en cause son efficacité. Ses règles connues de tous ont pour fonction d'assurer la survie du groupe, de protéger l'individu, de pourvoir à la sécurité de la communauté, ainsi que de promouvoir l'intégration sociale en assurant une implication sérieuse des différents acteurs sociaux pour le bon fonctionnement quotidien de la communauté. La population avait confiance en elle et la respectait à cause de sa rigueur, de sa crédibilité et de sa proximité. Cette justice coutumière convenait, en outre, au peuple parce qu'elle était rendue en considération des facteurs sociaux essentiels, dans le strict respect des différentes sensibilités. La légitimité de ce mode de résolution des conflits s'est vue remise en cause au profit d'autres modèles importés.

Par. 2 : La résolution des litiges dans la justice importée : un modèle vindicatif

Le concept de justice varie en fonction du moment et du lieu. Dans la conception occidentale, la justice est un principe philosophique, juridique et moral reposant sur le respect du droit, fondement de la vie sociale[861]. En

---

[859] L'utilisation de l'écrit comme mode de preuve est une pratique nouvelle. Il est généralement utilisé dans les conflits fonciers pour les villages à proximité des grandes villes.

[860] La justice contemporaine se soucie peu des déchirures sociales. Elle doit rendre la justice conformément aux règles établies même au prix des liens sociaux. Par contre, éviter les déchirures sociales est l'objectif majeur et l'originalité de la justice coutumière. NAMBO J. J, « Quelques héritages de la justice coloniale en Afrique noire », in *Revue Droit et Société* 51/52-2002, p. 326.

[861] Le modèle étatique de la justice malienne reflète beaucoup plus de celui de l'ex-colonisateur. Ainsi, un pouvoir judiciaire est institué par la constitution du 25 février 1992. Celui-ci a pour mission de veiller au respect des droits et libertés définis par la constitution et d'appliquer dans le domaine qui lui est propre les lois de la République (Article 81 al. 4 et 5 de la constitution du 25 février 1992). En conséquence, sur le territoire de la République du Mali, la justice est rendue par : une Cour suprême, des Cours d'appel, des Cours d'assises, des tribunaux de première instance, des tribunaux du travail, des tribunaux du commerce, des

Afrique, la notion de justice est profondément liée à la sacralité animiste. Pratiquer la justice, c'était surtout respecter la tradition des ancêtres[862]. Le Mali avait connu avant tout la justice coutumière très décentralisée, fondée sur le compromis qui fut influencée par l'islam et la colonisation (A), tout élément qui lègue aujourd'hui l'empreint à la justice étatique, un genre architectural qui s'oriente vers l'hybridité (B).

A. Les modèles de justice imposés, la justice islamique et coloniale

Pendant longtemps, l'Afrique a été un continent enfermé, son ouverture sur le monde extérieur a entraîné de profondes mutations politiques, sociales et culturelles. Les structures et les institutions en charge de la justice ont été bouleversées par le mouvement d'islamisation entrepris sur le continent au premier millénaire après Jésus-Christ[863]. Il est difficile de dater avec certitude la pénétration de l'islam au Mali[864]. À l'évidence, les deux derniers grands empires du Soudan occidental se caractérisaient par une islamisation très intense. C'est le cas de l'empire du Mali, sous le règne de Kankou Moussa[865], où la justice était rendue selon le droit musulman (pour la couche aristocratique) ou le droit coutumier (pour le peuple qui demeurait animiste). L'Empereur, lui-même musulman, était le juge suprême encadré par des cadis. Il en était de même dans l'Empire Songhoï sous Askia Mohamed[866]. Dans le même sens, Samory TOURÉ[867], dans son Royaume, rendait la justice devant la mosquée tous les vendredis selon les règles coraniques. Au début du XIXe siècle, un important royaume musulman fut créé par Sékou Ahmadou Barri : le royaume peulh du Macina. Un royaume dont le gouvernement était non seulement démocratique mais aussi et surtout basé

---

tribunaux administratifs des juridictions pour mineurs et des justices de paix à compétence étendue. Ce pouvoir judiciaire s'exerce par la Cour suprême et les autres cours et tribunaux ci-dessus cités.

[862] « En Afrique, le droit est toujours uni au surnaturel : il est divin au nord du Sahara (révélé par Dieu, shari'a islamique) et lié au sacré au sud du Sahara », affirmation des scientifiques lors du colloque de Paris du 2 au 5 janvier 1980 sur le thème « sacralité, pouvoir et droit en Afrique ».

[863] AROUALA M., *Mali, vitrine de la justice du XIIe au XVIIIe siècle*, *op. cit.*, p. 8 et suivantes.

[864] Pour certains historiens, la pénétration de l'islam se situe entre le VIIIe et le XIIIe siècle. *« C'est à partir du VIIIe siècle que l'Afrique noire subit à travers le Sahara et la côte de l'océan Indien l'influence de l'islam »*. YATTARA E., « L'islam et les voies de sa diffusion au Mali du VIIIe au XVIe siècle ». http://www.soninkara.com site consulté le 13/01/2015.

[865] Empereur du Mali de 1324 à 1325, il fit un pèlerinage légendaire à La Mecque en 1324-1325. SANOGO, (M.), KONANDJI Y., KEITA F., *Histoire 6e année*, *op. cit.*, p. 19.

[866] Empereur de l'Empire Songhoï de 1493 à 1528, V. SANOGO, M., KONANDJI Y., KEITA F., *Histoire 6e année*, *op. cit.*, p. 17.

[867] Il forma un grand empire qui s'étendait du Fouta-Djalon au royaume de Sikasso. Il lutta pendant dix-sept ans (1883-1900) contre la pénétration française en Afrique Occidentale. Il mourut en 1900. SANOGO M., KONANDJI Y., KEITA F., *Histoire 6e année*, *op. cit.*, p. 15.

sur le pouvoir musulman « *dina* ». Sékou Ahmadou soumettait les affaires du royaume à un grand conseil « *Bâto Maoudo* » composé de quarante dignitaires très instruits[868].

L'intégration de l'islam au Mali a été et demeure toujours sectorielle. De ce fait, l'islam n'a jamais réussi à s'implanter dans tous les milieux ethniques du Mali. Certains royaumes se sont même farouchement opposés à leur islamisation[869]. Cependant, dans les localités « islamisées », on assiste à l'application du Coran selon le rite malékite, principalement. La justice, liée au pouvoir et au culte, était rendue par des cadis[870], fonction dévolue aujourd'hui aux imams[871], semble-t-il. À l'évidence, l'introduction de la religion musulmane au Mali s'accompagnait de l'enseignement de la langue arabe et cela bien avant l'époque coloniale. Cette situation a engendré deux conséquences majeures :

– la confusion de certaines coutumes arabes et locales ;

– l'application du droit musulman par les juridictions coutumières ;

En effet, la confusion a entraîné la difficulté de distinguer souvent les règles islamiques des coutumes locales. Les deux modèles de justice ont coexisté durant des siècles avec souvent exportation du modèle islamique vers la justice coutumière pour la couche aristocratique. Ainsi, le modèle coutumier pur et dur n'a pas résisté face aux phénomènes de mutations, qui subira sa deuxième mutation avec la pénétration coloniale.

La colonisation[872] se caractérisait, d'une part, par une emprise territoriale sans précédent et, d'autre part, par la soumission des populations autochtones à la souveraineté française. Elle se traduisait par une dénaturation et

---

[868] *Idem.*

[869] Il semble que ce sont les communautés sarakolées, les Peulhs et les Sonrhaïs qui ont été les premiers à accepter sans où avec peu de résistances l'intégration de l'islam dans leur communauté. Par contre, il a fallu des guerres intenses pour parvenir à l'imposition de l'islam au milieu bambara, l'ethnie majoritaire du Mali.

[870] « Le cadi était un homme savant, choisi pour sa foi en Dieu, son dévouement à l'islam, son application du devoir dicté par le Coran et les Hadis, sa connaissance approfondie des textes en science juridique et sociale et pour sa dignité de vie, méritant d'être donnés en exemple aux fidèles croyants. » AROUALA M., *Mali, vitrine de la justice du XIIe au XVIIIe siècle*, *op. cit.*, p. 19.

[871] Les imams sont surtout sollicités pour des consultations sur des questions relatives à l'islam. Ils peuvent aussi être appelés à trancher des conflits, surtout dans le domaine matrimonial.

[872] La période coloniale débute à proprement parler avec le partage de l'Afrique à la conférence de Berlin en 1885. Elle va dépouiller l'Afrique de sa souveraineté et de son indépendance au profit de ces puissances occidentales. Assaillie donc de toute part et divisée en colonies de dimensions variables, l'Afrique offre alors un visage désolant, totalement remodelé et sans aucun rapport avec les entités politiques préexistantes. V. VANDERLINDER J., « Les droits africains entre positivisme et pluralisme », article paru dans le *Bulletin des séances de l'académie royale des sciences d'Outre-mer*, 46 (2000) (279-292), p. 3.

une destruction des structures politiques et sociales préexistantes en Afrique[873]. Le colonisateur, pour assoir sa domination sur ses colonies, institua « *la politique indigène* »[874], une organisation administrative et judiciaire en déphasage de la réalité locale. L'espace politique africain fut morcelé[875], les empires et royaumes anciens démantelés[876]. La politique indigène était une institution judiciaire dyarchique suivant laquelle les litiges entre indigènes (africains) étaient réglés selon les procédures précoloniales, alors que les affaires pénales et les litiges impliquant les non-indigènes (occidentaux et assimilés) étaient directement du ressort de la juridiction coloniale[877]. Les décrets de 1903, 1912, 1924 et 1931 réglementaient ces juridictions indigènes tout en prenant le soin de soumettre l'application des coutumes au contrôle colonial[878].

Le décret du 10 novembre 1903 créa les tribunaux indigènes dénommés en 1946 « *tribunal de droit local* »[879]. En effet, « *la justice indigène*[880] *appliquera en toute matière les coutumes locales, en tout ce qu'elles ne sont pas contraires aux principes de la civilisation française. Dans le cas où des châtiments corporels seraient prévus, il leur sera substitué l'emprisonne-*

---

[873] « À mesure que l'œuvre de colonisation se développait, les coloniaux s'apercevaient sur place que ces différences étaient plus profondes et plus résistantes qu'ils ne le pensaient ; que les institutions et les coutumes des groupements indigènes n'étaient nullement informelles, qu'ils y tenaient comme au plus précieux de leurs biens et qu'on risquait, en y apportant des changements trop brusques, de les désorganiser, de les démoraliser, en un mot, d'aller à l'encontre du but qu'on visait, d'où essentiellement la création de la justice indigène ». V° SALIS J., *Essai sur l'évolution de l'organisation judiciaire et de la législation applicable au Gabon-Congo*, Paris, p. 249.

[874] BOAHEN A. A. (dir.), *Histoire générale de l'Afrique – L'Afrique sous domination coloniale*, vol. VII, Paris, Présence africaine, 1989, p. 235.

[875] Ce fut avec la création de l'Afrique-Occidentale Française (A.O.F.) dont le Soudan français intégra en 1895. Cette fédération groupant, entre 1895 à 1958, huit colonies françaises d'Afrique de l'Ouest (Mauritanie, Sénégal, Soudan français devenu Mali, la Guinée, la Côte d'Ivoire, le Niger, la Haute-Volta devenue Burkina Faso et le Dahomey devenu Bénin). www.wikipedia.org Consulté le 24 juillet 2011.

[876] EKANZA S. P., « La colonisation un défi pour l'Afrique », *Texte d'intervention prononcé à la conférence CERAP*, 4 mars 2005, p. 2.

[877] BOAHEN A. A. (dir.), *op. cit.*, p. 242.

[878] SOLUS H., « Traité de la condition des indigènes en droit privé », *in* NAMBO (J. J), *Quelques héritages de la justice coloniale en Afrique noire*, préc., p. 327.

[879] *Encyclopédie juridique de l'Afrique. Organisation judiciaire*, Tome IV, p. 26.

[880] Les juridictions indigènes se composent : du tribunal coutumier qui siège au niveau du Canton ; du tribunal de 1er degré au niveau du chef-lieu de subdivision ou à défaut au chef-lieu de cercle ou dans chaque commune mixte ; le tribunal du 2e degré : composé d'un président européen et de deux assesseurs indigènes, il siège au chef-lieu de chaque cercle et dans les communes de plein exercice ; le tribunal colonial d'appel, qui siège au chef-lieu de chaque colonie, connaît en appel des affaires civiles ou commerciales jugées par le tribunal de 2e degré ; la Chambre d'annulation qui joue le rôle de Cour de cassation pour tous les jugements et arrêts rendus en matière indigène. Son siège est à Dakar avec une compétence sur toute l'AOF. V° *Encyclopédie juridique de l'Afrique. Organisation judiciaire*, Tome IV, p. 26.

ment »[881]. En revanche, les juridictions de droit français avaient pour mission de juger les citoyens français ou les non-indigènes. L'ordre de juridiction de droit français[882] était indiqué par le statut civique du justiciable. Par voie de suite, le décret du 22 mai 1924 (qui apporta des réformes) organisa une juridiction de deux degrés. Le deuxième degré est confié à l'administrateur local qui, de ce fait, n'a plus seulement à contrôler l'application de la coutume en ce qu'elle n'est pas contraire à l'ordre public, mais doit, en plus, la décrypter à partir des témoignages des parties, des affirmations des assesseurs et des traductions plus ou moins fidèles des interprètes.

À l'évidence, des mutations profondes ont été apportées par le colonisateur aux conditions juridiques et judiciaires des citoyens dits « *indigènes* »[883]. Deux systèmes contraires dans le domaine juridique et judiciaire ont fonctionné sur un même territoire. Les monarchies locales subsistaient à côté du droit dit « moderne » qui régissait les individus, considérés comme citoyens français. Ce système, aussi discriminatoire soit-il, offrait peu de garantie contre l'arbitraire du colonisateur. Celui-ci dispose toujours d'un droit de regard sur la justice coutumière qui doit rendre la décision dans le sens voulu par lui. Laquelle colonisation s'acheva au Mali, le 22 septembre 1960. Le législateur de la jeune République adoptait alors les textes fondamentaux permettant la distribution de la justice[884]. Ceux-ci constituent la synthèse de trois modèles de justice : coutumier, islamique et colonial avec une forte influence de ce dernier, d'où son caractère hybride.

---

[881] LE ROY E., 1982.

[882] La justice française se compose de deux juridictions : les juridictions pénales qui ont acquis plus d'importance depuis que le décret du 30 avril 1946 supprimait toute compétence pénale à la justice indigène. Il y a entre autres : les deux Cours d'appel de Dakar et d'Abidjan ; la Cour d'assises créée par le décret du 22 juillet 1939 qui existe dans chaque territoire sauf en Mauritanie dont le ressort est rattaché à celui de Dakar ; les justices de paix à compétence étendue créées en 1928 (elles ont été réorganisées par un décret de 1954 et jugent en matière de simple police et en matière correctionnelle tous les délits commis) ; le Tribunal de première instance dont le ressort est fixé par arrêté du Gouverneur général (il juge en matière de simple police avec la même compétence que les justices de paix à compétence étendue ainsi qu'en matière correctionnelle) et, des juridictions civiles et commerciales qui comprennent les justices de paix à compétence étendue, les tribunaux de première instance et la Cour d'appel (elle juge en appel les jugements rendus en premier ressort par le Tribunal de première instance, les justices de paix à compétence étendue ou les tribunaux musulmans dans ces cas, la présence d'un cadi est nécessaire). V° *Encyclopédie juridique de l'Afrique. Organisation judiciaire*, Tome IV, p. 26.

[883] La colonisation a duré environ trois siècles du XVIe au XIXe siècle.

[884] Il s'agit de : la loi n° 61-55/AN-RM du 15 mai 1961 portant organisation judiciaire ; la loi n° 61-56/AN-RM du 15 mai 1961 portant organisation de la Cour d'État et déterminant la procédure suivie devant elle ; la loi n° 61-99/AN-RM du 3 août 1961 portant Code pénal ; la loi n° 62-66/AN-RM du 6 août 1962 portant Code de procédure pénale ; la loi n° 65-2/AN-RM du 13 mars 1965 portant réorganisation de la Cour suprême, etc.

B. La justice étatique, un modèle quasi hybride

La justice, instrument de résolution des litiges, évoluant au fil du temps, construit son savoir-faire professionnel, son architecture d'organisation, de fonctionnement, tous éléments qui marquent son particularisme. La justice malienne telle qu'elle est conçue aujourd'hui est une synthèse des modèles coutumiers, islamiques et coloniales, néanmoins déséquilibrée en faveur du modèle colonial. Si les juridictions coloniales n'existent plus, en revanche, les tribunaux coutumiers continuent de fonctionner dans tous les villages du Mali. Ces derniers bien qu'ayant subi tous les chocs des mutations, garde encore leur identité. Néanmoins, ces juridictions coutumières avec application pure et dure du droit coutumier existent rarement. Cette situation résulte de l'intégration dans les coutumes locales de certaines règles du droit islamique mais aussi de l'interdiction par l'État de certains rites locaux. Le droit traditionnel présente ainsi une nature hybride, et le juge coutumier (chef du village) fait office d'application de certaines règles coraniques. Cependant, les juridictions religieuses, même si elles existent dans certaines localités du Mali, ont une compétence très réduite[885].

Dès l'indépendance, le besoin d'instaurer un système juridique et judiciaire conforme à la nouvelle orientation de la République incita le législateur à instituer des règles uniformes[886], applicables à l'ensemble des citoyens maliens. Bien qu'aucun système juridique ou judiciaire n'ait reçu une reconduction systématique, le système judiciaire adopté présente une large influence du droit français. Quelques raisons peuvent être avancées à cela. D'abord, les rédacteurs des premiers instruments juridiques ont reçu une formation en droit français. Ensuite, les coutumes locales sont très disparates et varient en fonction des milieux, il semble risqué de pouvoir privilégier la coutume d'une ethnie au détriment d'une autre. Enfin, la jeune République ne pouvait pas ne pas considérer les règles universellement admises. La prise en charge de ces facteurs a été déterminante dans l'élaboration du système judiciaire[887] actuel du Mali. Confiée désormais à un des trois pouvoirs, la justice dispose la compétence d'appliquer et

[885] C'est notamment l'exemple de Dili, d'où il existe un cadi. Mais les affaires pénales ne sont pas tranchées par lui. Il ne s'occupe que des litiges civils. Il est à signaler que la crise au Mali entre 2012 et 2013 au Nord Mali avec l'invasion des « *djihadistes* » s'est vue installée des juridictions islamiques dans cette partie du Mali.

[886] Il est à signaler que malgré les efforts du législateur, il n'a pas réussi dans le domaine du droit de la famille à mettre en place des règles uniformes.

[887] L'organisation juridictionnelle obéit à un système dualiste : d'une part, l'ordre judiciaire, incluant les juridictions civiles et pénales, règle les litiges opposant les citoyens entre eux et sanctionne les auteurs d'infractions aux lois pénales ; d'autre part, l'ordre administratif tranche les litiges qui opposent un citoyen à l'État, à une collectivité territoriale ou à un organisme chargé d'une mission de service public.

d'interpréter les textes en vigueur[888]. Ce pouvoir s'exerce par la Cour suprême et les autres cours et tribunaux[889]. Le rôle primordial de la justice est alors le règlement du litige conformément aux règles préétablies (lois, codes). Ces règles déterminent à l'avance les comportements répréhensibles et les droits subjectifs accordés à chaque membre de la société.

Chaque conflit suppose une solution dictée par les instruments juridiques. Le juge applique la ou les règles de droit aux faits qui lui sont soumis. Il est investi du pouvoir de juridiction et de celui d'imperium. En ce sens qu'il tranche et ordonne l'application de sa décision. C'est un processus au cours duquel, le juge étatique doit régler les droits subjectifs des parties en conflits. À l'issue du procès, il faut nécessairement un vainqueur et un vaincu. Ce procès présente alors l'allure d'un combat au cours duquel chaque partie cherche une victoire à tout prix. La particularité de la justice étatique est de trancher le litige conformément à la règle de droit, une règle préétablie. Des solutions préconçues doivent être appliquées aux différents litiges. Peu importent les conséquences de cette application. Ce système de « solution préconçue » constitue la ligne de démarcation entre justice étatique et justice coutumière. En cas de conflits, celle-ci adopte la solution la meilleure pour l'avenir de la communauté.

Le juge malien, aussi professionnel soit-il, dispose des connaissances peu approfondies sur les coutumes locales. Conscient de cette situation, le législateur prévoit le recours à des personnalités possédant certaines compétences en matière coutumière. Ainsi, les Tribunaux de première instance et les Justices de paix à compétence étendue, lorsqu'ils statuent en matière coutumière, seront complétés par deux assesseurs de la coutume des parties[890]. Ces assesseurs ont voix délibérative. Les jugements rendus en matière coutumière sont censurés par la Cour suprême du Mali, si la composition du tribunal a ignoré la présence des assesseurs. Le recours aux assesseurs coutumiers s'explique, d'une part, par la diversité des coutumes dont leur maîtrise exige que l'on soit membre de la communauté à laquelle cette coutume appartient ; d'autre part, la formation du juge malien ne lui permet pas d'appliquer de manière correcte les coutumes locales.

[888] Ceux-ci sont constitués d'une partie des coutumes locales, du droit musulman et celui de la France. Néanmoins, les coutumes locales et le droit musulman ont une proportionnalité très réduite dans la constitution du droit positif malien. Lequel reste fortement influencé du droit français, aussi bien que le système officiel de résolution des conflits.

[889] Cf. page 10.

[890] Article 17 de la loi n° 88-39 AN-RM du 5 avril 1988 portant réorganisation judiciaire.

Conclusion

Pendant longtemps, les différentes ethnies composant la société malienne ont développé leurs propres méthodes de résolution des conflits à travers une justice de proximité prenant en charge les sensibilités des couches sociales. Une justice qui, par ses méthodes et techniques, privilégiait essentiellement la conciliation et évitait la rupture des liens sociaux. L'islamisation du continent et la colonisation ont affaibli cette logique de justice. Si chaque société s'identifie à sa logique de justice, néanmoins, celle de l'Afrique lui fut ôtée tout en la substituant par une autre. Cette substitution quasi radicale a entraîné un bouleversement de l'orientation politique, sociale, économique et culturelle de l'Afrique. Désormais confrontés à une autre logique, les modes de résolutions traditionnelles de conflits n'ont pas reçu un écho favorable quant à leur institutionnalisation. Mais la prise en charge de certaines coutumes et règles islamiques dans la législation a permis l'exportation du modèle coutumier de résolution du conflit vers la justice étatique.

Section 5 : La multiplication des centres d'arbitrage dans l'espace OHADA

Séverine MENÉTREY,
Assistant professeur,
Université du Luxembourg

L'arbitrage occupe une place de choix dans le droit OHADA[891] ; une double place en réalité dans la mesure où le droit OHADA prévoit à la fois un arbitrage administré par la Cour commune de justice et d'arbitrage (CCJA) elle-même et un droit commun de l'arbitrage contenu dans l'Acte uniforme sur le droit de l'arbitrage (AUA) applicable à tous les arbitrages dont le siège se situe dans un État-partie à l'exception des arbitrages CCJA[892]... Coexistent ainsi des arbitrages super-institutionnels conduits sous l'égide de la Cour d'arbitrage et des arbitrages institutionnels conduits sous l'égide de divers centres nationaux (nous laissons volontairement de côté les arbitrages *ad hoc*[893]).

La Cour commune de justice et d'arbitrage, qui est la juridiction suprême de l'organisation, propose des services en qualité d'institution arbitrale. Le titre 4 du Traité OHADA et le règlement d'arbitrage CCJA sont applicables aux arbitrages administrés par la Cour d'arbitrage. Et c'est principalement aux arbitrages CCJA que les écrits sont consacrés.

Par contraste, l'Acte uniforme sur le droit de l'arbitrage (AUA) adopté le 11 mars 1999 est applicable « à tout arbitrage lorsque le siège du tribunal arbitral se trouve dans l'un des États-parties »[894]. L'AUA largement inspiré du droit français de l'arbitrage est un instrument moderne de droit de

---

[891] Voy. PH. FOUCHARD, *L'OHADA et les perspectives de l'arbitrage en Afrique*, Bruxelles, Bruylant, 2000.

[892] Voy. A. DIENG, « L'arbitrage dans l'OHADA : régionalisme ou universalisme ? », *Séminaire international UIA/Ordre des avocats du Sénégal*, février 2010, http://www.ohada.com/doctrine/ohadata/D-11-60.html.

[893] Il existe des sentences arbitrales rendues par des tribunaux arbitraux *ad hoc* puisque certaines décisions nationales et une décision de la CCJA y font référence. Voy. Affaire Société E.R.C. (Études – Réalisations – Contrôle) S.A. c. VIMAT SARL. Ordonnance de référé n° 140 du 4 décembre 2000. Note G. KENFACK DOUAJNI, *Revue Camerounaise de l'Arbitrage*, n° 25, avril-mai-juin 2004.
Voy. également « Affaire Ngando Bebey c/ Société AXA Assurances Sentence arbitrale partielle du 20 octobre 2004 ». Note R. SOCKENG, *Revue Camerounaise de l'Arbitrage*, n° 26, juillet-août-septembre 2004. Et CCJA Arrêt N° 044/2008 du 17 juillet 2008, cités par A. DIENG, art. préc.

[894] L'article 1 de l'AUA prévoit que l'AU s'applique « *à tout arbitrage lorsque le siège du tribunal arbitral se trouve dans l'un des États-parties* ».

l'arbitrage de facture classique commenté dans la plus pure tradition positiviste[895]. S'il est difficile d'avoir accès aux jurisprudences nationales mettant en œuvre l'AUA et *a fortiori* aux sentences arbitrales s'y référant, force est de constater que cet acte a conduit à la multiplication des centres d'arbitrage dans les États-parties.

Peut-on parler d'effectivité du droit de l'arbitrage dans l'espace OHADA ? Quelle est l'incidence de la multiplication des centres d'arbitrage sur le règlement des différends dans l'espace OHADA ?

Nous avons voulu en savoir un peu plus sur ces centres d'arbitrage en nous livrant à deux choses : une recherche systématique sur Internet y compris la presse généraliste et dans les revues juridiques et professionnelles sur les différents centres, puis un questionnaire envoyé à chacun des centres[896].

---

[895] Les articles seulement descriptifs émanant d'auteurs « *européens* » sont légion. Les auteurs « africains » se montrent parfois plus critiques, mais non pas envers l'arbitrage, mais envers les États et les juridictions nationales qui le mettraient à mal. Certaines sentences sont cependant étudiées et des points particuliers comme l'immunité des États restent des sujets sensibles. Voy. not. R. DU PEYRE, « L'apport des Républiques du Congo à la jurisprudence française sur l'arbitrage et le droit international privé », *Revue congolaise de droit des affaires*, 2011, n° 5, p. 43. Mais comme souvent dans la doctrine OHADA, la critique se focalise sur des points de détail ou des questions techniques sans que le bien-fondé de l'édiction d'un droit de l'arbitrage commun et institutionnel ne soit questionné. Voy. not. J. ISSA-SAYEGH, « Réflexions critiques sur le droit de l'arbitrage de l'OHADA », *Revue camerounaise de l'arbitrage*, octobre 2001, p. 22 qui articule ses critiques autour des incertitudes sur l'application uniforme de l'arbitrage (les lois nationales sont-elles abrogées ? Quels sont les litiges arbitrables ?...) et des ambiguïtés sur le rôle de la CCJA (Confusion entre la Cour de justice et la Cour d'arbitrage, entre les règlements...).
Les articles relatifs aux centres d'arbitrage font davantage la promotion de l'arbitrage en général comme mode alternatif de règlement des différends que la démonstration de l'utilité de tel ou tel centre pour les opérateurs économiques locaux. Voy. les articles en référence sous le tableau et également S. SOUOP, « Les valeurs cardinales de l'arbitrage : le cas de l'arbitrage du GICAM », 2009, http://www.camnet.cm/souop/documents/communication%20colloque%20CAG%20mars%202009.pdf ; M. OKILASSALI, « L'arbitrage dans le droit du Congo-Brazzaville à l'intérieur de l'espace OHADA », *Revue camerounaise du droit de l'arbitrage*, 2003, n° 20, p. 3.
[896] Le questionnaire figure en annexe.

Par. 1 : Les données recueillies – liste des pays et de leurs centres d'arbitrage

États	Centre d'arbitrage	Date de création	Activité
Bénin	Centre d'arbitrage, de médiation et de conciliation de la Chambre de commerce et d'industrie du Bénin (CAMeC-CCIB)[897]	Créé par le décret N° 2003-347 du 1er septembre 2003 portant approbation des statuts de la CCIB Installation 23 février 2006[899] Financement CC + *Millenium Challenge Account*[900]	– Pas de statistiques : 108 dossiers selon son ancien président[901] – Pas de statuts – Formations[902] – Règ. d'arbitrage[903] – Règ. de médiation[904]
	Chambre de conciliation et d'arbitrage de l'Association interprofessionnelle du coton[898]	– Création le 11 juillet 2003	Aucune information

[897] Informations disponibles sur le site de la Chambre de commerce : http://www.ccibenin.org/index.php/services/accompagner/79-services-aux-entreprises/78-arbitrage-mediation.html. Voy. L. COFFI-HOUADJETO, « Présentation des activités du Centre d'arbitrage, de médiation et de conciliation de la Chambre de commerce et d'industrie du Bénin (CameC) », *Revue camerounaise de l'arbitrage*, 2010, n° spécial, p. 31.
Pour une interview de son président en 2014 : http://beninweb.wordpress.com/2014/06/05/christophe-tozo-president-du-camec-ccib-dans-une-procedure-darbitrage-il-ny-a-ni-gagnant-ni-perdant/

[898] http://www.inter-reseaux.org/IMG/pdf/Fiche_AIC_francais_premiere_version.pdf. Voy. R. VODOUNON-DJEGNI, « Note de présentation des activités de la Chambre de conciliation et d'arbitrage du Bénin », *Revue camerounaise de l'arbitrage*, février 2010, n° spécial, p. 28.

[899] L. COFFI-HOUADJETO, « Présentation des activités du Centre d'arbitrage, de médiation et de conciliation de la Chambre de commerce et d'industrie du Bénin (CameC) », *Revue camerounaise de l'arbitrage*, 2010, n° spécial, p. 31.

[900] http://www.mcc.gov/pages/countries/program/benin-compact

[901] Selon l'ancien Président Éric Fructueux ASSOGBA, le centre aurait depuis 2006 traité 108 dossiers dont 93 en conciliation et en médiation et 12 en arbitrage, disponible en ligne : http://www.jolome.com/dir/article.php?i=89768&t=direct

[902] http://educadroits.ca/wp-content/uploads/2009/05/Rapport_final_arb_CAMeC-220509.pdf

[903] http://www.ccibenin.org/Documentations/REGLEMENT-ARBITRAGE-CAMeC.pdf

Burkina Faso	Centre d'arbitrage, de médiation et de conciliation de Ouagadougou – CAMCO[905]	Création : 11 janvier 2005 Lancement officiel 24 septembre 2007 Financement CC + BM *via* l'*International Finance Corporation* IFC	– Statistiques en ligne + de 325 dossiers au 30/04/2014[906] – Formations – Règ. d'arbitrage – Règ. de médiation – Règlement intérieur – Barème des frais
Cameroun	Centre d'arbitrage du Gicam (groupement inter-patronal du Cameroun)[907]	« Depuis 1998 »[909] Créé en 1997 fonctionnement 1999[910] Financé par le GICAM seul, semble-t-il	– Pas de statistiques[913] – De 2001 à 2007 : 16 affaires De 2008 à 2010 : 11 affaires De 2011 à septembre 2014 : 13 affaires[914]
	Centre permanent d'arbitrage et de médiation du CADEV[908]	AG du CADEV 2 mai 2011 Création effective du centre : avril 2012[911] Texte organique juin	– Formations/ colloques[915]/ extension médiation – Règlement d'arbitrage – Liste d'arbitres

[904] http://www.ccibenin.org/Documentations/REGLEMENT-ADR-CAMeC.pdf

[905] Site internet propre, très bien mis à jour : http://www.camco.bf. Voy. B. BOLY DJIBO, « Centre d'arbitrage, de médiation et de conciliation de Ouagadougou », *Revue camerounaise de l'arbitrage*, 2010, n° spécial, p. 23.

[906] http://www.camco.bf/DONNEES-STATISTIQUES-DU-1er,180

[907] http://www.legicam.org/index.php?option=com_content&task=view&id=18&Itemid=45 et le centre a répondu au questionnaire.

[908] Centre africain pour le droit et le développement :
http://www.cadevafrique.org/index.php/arbritage/presentation
Voy. « Présentation du centre permanent d'arbitrage et de médiation du CADEV », *JADA*, 2012, n° 2, p. 134 et le centre a répondu au questionnaire. On notera que le Secrétaire général du centre CADEV est l'ancien Secrétaire général du centre d'arbitrage du GICAM, Monsieur S. Ousmanou.

[909] http://www.camnet.cm/souop/documents/communication%20colloque%20CAG%20mars%202009.pdf Voy. également S. OUSMANOU, « Centre d'arbitrage du GICAM », *Revue camerounaise de l'arbitrage*, 2004, n° 26, p. 24.

[910] Réponse au questionnaire le répondant précisant que le règlement d'arbitrage a été adopté le 20 novembre 1998. Date de la première affaire introduite : 19 octobre 2000.

[911] Réponse au questionnaire.

		2012 Première affaire introduite en janvier 2013[912] Financement inconnu	– Pas de statistiques – 5 affaires introduites depuis 2013 dont 2 en médiation (tranchées) et 1 sentence rendue[916] – Règlement d'arbitrage et de médiation (en français et *en anglais*[917]) – Code d'éthique – Barème – Formations
Centrafrique	Centre d'arbitrage, de médiation et de conciliation de Centrafrique CAMC-CA	9 juin 2012[918]...	Aucune information accessible
Comores	Cour d'arbitrage des Comores CACOM	2011 ?	– Règlement[919]
Congo	Centre d'arbitrage et de médiation du Congo CEMACO	Création 27 janvier 2012[920] Lancement 30 juillet	Aucune information accessible

[913] S. Ousmanou, alors greffier du centre d'arbitrage GICAM, mentionne « un nombre honorable de litiges »... S. OUSMANOU, « Centre d'arbitrage du GICAM », *Revue camerounaise de l'arbitrage*, 2004, n° 26, p. 24.
Pour une affaire médiatisée, voy. http://lecamerounaisinfo.com/Affaire-Kakotel-contre-Mtn
[914] Réponse au questionnaire.
[915] http://ciamex.over-blog.com/article-4250467.html
[912] Réponse au questionnaire.
[916] Réponse au questionnaire.
[917] Dans la réponse au questionnaire, il est précisé qu'une société kényane a été spécifiquement attirée par le caractère bilingue (anglais-français) des textes du CPAM et la présence d'arbitres de culture anglo-saxonne.
[918] http://www.ohada.com/imprimer/actualite/1666/creation-du-centre-d-arbitrage-de-mediation-et-de-conciliation-de-centrafrique-camc-ca.html
[919] http://www.ministerejustice.gouv.km/v1/IMG/pdf/Reglement_d_arbitrage_CACOM_Final_.pdf
[920] http://www.afrik.com/article24765.html

		2014[921] Financement l'UE, à travers le PRCCE + BM[922]	Référence au Luxembourg sur le site de la CC…[923]
Côte d'Ivoire	Cour d'arbitrage de Côte d'Ivoire CACI[924] + CCJA	Création 12 août 1997 CC mais aucune information sur le financement	– Pas de statistiques. Ni chiffres. – Règlements d'arbitrage et de médiation
Gabon	-	-	-
Guinée	Chambre d'Arbitrage de Guinée CAG	Août 1998[925]	Pas de statistiques. Pas de chiffres[926]. Rien
Guinée-Bissau	-	-	-
Guinée équatoriale	-	-	-
Mali	Centre de conciliation, d'arbitrage et de médiation du Mali CECAM	Création 1999 Mise en place août 2004[927] Première affaire en 2008 CCIM	– Pas de statistiques Environ 10/12 dossiers. Une affaire en cours[928] – Règ. d'arb. – Liste d'arbitres Formations[929]

921 http://www.adiac-congo.com/content/le-congo-se-dote-dun-mecanisme-de-reglement-des-contentieux-et-des-litiges-17838

922 Projet de renforcement des capacités commerciales et entrepreneuriales (PRCCE). Voy. I. FEVILIYE, « Création d'un centre de médiation et d'arbitrage au Congo », *Revue congolaise de droit des affaires*, 2012, n° 8, p. 11.

923 http://www.cciambrazza.com/index.php?contexte=arbitrage

924 http://www.caci.ci. Voy. N. ACKA, « La pratique arbitrale en Côte d'Ivoire », Ohadata D-07-13.

925 http://www.afribone.net.gn/investgn/pc_02.htm

926 Le centre a mauvaise presse http://www.kalenews.org/index.php/justice/464-la-justice-guineenne-doit-proteger-les-citoyens-et-leurs-biens

927 http://www.malikounda.com/Economie/CENTRE-DE-CONCILIATION-ET-D-ARBITRAGE-DU-MALI-CECAM.html

928 Chiffres obtenus au cours d'entretien avec les juristes du centre.

			Aucune information accessible
Niger	-	-	-
RD Congo	Centre national d'arbitrage, de conciliation et de médiation CENACOM[930] Centre d'arbitrage du Congo CAC[931]	Création 2005 Première affaire 2009 Financement par la Fédération des entreprises du Congo Fondé en 2003 ASBL avec des « partenaires » PNUD mais aucune information sur le financement	– Statistiques – 43 arbitrages et 21 médiations[932] – Formations – Règlements d'arbitrage et de médiation – Pas de statistiques. Pas de chiffres – Règlements d'arbitrage et de médiation – Barème
Sénégal	Centre d'arbitrage, de médiation et de conciliation de Dakar CAMC-D[933]	Créé en 1998 par décret Intégré à la CCIAD USAID[934] et le gouvernement du Canada (AE)[935]	– Pas de statistiques – Nombre de cas traités : 50 sentences rendues dont une a fait l'objet d'un recours en annulation[936] – Formation (avec Sherbrooke)

929 http://www.maliweb.net/formation-professionnelle/approche-theorique-pratique-larbitrage-ohada-les-magistrats-maliens-lecole-448932.html

930 http://www.cenacom.cd et le centre a répondu au questionnaire envoyé.

931 http://www.cac-rdc.org/reglement_mediation.php

932 Réponse au questionnaire.

933 Sur le site internet de la Chambre de commerce : http://www.cciad.sn/index.php/presentation/camc.html. Voy. également http://www.memoireonline.com/06/13/7217/La-pratique-de-larbitrage-dans-le-reglement-du-contentieux-commercial-Cas-de-la-Chambre-arbitra.html

934 http://www.leral.net/Plainte-contre-le-Senegal-devant-le-Centre-d-arbitrage-Une-societe-francaise-reclame-13-milliards-a-l-Etat_a5138.html

935 http://www.acdi-cida.gc.ca/acdi-cida/contributions.nsf/Fra/6CBFF6692F4B54BA852579B500682631

936 Voy. également pour une affaire qui semble avoir eu raison du centre http://www.leral.net/Plainte-contre-le-Senegal-devant-le-Centre-d-arbitrage-Une-societe-francaise-reclame-13-milliards-a-l-Etat_a5138.html

			– Peu ou pas d'information disponible
Tchad	-	-	-
Togo	Cour d'arbitrage du Togo CATO[937]	Création novembre 1989 ! Fonctionnement effectif novembre 2011 Première affaire 7 octobre 2011 CCIT et ICF (*Investment Climate Facility for Africa*)[938]	– Pas de statistiques – 15 affaires introduites depuis la création[939] – Liste des arbitres (1 seul !) – Pas de règlement
OHADA	Centre d'arbitrage de la CCJA[940]	Première affaire enregistrée en 1999 Institution sous l'égide de la CCJA Arbitrage super institutionnel	– Pas de statistiques – Au 30 juin 2010, 37 affaires enregistrées[941] – Règlement d'arbitrage qui a servi de modèle à beaucoup de centres régionaux – Liste d'arbitres[942]

937 Site de la CC http://www.ccit.tg/index.php?option=com_content&view=article&id=155&Itemid=152 et site du centre : http://www.cato-tg.org. Et réponse au questionnaire.
938 http://www.icfafrica.org/area/property-rights-and-contract-enforcement/alternative-dispute-resolution-togo
939 Réponse au questionnaire.
940 Beaucoup de doctrine sur cet arbitrage super institutionnel, mais aucun site internet propre ou données émanant de l'institution elle-même. http://www.ohada.org/ccja.html. Voy. A. ACKA, « L'activité du service d'arbitrage de la CCJA de l'OHADA », *Revue camerounaise de l'arbitrage*, février 2010, p. 16.
941 P. LEDONGO, « Statistiques de la CCJA en matière contentieuse, arbitrale et consultative en dix ans de fonctionnement », *http://www.ohada.com/doctrine/ohadata/D-11-16.html*
942 http://www.ohada.org/phocadownload/Arbitres-CCJA-OHADA-2014.pdf

Par. 2 : Analyse des données

Quelques constats généraux portant sur la date de création et le financement des centres (A), leur modèle (B) et leurs activités (C).

A. Nombre de centres, date de création et financement

À l'exception des Guinée équatoriale et Guinée-Bissau[943], du Tchad[944], du Gabon et du Niger, il existe dans tous les États-parties à l'OHADA – à tout le moins formellement – un centre d'arbitrage. Et pour ce qui est du Niger, s'est tenue à Niamey les 12 et 13 mai 2014 une réunion du PAJED en vue de l'établissement d'un centre[945].

Sur dix-sept États membres de l'OHADA, douze possèdent au moins un centre d'arbitrage et de médiation[946]. Avec l'arbitrage institutionnel (super-institutionnel) de la CCJA, cela ne fait pas moins de seize centres d'arbitrage et de médiation identifiables facilement comme tels, même si cette existence peut n'être que formelle.

Sur seize centres identifiés, seuls quatre ont répondu – CADEV, CENACOM, GICAM et CATO – et je me suis entretenue avec des représentants du CECAM à Bamako. Si on ajoute à cela les informations complètes relatives au CAMC-O avec qui j'ai eu des contacts privilégiés et les données publiées par la CCJA, six centres ont pu être examinés, sachant que le silence est également instructif[947].

---

943 On notera que les deux Guinée ont connu des défaites mémorables dans le cadre d'arbitrages commerciaux internationaux : voy. D. MOURALIS, « Interprétation de la clause compromissoire et effet de la procédure d'insolvabilité ouverte à l'étranger », note sous CA Paris, 7 avril 2011, *République de Guinée équatoriale c. Sté Fitzpatrick Equatorial Guinea*, *Petites Affiches*, 16 juillet 2012, n° 141, p. 9 ; Et sur l'affaire Commercial Bank http://www.lesafriques.com/actualite/arbitrage-la-guinee-equatoriale-condamnee-a-payer-76-millions-d.html?Itemid=89

944 Le Tchad ne connaît pas non plus une grande passion avec l'arbitrage commercial international http://m2bde.u-paris10.fr/content/les-limites-de-l'immunité-d'exécution-des-etats-en-matière-d'arbitrage-international-en-droi. Et création en 2004 de tribunaux de commerce spécifiques par une ordonnance N° 009/PR/2004 du 23 août 2004 portant organisation et fonctionnement des tribunaux de commerce.

945 http://www.ohada.com/actualite/2179/ohada-niger-seminaire-de-sensibilisation-au-droit-de-l-arbitrage.html.

946 Le Congo, le Cameroun et le Bénin en comptent au moins deux. À cela s'ajoute la CCJA.

947 Ce faible taux de réponse n'est pas en lui-même significatif et ne remet pas en cause la collecte de données. Il n'est pas significatif car j'ai envoyé, par test, la même demande à la Chambre de commerce du Luxembourg pour obtenir des informations sur l'arbitrage et je n'ai reçu aucune réponse… Ceci dit, il n'y a pas vraiment d'institution d'arbitrage au Luxembourg si bien que l'absence de réponse n'est pas très surprenante. Elle ne l'est donc pas non plus dans des centres qui n'ont ni site internet, ni plaquette d'information ou autre outil de communication vers l'extérieur. En outre, le recueil d'informations peut se faire d'autres

En termes d'accès du public et de communication, sur les seize centres identifiés, neuf ont une visibilité sur Internet, soit par un site propre, soit par le site de l'institution dont ils dépendent comme les chambres de commerce. La Cour d'arbitrage de la CCJA n'a pas de site internet propre.

Sur les six centres qui n'ont pas de visibilité, j'ai eu des informations sur le CECAM, le centre malien en me rendant sur place. Et même si le centre existe et qu'il emploie trois personnes, il n'a qu'une activité très réduite sans autonomie financière par rapport à la Chambre de commerce. Difficile de dire ce qu'il en est des cinq autres, mais il semble s'agir de coquilles vides. On pense notamment au centre d'arbitrage et de médiation de Centrafrique créé le 9 juin 2012… À l'inverse, certains centres font figure de modèle, c'est le cas du CAMC-O que nous examinerons plus en détail. Mais l'actuelle crise de régime au Burkina Faso risque d'avoir des conséquences sur l'activité de ce centre en tout cas vis-à-vis des investisseurs étrangers.

Concernant les dates de création, la grande majorité des centres ont été créés après l'entrée en vigueur de l'AUA, ce qui tend à attester d'une certaine efficacité du droit OHADA. Avant 1999, seuls le Sénégal (1998), le Togo (1989), la Côte d'Ivoire (1997), le Cameroun (1997) et de manière plus surprenante la Guinée (1998) étaient dotés de centres d'arbitrage. Le cas de la Guinée est particulier car le pays ne se montre guère ouvert à l'arbitrage et le centre qui n'avait pas bonne presse semble avoir cessé toute activité[948]. On notera, à cet égard, avec intérêt que les centres qui avaient pu être précurseurs se voient aujourd'hui obligés de réadapter leur offre d'arbitrage notamment au Sénégal et au Togo[949].

Pour le reste, tous les centres ont été créés au cours des années 2000 et ont été établis environ trois ans après pour commencer doucement à fonctionner ensuite. Le dernier né est le Centre permanent d'arbitrage et de médiation du CADEV – deuxième centre du Cameroun qui a eu sa première affaire en janvier 2013. Il est présidé par Monsieur Sadjo Ousmanou qui était auparavant secrétaire général de l'autre centre camerounais, le centre d'arbitrage du GICAM montrant au passage que ces centres reposent sur une ou deux personnes-ressources.

Ces centres résultent soit d'une initiative privée notamment du patronat, soit des chambres de commerce dont la nature publique ou privée reste très difficile à établir, soit directement d'une initiative publique comme au Bénin où le CAMEC sous l'égide de la Chambre de commerce a été créé par un décret. Les statuts du CAMC-O ont été validés par le Conseil des ministres

manières en particulier *via* les sites internet, ce qui permet d'avoir quand même des données à comparer.

948 Le centre a mauvaise presse http://www.kalenews.org/index.php/justice/464-la-justice-guineenne-doit-proteger-les-citoyens-et-leurs-biens

949 Pour des institutions disparues, voy. K. BOTOKRO, « L'arbitrage au Togo », *Revue togolaise de droit des affaires*, 2000, p. 8.

burkinabé. La majorité des centres est sous la tutelle des chambres de commerce. Souvent les pouvoirs publics sont impliqués ou à tout le moins associés, plus rares sont les initiatives purement privées.

Beaucoup de sources de financement restent inconnues. Les chambres de commerce semblent financer les centres, mais la question de savoir si ces chambres sont elles-mêmes financées par les pouvoirs publics ou privés est opaque[950]. Il existe aussi des financements internationaux.

C'est le cas de Camec au Bénin qui bénéficie d'un financement du *Millenium challenge corporation* créé par le Congrès des États-Unis[951] ; du CAMC-O au Burkina Faso qui bénéficie d'une assistance de la Banque mondiale *via* l'*International Finance Corporation*. Le CEMACO, le centre d'arbitrage du Congo (Brazzaville) reçoit une aide européenne à travers le PRCCE[952]. Le Sénégal a bénéficié de l'aide américaine et canadienne[953]. Et la Cour d'arbitrage du Togo a bénéficié du programme *Investment Climate Facility for Africa*[954]. Cette tendance des bailleurs de fonds à financer les MARD de règlement des différends n'est pas propre à l'Afrique de l'Ouest et semble être un trait marquant de l'appui institutionnel au développement[955].

On notera qu'au niveau du financement, la Cour d'arbitrage de la CCJA bénéficie du financement de l'Organisation puisque les fonctions ne sont pas séparées dans l'institution[956].

B. Identité textuelle et fonctionnelle

Toujours à titre très général, il convient de relever que tous les centres mettent à disposition un règlement d'arbitrage des plus classiques souvent copié sur celui de la CCJA ou de la CCI. Aucun effort d'adaptation des textes aux réalités locales n'est perceptible. Tous les règlements d'arbitrage restent d'une facture extrêmement classique. Seul un centre propose un

---

950 Au Bénin, par exemple, la Chambre de commerce (CCIB) est un établissement public institué par la loi du 6 août 1992 placé sous la tutelle du ministre en charge du commerce.

951 http://www.mcc.gov/pages/countries/program/benin-compact

952 Projet de renforcement des capacités commerciales et entrepreneuriales (PRCCE). Voy. I. FEVILIYE, « Création d'un centre de médiation et d'arbitrage au Congo », *Revue congolaise de droit des affaires*, 2012, n° 8, p. 11.

953 http://www.acdi-cida.gc.ca/acdi-cida/contributions.nsf/Fra/6CBFF6692F4B54BA852579B500682631

954 http://www.icfafrica.org/area/property-rights-and-contract-enforcement/alternative-dispute-resolution-togo

955 Voy. P. SHAUGHNESSY, "Promoting Effective Arbitration through Legal Assistance Programmes", *Arbitration International*, 2006, vol. 22/2, p. 315.

956 Le financement des institutions de l'OHADA est assuré par un fonds de capitalisation de 12 milliards de F CFA environ, alimenté à la fois par les États-parties et par leurs partenaires au développement, voy. http://www.ohada.org/fonctionnement-de-lohada.html

règlement en anglais. Aurait pu se démarquer la Chambre de conciliation et d'arbitrage de l'Association interprofessionnelle du coton au Bénin[957], mais celle-ci ne semble pas fonctionner.

Un barème des frais applicable sur lequel une liste d'arbitres est disponible en ligne pour les centres dotés d'un site internet. Tous les commentateurs avisés à l'instar de Charles Jarrosson soulignent que la pratique des listes fermées ou entrouvertes d'arbitres reste une réalité problématique dans de nombreux centres[958].

Enfin, les centres, à l'exception de la CCJA qui limite son activité à l'arbitrage, proposent des services d'arbitrage et de médiation. Cette dernière qui n'est pas prévue et pour cause par le droit OHADA se développe dans certains centres, mais il est encore plus difficile d'obtenir des données sur la médiation que sur l'arbitrage.

C. Nombre d'affaires

C'est le point le plus délicat car les chiffres ne sont pas vérifiables. Il convient de souligner que les centres d'arbitrage « nationaux » les plus dynamiques ont parfaitement intégré l'utilité marketing de publier les statistiques du centre. Certes, ces statistiques doivent être considérées avec prudence, mais pour ce qui est des centres financés par des programmes internationaux spécifiques, le bailleur de fonds exige des audits extérieurs, ce qui permet de garantir tant que faire se peut l'exactitude des chiffres. C'est moins vrai pour les centres entièrement dépendants des chambres de commerce et pour ceux qui ont transmis des informations et des chiffres qui doivent vraisemblablement être représentatifs, mais qui ne sont certainement pas exacts. La majorité des centres ne donnent pas de statistiques à l'exception du CAMC-O et du CENACOM (RDC) et dans une certaine mesure de la CCJA. Les autres chiffres doivent être considérés avec une précaution extrême.

Cette question des chiffres est délicate également car nous n'avons pas de référent. Impossible de connaître le nombre d'affaires soumises aux juridictions judiciaires burkinabées par exemple pour le mettre en perspective aux affaires annuellement soumises au CAMC-O.

---

957 http://www.inter-reseaux.org/IMG/pdf/Fiche_AIC_francais_premiere_version.pdf. Voy. R. VODOUNON-DJEGNI, « Note de présentation des activités de la Chambre de conciliation et d'arbitrage du Bénin », *Revue camerounaise de l'arbitrage*, février 2010, n° spécial, p. 28.

958 Voy. CH. JARROSSON, « L'arbitrage en Afrique : question d'actualité. Rapport de synthèse », *Revue camerounaise de l'arbitrage*, février 2010, p. 204, n° 8. Cette pratique n'est pas de nature à renforcer la confiance des parties dans le centre. Voy. G. PENDELL, "The Rise and Rise of the Arbitration Institution", *Kluwer Blog*, 2011, http://kluwerarbitrationblog.com/blog/2011/11/30/the-rise-and-rise-of-the-arbitration-institution/.

Quant aux statistiques du recours à l'arbitrage, elles sont extrêmement différentes selon les régions du monde et les institutions d'arbitrage. À titre d'exemple, en 2010, 133 parties originaires d'Afrique ont été parties à un arbitrage CCI (sur 2 145 parties)[959]. Si l'on prend les chiffres du Centre d'arbitrage vietnamien (un centre d'arbitrage qui a moins pignon sur rue que la Cour d'arbitrage de la CCI et qui se situe dans un pays émergent), il a connu soixante affaires en 2010 et près d'une centaine en 2013[960].

Quoi qu'il en soit, en se référant aux statistiques disponibles et aux questionnaires, il est très clair que les centres ne connaissent pas de succès quantitatif, une dizaine d'affaires par an tout au plus. La jeunesse des centres est une explication, mais le CAMC-O qui a été inauguré en septembre 2007 comptait en mai 2014, 325 dossiers, soit près d'une cinquantaine d'affaires par an. C'est un record, même si seulement la moitié concerne des arbitrages.

Contrairement à ce qui est dit et écrit, l'arbitrage CCJA ne connaît pas un succès statistique plus grand que celui des centres nationaux d'arbitrage[961]. Pour comparer deux chiffres officiels entre 2007 et 2010, l'arbitrage CCJA a enregistré 18 affaires, tandis que le CAMCO en compte 47 (rien qu'en arbitrage).

Par. 3 : Qu'en penser sur le terrain de l'effectivité ?

Les succès en termes quantitatifs peuvent sembler modestes à l'échelle de la sous-région. Additionner les uns aux autres le nombre d'arbitrages CCJA et OHADA peut paraître dérisoire.

Il faut toutefois bien comprendre qu'avant les années 2000, il n'y avait pratiquement pas d'arbitrages dont le siège était situé dans un État de l'espace OHADA. La manière dont les pouvoirs publics acceptent et souvent promeuvent l'arbitrage constitue un changement résultant directement de l'OHADA.

Avant 1999, l'arbitrage était mal perçu par les pouvoirs publics des États d'Afrique de l'Ouest et centrale. On rappellera à cet égard qu'il a fallu attendre une décision de la Cour suprême de Côte d'Ivoire du 4 avril 1989 dans l'affaire *Talal Massih c. Omais* pour que l'arbitrage soit reconnu

---

959 Bulletin CCI, Voir Bulletin ICC, vol. 22, No. 1 (2011).

960 Voy. http://www.viac.org.vn/en-US/Home/statistics-111/351/Case-Statistic-from-different-Arbitration-Centres.aspx

961 Pour A. DIENG, le système à double vitesse de l'arbitrage OHADA favorise l'arbitrage CCJA, ce qui ne semble pas exact au vu des chiffres et du secret qui entoure l'arbitrage CCJA (A. DIENG, art. préc.).

comme mode de règlement des différends[962]. L'arbitrage commercial ne fait pas partie de la culture juridique « *africaine* »[963]. Il y a eu un véritable changement de paradigme dans la vision que les États de l'OHADA ont de l'arbitrage. Il est clair que l'hostilité à l'arbitrage qui prédominait s'est inversée dans le discours des pouvoirs exécutif et judiciaire. Reste à savoir si cette inversion est cantonnée aux discours ou s'étend aux actes.

La participation des pouvoirs publics à la création même des centres est intéressante par rapport aux réticences initiales des États de l'OHADA à l'égard de l'arbitrage. Elle soulève néanmoins des questions quant à l'indépendance des centres d'arbitrage et à leur survie en cas d'arbitrage impliquant l'État dans lequel ils ont leur siège. Il semblerait que la chambre d'arbitrage de Guinée[964] et le centre d'arbitrage de Dakar aient rencontré des difficultés à la suite de procédures arbitrales auxquelles l'État ou l'une de ses entités étaient partie[965]. Sur ce point, l'arbitrage CCJA présente un avantage certain comme en témoigne la sentence arbitrale rendue le 13 mai 2014 condamnant l'État du Bénin[966].

Aux effets (sinon à l'effectivité) du droit OHADA sur les institutions d'arbitrage et sur l'ouverture des États à l'idée même de l'arbitrage, il faut ajouter qu'il y a un réel dynamisme de certains centres d'arbitrage comme le CAMC-O qui irradie dans toute la sous-région. Les centres ne raisonnent pas en termes concurrentiels. Le CAMC-O fait figure de modèle, mais n'hésite pas à partager son savoir-faire. Il n'y a pas plus d'esprit de concurrence avec la Cour d'arbitrage de la CCJA.

Au contraire, il y aurait, dans le discours, mais aussi dans l'organisation de conférences et de formations, plutôt une synergie et une répartition des rôles. Comme le soulignait Charles Jarrosson en conclusion d'un colloque sur « l'arbitrage en Afrique » que « le dynamisme est omniprésent. Il l'est dans l'activité des centres, dont les courbes suivent un mouvement parallèle,

---

962 Voy. L. IDOT, « Note sous Cour suprême de Côte d'Ivoire », *Rev. arb.*, 1989/3, p. 530. On rappellera la formule du juge de l'exécution rétractant l'ordonnance d'exequatur selon laquelle « le règlement d'un litige civil ne peut faire l'objet d'une sentence arbitrale en Côte d'Ivoire ».

963 Voy. « Les discussions » *in* PH. FOUCHARD, *L'OHADA et les perspectives de l'arbitrage en Afrique*, Bruxelles, Bruylant, 2000, p. 175.

964 Le centre a mauvaise presse http://www.kalenews.org/index.php/justice/464-la-justice-guineenne-doit-proteger-les-citoyens-et-leurs-biens

965 Voy. également pour une affaire qui semble avoir eu raison du centre http://www.leral.net/Plainte-contre-le-Senegal-devant-le-Centre-d-arbitrage-Une-societe-francaise-reclame-13-milliards-a-l-Etat_a5138.html

966 CCJA, sentence finale, 13 mai 2014, 004/2013AR13, *Société Bénin Control c. État du Bénin.*

et qui a vu un net accroissement des arbitrages organisés ces dernières années »[967].

L'arbitrage suscite beaucoup d'enthousiasme et il y a une réelle effervescence en la matière en termes de formations, de colloques et de manifestations de vulgarisation. Du 20 au 23 octobre 2014 s'est tenu au siège de la Cour commune de justice et d'arbitrage à Abidjan un colloque sur les MARD où l'arbitrage occupait la place centrale. La CCJA a organisé deux autres séminaires les 12 et 13 novembre à Libreville et le 17 et 18 novembre à Douala sur « l'arbitrage CCJA-OHADA » avec pour objectif de vulgariser l'arbitrage. Y sont associés tous les acteurs de la vie juridique intéressés à l'arbitrage[968]. Des campagnes d'informations sont non seulement dirigées vers les opérateurs économiques mais aussi les magistrats nationaux.

La principale activité des centres d'arbitrage ne réside pas dans la résolution des litiges mais dans la promotion de l'arbitrage par le biais de formation et de sensibilisation des acteurs économiques. Ce constat peut être vu avec scepticisme, voire critique. Tout se passe comme si l'on voulait souhaiter fabriquer du contentieux pour créer une activité dans les centres et pour développer l'activité économique. Si je caricature : l'arbitrage serait bon pour l'activité économique alors qu'en réalité l'arbitrage augmente avec l'activité économique et non l'inverse, nous y reviendrons en conclusion.

Il n'en demeure pas moins que les activités de formation et d'information sont organisées de concert par les représentants de différents centres nationaux et par les représentants de la CCJA dans un souci de vulgarisation du droit.

Cette collaboration est intéressante rétrospectivement car les premiers commentateurs du droit OHADA de l'arbitrage se demandaient « à quoi pouvaient bien servir les centres d'arbitrage de droit interne dans les États-parties »[969]. La coexistence des offres d'arbitrage dans les textes OHADA était a priori pensée comme un frein au développement de l'arbitrage. Or, ces centres se sont multipliés et ont diversifié l'offre de règlement des différends en s'adressant aux opérateurs économiques locaux. Les centres interrogés expliquent clairement que ce sont principalement les opérateurs économiques nationaux qui recourent à leurs services. Les données transmises par le CAMC-O sont significatives à cet égard.

---

[967] CH. JARROSSON, « L'arbitrage en Afrique : question d'actualité. Rapport de synthèse », *Revue camerounaise de l'arbitrage*, février 2010, p. 204.

[968] Il ressort également de ces programmes qu'il s'agit de larges cours sur l'arbitrage (avec même un module spécial sur les lignes directrices de l'IBA sur les clauses compromissoires) sans que la spécificité de l'ancrage de l'arbitrage dans des États membres de l'OHADA ne ressorte. Le marché globalisé de l'arbitrage s'étend au continent africain sans particularité.

[969] J. ISSA-SAYEGH, « Réflexions critiques sur le droit de l'arbitrage de l'OHADA », *Revue camerounaise de l'arbitrage*, octobre 2001, p. 22.

À la question de savoir si le centre se sent en concurrence avec la Cour d'arbitrage, le centre d'arbitrage du GICAM se lit de la manière suivante :

Le système d'arbitrage OHADA fait coexister un centre supranational, les centres privés des États membres et l'arbitrage *ad hoc*. L'ambition de ce système est le développement du recours à l'arbitrage en tant que mode alternatif de règlement des conflits d'affaires à différents niveaux.

Dans ce système donc, les centres nationaux d'arbitrage et celui du supranational de la CCJA ne sont pas concurrents mais complémentaires.

Pour les petits et moyens opérateurs économiques, il peut être plus intéressant de recourir à l'arbitrage d'un centre local plutôt qu'à celui du centre de la CCJA. C'est notamment à cette demande que répond le Centre d'arbitrage du CICAM[970].

Tout s'opère comme si l'offre concurrente d'arbitrage reflète une distinction (assumée pour une fois) entre l'offre de droit pour les opérateurs économiques étrangers et les opérateurs économiques nationaux[971]. Cependant la prudence est de mise. D'une part, comme il ressort de nos entretiens, il n'est pas dit que les sociétés nationales ne soient pas en réalité contrôlées par des étrangers. D'autre part, il faut admettre que l'arbitrage OHADA tel que prévu dans l'AU ne convient pas à tous les opérateurs économiques nationaux sans même parler ici des opérateurs informels. Même administré par un centre national, l'arbitrage a un coût élevé[972].

L'existence d'un droit OHADA à deux vitesses est en elle-même intéressante. Si le droit OHADA en ce compris l'arbitrage était un droit initialement à destination des investisseurs étrangers, il appert avec les

[970] Réponse au questionnaire GICAM.

[971] Seul le dernier né, le centre d'arbitrage du CADEV se montre critique :
« La CCJA dispute aux Centres nationaux leurs marchés spécifiques et s'appuie sur sa dimension institutionnelle et officielle plus marquée pour se présenter comme l'Institution-phare, voire la seule à considérer dans l'espace OHADA. En outre, l'arbitrage CCJA bénéficie d'une publicité et d'une visibilité naturelle en raison du statut de la Cour qui le porte, et fonctionne sur le budget tiré des États alors que les Centres privés nationaux sont obligés de générer leurs propres ressources. Par ailleurs, l'immunité diplomatique des arbitres CCJA n'a aucun sens car un arbitre, fut-il inscrit sur une liste d'arbitres d'un Centre, ne sont pas statutairement rattachés à ladite institution ; ils demeurent des prestataires privés et freelance ».
Réponse au questionnaire CADEV. Voy. également du CADEV, « Quelques idées sur les difficultés de fonctionnement des institutions d'arbitrage et de développement de la justice alternative dans l'espace OHADA ».

[972] CAMC-O.
Pour un litige inférieur à 2 millions de francs CFA (environ 3 000 euros), les frais administratifs pour une requête sont de 100 000 francs, soit 150 euros et chaque demande particulière est payante jusqu'à 200 000 francs CFA pour une requête en rectification. À cela s'ajoute 200 000 euros pour les arbitres et 150 000 euros pour toute mesure provisoire ou conservatoire. Soit environ 700 000 CFA, soit plus de 1 000 euros. CCJA, voy. Décision n° 004/99/CCJA 3 février 1999 relative aux frais d'arbitrage.

centres d'arbitrage nationaux qu'il peut permettre le développement de pratiques plus locales. Ces centres, comme en témoignent les chiffres du CAMC-O, prennent notamment le créneau libre de la médiation que la CCJA ne peut pas occuper.

Il est cependant très difficile d'obtenir des informations sur les procédures de médiation. La mise entre parenthèses du droit et la recherche d'une solution satisfaisante pour les deux parties sont des éléments constitutifs de la médiation qui laissent penser qu'elle est adaptée aux réalités des PME nationales. Il convient cependant de ne pas réécrire la résolution des litiges à travers un prisme déformant qui consisterait à dire que la médiation commerciale a un quelconque point commun avec les modes traditionnels de règlement des litiges.

La médiation, comme l'arbitrage devient un nouveau marché dont les juristes se sont emparés à travers le monde.

Et c'est la question sur laquelle je bute. La multiplication des centres d'arbitrage dans l'espace OHADA s'inscrit-elle dans un besoin local ou dans une mode globale ?

Qu'il s'agisse de médiation ou d'arbitrage, le discours doctrinal est tout acquis à la cause qu'il émane de la doctrine praticienne européenne ou de la doctrine et des praticiens africains. Il n'y a aucune spécificité dans les écrits relatifs aux MARD dans le droit OHADA, ils sont très proches et souvent directement calqués sur les écrits relatifs aux MARD en Europe.

Rien de très nouveau sous le soleil de l'OHADA en matière d'arbitrage. Les éléments de langage sont bien rodés ; mais les affirmations peu vérifiées. L'arbitrage accroît la sécurité juridique et présente des avantages en termes de célérité et de coût et surtout il pallie les carences des juridictions nationales (ce serait la touche locale de l'analyse, si le lien entre recours à l'arbitrage et vicissitudes des procédures judiciaires nationales était démontré).

Il n'y a aucune spécificité de l'arbitrage OHADA en termes de règlements et de droit applicable. Et quand il y a des particularités, elles ne sont pas toujours très réjouissantes comme l'existence de listes d'arbitres fermées… ou la protection diplomatique des arbitres dans les arbitrages CCJA ou encore l'implication assez forte de l'État dans certains centres.

On l'a dit cette implication peut se révéler problématique. Il n'en demeure pas moins qu'elle peut se traduire par des initiatives originales comme celle prévue dans le « Plan d'affaires » du CAMEC béninois datant d'octobre 2007. Il est en effet prévu un partenariat avec le ministère de la Justice « pour apurer les tribunaux des litiges commerciaux vieux de plusieurs années et non résolus ».

Pour le reste, la création et le management de centres d'arbitrage deviennent un vrai business avec des sessions de formation sur « le renforcement des centres d'arbitrage et de médiation »[973] et autres « ateliers de formation à l'intention des arbitres et gestionnaires d'arbitrage »[974].

Il existe une Association des centres africains d'arbitrage et de médiation[975], différente de l'Association pour la promotion de l'arbitrage en Afrique[976] et des formations spécifiques pour les gestionnaires de ces centres[977]... Cette tendance existe ailleurs en Europe et en France en particulier avec la Fédération des centres d'arbitrage.

Il n'en demeure pas moins que la multiplication des centres dans l'espace OHADA repose sur un paradoxe que l'on trouve dans le Préambule même du Traité OHADA. Les États « désireux de promouvoir l'arbitrage comme instrument de règlement des différends contractuels » conviennent... La promotion de l'arbitrage est une fin en soi alors que l'arbitrage n'est qu'un moyen de régler des litiges. Le discours des centres, tout comme le discours doctrinal consiste à dire que l'arbitrage doit se développer parce qu'il permet de développer l'activité des opérateurs économiques. Pourtant, il semble logique de penser que l'arbitrage se développe lorsqu'il y a une demande des opérateurs économiques en raison de l'augmentation et de la complexification des activités. C'est le postulat de l'OHADA : un bon droit crée de l'activité économique alors que rien n'est moins sûr.

Assurément, le développement de l'arbitrage requiert une attitude positive de la part des États et notamment de la part de leurs juridictions. Et en cela, je le répète, on peut dire que l'OHADA a eu un effet concret. Cependant, le développement de l'arbitrage suppose que les parties ressentent le besoin économique de recourir à cette justice.

Or, ce besoin est difficile à évaluer. Assurément, les investisseurs étrangers hors espace OHADA éprouvent ce besoin, mais la majorité d'entre eux préférera recourir à des arbitrages plus « mainstream » que les arbitrages OHADA y compris CCJA pour des raisons d'habitudes, mais aussi pour des raisons pratiques puisque souvent le siège et le lieu de l'arbitrage coïncident

[973] « Note d'information du CCI sur le renforcement des centres d'arbitrage et de médiation », *Revue camerounaise d'arbitrage*, 2004, n° 26, p. 11, Ohadata D-08-54.

[974] Voy. not. A. ACKA, « Management des centres d'arbitrage », Ateliers de formation à l'intention des arbitres et gestionnaires d'arbitrage, 19 au 21 mai 2008, ERSUMA.

[975] Créée en 2008 et formalisée en 2010 http://www.ohada.com/actualite/519/creation-de-l-association-des-centres-africains-d-arbitrage-et-de-mediation-acam.html; http://www.camco.bf/OBTENTION-DE-RECEPISSE-PAR-L

[976] http://www.apam-afrique.org/index.php?option=com_content&view=article&id=60&Itemid=73&lang=fr

[977] Voy. Le cours dispensé à l'ERSUMA sur le management des centres d'arbitrage http://biblio.ohada.org/greenstone/collect/dohada/index/assoc/HASH0634.dir/management-centre-arbitrage-formation-juristes-beninois-droit-ohada-assiehue-acka.pdf

en pratique et qu'il est plus simple et moins coûteux de choisir un siège européen bien rodé comme Paris, Genève ou Zurich.

Les investisseurs de la sous-région quant à eux ont tout intérêt à recourir à l'arbitrage CCJA. Ils le font d'ailleurs, mais dans des proportions qui restent modestes sans que l'on ne sache très bien pourquoi sauf à considérer qu'il y a peu de contentieux... L'arbitrage CCJA est un mécanisme intéressant car il s'agit d'un arbitrage véritablement international reposant sur un Traité international et rattaché à aucun ordre juridique national. Ainsi les employés de la CCJA et les arbitres désignés sous son égide bénéficient de l'immunité diplomatique (article 49 du Traité). Les sentences arbitrales CCJA bénéficient d'un régime spécifique d'exécution et de contrôle[978]. À cet égard, la CCJA casquette juridictionnelle exerce un contrôle sur les arbitrages rendus sous l'égide de la CCJA casquette institution d'arbitrage. C'est un système qui peut être efficace même si des affaires ont montré les risques de cette double casquette (voy. l'affaire *Planor Afrique c. Atlantique Telecom* qui n'a certainement pas contribué à favoriser le recours à l'arbitrage CCJA[979]).

Enfin il reste le besoin des opérateurs économiques locaux en termes d'arbitrage. L'argument qui est largement répété dans les écrits et lors des conférences relatives à l'arbitrage OHADA réside dans la carence des juridictions nationales pour régler les litiges commerciaux de manière satisfaisante. Pourtant et même si l'on peut le présupposer, le lien entre recours à l'arbitrage et les vicissitudes des procédures judiciaires nationales n'est guère démontré. Certes, juridiquement, le recours à l'arbitrage est une

[978] Cet avantage est d'autant plus important que, même si l'AU prévoit un système d'exequatur (Selon A. Dieng, (art. préc.), « Au Cameroun, en Côte d'Ivoire et au Tchad, le juge étatique compétent est le Président du Tribunal de première instance du lieu où l'exécution de la sentence est prévue ou poursuivie tandis qu'au Sénégal, c'est le Président du Tribunal régional du lieu où l'exécution de la sentence est envisagée ou doit être poursuivie. Au Gabon, c'est le Tribunal de première instance du lieu où l'exécution de la sentence est prévue ou poursuivie », les autres pays n'ont rien prévu), près de la moitié des États de l'OHADA ne sont pas parties à la Convention de New York de 1958 sur la reconnaissance et l'exécution des sentences étrangères (10 des 17 pays sont parties à la Convention de New York).

[979] CCJA, 10 juin 2010, Atlantique Telecom c/ Planor. Inopposabilité de la CC par référence. D'autant plus discutable qu'une partie avait au même moment demandé la constitution d'un tribunal arbitral CCJA...

Voy. CCJA ord. 016/2009/CCJA, Société Atlantique Telecom c/ Planor, exequatur d'une sentence CCJA du 5 août 2009. Et CCJA 31 janvier 2011, arrêt n° 03, *Planor Afrique c. Atlantique Telecom.* Contestation d'une sentence CCJA du 25 août 2008. On notera que le recours a été introduit le 9 septembre 2009...

Demande d'annulation de la sentence, repose sur la contrariété avec une décision de la CA de Ouagadougou du 19 juin 2009, devenue irrévocable. Annulation de la sentence.

CCJA ord. 01/2011/CCJA portant rectification de l'arrêt susvisé pour un défaut d'indication de l'avocat de l'une des parties.

Parallèlement en France, confirmation de l'annulation 1re civ. (fr), 10 juillet 2013, Emirates Telecommunications Corporation (Etisalat) c/ société Planor Afrique 12-13.351.

renonciation à la justice étatique. Cela ne signifie pas pour autant que tous les opérateurs économiques qui préfèrent ne pas avoir affaire avec la justice nationale vont se tourner vers la justice arbitrale sinon il y aurait un boom de l'arbitrage certain... Peut-être aussi que les opérateurs économiques n'ont tout simplement pas besoin d'une procédure qu'elle soit judiciaire ou arbitrale en préservant les relations commerciales même difficiles du droit, celui-ci n'étant que l'ultime recours.

Annexe 1 : Questionnaire envoyé aux centres d'arbitrage

Étude sur les centres d'arbitrage et de médiation dans l'espace OHADA

1 – Nom du centre :

2 – Date de création du centre :

3 – Date de fonctionnement effectif :

4 – Date de la première affaire introduite :

5 – Nombre d'affaires introduites depuis la création :

6 – Nombre d'affaires terminées depuis la création :

Par un accord entre les parties

Par une sentence arbitrale

7 – Pensez-vous que votre Centre est en concurrence avec la CCJA ?

8 – Les parties qui s'adressent à votre centre sont :

– majoritairement des opérateurs économiques nationaux

– majoritairement des opérateurs économiques de la zone OHADA

– majoritairement des opérateurs économiques extérieurs à la zone OHADA

9 – Les parties défenderesses dans les arbitrages tenus sous l'égide de votre Centre sont :

– majoritairement des opérateurs économiques nationaux

– majoritairement des opérateurs économiques de la zone OHADA

– majoritairement des opérateurs économiques extérieurs à la zone OHADA

10 – Le tribunal arbitral est-il composé (le plus souvent)

– de 3 arbitres

– de 5 arbitres

– de 1 arbitre

11 – Les arbitres appliquent-ils le droit OHADA ?

12 – Avez-vous connaissance de recours prononcé contre une sentence arbitrale rendue sous l'égide de votre Centre ?

Si vous avez la décision étatique et que vous pouvez nous la faire parvenir, ce serait extrêmement utile.

13 – Diriez-vous que les sentences arbitrales rendues sous l'égide de votre Centre sont en principe correctement exécutées :

– oui

– non

– mieux que les décisions rendues par des juridictions nationales

14 – Quelles sont vos actions dans les années futures ?

15 – Que diriez-vous à un opérateur pour faire la promotion de vitre Centre ?

Conclusion générale

Que conclure d'une telle recherche ? Il n'est pas certain que nous ayons apporté une réponse définitive à la question de départ : le droit économique est-il effectif dans la zone OHADA ? Comme assez souvent, le verre peut être considéré comme à moitié plein ou à moitié vide. Par optimisme, ou peut-être par autosatisfaction après avoir dirigé le colloque et l'ouvrage qui en rend compte, nous le verrons à moitié plein. Mais il ne faut pas oublier que le verre à moitié vide n'a pas vocation à le demeurer, soit qu'on le remplisse, soit qu'on le vide pour mieux le remplir ensuite. Le verre à moitié plein n'est qu'un début.

Quel est donc ce début ?

Le moins qu'on puisse dire est qu'il est disparate. Nous en appelions dans l'introduction, dont le lecteur comprendra que la première mouture est antérieure à la recherche elle-même, à des recherches empiriques et interdisciplinaires. Quelques auteurs se sont adonnés à de véritables recherches empiriques, que ce soit sous la forme d'études de terrain ou de constitution de statistiques. Certains travaux montrent aussi l'ouverture disciplinaire, à l'économie par exemple. La plupart de ces excursions ne sont toutefois pas l'œuvre de spécialistes et elles en portent la trace, sous la forme d'insuffisance méthodologique principalement. Elles ont toutefois le mérite d'exister, et ce n'est pas rien.

Quoi qu'il en soit, il n'est pas question de succomber aux sirènes de la statistique et du chiffre qui voudraient nous faire croire que, à l'instar de la terre d'antan, le chiffre ne ment pas. Non seulement le chiffre peut mentir, mais il est surtout réducteur. Le juriste n'a pas vocation à se cantonner aux études quantitatives, son raisonnement est par essence qualitatif. Par ailleurs, il serait aussi insensé de rejeter l'information fournie par les chiffres et certaines d'entre elles méritent de retenir toute l'attention. Quelques exemples le prouveront à suffisance.

Les juristes ont cependant les habitudes tenaces, et leur méthodologie offre une résistance dont il n'est pas certain qu'il faille se plaindre. En tout cas, de nombreux textes de l'ouvrage exploitent les ressources plus traditionnelles de la dogmatique. Par cela même ils sont extrêmement intéressants. En effet, à une méthodologie juridique assez classique, ou en tout cas sans recourir aux méthodologies d'autres disciplines, ils associent des interrogations inédites, ils portent le regard dans des angles morts. Au lieu d'être, pour l'esprit chagrin, la démonstration que notre pari était perdu d'avance, ils rappellent toute la potentialité de la recherche purement juridique dès lors qu'on ne la limite pas à l'étude des textes, pour ne pas dire du Texte.

Et sur le fond, des embryons de réponse émergent. Comme on s'y attendait, le droit étatique souffre d'une ineffectivité criante, que l'on songe aux statistiques (avec toute leur fragilité) sur le RCCM, les sûretés, les centres d'arbitrage… Ici, l'observation n'est que la démonstration de ce que tout le monde savait mais que beaucoup refusaient de regarder. Le mérite n'est pas mince, puisqu'il ne permet plus de détourner le regard, sauf à rendre visible son parti pris.

Mais il y a bien d'autres choses qui émergent de l'étude, et toutes n'étaient pas anticipées. D'abord, et c'est sans doute l'essentiel, le droit formel n'est pas rigide et élabore des articulations avec d'autres formes de juridicité. Loin des bancs de l'Université, en dehors des palais (présidentiels ou de justice), les acteurs juridiques officiels s'acoquinent avec des formes de droit différentes, simplement parce qu'ils y ont intérêt. D'un côté, le droit se trouve partiellement dévoyé, de l'autre c'est ce dévoiement même qui lui permet de rendre des services et de sortir de son tiroir. C'est ce dont témoigne certainement le mieux le domaine financier, à moins que ce ne soit là qu'on le montre un peu mieux parce qu'on l'étudie davantage.

Ensuite, il existe du droit qui n'est pas produit par des cabinets dont le souci esthétique ou logique l'emporte sur la connaissance des besoins. Le début d'étude du contentieux montre que les juges essaient de trouver des voies, échafaudent des équilibres, ici comme ailleurs, avec pour seule différence que ce qui se bricole (et le terme est positif sous notre plume) en Afrique est totalement méconnu. Pourtant, tout le monde bricole, et c'est là que se trouve certainement l'avenir du droit africain.

Le verre est donc à moitié plein, aussi bien au plan méthodologique que substantiel. Mais, nous l'avons dit, la partie vide du verre ne demande qu'à être remplie.

Quelle ouverture pour cette recherche ?

C'est ici qu'il faut éviter de tomber dans la démesure, et la période écoulée entre le colloque et la publication a permis au temps de faire son œuvre. Le colloque a été l'occasion d'un véritable enthousiasme, et il s'est prolongé par des idées de nouveaux projets. Le manque d'énergie y consacrée (à commencer par les directeurs de la recherche), la difficulté de rassembler les moyens matériels, la distance, les résistances naturelles... tout ceci a ramené les choses à une plus juste mesure et évité les tentations messianiques d'une nouvelle ère pour la recherche en droit africain.

Quoi qu'il en soit, l'ouverture demeure, et nous restons persuadés que la vitalité du droit africain passe par l'attention à ses parties vivantes. Le juriste de droit africain n'a peut-être pas, comme nous le pensions, à se transformer en anthropologue ou en sociologue, mais il lui faut bien se préoccuper des réalités du terrain. Il n'y a là aucun appel romantique à une quelconque authenticité africaine, qui ne serait bonne que pour un tourisme juridique destiné aux gogos. Non, ce n'est que du bon sens, le droit n'a de signification que par sa confrontation aux faits. Portalis, Gény, Demogue..., nous proposons aux chagrins de retourner quelques instants à ces auteurs classiques s'ils ne sont pas convaincus.

Qu'est-ce à dire concrètement ? Nous espérons déjà que la lecture de l'ouvrage en donnera des idées, mais nous pouvons l'illustrer encore. Comment un opérateur économique majeur construit un réseau de distribution dans un pays majoritairement informel ? La question est cruciale car de là dépendent ses besoins juridiques. Qu'est-ce qu'attend un moyen acteur économique africain du droit ? Y a-t-il une pratique différente des arbitrages informels en Afrique (ce qu'on appelle parfois les arbitrages de cabinet) par rapport à d'autres continents ? Comment le juge africain se situe-t-il entre le droit étatique et les besoins qui lui sont exprimés ? Y a-t-il des concepts juridiques qui devraient être pensés autrement en Afrique (inexécution contractuelle, faute, sujet de droit, etc.) ?

Nous pourrions poursuivre indéfiniment, tant il est plaisant de se projeter dans des recherches sans les mener. Une journée de réflexion sur chacun des thèmes montrerait certainement que le tiers d'entre eux est sans intérêt, mais le principe n'en serait pas invalidé. Et puis, au fond, n'oublions pas, nous, européens, que le droit africain n'est pas notre droit, que nous ne pouvons nous y intéresser qu'en comparatiste, et que sinon, nous retombons dans la posture du donneur de leçons. Nous avons pleine conscience de ne pas en être prémunis.

Bibliographie

Ouvrages :

S.-C. ABEGA, *Société civile et réduction de la pauvreté*, éd. Clé, Yaoundé, 1999.

R. ADIDO, *Essai sur l'application du droit en Afrique : le cas de l'OHADA, Aspects sociologiques et juridiques au vu du passé et du présent*, thèse Perpignan, 2000.

A. AKAM AKAM (dir.), *Les Mutations juridiques dans le système OHADA*, L'Harmattan, Cameroun, 2009.

D. ALLAND, S. RIALS, *Dictionnaire de la culture juridique*, Paris, Quadrige Lamy – PUF, 1re éd., 2003.

H. ARENDT, *Les origines du totalitarisme. L'impérialisme*, Paris, Gallimard, 2002.

L. ASSIER-ANDRIEU, *Le droit dans les sociétés humaines*, Paris, Nathan, 1996.

R. ATANGA FONGUE, *Contrôle fiscal et protection du contribuable dans un contexte d'ajustement structurel*, Paris, L'Harmattan, 2008.

J. AUSTRUY, *Le scandale du développement*, Paris, Éditions Ouvrières, 1965.

E. BALATE & S. MENETREY, *Questions de droit économique : les défis des États africains*, Larcier, 2011.

J.-G. BELLEY, *Le contrat entre droit, économie et société*, Cowansville, Yvon Blais, 1998.

M. BENNOUMA, *Le Droit international de développement. Tiers-monde et interpellation du droit international*, Paris, Berger-Levraut, 1983.

F. BOGLA, *L'entreprenant en droit OHADA*, Mémoire de Master, Université Yaoundé 2, 2012.

A. A. BOAHEN, *Histoire générale de l'Afrique – L'Afrique sous domination coloniale*, vol. VII, Paris, Présence africaine, 1989.

S. CAMARA, *Gens de la parole. Essai sur la condition et le rôle des griots dans la société malinké*, A.C.C.T., Édition Khartala, Paris, 1992.

J. CARBONNIER, *Flexible droit*, L.G.D.J., 8e édition, 1995.

B. CHANTEBOUT, *Le Tiers-monde*, éd. Armand Colin, Paris, 1989.

H. DE SOTO, *The Other Path: The Invisible Revolution in the Third World*, Newyork, Harper & Row, 1989.

A. DIEYE, *Domanialité nationale et développement : l'exemple du Sénégal*, Thèse, UCAD, 2004.

B. DIOUBATE, *Bonne gouvernance et problématique de la dette en Afrique*, éd. L'Harmattan, Paris 2013.

J. DJOGBENOU, *L'exécution forcée, droit de l'OHADA*, éd. CREDIJ, Cotonou 2011.

V. DONNIER (dir.), *L'accès au juge, Recherche sur l'effectivité d'un droit*, Bruxelles, Bruylant, 2013.

R. ELLICKSON, *Order Without Law: How Neighbors Settle Disputes*, Cambridge, MA, Harvard University Press, 1991.

M. FAFCHAMPS, *Market Institutions in Sub-Saharan Africa*, Cambridge, MA, The MIT Press, 2004.

S. FALK MOORE, *Law as Process. An Anthropological Approach*, London, Routledge and Kegan Paul, 1978.

G. FARJAT, *Pour un droit économique*, PUF, 2004.

G. FEUER, H. CASSAN, *Droit international du développement*, Paris Dalloz, 1re éd. 1985, 2e éd., 1991.

PH. FOUCHARD, *L'OHADA et les perspectives de l'arbitrage en Afrique*, Bruxelles, Bruylant, 2000.

J. GARDNER, *Legal Imperialism: American Lawyers and Foreign Aid in Latin America*, 1980.

J. GATSI, *L'effectivité du droit OHADA,* Presses universitaires d'Afrique, 2006.

J. GATSI, *Le droit OHADA des sociétés coopératives*, L'Harmattan, 2011.

J. GATSI, *Droit OHADA et lutte contre la pauvreté en Afrique*, Faculté des sciences juridiques et politiques de l'Université de Douala, JANUS, 2002.

J.-J. GOUGUET, *Réflexions méthodologiques sur la connaissance de la pauvreté*, Thèse d'État, Université de Bordeaux I, 1978.

H. L. A. HART, *The Concept of Law*, Oxford, Oxford University Press, 1961.

H. HAGEN, *Guide de législation coopérative*, Bureau international du travail, Genève, 1999.

H. HAGEN, *Guide de législation coopérative, troisième édition révisée*, Organisation internationale du travail, Genève, 2013.

D. HIEZ, A. KENMOGNE, *Le droit OHADA des sociétés coopératives*, à paraître, PUAM, 2015.

J. ISSA-SAYEGH, *Répertoire quinquennal OHADA*, éd. UNIDA.

Y. R. KALIEU ELONGO, *Les garanties conventionnelles du fournisseur de crédit en droit camerounais*, Thèse, Université de Montpellier I, 1995.

Y. R. KALIEU ELONGO, *Droit et pratique des sûretés réelles OHADA*, Yaoundé, PUA, 2010.

A. KAUFMANN, *Gerechtigkeit – der vergessene Weg zum Frieden [Justice – the forgotten way to peace]*, München, Piper, 1986.

E. KIPHONGE, *The Role of Small and Medium Enterprises (SMEs) in Small Towns in Rural-Urban Continuum: the Case of Sagana and Karatina in Mount Kenya Region, Central Kenya*, th. Géographie, Clermont-Ferrand 2, 2014.

M. D. KODJO GNINTEDEM, *L'efficacité des sûretés maritimes*, thèse de doctorat/Ph.D en droit privé, Université de Yaoundé II, Cameroun, 2012.

J.V. KODO MAHUTODJI, *L'application des Actes uniformes de l'OHADA*, Bruxelles, Bruylant, 2010.

M. KOM KAMSU, *Le droit pénal des sociétés commerciales dans l'Acte uniforme OHADA*, Mémoire de DEA en Droit communautaire et comparé CEMAC, Université de Dschang, février 1999.

M. KONE, *Le nouveau droit commercial dans des pays de la zone OHADA, comparaisons avec le droit français*, L.G.D.J., 2003.

J.V. KOTO, *L'application des Actes uniformes de l'OHADA*, PUR, 2013.

G.-A. KOUASSIGAN, *Quelle est ma loi ? Tradition et modernité dans le droit privé de la famille en Afrique noire francophone*, Paris, Pedone, 1974.

G.-A. KOUASSIGAN, *L'homme et la terre*, ORSTOM, Berger-Levrault, 1966.

C. KUYU-MWISSA (dir.), *À la recherche du droit africain du XXIe siècle*, Paris, Éditions Connaissances et Savoirs, 2005.

S. KWEMO, *L'OHADA et le secteur informel : exemple du Cameroun*, Thèse, Université de Paris I, 2012, Bruxelles, Larcier 2012.

Th. KUHN, *La structure des révolutions scientifiques*, Paris, Flammarion, 2008.

F. LAPEYRE, A. LEMAITRE (dir.), *Politiques publiques et pratique de l'économie informelle en Afrique subsaharienne*, Paris, L'Harmattan, 2014.

M. LELART, *De la finance informelle à la microfinance*, AUF, édition des archives contemporaines.

E. LE ROY, *Le jeu des lois. Une anthropologie « dynamique » du Droit. Avec des consignes et des conseils au « jeune joueur juriste »*, coll. « Droit et Société. Série anthropologique », 1999.

L. LHERIAU, *Le droit des systèmes financiers décentralisés dans l'Union économique et monétaire ouest-africaine*, Faculté de droit et de sciences politiques de l'Université de Picardie Jules Verne, juillet 2003.

A.C. MANCABOU, *Gestion fiscale et comptable de l'entreprise – Fiscalité sénégalaise et comptabilité OHADA*, préf. Amadou BA, L'Harmattan 2013.

R. MANUEL, *Droit et pratique bancaire dans l'espace OHADA*, L'Harmattan, Paris, 2013.

J-M. MARON PELAEZ, *La crisis del derecho internacional del desarrollo* [*The crisis of public international law of development*], Córdoba, Universidad de Córdoba, 1987.

K. M'BAYE, *Le droit en déroute, liberté et ordre social*, Neuchâtel, Bannoniere, 1969.

O. MEINECKE, *Rechtsprojekte in der Entwicklungszusammenarbeit* [*Legislation projects in development cooperation*], Berlin, Duncker & Humblot, 2007.

B. MERCADAL, J.V. KODO MAHUTODJI, *Code pratique Francis Lefebvre OHADA : Traité, Actes uniformes et Règlements annotés*, 2e édition, Paris, Francis Lefebvre, 2014.

T. MOULENDE FOUDA, *Les mécanismes de financement en milieu rural camerounais – Une analyse des déterminants de la demande des services financiers des ménages*, thèse, Versailles, 2003.

A. MUNKULU MBATA, *Pratiques informelles et solidarités en Afrique – Solidarités et stratégies de survie en milieu urbain congolais, les microcrédits*, Paris, L'Harmattan, 2008.

J. NGUEBOU TOUKAM, *Le droit commercial général dans l'Acte uniforme OHADA*, Presses universitaires d'Afrique, 1998.

R. Y. NGO NDJIGUI, *Le secret des affaires dans le droit des pays de l'espace OHADA et en droit français*, Thèse, Université d'Évry, 2005.

D. C. NORTH, Douglass C. NORTH, *Institutions, Institutional Change and Economic Performance* (Cambridge: Cambridge University Press, 1990).

F. OUGUERGOUZ, *La Charte africaine des droits de l'homme et des peuples. Une approche juridique des droits de l'homme entre tradition et modernité*, Publications de l'Institut universitaire de hautes études internationales de Genève, Paris, PUF, 1993.

J. PAQUIN, *Legal Reform and Business Contrats in Developing Economies : Trust, Culture, and Law in Dakar*, Ashgate, 2013.

A. PEDRO SANTOS, J. YADO TOE, *OHADA Droit commercial général*, Bruxelles, Bruylant, 2002.

A. PELLET, *Le Droit international de développement*, Que sais-je ?, Paris, PUF, 1987.

P.-G. POUGOUE, Y. R. KALIEU ELONGO, *Introduction critique à l'OHADA*, Presses universitaires d'Afrique, 2008.

P.-G. POUGOUE (dir.), *Encyclopédie du droit OHADA*, Paris, Éditions Lamy, 2012.

P.-G. POUGOUE, *Le statut du commerçant dans l'espace OHADA*, Presses universitaires d'Afrique, 2006.

P.-G. POUGOUE, S. S. KUATE TAMEGHE, *L'entreprenant OHADA*, PUA, Yaoundé, 2013.

G. REISACHER, *Le statut de l'entreprenant : entre espoir et désillusion d'une tentative de formalisation de l'économie en zone OHADA*, Mémoire de Master, HEC, Université Paris 1, 2014.

G. RIPERT, *Les forces créatrices du droit*, Paris, LGDJ, 1955, p. 71.

A. SAKHO, *Les groupes de sociétés en Afrique. Droit, pouvoir et dépendance économique*, Karthala-CRES, 2010.

J. SALIS, *Essai sur l'évolution de l'organisation judiciaire et de la législation applicable au Gabon-Congo*, Paris, p. 249.

G. SCHNORR, *Das Arbeitsrecht als Gegenstand internationaler Rechtsetzung*, München, Beck, 1960.

R.B. SEIDMAN, *State, Law and Development*, Palgrave Macmillan, 1978.

H. SMERTNIK, *How the mobile phone becomes a tool for development – Focus on the Republic of Kenya*, University of Paris 1, Panthéon-Sorbonne, Professional Master Degree *Political and Social Communication*, 2011-2012.

R. SOCKENG, *Droit pénal des affaires OHADA*, Coll. Le bord, 1re éd., Presses de l'imprimerie MINSI Le COMPETING, 2007.

E. SOUPGUI, *Les sûretés conventionnelles à l'épreuve des procédures collectives dans l'espace OHADA*, thèse, Université de Yaoundé II, 2008.

A. SUPIOT, *Homo juridicus. Essai sur la fonction anthropologique du Droit*, Paris, Seuil, 2005.

P. SY, *Le droit d'accès à la justice au Sénégal*, Thèse de doctorat, UGB, 2010.

W. TADJUDJE, *Pour un droit des sociétés coopératives et mutualistes en OHADA : contribution à l'élaboration d'un droit de l'économie sociale et solidaire*, Thèse de doctorat de l'Université du Luxembourg et de doctorat/Ph.D de l'Université de Yaoundé II, 2013.

M. TCHEUMALIEU FANSI, *Droit et la pratique bancaire dans l'espace OHADA*, Paris, L'Harmattan, 2013.

C.O. TOHON, *Le droit pratique du commerce informel*, ARNT, 2010.

De l'esprit du droit africain. Mélanges en l'honneur de P.-G. Pougoue, Kluwer & LGDJ, 2014.

Articles :

R. ABDIBO, « Le domaine d'application de la commercialité par accessoire dans le système OHADA et français », *Penant*, n° 853, 2005, p. 417.

D. ACEMOGLU, S. JOHNSON, J.A. ROBISON, "The Colonial Origins of Comparative Development: An Empirical Investigation", *American Economic Review*, 2009, 91(5), p. 1369.

A. ACKA, « L'activité du service d'arbitrage de la CCJA de l'OHADA », *Revue camerounaise de l'arbitrage*, février 2010, p. 16.

A. ACKA, « Management des centres d'arbitrage », Ateliers de formation à l'intention des arbitres et gestionnaires d'arbitrage, 19 au 21 mai 2008, ERSUMA.

I. ACLOMBESSI, « La solution du litige en droit OHADA », Konrad Adenauer Stiftung Librairie Africaine d'études juridiques, Volume 10, p. 4.

S. ADDAMAH, « Les tontines font des heureux », www.legriot.info, 30 août 2013.

D. ALBOUY, "The Colonial Origins of Comparative Development : An Empirical Investigation : Comment", *American Economic Review*, 102(6), 2012, p. 3059-3076.

D. ALLAND, « Justice privée (Droit de se faire justice à soi-même) », in *Dictionnaire de la culture*, sous la direction de D. Alland et S. Rials, PUF, 2003, p. 907.

P. AMANG AYANGMA, « Les attentes des investisseurs face aux risques juridiques et judiciaires dans l'espace OHADA : témoignage et expérience de terrain », in L. CADIET (dir.), *Droit et attractivité économique : le cas de l'OHADA*, éd. de l'Institut de recherche juridique de la Sorbonne (IRJS), Paris 2013, p. 21.

P. AMSELEK, « Norme et loi », *Archives de philosophie du droit*, 1980.

P. AMSELEK, « L'évolution générale de la technique juridique dans les sociétés occidentales », *RDP*, 1982, p. 279.

F. ANOUKAHA, « L'OHADA en marche », *Annales de la faculté des sciences juridiques et politiques*, Université de Dschang, Tome VI, 2002, n° spécial, p. 8.

F. ANOUKAHA, « L'incompatibilité d'exercice d'une activité commerciale dans l'espace OHADA : Le cas du Cameroun », *Annales de la faculté des sciences juridiques et politiques*, Université de Dschang, Tome 5, PUA, 2001, p. 5.

F. ANOUKAHA, « Le juge du contentieux de l'exécution des titres exécutoires : le législateur camerounais persiste et signe… l'erreur », *Juridis périodique*, n° 70, 2007.

C.A. AQUEREBURU, « L'État justiciable de droit commun dans le Traité de l'OHADA », *Penant*, n° 832, janv.-avril 2000, p. 52.

C. ARDITI, « Commerce, Islam et État au Tchad (1900-1990) », in *Grands commerçants d'Afrique de l'Ouest*, éd. Khartala et Orstom, 1993, p. 175.

CH. ARNDT, CH. P. OMAN, "Uses and Abuses of Governance Indicators", 2007, http://www.cipe.org/sites/default/files/publication-docs/043007.pdf.

C. ASTIER, "Exponential growth of African business law and the spread of common law", *Hogan Lovells*, 2012,

http://www.hoganlovellsafrica.com/_uploads/Publications/Information_sheet_-_African_business_law_growth.pdf.

M.-T. ATANGANA MALONGUE, « Le cautionnement réel dans l'Acte uniforme OHADA », *Penant*, juill.-sept 2010.

M. AURILLAC, « L'exécution dans la pratique et ses difficultés contre une partie africaine », www.ohada.com, Ohadata D-08-67, *Revue camerounaise de l'arbitrage*, n° 2, juill.-août-sept. 1998, p. 3.

D. AVOM, G. S. GANDJON FANKEM, « Qualité du cadre juridique, corruption et commerce international : le cas de la CEMAC », *Revue d'économie politique*, 2014-1, p. 101.

A. AYEWOUDADAN, « L'entreprenant en droit uniforme OHADA », *RRJ-Droit prospectif*, janv. 2013, p. 299.

A. BADIANE, F. VANDERSCHUEREM, « Pauvreté et justice sociale », *in* A. BADIANE *et alii*, *Pauvreté et accès à la justice en Afrique. Impasses et alternatives*, Paris, L'Harmattan, 1995, p. 17.

W. BARNES, « La société coopérative. Les recherches de droit comparé comme instrument de définition d'une institution économique », *Revue internationale de droit comparé*, 1951, p. 569.

P. BACKINY-YETNA, « Secteur informel, fiscalité et équité, l'exemple du Cameroun », *STATECO*, n° 104, 2009, p. 91.

B. BAKER, "Where Formal Justice and Informal Justice Meet: Ethiopia's Justice Pluralism", *African Journal of International and Comparative Law*, 2013, p. 202.

J. BAKER, « Développement urbain et transformation rurale », in *Développement et Coopération*, n° 3/1996, mai-juin 1996, p. 14-17.

BANQUE DE FRANCE, « La mobilisation fiscale dans les pays de la Zone franc : principaux enseignements sur longue période », *Rapport annuel de la Zone franc*, 2011, p. 109.

W. BARANÈS, M.-A. FRISON-ROCHE, « Le souci d'effectivité du droit », *D.* 1996, p. 301 et s.

R.BEAUCHARD, J.V. KODO "Can OHADA increase legal certainty in Africa", *World Bank*, 2011, p. 25.

R. BEAUCHARD, "OHADA nears the Twenty-Year Mark: An Assessment" *in* Hassane CISSÉ *et al.* (dir.), *World Bank Legal Review: Legal Innovation and Empowerment for Development*, Washington DC, World Bank, 2012, p. 323.

L. BERNSTEIN, "Opting Out of the Legal System: Extralegal Contracting in the Diamond Industry", *Journal of Legal Studies*, 1992, p. 115.

L. BERTINELLI, A. BOURGAIN, "Tax Mobilization in Sub-Saharan Africa: The Impact of Tax and Business Law Reforms", *Working Paper CREA*, 16 February 2016.

B. BEZAWIT, « La place de la coutume au XXIe siècle en Afrique », *Juriafrica*, 2011.

P. J. BIKANDA, « Informalisation des économies africaines et logiques marketing des unités de production informelles [UPI] », *Gérer et décider*, vol. 1, n° 1, janvier 2005, p. 105.

I-P. BINAKI, « Le Registre du commerce et du crédit mobilier », *Gazette de l'OHADA*, juillet 2001, Club OHADA, Pointe Noire, p. 4.

R. BOADWAY, M. KEEN, "Theoretical perspectives on resource tax design", *in* Ph. DANIEL, M. KEEN and Ch. MCPHERSON, *The taxation of petroleum and minerals: principles, problems and practice*, Routledge, 2010.

F. BOCCARA, « Simplifier la problématique de l'immatriculation au Registre du commerce », *Administrer*, n° 387, 2006.

T. BOLTHOLE, J. ASAFU-ADJAYE, F. CARMIGNANI, "Natural resource abundance, institutions and tax revenue mobilization in Sub-Saharan Africa", *South African Journal of Economics*, 2012, vol. 80, p. 2.

A. BOLY DJIBO, « Centre d'arbitrage, de médiation et de conciliation de Ouagadougou », *Revue camerounaise de l'arbitrage*, 2010, n° spécial, p. 23.

F. BORNHORST, S. GUPTAT, J. THORNTON, "Natural resource endowments and the domestic revenue effort", *European Journal of Political Economy*, 25, p. 439-446.

K. BOTOKRO, « L'arbitrage au Togo », *Revue togolaise de droit des affaires*, 2000, p. 8.

T. BOUIMON, « La fête religieuse de *Kâgi* ou *Hii (yi) kâgi*, facteur d'unité politique, religieuse et culturelle du royaume de Doré », in *Actes du colloque international sur : l'identité tchadienne, l'héritage des peuples et les apports extérieurs*, *N'Djamena*, 25 au 29 novembre 1991, Paris, CNRS, 1994, p. 230.

B.-O. BRYDE, "Die Rolle des Rechts im Entwicklungsprozeß [The role of law in the development process]", in *Die Rolle des Rechts im Entwicklungsprozeß, Hrsg, Bryde und Kübler*, Frankfurt am Main, Alfred Metzner Verlag, 1986, p. 122.

B.-O. BRYDE, "Die Erfahrungen der Law and development - Diskussion und die Transformationsforschung [The experiences of the law and development -discussion and the research on transformation]", in *Genossenschaften und Kooperation in einer sich wandelnden Welt. Festschrift für Prof. Dr Hans-H. Münkner zum 65. Geburtstag*, Hrsg. Michael Kirk, Jost W. Kramer, Rolf Steding, Münster u.a, LIT Verlag, 2000, p. 406.

E.-M. BURG, "Law and Development: A Review of the Literature and a Critique of Scholars in Self-Estrangement", *American Journal of Comparative Law*, 1977, p. 492.

J. CARBONNIER, « Internormativité », in *Dictionnaire encyclopédique de théorie et de sociologie du droit*, Paris, LGDJ, 1988, Reprint in: Jean Carbonnier, écrits. Textes rassemblés par Raymond Verdier, Paris, PUF, 2008.

T. CAROTHERS, "The Rule of Law Revival", *Foreign Affairs*, 1998, vol. 77, p. 95.

H. CASSOU, « Fonds propres des banques : les nouvelles normes McDonough », *Option Finance*, n° 669, 17 décembre 2001, p. 28.

F. CAVERIVIERE, « Foncier des villes, foncier des champs. Rupture et continuité du système foncier sénégalais », *Annales africaines*, 1989-1990-1991, p. 75.

A. CEBADA ROMERO, "El derecho internacional global: una retórica útil para una transformación necesaria [International global law: a useful rhetoric for a necessary transformation]", *Revista española de derecho internacional*, vol. 65, No. 1, 2013, p. 15.

M. CHEN-WISHART, Mindy, "Legal Transplant and Undue Influence: Lost in Translation or a Working Misunderstanding", *International and Comparative Law Quarterly*, Jan. 2013, p. 1.

B. CHIFLOT, L. BENKEMOUN, C. THOUVENOT, « Pérenniser le succès de l'OHADA : pistes de réflexions », *RDAI – IBLJ*, 2006, p. 229.

F. CHIFFLOT, BOURGEOIS, L. BENKEMOUN, S. THOUVENOT, « Pérenniser le succès de l'OHADA : pistes de réflexion », *Revue de droit des affaires internationales*, 2006, n° 2, p. 241.

L. COFFI-HOUADJETO, « Présentation des activités du Centre d'arbitrage, de médiation et de conciliation de la Chambre de commerce et d'industrie du Bénin (CameC) », *Revue camerounaise de l'arbitrage*, 2010, n° spécial, p. 31.

P. COLLIER, "Principles of resource taxation for low-income countries", *in* Ph. DANIEL, M. KEEN and Ch. MCPHERSON, *The taxation of petroleum and minerals: principles, problems and practice*, Routledge, 2010.

C. COLLOMBET, « Dynamisme et contrastes de la protection sociale dans les pays émergents », *Revue de droit sanitaire et social*, 2013, p. 648.

PH. COPPENS, « Fonction du droit dans une économie globalisée », *RIDE*, 2012/3, p. 269.

A. M. COTTE, L. J. LAISNEY, « Vers un nouveau droit du gage OHADA », *Droit et patrimoine*, n° 197, novembre 2010, p. 70.

P. CROCQ, « Les grandes orientations du projet de réforme de l'Acte uniforme portant organisation des sûretés », *Droit et patrimoine*, n° 197, novembre 2010, p. 54.

S. DANIELS, "Making Do: Innovation in Kenya's Informal Economy", *Analogue Digital*, p. 78.

N. DAVID, « Secteur informel : Quand les femmes prennent en main leur destin », *Développement et Coopération*, n° 4/2000, juillet-août 2000, p. 21.

K. E. DAVIS, M. B. KRUSE, "Taking the Measure of Law: The Case of the Doing Business Project", *Law and Social Inquiry*, 2007, vol. 32, p. 1095.

K. E. DAVIS, "What the Rule of Law Variable Tell us About Rule of Law Reforms?", *Michigan Journal of International Law*, 2004, p. 141.

K. E. DAVIS, M.J. TREBILCOCK, "The Relationship between Law and Development : Optimists versus Skeptics", *American Journal of Comparative Law*, 2008, vol. 56, p. 895.

G. DEIPENBROCK, "Legal Transplants? – Rechtsvergleichende Grundüberlegungen zum technischen Rechtsnormtransfer [Fundamental thoughts of comparative law on the technical transfer of legal norms]", *Zeitschrift für vergleichende Rechtswissenschaft*, 2008, p. 343.

A. DELABRIERE, « Le Registre du commerce et du crédit mobilier (RCCM). Instrument d'information et de sécurité des créanciers », *Penant*, juillet-septembre 2002, n° 40, spécial, p. 369.

G. DELMMBYNES, A. THEGEYA, "Kenya's Mobile Revolution and the Promise of Mobile Saving", *World Bank Policy Research Working Paper 5988*, 2012.

I. DESCHAMPS, "Assessing the Organisation pour l'harmonisation en Afrique du droit des affaires, Contributions to Poverty Reduction in Africa: A Grounded Outlook", *Law and Development Review*, 2013 p. 121.

M. DIALLO, « Contribution au diagnostic des difficultés d'application par les établissements financiers du nouvel Acte uniforme sur le droit des sûretés », *Revue de l'ERSUMA*, n° 2, mars 2010, p. 353.

S. DIAMOND, "The Rule of Law Versus the Order of Custom", *Social Research*, 1971, p. 42.

S. DIENG, « L'arbitrage dans l'OHADA : régionalisme ou universalisme ? », *Séminaire international UIA/Ordre des avocats du Sénégal*, février 2010.

S. DJANKOV, R. LA PORTA, F. LOPEZ-DE-SILANES, A. SCHLEIFER, "The Law and Economics of Self-Dealing", *Journal of Financial Economics*, 2008, vol. 88, p. 430.

A.P. DOURADO, "Is it a pipe? Validity of a tax reform for a developing country", *in* BRAUNER Y., STEWARD M., *Tax, law, and development*, Edward Elgar Publishing, 2013.

R. DU PEYRE, « L'apport des Républiques du Congo à la jurisprudence française sur l'arbitrage et le droit international privé », *Revue congolaise de droit des affaires*, 2011, n° 5, p. 43.

M. DUVALE KODJO GNINTEDEM, « Heurs et malheurs de l'article 4 de l'Acte uniforme OHADA portant organisation des sûretés », *Revue de l'ERSUMA*, n° 2, mars 2013, p. 295.

S.P. EKANZA, « La colonisation un défi pour l'Afrique », *Texte d'intervention prononcé à la conférence CERAP*, 4 mars 2005, p. 2.

L. EMONGO, « L'interculturalisme sous le soleil africain : L'entre-traditions comme épreuve du nœud », *INTERculture*, no. 133, 1997.

L. EMONGO, « De l'origine de l'État-Nation en Afrique contemporaine », *http://afrikibouge.com.droit/science-politique/164-professeur-emongo-lomomba--de--lorigine-de-letat.*

S. ERMAN, J.E. STIGLITZ, "On selective indirect tax reform in developing countries", *Journal of Public Economics*, 2005, p. 599.

C. ETZENSPERGER, « Révolution du secteur de la microfinance en Afrique orientale », 2013, p. 8.

O. FANDJIP, « La prise en compte des droits de l'homme dans la législation OHADA des voies d'exécution », *Recueil d'Études sur l'OHADA et les normes juridiques africaines*, Collection « Horizons juridiques africains », PUAM, 2013, p. 136.

A. FÉNÉON, « Le registre du commerce et du crédit mobilier OHADA », *Cahiers juridiques et fiscaux de l'exportation*, 1998, p. 283.

I. FEVILIYE, « Création d'un centre de médiation et d'arbitrage au Congo », *Revue congolaise de droit des affaires*, 2012, n° 8, p. 11.

F. FLUTMAN, « Formation et travail décent dans le secteur informel des pays en développement », *Séminaire du GEFOF*, Paris, 24 février 2006, p. 8.

A. FOKO, « La consécration d'un nouveau statut professionnel dans l'espace OHADA : le cas de l'entreprenant », *Droit prospectif*, déc. 2012, p. 1536.

A. FOKO, « Analyse critique de quelques aspects du droit pénal OHADA », *Penant*, n° 858, 2007, p. 195.

J-J. FOMCHIGBOU MBANCHOUT, « De quelques réflexions sur la *"codification"* pénale communautaire du *"législateur"* de l'OHADA », in *L'effectivité du droit de l'OHADA*, Yaoundé, PUA, 2006, p. 63.

L. FONTAGNE, D. LABORDE, C. MITARITONNA "An impact study of the economic partnership agreements in the 6 ACP regions", *Journal of African Economies*, 2010, vol. 20 (2), p. 179.

M. FONTAINE, "Law harmonization and local specificities – a case study: OHADA and the law of contracts", *Uniform Law Review – Revue de droit uniforme*, 2013, p. 50.

X. FORNERIS, "Harmonising Commercial Law in Africa : the OHADA", *Juris Périodique,* 2001, vol. 46., p. 77.

P. FOSSAT, M. BUA, "Tax Administration Reform in the Francophone Countries of Sub-Saharan Africa", *IMF Working Paper*, 13/173, 2013.

V. FOSTER, W. BUTTERFIELD, C. CHEN, N. PUSHAK, « Bâtir des ponts, Le rôle croissant de la Chine dans le financement des infrastructures en Afrique subsaharienne », Banque Mondiale-PPIAF, 2009.

M. FRILET, "Legal Innovation for Development: The OHADA Experience" in *Legal Innovation and Empowerment for Development*, Washington, DC, World Bank, 2012, p. 335.

A. FROMENT, « Le peuplement de l'Afrique centrale : Contribution de l'anthropologie », in *Paléoanthropologie en Afrique centrale. Un bilan de l'archéologie du Cameroun*, Paris, L'Harmattan, 1998, p. 14.

J. GATSI, « L'applicabilité et l'effectivité des normes juridiques de l'OHADA », *Revue communautaire de droit et des affaires*, janvier-mars 2013, p. 153.

T. GNING, F. LARUE, « Le nouveau modèle coopératif dans l'espace OHADA : un outil pour la professionnalisation des organisations paysannes ? », *Fondation pour l'agriculture et la ruralité dans le monde (FARM)*, Paris, 2014.

G. GOUGUET, « L'éradication de la pauvreté : de la nécessité d'une alternative », in *Vers un nouveau droit de l'environnement ?, Actes de la réunion mondiale des juristes et associations de droit de l'environnement*, éd. du Centre International de Droit Comparé de l'Environnement (CIDCE), Limoges, 2003, p. 117.

E. GRANDE, "Alternative Dispute Resolution. Africa and the Structure of Law and Power", *Journal of African Law*, 1999, p. 63.

R. GRANGER, « Pour un droit du développement dans les pays sous-développés », in *Mélanges Hamel*, Paris, Dalloz, 1960.

R. GRANGER, « Problèmes généraux du mouvement coopératif dans les pays en voie de développement », in *Annales malgaches*, Université de Madagascar, 1963, p. 149.

R. GRANGER, « Problèmes d'application du droit moderne dans les pays en voie de développement », in *Annales malgaches*, 1963, p. 149.

A.S. GUPTA, "Determinants of Tax Revenue Efforts in Developing Countries", *IMF Working Paper*, WP/07/184, July, 2007.

H. HAGEN, "Afrikanisches Recht im Banne staatlicher und nationaler Integration und (wirtschaftlicher) Entwicklung [African Law Under the Constraints of State and National Integration and (Economic) Development)]", in *Verfassung und Recht in Übersee. Law and Politics in Africa, Asia and Latin America,* 1983, p. 293.

H. HAGEN, "Afrikanisches Recht in der neueren makro-rechtsvergleichenden Literatur [African Law in Recent Macro-comparative Literature]", *Zeitschrift für Vergleichende Rechtswissenschaft*, 1984, p. 347.

H. HAGEN, "Political Order in Subsaharan Africa – the European View of African States at Stake", *Kansainoikeus. Ius Gentium, Nrn. 1-2,* 1988, p. 131.

H. HAGEN, "Vom Entwicklungsrecht zum Menschenrecht auf Entwicklung – vielfältige Einheit anstelle von Einheitlichkeit [From the Development Law to the Human Right to Development – Diverse Unity Instead of Uniformity]", *Zeitschrift für Rechtsvergleichung,* 1994, p. 3.

H. HAGEN, "Juristische Entwicklungshilfe im Zeichen der Strukturanpassung - Holzweg oder Ausweg aus der Krise ?

Anmerkungen zu den Bodenrechtsreformen in Afrika südlich der Sahara unter Ausschluß Südafrikas [Legal Development Aid in Times of Structural Adjustment - Efficient Solution of the Crisis? Notes Concerning the Land Law Reforms in Sub-Saharan Africa with the Exception of South Africa]", *Krisenkontinent Afrika,* Hrsg. Paul Trappe, Social Strategies, 1995, p. 203.

H. HAGEN, "Cooperation in Co-operative Legislation – Some Provisional Remarks", in *Co-operative Development and Adjustment in Anglophone Africa*, Bernd Harms, Adelheid Kückelhaus, Feldafing: Deutsche Stiftung für internationale Entwicklung, 1997, p. 208.

H. HAGEN, "Boden(rechts)ordnungen in Afrika südlich der Sahara. Am Ende der Skandale ein Entwicklungsskandal? [Land(Law) Systems in Sub-Saharan Africa. After the Scandals a Development Scandal ?]", in *Verfassung und Recht in Übersee. Law and Politics in Africa, Asia, and Latin America*, 1998, p. 196.

H. HAGEN, "Rechtspluralismus in Afrika. Und nun ? [Legal Pluralism in Africa. What Now ?]", in *Social Strategies. Monographien zur Soziologie und Gesellschaftspolitik, Nr. 29,* Bern, Peter Lang, 1999, p. 169.

H. HAGEN, "Probleme der Gesetzgebungsberatung über Kulturgrenzen hinweg [Problems Relating to Legislation Consultancies Across Cultural Borders]", in *Social Strategies. Monographien zur Soziologie und Gesellschaftspolitik, Nr. 29*, Bern, Peter Lang, 1999, p. 211.

H. HAGEN, "Genossenschaften als juristische Personen – Konsequenzen für die internationale Beratung bei der Genossenschaftsgesetzgebung in Afrika [Cooperatives as Legal Persons – Consequences for International Legal Consulting Concerning Cooperative Law Reforms in Africa]", in *Genossenschaften und Kooperation in einer sich wandelnden Welt. Festschrift für Prof. Dr Hans-H. Münkner zum 65. Geburtstag*, Hrsg. Michael Kirk, Jost W. Kramer, Rolf Steding, Münster u.a, LIT Verlag, 2000, p. 417.

H. HAGEN, "Internationale Genossenschaftsstandards aus der Sicht eines Gesetzgebungsberaters – ein Beispiel für die Komplexität der Übertragung kulturfremder Rechtsideen [International Cooperative Standards Seen from the Perspective of a Legislation Consultant – an Example of the Complexity of the Transfer of Culturally Foreign Juridical Ideas]", in *Genossenschaften : Historische Wurzeln – Aktuelle Leitbilder – Zukunftsperspektiven*, Hrsg. Hans-H. Münkner, Marburg, Institut für Kooperation in Entwicklungsländern, 2001, p. 39.

H. HAGEN, "Co-operative Credit Societies Act, India, 1904. A Model for Development Lawyers ?", in *100 Years Co-operative Credit Societies Act, India 1904. A worldwide applied model of co-operative legislation*, Hans-H. Münkner, Marburg, 2005, p. 135.

H. HAGEN, "Enabling Transition to Formality Through the Promotion of Cooperatives. A legal perspective based on the International Labour Organization Promotion of Cooperatives Recommendation, 2002", in *Estudios Cooperativos (Deusto)*, 2013, p. 35.

H. HAGEN, "Sustainable Development and Cooperative Law: Corporate Social Responsibility or Cooperative Social Responsibility?", in *International and Comparative Corporate Law Journal*, Vol. 10, Issue 3, 2013, p. 58.

H. HAGEN, "Quo Vadis Cooperative Law?", *CCIJ Report No. 72/2014*, p. 50.

H. HAGEN, "Human Rights Concretely: Sustainable Development Enhancing Cooperative Law", *Herald of the Belgorod University of Cooperation, Economics and Law*, 2014, p. 505.

K. HART, "Informal income opportunities and urban employment in Ghana", *Journal of Modern African Studies*, 1973, p. 61.

D.HIEZ, W. TADJUDJE, "The particularities of the OHADA cooperative Regulation", in *Cracogna, Ficy,* HENRY (dir.), *International handbook of cooperative law*, Springer, 2013, p. 89.

D. HIEZ, « Le long processus d'élaboration du droit africain à travers l'exemple de l'Acte uniforme sur les sociétés coopératives », *Revue de la fondation Raponda Walker*, Palabres africaines, Libreville, 2014, p. 249.

D. HIEZ, « Les affres de la gouvernance coopérative : de l'édiction de règles à leur mise en application », in *Droit des sociétés coopératives OHADA*, PUAM, 2016.

S. HOLZ, "Rechtspluralismus und Rechtsvergleichung", *Zeitschrift für Europarecht, Internationales Privatrecht und Rechtsvergleichung*, 2013, p. 132.

L. IDOT, « Note sous Cour suprême de Côte d'Ivoire », *Rev. arb.*, 1989/3, p. 530.

J. ISSA-SAYEGH, « Réflexions critiques sur le droit de l'arbitrage de l'OHADA », *Revue camerounaise de l'arbitrage*, octobre 2001, p. 22.

J. ISSA-SAYEGH, « L'OHADA : Bilan et perspectives », *FORUM du droit international*, 2001, p. 156.

J. ISSA-SAYEGH, « L'entreprenant, un nouvel acteur économique en droit OHADA : ambigüités et ambivalence », *Penant*, n° 878, janvier-mars 2012, p. 5.

CH. JARROSSON, « L'arbitrage en Afrique : question d'actualité. Rapport de synthèse », *Revue camerounaise d'arbitrage*, février 2010, p. 204, n° 8.

G. JENTSCH, « Nouvelles orientations dans la lutte contre la pauvreté : Expériences acquises et perspectives pour la coopération publique au développement », *Développement et Coopération*, n° 1/1997, janvier-février 1997, p. 4.

A. JOSHI, W. PRICHARD, C. HEADY, "Taxing the Informal Economy: The Current State of Knowledge and Agendas for Future Research", *The Journal of Development Studies*, 2014, p. 1325.

Y. R. KALIEU ELONGO, « Le rôle du registre du commerce et du crédit mobilier OHADA dans l'amélioration de l'accès au crédit », in *Les Mutations juridiques dans le système OHADA*, L'Harmattan, Cameroun, 2009, p. 133.

J. KAMGA, « L'apport du droit de l'OHADA à l'attractivité des investissements étrangers dans les États-parties », *Revue des Juristes de Sciences Po*, 2012, p. 43.

E.-L. KANGAMBEGA, « Observations sur les aspects pénaux de l'OHADA », *Penant*, septembre-décembre 2000, p. 304.

T. N. KANTCHOP, « Libres propos sur l'entreprenant : essai de normalisation du secteur informel par le législateur OHADA », *Revue communautaire de Droit et des Affaires*, janvier-mars 2013, p. 105.

M'B. KEBA, « L'histoire et les objectifs de l'OHADA », *Petites affiches*, 13 octobre 2004, p. 4.

P. KEBOU, F. C. KAMUA FOKA, « La sanction pénale du non-respect des formalités relatives au RCCM dans l'espace OHADA : le cas du Cameroun », *site OHADA*, 16/07/2014.

M. KEEEN, "VAT, tariffs, and withholding: Border taxes and informality in developing countries", *Journal of Public Economics*, 2008, p. 1892.

M. KEEEN, “Taxation and Development, Again”, *in* Cl. FUEST (ed.), *Critical Issues in Taxation and Development*, CESIFO-MIT Press, 2013.

M. KEEEN, B. LOCKWOOD “The value added tax: Its causes and consequences”, *Journal of Development Economics,* 2010, p. 138.

M. KEEEN, M. MANSOUR “Revenue Mobilisation in Sub-Saharan Africa: Challenges from Globalization”, IMF Working Paper 2009, http://www.imf.org/external/pubs/ft/wp/2009/wp09157.pdf

D. KENNEDY, “Three Globalizations of Law and Legal Thought: 1850-2000”, in *The Law and Economic Development. A Critical Appraisal*, David Trubek and Alvaro Santos, Cambridge, 2006, p. 19.

D. W. KENT, PAUL S. D MUSHI, “The Education and Training of Artisans for the Informal Sector in Tanzania”, *Daily News 3/5/1989, paper No 18*, DFID 1995-96, § 2.4.3.

A. KERDOUN, « Le droit au développement en tant que droit de l’homme : portée et limites », in *Revue québécoise de droit international*, 2004, p. 73.

K. KING, “Jua Kali Kenya: Change & Development in an Informal Economy – 1970-1995”, *East African Educational Publishers*, 1996, p. 200.

D. KLOEDEN, “Revenue Administration Reforms in Anglophone Africa since the Early 1990s”, *IMF Working Paper* 11/162, 2011.

T. KOIZUMI, “Cultural Diffusion, Economic Integration and the Sovereignty of the Nation-State”, *Rechtstheorie*, *Beiheft*, 1991, p. 313.

T. N. KONTCHOP, « Libres propos sur l’entreprenant : essai de normalisation du secteur informel par le législateur OHADA », *Revue communautaire de droit et des affaires*, janvier-mars 2013, p. 105.

M. S. KOULALALLAH, « Le secteur informel génère des chiffres très importants », *Journal du Tchad.com,* 17.11.2011.

E. M. KOUMBA, « Les enjeux de l’extension de l’Acte uniforme relatif aux procédures collectives d’apurement du passif aux entreprises informelles africaines : enjeux juridiques et économiques », *Rev. Ersuma*, juin 2012.

S. KUATE TAMECHE, « Interrogations sur l’entreprenant », *RRJ-Droit prospectif*, mars 2013, p. 1071.

S-S. KUATE TAMEGHE, « Sortie de la cour du Roi Peteau : À propos de l'interdiction d'exercer la profession commerciale de l'Acte uniforme OHADA relatif au droit commercial général », *Penant*, n° 861, 2006, p. 492.

R. LA PORTA, F. LOPEZ-DE-SILANES, A. SCHLEIFER, R. VISCHNY, "Legal determinants of external finance", *Journal of Finance*, 1997 p. 1131.

F. LARUE, T. GNING, « Le nouveau modèle coopératif dans l'espace OHADA : un nouvel outil pour la professionnalisation des organisations coopératives ? », *Fondation Farm*, 2014, p. 26.

P. LASCOUMES ET E. SERVERIN, « Théories et pratiques de l'effectivité du droit », *Droit et société*, 1986.

P. LASCOUMES, « Effectivité », *in* J-J. ARNAUD, *Dictionnaire encyclopédique de théorie et de sociologie du droit*, L.G.D.J. et Story-scientia, 1988.

P. LASCOUMES, « Effectivité », *in* J-J. ARNAUD, *Dictionnaire encyclopédique de théorie et de sociologie du droit*, 2e édition, L.G.D.J, 1993.

P. LASCOUMES, « L'analyse sociologique des effets de la norme juridique : de la contrainte à l'interaction », in A. LAJOIE *et al.* (dir.), *Théories et émergence du droit : pluralisme, surdétermination et effectivité*, Montréal, Thémis, 2004.

S. LEBOUCHER, « Kenya : grandes manœuvres autour de la clientèle non bancarisée », *Revue-Banque*, in *dossier Inclusion financière : pour bancariser le monde en développement*, août 2014.

P. LEDONGO, « Statistiques de la CCJA en matière contentieuse, arbitrale et consultative en dix ans de fonctionnement », *http://www.ohada.com/doctrine/ohadata/D-11-16.html*

E. LE ROY, « De la modernité de la justice contemporaine en Afrique francophone. Présentation », *Droit et société 51/52*, 2002, p. 297-300.

Y. LEROY, « La notion d'effectivité du droit », *Droit et société*, 2011, p. 715.

N. LEVRATTO, E. SEVERIN, "Become Independant! The Paradoxical Constraints of France 'Autoentrepreneur' *Regime*", *Journal of Small Business Management*, 2015, p. 284.

H. LIBELL, « Le secteur informel dans les années 80 et 90 », *Études du Centre de développement*, Paris, OCDE, 1991, p. 13.

G.-A. LIKILLIMBA, « L'agent des sûretés OHADA », *Revue de l'ERSUMA : Droit des affaires – Pratique professionnelle, Numéro spécial*, novembre/décembre 2011, p. 165.

S. MACALAUWAY, "Non-Contractual Relations in Business: A Preliminary Study", *American Sociological Review*, 1963, p. 55.

S. MACALAUWAY, « The Real and the Paper Deal: Empirical Pictures of Relationships, Complexity and the Urge for Transparent Simple Rules », *Modern Law Review*, 2003, p. 44.

V. R. A. MARCDONALD, I. DESCHAMPS, « Planimétrie et topographie en droit des sûretés », in *Les mutations de la norme. Le renouvellement des sources du droit*, Paris, Economica, col. Études Juridiques, p. 118.

C. MALDONADO, AL, « Méthodes et instruments d'appui au secteur informel en Afrique francophone », Genève, Bureau international du Travail, 2004.

C. MANGA FOMBAD, "Some reflections on the prospects for the harmonization of international business laws in Africa: OHADA and beyond", *Africa Today*, 2013, p. 68.

B. MARTOR, « Organisation pour l'harmonisation en Afrique du droit des affaires (OHADA). – Droit des sociétés, comptabilité et contrat de transport », *Jurisclasseur droit comparé OHADA* fasc. 2.

K. MBAYE, « Voie africaine du socialisme et propriété », *Éthiopiques* n° 1, janvier 1975, p. 46.

M-T. MENGUE, « Regard sur la situation de la femme au Cameroun », *Cahier africain des droits de l'homme*, mars 2011, p. 67.

S. MENETREY, « La place de l'investissement dans l'OHADA », *in* E. BALATE & S. MENETREY, *Questions de droit économique : les défis des États africains*, Larcier, 2011.

R. MEYER, « Les villes du Tiers-monde débordent de toutes parts », *Éditorial du N° 3/1996*, mai-juin 1996 de Développement et Coopération, p. 3.

N. T. MIPAMB, « L'intégration économique régionale en Afrique de l'Ouest : le cas de la CEDEAO, de l'UEMOA et de l'OHADA, De la recherche de la sécurité juridique au risque d'insécurité juridique », *RTSJ*, n° 1, juillet-décembre 2011, p. 83.

K. MITI, « L'opération Nguvu Kazi à Dar es-Salaam, ardeur au travail et contrôle de l'espace urbain », *Politique Africaine*, mars 1985, p. 88.

M. MOORE, "Obstacles to Increasing Tax Revenues in Low Income Countries", *Working Paper 15*, International Centre for Tax and Development (ICTD), 2013.

C. MOORE-DICKERSON, "Informal-Sector Entrepreneurs, Development and Formal Law: A Functional Understanding of Business Law", *The American Journal of Comparative Law*, 2011, vol. 59, p. 179.

C. MOORE DICKERSON, "Harmonizing Business Laws in Africa: OHADA Calls the Tune", *Columbia Journal of Transnational Law*, 2005, p. 17.

C. MOORE DICKERSON, « Le droit de l'OHADA dans les États anglophones et ses problématiques linguistiques », *Revue internationale de droit comparé*, p. 11.

MOURALIS, « Interprétation de la clause compromissoire et effet de la procédure d'insolvabilité ouverte à l'étranger », note sous CA Paris, 7 avril 2011, *République de Guinée équatoriale c. Sté Fitzpatrick Equatorial Guinea*, *Petites Affiches*, 16 juillet 2012, n° 141, p. 9.

S. MOUSSA, « Macrodroit et microfinance, Recueil d'Études sur l'OHADA et les normes juridiques africaines », *collection, Horizons juridiques africains*, PUAM, 2013, vol. VI, p. 193.

H.-H. MUNKNER, "Practical Problems of Law Reform in Africa with Particular Reference to Cooperative Law", *Yearbook of Agricultural Cooperation*, Oxford, Plunckett Foundation, 1982, p. 51.

H.-H. MUNKNER, "Law and development, a new discipline of scientific research and teaching", *Jahrbuch für Afrikanisches Recht. Annuaire de Droit Africain. Yearbook of African Law*, 1983, p. 99.

H.-H. MUNKNER, "Hans-H., Participative Law-Making: A New Approach to Drafting Cooperative Law in Developing Countries", in *Verfassung und Recht in Übersee. Law and Politics in Africa, Asia and Latin America*, 1986, p. 123.

R. MUSONYE KWENA, J.A. TURNER, « Élargir la couverture des régimes de pension et d'épargne au secteur informel : le régime de pension Mbao du Kenya », *Revue internationale de sécurité sociale*, avril-juin 2013, p. 85.

J. J. NAMBO, « Quelques héritages de la justice coloniale en Afrique noire », *Revue Droit et Société*, 2002, p. 326.

NATIONS UNIES, « Étude sur la mesure du secteur informel et de l'emploi informel en Afrique », décembre 2007, p. 10.

NATIONS UNIES, « Étude sur la mesure du secteur informel et de l'emploi informel en Afrique », Commission économique pour l'Afrique, CES juillet 2009.

I. NDAM, « La nature juridique de la Cour commune de justice et d'arbitrage », *Revue Africaine des Sciences Juridiques*, 2010, p. 177.

M. NDIAYE « Transferts d'argent : où vont les 40 milliards de dollars de la diaspora africaine ? », *Journal Les Afriques*, n° 190, 16/02 au 22/02-2012.

J-J NDONGO, « Les actes uniformes de l'OHADA en traduction », *Parallèles*, n° 25, octobre 2013, p. 37.

J. NGUEBOU TOUKAM, « Le nouveau registre du commerce et du crédit mobilier dans l'OHADA », *Recueil des Actes du séminaire des greffiers en chef et greffiers sur le nouveau registre du commerce et du crédit mobilier de l'OHADA*, 1998.

M. NGWE, « L'application des Actes uniformes de l'OHADA au Cameroun », *Penant*, janvier-mars 2006, p. 80.

A. N. NJANDEU, « L'esprit innovateur du législateur OHADA au ralenti dans l'Acte uniforme relatif au droit des sociétés coopératives », in *De l'esprit du droit africain*, L.G.D.J., 2014.

F. NKEA NDZIGUE, « Les droits du débiteur dans le système OHADA des voies d'exécution », *Penant*, oct.-déc. 2010, p. 419.

R. NKAKLEU, « Quand la tontine d'entreprise crée le capital social intra-organisationnel en Afrique : Une étude de cas », *Management & Avenir*, 2009/7.

P. NKOU MVONDO, « La justice parallèle au Cameroun : la réponse des populations camerounaises à la crise de la justice de l'État », *Droit et société*, 2002, 51/52, p. 369.

L. A. OBIORA, "Toward an Auspicious Reconciliation of International and Comparative Analyses", *The American Journal of Comparative Law*, 1998, p. 669 ss.

M. OKILASSALI, « L'arbitrage dans le droit du Congo Brazzaville à l'intérieur de l'espace OHADA », *Revue camerounaise du droit de l'arbitrage*, 2003, n° 20, p. 3.

F. ONANA ETOUNDI, « Les principes d'UNIDROIT et la sécurité juridique des transactions commerciales dans l'avant-projet d'Acte uniforme OHADA sur le droit des contrats », *Uniform Law Review/Revue de droit uniforme* 683, 2005, p. 683.

F. ONANA ETOUNDI, « Grandes tendances jurisprudentielles de la CCJA en matière d'interprétation et d'application du droit OHADA (1997-2010) », *Collection pratique et contentieux de droit des affaires*, éd. spéciale 2011, p. 435.

C. A. ONDINKALU, "Pluralism and the Fulfillment of Justice Needs in Africa", *Open Society Justice Initiative*, 2001.

S. OUSMANOU, « Centre d'arbitrage du GICAM », *Revue camerounaise de l'arbitrage*, 2004, n° 26, p. 24.

M. OZDEN, « Le droit au développement », Collection du Programme Droits Humains du Centre Europe – Tiers-monde (CETIM), Genève, http://www.cetim.ch/legacy/fr/documents/bro6-develop-A4-fr.pdf.

G. PENDELL, "The Rise and Rise of the Arbitration Institution", *Kluwer Blog*, 2011.

A. PERRY-KESSARRIS, "Effective Legal Systems and Foreign Direct Investment: In Search of the Evidence", *Internationl Comparative Law Quarterly*, 2000, p. 779.

D. PERSCHE, D. LESAFFRE, « Microfinance et sécurisation du crédit aux exploitations familiales », in *Synthèses Thématiques sur le financement de l'agriculture familiale dans le contexte de la libéralisation : Quelle contribution de la microfinance ?*, Séminaire international, 21-24 janvier 2002, Dakar, Sénégal, p. 7.

M. PILON, « Un exemple de justice au quotidien : les conflits matrimoniaux au Togo », *La justice en Afrique*, p. 104.

P. G. POUGOUE, « Doctrine OHADA et théorie juridique », *Revue de l'ERSUMA*, 2011, p. 9.

P. G. POUGOUE, « Les sociétés d'État à l'épreuve du droit OHADA », *Juridis périodique*, 2006, p. 99.

F. RANGEON, « Réflexions sur l'effectivité du droit », in *Les usages sociaux du droit*, Paris, PUF, 1989, p. 126.

M. RAZAFINDRAKOTO, F. ROUBAUD, "Are International Databases on Corruption Reliable? A Comparison of Expert Opinion Surveys and Household Surveys in Sub-Saharan Africa", *World Development*, 2010, p. 1057.

M. SAKHO, « Le nouvel Acte uniforme OHADA portant organisation des sûretés : Propos introductifs autour d'une refonte d'envergure du droit des sûretés », *Revue de l'ERSUMA*, 2011, Législation, p. 87.

M. SAMB, « Macrodroit et microfinance », in *Recueil d'études sur l'OHADA et les normes juridiques africaines*, PUAM, 2013, p. 222.

G. SARR, « Les enjeux de la société coopérative : évolution et perspectives », *Revue de l'ERSUMA*, mars 2013, p. 3.

E. SCHAEFFER, « Essai sur la problématique du droit interne privé du développement », *Dossier de l'Institut des Sciences Juridiques du Développement*, Université de Paris V, Paris, 1968.

E. SCHAEFFER, « Aliénation – Réception – Authenticité. Réflexions sur le droit du développement », *Cahiers de l'Institut des Sciences Juridiques du Développement*, Université de Paris V, 1974.

E. SCHAEFFER, « Du droit économique d'inspiration française dans les États d'Afrique noire francophone », in *Die Rolle des Rechts im Entwicklungsprozess*, Hrsg. Bryde und Kübler, Frankfurt am Main, Alfred Metzner Verlag, 1986, p. 37.

F. SEVERINO, "The Term Development in the Thesauri of International Organisations", *in The European Journal of Development Research*, 2007, p. 327.

P. SHAUGHNESSY, "Promoting Effective Arbitration through Legal Assistance Programmes", *Arbitration International*, 2006, p. 315.

M. SIEMS, "Measuring the Immeasurable: How to Turn Law into Numbers", *in* M. FAURE and J. SMITS (eds.), *Does Law Matter? On Law and Economic Growth*, Cambridge, Intersentia, 2011, p. 115.

M. SIMO TUMNDE, "OHADA as Experienced in Cameroon: Addressing Areas of Particular Concern to Common Law Jurists" in *Unified Business Laws for Africa: Common law Perspectives on OHADA*, London, IEDP, 2012, p. 81.

S-P. SINHA, "Non-Universality of Law", *Archiv für Rechts-und Sozialphilosophie*, 1995, p. 185.

P. SKALNIK, "On the Inadequacy of the Concept of the Traditional State. Illustrated with Ethnographic Material on Nanun, Ghana", *Journal of Legal Pluralism*, 1987, p. 301.

S. SMITH, C. ROSS, "Organizing out of poverty: stories from the grassroots – How the SYNDICOOP approach has worked in East Africa", ILO-ICA-ICFTU, *Co-operative College,* 2006.

D-R. SOH FOGNO, A. TCHOFFO, « L'assainissement de la profession commerciale dans l'espace de l'OHADA », *Penant*, n° 862, janvier-mars 2008, p. 90.

D-R. SOH FOGNO, « L'entreprenant dans l'espace de l'OHADA : une mauvaise solution en face d'un réel problème », *RDAO*, 2012, p. 236.

P. SOW, K. TETE « Épargne populaire des Africains en Catalogne : types et formes souterraines de pratiques financières des immigrants », *Rapport final*, septembre 2007, p. 30.

J. E. STIGLITZ, "Development-Oriented Tax Policy", in *Taxation in Developing Countries. Six Case Studies and Policy Implication*, Columbia University Press, 2010.

P-T. STOLL, "Koordination, Kooperation und Konstitutionalisierung im Völkerrecht [Coordination, cooperation and constitutionalisation in public international law]", in *Wendepunkte der Rechtswissenschaft. Aspekte des Rechts in der Moderne, Hrsg. Werner Heun und Frank Schorkopf*, Göttingen, Wallstein, 2014, p. 273-296.

B.Z. TAMANAHA, "A Non-Essentialist Version of Legal Pluralism", *Journal of Law and Society*, 2000, p. 296.

J.-M. TCHAKOUA, « L'exécution des sentences arbitrales dans l'espace OHADA : regard sur une construction inachevée à partir du cadre camerounais », *Revue Africaine des Sciences Juridiques*, 2009, p. 9.

G. TCHOUASSI, « La microfinance comme forme innovante d'autonomisation des femmes : le cas de la mutuelle financière des femmes africaines du Cameroun », in *La microfinance, outil de financement pour l'économie sociale informelle en Afrique centrale*, PUCAC, Yaoundé, 2009, p. 115.

F. TEPPI KOLLOKO, « Droit et pratique de la common law à l'épreuve du droit OHADA », *Penant*, n° 856, p. 345.

J. THERON, "Cooperative policy and law in east and southern Africa: A review", *CoopAfrica Working Paper No. 18*, Dar es-Salaam, ILO, 2010.

A-B. THIAM, « Aspects conceptuels et évaluation de l'Acte uniforme de l'OHADA relatif aux sociétés coopératives », *Rev. Ersuma*, 2011, p. 99.

A. THOMAS, J. P. TREVINO, "Resource Dependence and Fiscal Effort in Sub-Saharan Africa", *IMF Working Paper*, WP/13/188, 2013.

K. TITECA, R. FLYNN, "Hybrid Governance, Legitimacy and (Il)legality in the Informal Cross-Border Trade in Panyimur, Northern Uganda", *African Studies review*, vol. 57, 1, April 2014, p. 71-91.

D. TRICO, « Statut du commerçant et de l'entreprenant », *Droit et patrimoine*, n° 281, mars 2011, p. 67.

D. TRUBEK, "Toward a Social Theory of Law: An Essay on the Study of Law and Development", *Yale Law Journal*, 1972, p. 6.

D. TRUBEK, M. GALANTER, "Scholars in Self-Estrangement: Some Reflections on the Crisis in Law and Development Studies in the United States", *Wisconsin Law Review*, 1974, p. 1062.

J. VANDERLINDER, « Les droits africains entre positivisme et pluralisme », *Bulletin des séances de l'académie royale des sciences d'Outre-mer*, 2000, p. 279.

M. VIRALLY, « Vers un droit international du développement », *Annuaire français de droit international*, 1965, p. 3.

R. VODOUNON-DJEGNI, « Note de présentation des activités de la Chambre de conciliation et d'arbitrage du Bénin », *Revue camerounaise de l'arbitrage*, février 2010, n° spécial, p. 28.

S. VOIGT, "How to Measure the Rule of Law?", *Kiklos*, vol. 65 :2, 2012, p. 262.

B. WAMPFLER, E. BOUQUET, E. RALISON, « L'impact du réseau CECAM de Madagascar », *Rapport final 2003-2007*, Montpellier CIRAD.

B. WAMPFLER, « Organisations paysannes et microfinance : une nouvelle alliance au service de l'agriculture familiale ? », in *Pourquoi investir dans la microfinance rurale ?*, 16e Midi de la microfinance organisé par ADA en collaboration avec SOS Faim, décembre 2010, Luxembourg, p. 52.

R. WASSERMAN, "Sprachliche Probleme in der Praxis von Rechtspolitik und Rechtsverwirklichung [Linguistic problems in the praxis of legal policy and in the implementation of law]", *Zeitschrift für Rechtspolitik 11*, 1981, p. 257.

K. YANG, "Law and Development. With Special Reference to Contemporary Korea", *Rechtstheorie, Beiheft*, 1999, p. 83.

L. YONDO BLACK, « L'enjeu économique de la réforme de l'Acte uniforme OHADA portant organisation des sûretés : Un atout pour faciliter l'accès au crédit », *Droit et patrimoine*, novembre 2010, p. 46.

J. YOUMSI, « L'OHADA : un instrument pour le développement des investissements dans un climat de sécurité juridique et judiciaire », *Juridis périodique*, avril-mai-juin 1997, p. 98.

« Les Camerounais préfèrent les tontines aux établissements de microfinance », *www.investiraucameroun.com*, 22 mars 2013.

« Les transferts d'argent en Afrique », *Publication PMC*, juin 2010.

« Les services monétaires par téléphone mobile – À l'appui du développement de l'activité économique dans la Communauté d'Afrique de l'Est – Étude comparative des plates-formes et réglementations actuelles », *CNUCED-UNCTAD*, 2012.

« Présentation du centre permanent d'arbitrage et de médiation du CADEV », *JADA*, 2012, n° 2, p. 134.

« Protection sociale des travailleurs du secteur informel : vers la mise en place d'un régime simplifié, contributif et obligatoire », *Seneweb*, 4 janv. 2014.

« Secteur informel, fiscalité et équité, l'exemple du Cameroun », *Statéco*, n° 104, 2009.

« Note d'information du CCI sur le renforcement des centres d'arbitrage et de médiation », *Revue camerounaise d'arbitrage*, 2004, n° 26, p. 11, Ohadata D-08-54.

Table des matières

Introduction : Pour une nouvelle orientation des recherches sur le droit OHADA, **David Hiez et Séverine Menétrey** *9*

1. État des lieux de la recherche en droit OHADA **10**

2. Le droit économique dans l'espace OHADA **11**

3. *Quid* de l'effectivité ? **13**

4. Pour un changement de paradigme **15**

5. Plan de l'ouvrage **17**

Chapitre 1 La mise en place de recherches empiriques pour appréhender l'effectivité du droit *19*

Section 1 : Du développement du droit au droit dans les processus du développement : l'effectivité du droit coopératif dans l'espace OHADA, *Hagen Henrÿ* **21**

Par. 1 : Le droit coopératif au service d'un développement mal conçu 22

A. L'historique du droit coopératif en Afrique subsaharienne 22

B. La méconnaissance du Droit au développement 25

Par. 2 : Vers l'effectivité du droit coopératif dans l'espace OHADA 27

Section 2 : Irrespect de la règle du droit ou construction d'un droit vivant : les pratiques coopératives au Mali, *David Hiez* **33**

Par. 1 : La sureffectivité de l'Acte uniforme sur les sociétés coopératives ... 35

A. La surcharge juridique 35

B. L'instrumentalisation étatique 39

Par. 2 : L'ineffectivité de l'Acte uniforme sur les sociétés coopératives 43

A. Quelques inadaptations de l'Acte uniforme sur les sociétés coopératives 43

B. Les difficultés de la formalisation 47

Section 3 : Les enjeux de l'évaluation du droit dans la zone OHADA : le cas du droit des contrats, *Julie Paquin* 51
Par. 1 : L'évaluation du droit 52
Par. 2 : L'effectivité du droit des contrats 57
A. Approches théoriques 57
B. Les contrats en action : l'exemple de Dakar 59
Conclusion 63
Chapitre 2 L'effectivité du droit en question auprès des petits acteurs économiques* *67
Section 1 : La contribution des normes au passage des agents économiques du secteur informel vers le formel : enquête sur l'effectivité du statut de l'entreprenant au Cameroun, *Pierre-Etienne Kenfack* 69
Par. 1 : L'inaptitude des normes créant le statut d'entreprenant à faire passer les agents économiques du secteur informel vers le secteur formel 72
A. La non-attractivité du statut de l'entreprenant 73
B. La concurrence d'autres statuts 74
Par. 2 : Les enseignements du constat 76
A. Les contraintes d'une législation visant la production des normes aspirant à l'effectivité 76
B. Les limites de la production des normes contraires à la nature des choses 78
Conclusion 79
Section 2 : La comparaison des Jua Kali et de « l'entreprenant OHADA » dans le secteur informel : interrogations sur l'effectivité du droit dans le secteur informel, *Faustin Ekollo* 81
Par. 1 : Le secteur informel n'est pas une pathologie 82
Par. 2 : Fiscalité et exploitation du domaine public : quelle légitimité à l'égard du secteur informel ? 85
A. Sur les obligations fiscales et déclaratives 85
B. Sur l'exploitation du domaine public par les activités informelles 89
Par. 3 : Accès aux financements et aux marchés par les entreprises informelles 90
Par. 4 : Protection sociale du secteur informel et innovation technologique . 96
Section 3 : La problématique du commerce des personnes physiques mineures dans l'espace OHADA, *Denis-Roger Soh-Fogno* 99
Par. 1 : Le divorce entre les dispositions légales et la pratique du commerce par les mineurs non émancipés 104
A. Les justifications de l'endémie du commerce des mineurs non émancipés 104

1. Les justifications d'ordre économique ... 104
2. Les justifications d'ordre culturel ... 107
B. L'inefficacité de la formule purement déclaratoire de l'art. 7 al. 1 de l'AUDCG ... 109
1. L'interdiction de l'accomplissement des actes de commerce et donc du commerce des mineurs non émancipés ... 109
2. L'absence de sanctions adéquates ... 112
Par. 2 : La conciliation entre les dispositions légales et la pratique du commerce par les mineurs non émancipés ... 114
A. La solution radicale : l'aménagement de l'interdiction du commerce des mineurs non émancipés ... 115
1. La piste de l'adoption et de l'application des sanctions adéquates ... 115
2. La piste d'autres alternatives économiques aux mineurs non émancipés ... 118
B. La solution souple : l'aménagement du commerce des mineurs non émancipés ... 120
1. Par la difficile prise en compte de la majorité du droit social ... 120
2. Par l'impossible légalisation du commerce des mineurs non émancipés ... 122
Conclusion ... 123
Section 4 : Les données relatives au Registre du commerce et du crédit mobilier, *Michel Afana Bidounga* ... 125
Par. 1 : Des difficultés pratiques dans la mise en œuvre du Registre du commerce et du crédit mobilier. ... 130
A. Les difficultés pratiques liées aux normes juridiques ... 130
B. Les difficultés pratiques liées à l'environnement juridique ... 133
Par. 2 : La nécessité d'une réforme du Registre du commerce et du crédit mobilier ... 135
A. Le renforcement normatif ... 135
B. Le renforcement structurel ... 136
Conclusion ... 137

Chapitre 3 L'effectivité du droit en question dans la diversité des mécanismes financiers ... 145
Section 1 : La prévention des impayés des établissements de microfinance, *Alain Kenmogne Simo* ... 147
Par. 1 : La difficulté de la sécurisation de la décision d'octroi du crédit ... 149
A. La difficulté de bien sélectionner les bénéficiaires de crédits ... 149
1. Les difficultés de bien connaître les demandeurs de crédit ... 150
2. Les contraintes de définition d'une procédure adéquate de sélection des bénéficiaires ... 152

B. La difficulté d'exiger des garanties adéquates ... 155
1. La difficulté du choix d'une garantie formelle ... 155
2. L'affaiblissement des garanties informelles ... 156
Par. 2 : La difficulté de sécuriser le crédit octroyé ... 157
A. Les précautions à prendre dans la mise à disposition des fonds ... 157
1. Les difficultés de bien identifier le bénéficiaire ... 157
2. La nécessité de l'insertion de clauses protectrices ... 159
B. Les difficultés relatives au suivi de la relation ... 160
Section 2 : Les systèmes financiers décentralisés sénégalais face au risque d'impayé : étude à l'aune du droit OHADA, *Patrice Samuel A. Badjil* ... 163
Par. 1 : L'application mitigée des mécanismes de garanties prévus par le droit OHADA ... 167
A. Les raisons de cette application ... 167
B. La mise en place de systèmes de garanties alternatifs ... 170
Par. 2 : Le recours momentané à des techniques de recouvrement différentes de celles prévues par le droit OHADA ... 174
A. La pression sociale : moyen de recouvrement ... 175
B. L'intervention d'un officier de police judiciaire dans le recouvrement ... 177
Conclusion ... 179
Section 3 : Le paradoxe et la face cachée des sûretés : regard sur leur pratique au Cameroun, *Marie Duvale Kodjo Gnintedem* ... 181
Par. 1 : L'appropriation des sûretés traditionnelles ... 186
A. Le contexte ... 187
B. Les aménagements ... 188
1. Le cumul de sûretés ... 189
2. Les mécanismes extérieurs aux sûretés ... 191
Par. 2 : La réticence à l'égard des sûretés nouvelles ... 193
A. Le développement du crédit-bail ... 193
B. La pérennité des garanties informelles ... 195
1. Les techniques développées par le secteur informel ... 195
2. Les « faux gages » ... 196
Section 4 : Le recouvrement de la dette publique intérieure dans les États de l'OHADA, *Apollinaire De Saba* ... 201
Par. 1 : Obstacles au recouvrement de la dette publique intérieure ... 205
A. Le statut des débiteurs publics ... 205
B. La consécration du statut des débiteurs publics par la CCJA ... 207
Par. 2 : Couverture des risques de non-recouvrement de la dette publique

intérieure 211
A. Les Best Practices en Afrique 211
B. Les stratégies de protection des créanciers 214
1. La prévention du risque de non-paiement de la dette publique intérieure 214
2. Le traitement curatif 215
Conclusion 216
Section 5 : Les réformes fiscales et du droit des affaires en Afrique subsaharienne : quel impact sur la mobilisation des recettes fiscales ?, *Luisito Bertinelli et Arnaud Bourgain* 219
Par. 1 : Les difficultés de mobilisation des recettes fiscales en Afrique subsaharienne 220
A. Les principaux obstacles à la mobilisation des ressources fiscales en ASS 221
B. Résultats attendus d'un système de TVA et de réformes de droit des affaires… en présence d'un large secteur informel 223
Par. 2 : Quelques problèmes de mesure et de traitement économétrique des variables institutionnelles et juridiques 225
A. Problèmes de mesure des règles de droit 225
B. Problèmes d'endogénéité des variables institutionnelles 227
Par. 3 : Travaux empiriques récents 229
A. Les indicateurs de gouvernance dans les régressions expliquant la mobilisation des recettes fiscales en ASS 229
B. Introduction des réformes fiscales et de droit des affaires dans les estimations 231
Conclusion 232
Section 6 : Les imbrications entre les groupements tontiniers du secteur informel et les banques et les établissements de microfinance du secteur formel, *Manuel Roland Tcheumalieu Fansi* 235
Par. 1 : Instruments de dialogue liés à la sécurisation des fonds tontiniers. 238
A. L'ouverture des comptes bancaires tontiniers pour sécuriser les fonds tontiniers 239
1. Les conditions de mise en œuvre du compte bancaire tontinier ... 239
2. Le dialogue à travers les opérations sur le compte bancaire tontinier 241
B. Les moyens modernes et innovants de sécurisation des fonds tontiniers 241
1. L'utilisation de la monnaie dématérialisée : exemple du flash cash 242
2. Les virements et transferts : mobile banking ou mobile transfert 243

Par. 2 : Dispositifs de dialogue nécessaires pour le respect des engagements tontiniers 247
A. L'utilisation des chèques pour parfaire les engagements tontiniers .. 248
1. Chèque émis à titre de paiement 248
2. Chèque émis imparfaitement et abusivement à titre de garantie .. 249
B. La mise en œuvre des garanties particulières : rempart contre les éventuelles défaillances 249
1. Le cautionnement et ses variantes 250
2. L'hypothèque et le crédit-bail ou leasing 252
Conclusion 253

Chapitre 4 L'effectivité du droit en question dans sa dimension contentieuse 255

Section 1 : Analyse du contentieux OHADA à travers le code IDEF annoté, *Mahutodji Jimmy Vital Kodo* 257
Par. 1 : L'effectivité de l'OHADA dans sa mise en œuvre par les juridictions nationales 258
A. L'acceptation de l'autorité de l'OHADA par les juridictions nationales de fond 258
B. L'acceptation de l'autorité de l'OHADA par les juridictions suprêmes nationales 259
1. Niger 260
2. Cameroun 260
3. Congo (Brazzaville) 261
4. Côte d'Ivoire 262
Par. 2 : L'effectivité de l'OHADA dans sa mise en œuvre par la Cour commune de justice et d'arbitrage 263
A. La création de normes supplétives par la CCJA 264
1. Violation de la loi 265
2. Défaut, insuffisance ou contrariété de motifs 265
3. Omission ou refus de répondre à des chefs de demande 266
4. Dénaturation 267
5. Manque de base légale 267
6. Statuer sur une chose non demandée ou attribuer une chose au-delà de ce qui a été demandé 268
B. L'ajustement de l'interprétation et la mise en œuvre des normes de l'OHADA par des revirements de jurisprudence 270
1. Révision des effets du commandement de payer au préalable à une saisie-vente 270
2. Révision du point de départ du délai de saisine de la CCJA 271

C. Le contexte normatif favorable à l'évolution de la jurisprudence de la CCJA sur l'immunité d'exécution 273
Conclusion 277
Section 2 : Le droit des investissements à partir de quelques données jurisprudentielles, *Abdoulaye Sakho* 279
Par. 1 : L'effectivité du droit des structures juridiques d'accueil de l'investissement dans l'espace OHADA 280
A. Le droit OHADA des sociétés commerciales 282
1. Un cadre idéal pour les investissements dans le secteur structuré ? 283
2. L'investissement domestique à la recherche du cadre idéal (exemple du monde rural) 287
B. Le droit spécial des investissements 291
1. Le code des investissements est dépassé 291
2. L'investissement professionnel et les PPP 292
Par. 2 : Le droit OHADA des entreprises en difficultés : le traitement juridique de l'investissement pathologique 295
A. La sauvegarde de l'investissement par le règlement préventif 297
1. Affaire société des industries chimiques du Sénégal (ICS). TR (Tribunal régional) 27 mars 2008. Règlement préventif (oui), possibilité sérieuse de redressement de l'entreprise (oui), homologation du concordat préventif, précisions sur les modalités de paiement des créances faites par le tribunal 297
2. Affaire du Sud SARL. TR 12 février 2006. Concordat préventif (oui), article 15 Acte uniforme, cessation des paiements (non), homologation du concordat (oui), remise de dettes consenties par les créanciers (oui) 298
B. L'échec de la procédure préventive 299
1. L'échec direct : le prononcé de la liquidation judiciaire (5 CAS) 299
2. L'échec différé : le passage par le redressement judiciaire (14 CAS) 301
Section 3 : Le profil du contentieux du droit des affaires au Cameroun, *Hubert Patrice Zouatcham* 311
Par. 1 : Une image de la réception judiciaire du droit OHADA au Cameroun 313
A. L'appréhension du droit OHADA par les juridictions internes 314
1. L'évolution du volume du contentieux des affaires 314
2. La redistribution des attributions au sein de l'organisation judiciaire 317
B. Les résistances à la primauté du droit et des instances OHADA 320
1. Le rejet de la compétence de la CCJA 320

2. La multiplication du recours à des dispositions de droit non harmonisées 322
Par. 2 : L'avenir du contentieux du droit des affaires OHADA au Cameroun : les remèdes explorables pour une meilleure intégration judiciaire du droit OHADA 323
A. Les solutions propres au système légal camerounais 323
B. Les solutions communes à tous les États membres de l'OHADA 326
1. Le rétablissement des attributions des juridictions suprêmes nationales 326
2. La mise en place d'un droit judiciaire OHADA 327
Conclusion 327
Section 4 : La justice coutumière et la justice étatique dans la résolution des différends au Mali, *Mamadou Bakaye Dembele* 329
Par. 1 : La gestion coutumière des conflits : un modèle fondé sur le compromis 331
A. Les mécanismes extrajudiciaires de prévention des différends 332
B. Le traitement des conflits dans la justice coutumière 335
Par. 2 : La résolution des litiges dans la justice importée : un modèle vindicatif 337
A. Les modèles de justice imposés, la justice islamique et coloniale 338
B. La justice étatique, un modèle quasi hybride 342
Conclusion 344
Section 5 : La multiplication des centres d'arbitrage dans l'espace OHADA, *Séverine Menétrey* 345
Par. 1 : Les données recueillies – liste des pays et de leurs centres d'arbitrage 347
Par. 2 : Analyse des données 353
A. Nombre de centres, date de création et financement 353
B. Identité textuelle et fonctionnelle 355
C. Nombre d'affaires 356
Par. 3 : Qu'en penser sur le terrain de l'effectivité ? 357

Conclusion générale 367
Bibliographie 371
Ouvrages : 371
Articles : 377

Questions juridiques aux éditions L'Harmattan

Dernières parutions

CONCILIATION ET MÉDIATION DEVANT LA JURIDICTION ADMINISTRATIVE
Actes du colloque du Conseil d'État du 17 juin 2015
Sous la direction de Jacques Biancarelli et Béatrice Blohorn-Brenneur
Voici près de 25 ans que le Conseil d'État, confronté à une judiciarisation croissante de la société, réfléchit aux modes alternatifs de règlement des différends afin de les pacifier et de rendre les justiciables davantage confiants en la justice administrative. Après avoir rappelé le contexte juridique et les enjeux d'une telle impulsion, un bilan comparatif des pratiques du juge administratif et du juge judiciaire a permis de mesurer combien il est nécessaire et urgent de compléter la boîte à outils dont dispose le premier. Voici une réflexion, les références et les outils nécessaires à la juridiction administrative.
(Coédition GEMME, 24.00 euros, 246 p.)
ISBN : 978-2-343-07270-8, ISBN EBOOK : 978-2-336-39774-0

L'ERREUR JUDICIAIRE
Apprendre à douter pour lutter contre les erreurs judiciaires
Sous la direction de Xavier Pin
L'erreur judiciaire hante autant qu'elle jalonne l'histoire de notre justice pénale. Nous avons tous en mémoire de retentissants procès ayant vu des individus accusés ou condamnés, avant d'être disculpés, graciés ou réhabilités. Le législateur y est sensible au point de réformer régulièrement la procédure pénale pour tenter d'éviter, de corriger ou de réparer, autant que possible, de telles erreurs. Une loi du 20 juin 2014 réforme les procédures de révision et de réexamen des condamnations pénales définitives : elle est l'occasion d'essayer de comprendre ces fiascos judiciaires.
(Coll. Droit privé et sciences criminelles, 15.00 euros, 126 p.)
ISBN : 978-2-343-07284-5, ISBN EBOOK : 978-2-336-39807-5

LE DROIT CONSTITUTIONNEL DE LA Ve RÉPUBLIQUE
(Treizième édition)
Lascombe Michel, Toulemonde Gilles
Cet ouvrage s'adresse aux étudiants en droit, aux élèves des instituts d'études politiques et aux candidats aux concours administratifs. Il couvre l'essentiel du programme de droit constitutionnel, c'est-à-dire aussi bien les constitutions françaises depuis 1789 que l'actuel texte constitutionnel. Cette nouvelle édition tient compte des derniers développements induits par les changements politiques, des dernières réformes des règlements des assemblées et de la jurisprudence la plus récente.
(Coll. Logiques Juridiques, 42.00 euros, 506 p.)
ISBN : 978-2-343-07916-5, ISBN EBOOK : 978-2-336-39877-8

LA PROXIMITÉ EN DROIT INTERNATIONAL PRIVÉ DE LA FAMILLE
Bouyahia Sabrine Maya - Préface de Lotfi Chedly et Marie Goré
Parmi les méthodes proposées pour trancher les litiges présentant un élément d'extranéité, figure celle reposant sur le principe de proximité. L'étude porte sur deux systèmes de droit international privé de la famille différents (droit français et droit tunisien) pour mettre en exergue d'une

part l'adaptation de cette méthode aux spécificités de chaque ordre étatique et d'autre part son adéquation avec tous les différents systèmes de droit.
(Coll. Logiques Juridiques, 54.00 euros, 618 p.)
ISBN : 978-2-343-05464-3, ISBN EBOOK : 978-2-336-39866-2

QUARTIER-FEMMES ÉCROU 10970
Boh-Petit Dominique
Cellule 24 : une femme dit toute sa souffrance d'être enfermée. Elle a tué. Son histoire est à la rubrique des faits divers. La Cour d'assises la jugera. Bien des années plus tard, elle est libérée. La vie doit reprendre. Ce récit est parfaitement conforme à la réalité. Tout a existé et existe encore.
(Coll. La justice au quotidien, 15.00 euros, 130 p.)
ISBN : 978-2-343-07436-8, ISBN EBOOK : 978-2-336-39812-9

GABELOUS ET CONTREBANDIERS
Histoire des fermiers généraux de Dijon (1760-1780)
Evrard Sébastien - Préface de Marc Fradet
En exhumant un registre du personnel de la direction des fermes de Dijon, l'auteur retrace, entre 1760 et 1780, la vie méconnue de centaines d'agents au service du doit et de l'impôt. Ces derniers servaient un système protecteur (la retraite fait son apparition dès 1768), parfois très rémunérateur, mais qui s'avère aussi, sous certains aspects, une machine à broyer les hommes : le régime des sanctions que met en place la Ferme est d'une efficacité redoutable. En définitive, la Ferme présente un aspect mitigé.
(Coll. Mémoires des Douanes, 28.50 euros, 278 p.)
ISBN : 978-2-343-06683-7, ISBN EBOOK : 978-2-336-39845-7

DICTIONNAIRE OHADA
(3e édition)
Bitsamana Hilarion Alain
Ce dictionnaire spécial du droit des affaires OHADA propose une définition claire et précise, avec tous les compléments nécessaires, des principaux termes utilisés tous les jours se rapportant à l'OHADA. Un ouvrage de référence permettant de décoder l'OHADA, accessible à toute personne s'intéressant au monde des affaires en Afrique comme à l'étranger.
(39.00 euros, 398 p.)
ISBN : 978-2-343-07656-0, ISBN EBOOK : 978-2-336-39786-3

LA DÉJUDICIARISATION ET LES PROCÉDURES NON CONTENTIEUSES EN AFRIQUE
Amboulou Hygin Didace
La déjudiciarisation comprend l'ensemble des mécanismes de gestion des différends en rationalisant les moyens matériels et humains de la justice, afin de pallier les déficiences du système judiciaire et de limiter les surcharges des juridictions. Les institutions de nombreux pays sont analysées et les déjudiciarisations en droit public et en droit privé sont abordées.
(Coll. Études africaines, 17.50 euros, 156 p.)
ISBN : 978-2-343-06928-9, ISBN EBOOK : 978-2-336-39805-1

COMMENT RENFORCER L'INDÉPENDANCE DE LA MAGISTRATURE AU SÉNÉGAL ?
Ngom Babacar
Préface de Amadou Mahtar Mbow
L'ouvrage présente dans une première partie les garanties légales d'indépendance de la justice, notamment la règle de la séparation des pouvoirs, le principe de la soumission des juges à l'autorité de la loi et celui de l'inamovibilité du magistrat du siège. Après une analyse critique de ces dispositions, l'auteur formule des propositions de renforcement de l'indépendance de la magistrature.
(13.50 euros, 124 p.)
ISBN : 978-2-343-05158-1, ISBN EBOOK : 978-2-336-39837-2

LE DROIT PÉNAL DES AFFAIRES AU CAMEROUN
Djila Kouayi Kemajou Rose
Préface de Victor-Emmanuel Bokalli
Dans le domaine des affaires, la liberté d'entreprendre et d'investir comporte de nombreux risques, au rang desquels le risque pénal. La délinquance en col blanc n'étant plus réservée aux grandes sociétés commerciales, les moyens de lutte et de sécurisation des investisseurs nécessitent un droit pénal des affaires dont l'objectif est la recherche d'une éthique dans ce domaine.
(Coll. Études africaines, 35.50 euros, 350 p.)
ISBN : 978-2-343-07840-3, ISBN EBOOK : 978-2-336-39777-1

50 ANS DE MARIAGE
Réflexions d'un notaire sur l'évolution du couple ces cinquante dernières années
Dauptain Pierre
De la pilule contraceptive jusqu'au mariage pour tous, l'auteur nous propose une réflexion sur les lois qui ont accompagné l'évolution du couple au cours des cinquante dernières années. Il analyse cette évolution pour aborder les problématiques juridiques et morales qui font tant débat de nos jours. Il s'appuie sur des travaux de juristes ou de sociologues, des articles de presse, mais aussi sur les chansons et les films qui ont marqué ces années et qui témoignent de façon si éclairante des changements de mentalités.
(Éditions Pepper, 16.50 euros, 148 p.)
ISBN : 978-2-343-07677-5, ISBN EBOOK : 978-2-336-39690-3

MÉTHODOLOGIE ET ASPECTS FORMELS DE LA RECHERCHE
Petit manuel à l'usage des juristes
Marain Gaëtan
L'ouvrage propose un véritable apprentissage du formalisme qui doit permettre aux étudiants et aux professionnels confrontés à la rédaction d'une thèse ou d'un mémoire juridique d'aborder ce travail avec sérénité. L'auteur donne une méthode de recherche pour définir le sujet, trouver et compulser les références utiles, échafauder un plan. Il aborde également les thèmes des citations d'auteur, notes de bas de page, mise en page. Il traite enfin du travail de relecture et de l'épreuve de soutenance.
(19.00 euros, 178 p.)
ISBN : 978-2-343-07638-6, ISBN EBOOK : 978-2-336-39556-2

RISQUES, ACCIDENTS ET CATASTROPHES
Liber amicorum
En l'honneur de Madame le professeur Marie-France Steinlé-Feuerbach
Sous la direction Hervé Arbousset, Caroline Lacroix et Benoît Steinmetz
L'étude et l'analyse des risques sont au cœur des réflexions du Professeur Steinlé-Feuerbach. Ses nombreux écrits de doctrine sur la thématique des accidents et des catastrophes ont amené à ce que ses collègues et amis lui dédient cet ouvrage. Ces mélanges donnent une vue d'ensemble d'une matière devenue une véritable discipline transcendant le clivage droit public-droit privé.
(Coll. Sciences criminelles, 34.00 euros, 334 p.)
ISBN : 978-2-343-07169-5, ISBN EBOOK : 978-2-336-39677-4

ÉTAT, COLLECTIVITÉS TERRITORIALES ET DROITS SOCIAUX
Étude du droit comparé
Sous la direction d'Olivier Lecucq
Comment, selon leur organisation territoriale respective, La France, l'Espagne et l'Italie œuvrent à la satisfaction des droits sociaux. Quels sont les rôles de l'État en ce domaine ? Quelles sont les actions qui en découlent et comment se coordonnent-elles ? Quelles en sont les implications en termes d'égalité des citoyens et des territoires ? L'ouvrage tente de répondre à ces questions en interpellant la réalisation de l'État social dans un contexte de crise, de réduction des déficits et de maîtrise des dépenses.
(Coll. Bibliothèques de droit, 22.50 euros, 221 p.)
ISBN : 978-2-343-07585-3, ISBN EBOOK : 978-2-336-39683-5

LE PRINCIPE DE PRÉCAUTION

Au carrefour de la philosophie, du droit et des sciences

Calderaro Norbert

La notion de principe de précaution, qui donne lieu à beaucoup de controverses, nécessite de la part d'un juriste une analyse objective pour écarter ce qu'elle n'est pas et définir son contenu véritable. Après un aperçu des sources philosophiques, l'auteur réalise une synthèse du principe de précaution en droit international, européen, en droit comparé et en droit interne. Il intègre notamment les tout derniers développements de la jurisprudence du Conseil d'État.

(18.50 euros, 180 p.)

ISBN : 978-2-343-05457-5, ISBN EBOOK : 978-2-336-39452-7

LES COLLECTIVITÉS TERRITORIALES ET LA SPÉCULATION

Goasdoué Mélissa - Avant-propos de Michel Verpeaux

Préface de Julien Martin

L'ancien dispositif empêchant la conclusion d'opérations financières spéculatives par les collectivités locales ayant échoué, un nouveau dispositif fonctionnant au cas par cas a été mis en place. Après une étude des imperfections de la notion de spéculation puis des liens unissant ces imperfections à l'échec du précédent dispositif dans la protection des collectivités contre les risques spéculatifs, le présent ouvrage s'attache à démontrer comment et dans quelle mesure cette protection est désormais rendue possible.

(Coll. Droit des collectivités territoriales, série Travaux, 15.00 euros, 140 p.)

ISBN : 978-2-343-07619-5, ISBN EBOOK : 978-2-336-39520-3

LE DROIT DE LA GUERRE

Traité sur l'emploi de la force armée en droit international (3 volumes)

Cumin David

Aussi ancien que la guerre et que le droit international dont il constitue le cœur historique, le droit de la guerre existe. Croisant droit et polémologie, portant sur les conflits armés internationaux et internes, ce traité expose, explique et reconstruit l'ensemble du droit international contemporain relatif à l'emploi de la force armée - auteurs et acteurs de la belligérance, ses buts, moyens, théâtres, régimes - et propose une analyse critique de la responsabilité réparatrice et punitive.

Volume 1 (Coll. Droit comparé, 46.00 euros, 458 p.)

ISBN : 978-2-343-06498-7, ISBN EBOOK : 978-2-336-39588-3

Volume 2 (Coll. Droit comparé, 60.00 euros, 760 p.)

ISBN : 978-2-343-07707-9, ISBN EBOOK : 978-2-336-39589-0

Volume 3 (Coll. Droit comparé, 48.00 euros, 468 p.)

ISBN : 978-2-343-07708-6, ISBN EBOOK : 978-2-336-39590-6

LA RESPONSABILITÉ DE PROTÉGER

Nouvelle approche du droit international

Gandou D'Isseret Crépin Gyscard

Le droit d'ingérence humanitaire se comprend comme une éthique de détresse, une obligation de protéger les personnes en danger de mort. La responsabilité de protéger traduit en acte la nécessité impérative de prendre soin de l'homme, ou de la collectivité humaine en général, quand les conditions de son existence connaissent une détérioration significative ou quand elles sont sur le point de le devenir.

(Coll. Harmattan Congo, 16.50 euros, 152 p.)

ISBN : 978-2-343-06724-7, ISBN EBOOK : 978-2-336-39575-3

L'HARMATTAN ITALIA
Via Degli Artisti 15; 10124 Torino
harmattan.italia@gmail.com

L'HARMATTAN HONGRIE
Könyvesbolt ; Kossuth L. u. 14-16
1053 Budapest

L'HARMATTAN KINSHASA
185, avenue Nyangwe
Commune de Lingwala
Kinshasa, R.D. Congo
(00243) 998697603 ou (00243) 999229662

L'HARMATTAN CONGO
67, av. E. P. Lumumba
Bât. – Congo Pharmacie (Bib. Nat.)
BP2874 Brazzaville
harmattan.congo@yahoo.fr

L'HARMATTAN GUINÉE
Almamya Rue KA 028, en face
du restaurant Le Cèdre
OKB agency BP 3470 Conakry
(00224) 657 20 85 08 / 664 28 91 96
harmattanguinee@yahoo.fr

L'HARMATTAN MALI
Rue 73, Porte 536, Niamakoro,
Cité Unicef, Bamako
Tél. 00 (223) 20205724 / +(223) 76378082
poudiougopaul@yahoo.fr
pp.harmattan@gmail.com

L'HARMATTAN CAMEROUN
BP 11486
Face à la SNI, immeuble Don Bosco
Yaoundé
(00237) 99 76 61 66
harmattancam@yahoo.fr

L'HARMATTAN CÔTE D'IVOIRE
Résidence Karl / cité des arts
Abidjan-Cocody 03 BP 1588 Abidjan 03
(00225) 05 77 87 31
etien_nda@yahoo.fr

L'HARMATTAN BURKINA
Penou Achille Some
Ouagadougou
(+226) 70 26 88 27

L'HARMATTAN SÉNÉGAL
10 VDN en face Mermoz, après le pont de Fann
BP 45034 Dakar Fann
33 825 98 58 / 33 860 9858
senharmattan@gmail.com / senlibraire@gmail.com
www.harmattansenegal.com

L'HARMATTAN BÉNIN
ISOR-BENIN
01 BP 359 COTONOU-RP
Quartier Gbèdjromèdé,
Rue Agbélenco, Lot 1247 I
Tél : 00 229 21 32 53 79
christian_dablaka123@yahoo.fr

Achevé d'imprimer par Corlet Numérique - 14110 Condé-sur-Noireau
N° d'Imprimeur : 130604 - Dépôt légal : juillet 2016 - *Imprimé en France*

www.ingramcontent.com/pod-product-compliance
Lightning Source LLC
LaVergne TN
LVHW011135061026
849535LV00003B/497